Peter Schley
Kaninchen

Tierzuchtbücherei

Herausgegeben von Prof. Dr. Horst Kräußlich, München

Geflügel und Kleintiere

Redaktion: Prof. Dr. Siegfried Scholtyssek, Stuttgart-Hohenheim

Kaninchen

von Peter Schley, Gießen

79 Abbildungen
33 Tabellen
48 Farbfotos

E.U.
VERLAG
EUGEN
ULMER

CIP-Kurztitelaufnahme der Deutschen Bibliothek

Schley, Peter:
Kaninchen/ von Peter Schley. –
Stuttgart: Ulmer 1985.
(Tierzuchtbücherei: Geflügel und Kleintiere)
ISBN 3-8001-4349-6

Wollgrasweg 41, 7000 Stuttgart 70 (Hohenheim)
Printed in Germany
Einbandgestaltung: A. Krugmann
mit einem Foto (Kleinchinchilla) von Josef Wolters, Bottrop
Satz: Setzerei Lihs, Ludwigsburg
Druck: Offsetdruckerei Karl Grammlich, Pliezhausen

Vorwort

Das Kaninchen ist zweifellos ein beachtenswertes Tier. Kinder hätscheln es, Liebhaber haben am Züchten ihre Freude, den Naturwissenschaftlern dient es als Versuchstier, und nicht zuletzt gilt es als Nutztier mit hochwertigem Fleisch und ausgezeichneter Wolle.

Trotz seiner umgänglichen Art und seiner leichten Haltung wächst das Bedürfnis nach Information, sobald man sich erst einmal näher mit dem Kaninchen befaßt. Starken Auftrieb erhielt das wissenschaftliche Interesse vor allem durch Probleme, die bei der Intensivhaltung entstanden. Es stellte sich heraus, daß unser Wissen im Vergleich zu anderen Haustierarten in einigen Punkten recht lückenhaft war. Inzwischen konnten diese Versäumnisse weitgehend nachgeholt werden.

Die Kaninchenzucht wurde bisher von den Rassezüchtern geprägt, und in den Händen des Praktikers liegt bis heute hochwertiges Tiermaterial mit vielen guten Eigenschaften, um deren Herauszüchtung und Konsolidierung sich Generationen von Züchtern bemüht haben. Neben rassetypischem Aussehen und harmonischem Körperbau stellen Eigenschaften wie hohe Fruchtbarkeit, gute Säugeleistung, gute Futterverwertung, starker Fleischansatz und andere Merkmale Werte dar, die nicht hoch genug zu schätzen sind und die zu erhalten und zu verbessern das Anliegen jedes interessierten Kaninchenzüchters sein sollte.

Dieses Buch soll einen Überblick über alle Fragen der Kaninchenhaltung vermitteln. Besonderer Wert wurde darauf gelegt, den Stoff praxisnah darzustellen und auf komplizierte Einzelfragen aus dem wissenschaftlichen Bereich zu verzichten. Deshalb wurden auch Themen wie Domestikation und Züchtungsgeschichte nicht behandelt. Eine übersichtliche zusammenfassende Darstellung findet sich bei Rudolph und Kalinowski (1983). Für ein weiterführendes Studium gibt die am Schluß des Buches zusammengestellte Literatur Hinweise. Der Wunsch des Verfassers ist es, die Ausführungen möchten bei Rassekaninchenzüchtern und -liebhabern wie bei gewerblichen Kaninchenhaltern gleichermaßen gute Aufnahme finden, und das Buch möge ein nützlicher Ratgeber in allen Fragen der Kaninchenhaltung und Kaninchenzucht sein.

Gießen, Sommer 1985
Peter Schley

Inhaltsverzeichnis

1 Körperbau und Organfunktionen

Bei der Beschäftigung mit dem Kaninchen treten Fragen auf, die z. B. den Normalzustand und die Normalfunktionen seines Organismus betreffen. Um sie beantworten zu können, ist ein gewisses Grundwissen der Anatomie und Physiologie nicht nur nützlich, sondern unumgänglich. Es bedarf aber eingehender Betrachtungen und ausführlicher Beschreibungen, wenn man bestehende Unterschiede und Besonderheiten gegenüber anderen Vertretern der Säugetiere fachgerecht abhandeln will. Allein die zahlreichen Organteile und ihre speziellen Formen- und Lagebezeichnungen füllen Bücher, so daß auf eine ausführliche Behandlung des Stoffes in diesem Rahmen verzichtet werden muß. Es sollen deshalb nur einzelne Aspekte herausgestellt werden, die vor allem für die Beurteilung des Körperbaus und der Leistung wichtig sind.

1.1 Skelett

Das Skelett oder Gerippe stellt ein Gerüst miteinander verbundener Einzelknochen dar. Es hält die Weichteile zusammen, hat Stützfunktionen und bietet Muskeln wie Bändern die notwendige Ansatzfläche. Beim Kaninchen zählt man 212 Knochen, somit 7 mehr als beim Menschen. Am Gesamtgewicht haben sie einen Anteil von etwa 10%.

Die intensivste Knochenentwicklung liegt in der Wachstumsphase zwischen Geburt und sexueller Reife. Während des Fötallebens sind das Rumpf- und Kopfskelett den Extremitäten an Gewichtsentwicklung weit voraus. Zur Zeit der Geburt machen sie fast drei Viertel des gesamten Skeletts aus. Nach der Geburt holt das Extremitätenskelett stark auf; im ersten Monatsalter erreicht es einen Anteil von etwa 50%. Danach erfolgt das Wachstum gleichmäßig, so daß das Verhältnis sich nur noch wenig ändert. Haltungs- und Fütterungsfehler, die dem Kaninchenzüchter während der Entwicklungszeit unterlaufen, können die Ursache von Gliedmaßenveränderungen oder Wirbelsäulenverkrümmungen sein, die nicht mehr zu beheben sind.

Wie aus Abb. 1 zu ersehen ist, stellt die Wirbelsäule die Hauptachse des Skeletts dar, sozusagen das tragende Element. Der erste Halswirbel, der Atlas, trägt den Kopf. Dem aufrechtstehenden Halswirbelabschnitt mit insgesamt 7 Wirbeln schließen sich Brust- und Lendenwirbel an – beide stellen etwa 70% der Gesamtlänge. Es folgen die 4 zum Kreuzbein verschmolzenen Kreuzwirbel sowie 16 bis 18 kleine Schwanzwirbel.

Das Kaninchen verfügt beiderseits über 12 im Querschnitt flache Rippen, wovon sich je 7 mit dem Brustbein verbinden.

Die Knochen der Schultergliedmaßen, auch Schultergürtel genannt, bestehen aus dem Schulterblatt und dem Schlüsselbein. Letzteres ist beim Kaninchen nur ein kleiner, unscheinbarer S-förmiger Knochen von nicht mehr als 2 cm Länge, der mit anderen Knochen keine Gelenkverbindung eingeht. Das platte, etwa dreieckige Schulterblatt liegt mit seiner Fläche der Brustwand flach auf und wird allein durch Bänder und Muskeln festgehalten. Augenfällig wird dies am Schlachtkörper bei der Trennung der Vorderschenkel vom Rumpf. Sitzt das

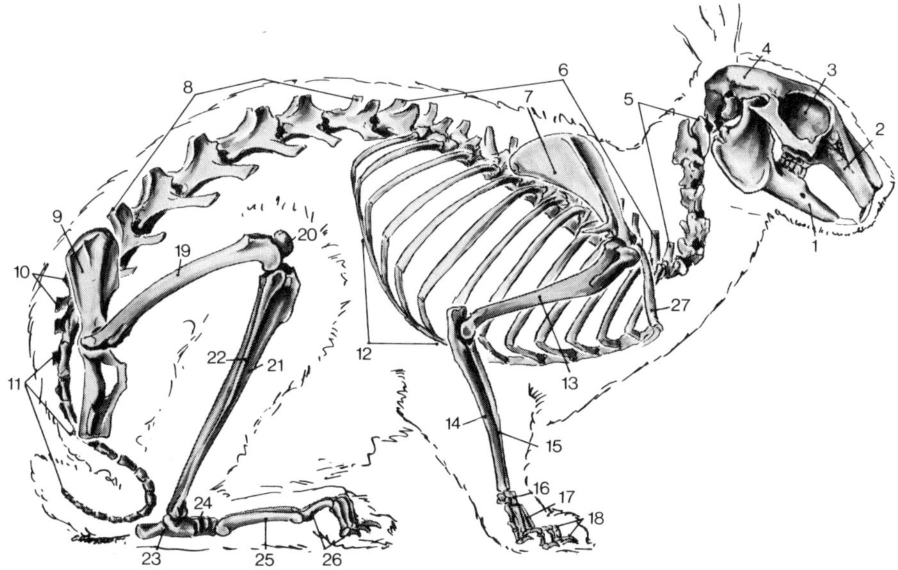

Abb. 1. Das Skelett des Kaninchens (aus Koch 1976).

1 = Unterkiefer, Mandibula
2 = Oberkiefer, Maxilla
3 = Augenhöhle, Orbita
4 = Scheitelbein, Os parietale
5 = Halswirbelsäule, Vertebrae cervicales
6 = Brustwirbelsäule, Vertebrae thoracicae
7 = Schulterblatt, Scapula
8 = Lendenwirbelsäule, Vertebrae lumbales
9 = Darmbein des Beckens, Os ilium pelvis
10 = Kreuzwirbel, Vertebrae sacrales
11 = Schwanzwirbel, Vertrebrae caudales
12 = Rippen zum Rippenbogen vereinigt, Costae und Arcus costalis
13 = Oberarmbein, Humerus
14 = Elle, Ulna
15 = Speiche, Radius
16 = Hand-(Vorderfuß-)wurzelgelenk, Carpus
17 = Mittelhand-(Vordermittelfuß-)knochen, Metacarpus
18 = Zehen-(Finger-)knochen, Ossa digiti (manus)
19 = Oberschenkelbein, Os femoris
20 = Kniescheibe, Patella
21 = Schienbein, Tibia
22 = Wadenbein, Fibula
23 = Fersenbein, Calcaneus
24 = Fußwurzelgelenk, Tarsus
25 = Mittelfußknochen, Metatarsus
26 = Zehenknochen, Ossa digiti (pedis)
27 = Schlüsselbein

Schulterblatt nicht fest genug am Körper, so ist dies ein Fehler, „lose Schulter“ genannt. Bei Belastung hängt der Körper durch, und die Schulterblätter können sich über die Rückenlinie schieben, was ein unschönes Bild ergibt.

Die untere Spitze des Schulterblattes ist zu einer Gelenkpfanne geformt, die mit dem Kopf des Oberarmknochens das Schultergelenk bildet. Während das Schultergelenk ein nach allen Seiten schwach bewegliches Kugelgelenk darstellt, handelt es sich beim Ellbogengelenk zwischen Ober- und Unterarmknochen um ein nur in einer Ebene bewegliches Scharniergelenk. An den Unterarm schließt sich das Vorderfußwurzelgelenk mit den ansitzenden Vordermittelfußknochen (Mittelhandknochen) an. Die zum Unterarm abgewinkelten Zehen-(Finger)knochen, auf denen das Kaninchen steht und die die Pfoten bilden, sind krallenartig gewölbt; aus ihrem Ende gehen die 5 Krallen hervor. Bei schwachen Bändern bzw. langen Sehnen drücken sich die Mittelhandknochen durch. Man spricht in diesem Fall von „Bärenfüßigkeit“.

Die Hintergliedmaßen sind analog ausgebildet. Dazu gehört das aus zwei miteinander verwachsenen Hälften bestehende Becken, bestehend aus Darmbein, Schambein und Sitzbein, zusammen auch als Hüftbein bezeichnet.

Die Darmbeine sind die obersten der drei Knochen und dem Rücken zugewandt. Wenn ihre Spitzen, so wie in Abb. 1 angedeutet, zu steil stehen, überragen sie Lendenwirbel und Kreuzbein. Der ebenmäßige Verlauf der Rückenlinie ist somit gestört, und es kommt in der Kreuzgegend zur „eckigen Rückenlinie“, zum „steilrückigen Becken“ oder zur „steilen Kruppe“. Wichtig ist eine ausreichende Öffnung für die Geburtswege, weshalb auch ein breites Becken erwünscht ist.

Das Hüftgelenk ist ebenso wie das Schultergelenk ein bewegliches Kugelgelenk, das am Hüftbein an der Stelle (Azetabulum) ansitzt, wo die drei Knochenelemente Darm-, Sitz- und Schambein zusammentreffen. Von hier aus führt der nach vorn gerichtete Oberschenkel zum recht komplizierten Kniegelenk. Der Unterschenkelknochen besteht praktisch nur aus dem Schienbein. Das dem Schienbein anliegende Wadenbein ist zu einem grätenartigen Knochen verkümmert. Wie beim Vorderfuß folgen das Fußwurzelgelenk (Sprunggelenk), die Mittelfußknochen und die 4 Zehenknochen. Die Hinterpfoten haben demzufolge eine Kralle weniger als die Vorderpfoten.

Das Kopfskelett setzt sich aus dem Hirnschädel und der die Mund- und Nasenhöhle bildenden Nasen- und Kieferregion zusammen. Insgesamt sind hier 25 einzelne Knochen beteiligt. Der bewegliche Unterkiefer wird im Kiefergelenk gehalten, das eine besondere Konstruktion aufweist. Die beiden Gelenkpfannen des Oberkiefers besitzen eine Längsrinne, die ein beiderseitiges Vorschieben des Unterkiefers gestattet. Da die Zahnreihen der Backenzähne im Unterkiefer um fast eine Zahnbreite enger stehen, muß während des Kauvorganges zusätzlich eine seitliche Bewegung ausgeführt werden, um die Kaufläche einer Seite voll in Deckung zu bringen. Das Kaninchen kann demnach nur einseitig kauen. Diese Einseitigkeit soll mehrere Tage andauern können, bis dann der Wechsel erfolgt.

Wie das übrige Skelett, so unterliegt der Schädel einschließlich der Zähne erblichen wie umweltbedingten Einflüssen. Der Schädel zeigt in besonderem

Maße Formveränderungen, die augenfällig in Erscheinung treten. Die Stirn- und Nasenbeine des Widderkaninchens sind z. B. gewölbt und geben dem Gesicht die charakteristische Kopflinie der „Ramsnase". Unter Mangelernährung aufgezogene Jungtiere weisen deutlich schmalere Kopfformen auf. Der bei Nährstoffmangel in der Regel gleichzeitig festzustellende schwächere Haarbesatz verstärkt diesen Eindruck noch. Veränderungen am Skelett und insbesondere am Kopf sind äußerlich durchaus wahrnehmbar und verdienen deshalb sorgfältige Beobachtung.

1.2 Zähne

Im Oberkiefer hat das Kaninchen hinter den beiden Schneidezähnen (I) nochmals 2 kleine sogenannte Stiftzähne, die es von den echten Nagern unterscheiden und das charakteristische Merkmal der Familie „Hasenartiger" sind. Die Stiftzähne werden den Schneidezähnen zugerechnet. Kaninchen sind somit zoologisch keine Nagetiere (Rodentia), obwohl sie über echte Nagezähne verfügen. Die Ähnlichkeit ist aufgrund der Anpassung an die Umwelt entstanden und ist nicht die Folge stammesgeschichtlicher Zusammenhänge.

Dem Unterkiefer fehlen diese doppelten Schneidezähne, außerdem hat er auf jeder Seite einen Vorbackenzahn weniger. Eckzähne sind weder im Ober- noch im Unterkiefer vorhanden. Die Zahnformel des halben Ober- und Unterkiefers ist wie folgt anzugeben:

I	C	P	M
2	0	3	3
1	0	2	3

I = Schneidezahn
C = Eckzahn
P = Vorbackenzahn (Prämolaren)
M = Backenzahn

Beim Milchgebiß, das bis zum 19. Lebenstag durch bleibende Zähne ersetzt wird, fehlen die Prämolaren (P). Vom 27. bis 35. Tag an, zur Zeit des gewöhnlichen Absetzens von der Mutter, verfügt das Kaninchen über ein voll ausgebildetes Gebiß, dessen Zähne „wurzeloffen" sind, d. h. ein immerwährendes Wachstum aufweisen. Die Zähne schleifen sich bei Gebrauch ab und schärfen sich selbst. Die großen Schneidezähne haben z. B. nur auf der Vorderseite einen Schmelzbelag. Dieser harte Teil bleibt länger stehen und garantiert die scharfe, meißelartige Form. Die Stiftzähne bieten dabei eine gute Auflage und geben dem Ganzen einen besseren Halt. Das Zahnwachstum wird unterbrochen, sobald die Zähne einem entsprechenden Kaudruck ausgesetzt werden. Bei Kieferanomalien, falscher Zahnstellung usw. fehlt diese Wachstumsregulation, die Zähne wachsen ungehemmt, und die betreffenden Tiere sind nicht mehr in der Lage, normale Kauarbeit zu leisten. Wie stark diese Zahnanomalie sein kann, geht aus Abb. 2 hervor.

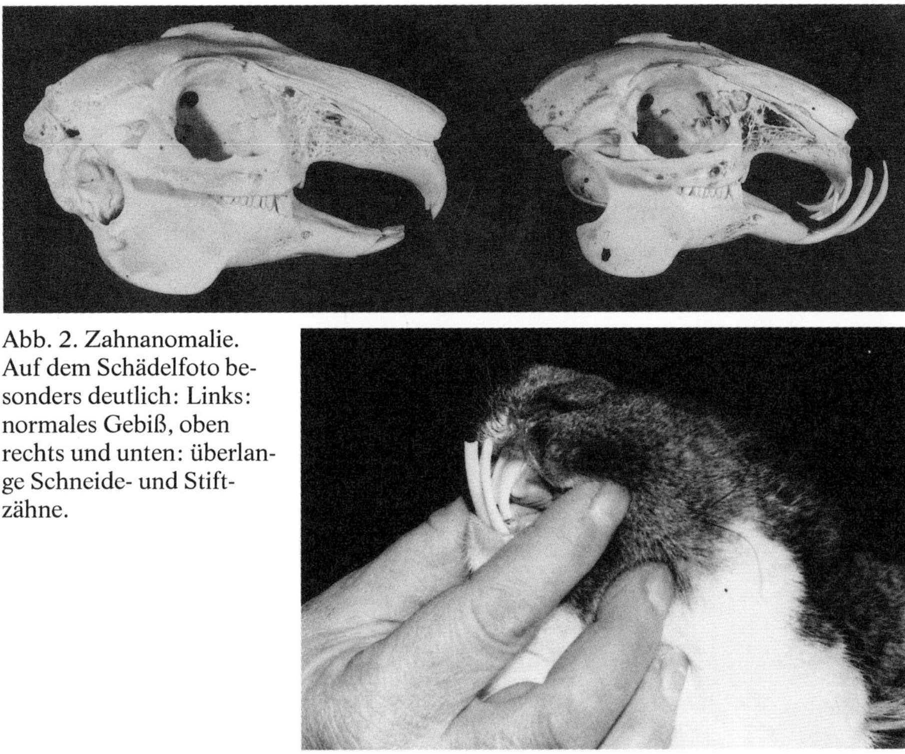

Abb. 2. Zahnanomalie. Auf dem Schädelfoto besonders deutlich: Links: normales Gebiß, oben rechts und unten: überlange Schneide- und Stiftzähne.

1.3 Muskulatur

Muskeln ermöglichen dem Organismus die verschiedensten Bewegungsabläufe. Außerdem geben sie den einzelnen Körperregionen das vom Skelett vorgegebene typische Aussehen. Gewöhnlich als Fleisch bezeichnet, handelt es sich um das wertvollste Produkt des Kaninchenkörpers. Wegen seiner überwiegend hellen Farbe wird es den sogenannten Weißfleischsorten zugerechnet. Einige stärker und regelmäßig beanspruchte Muskeln zeichnen sich jedoch aufgrund ihrer höheren Blutkapillardichte durch kräftigere Färbung aus, so daß neben den in der Regel ausgesprochen hell-blassen Muskeln auch einige „rote" ins Auge fallen. Als Beispiel eines rotfarbenen Muskels sei der Kaumuskel genannt.

Jeder Muskel setzt sich aus einzelnen Fasern zusammen, die je nach Rasse oder Herkunft eine Faserstärke von 0,03 bis 0,04 mm aufweisen. Untersuchungen ergaben, daß z. B. Marburger-Feh-Kaninchen sich durch sehr feine Muskelfasern auszeichnen, während bei der Rasse Groß-Chinchilla dickere Faserstärken registriert wurden. Die Anzahl der Muskelfasern ist wie beim Menschen bereits bei der Geburt festgelegt, lediglich in ihrer Dicke nimmt die Faser mit fortschreitender Entwicklung zu. Die jeweilige Kondition, insbesondere der Ernährungszustand und das Körpergewicht spielen hierbei eine bedeutende Rolle. Geschlechtsunterschiede sind anfangs nicht erkennbar oder nur wenig ausgeprägt. Später entwickeln dann Rammler gegenüber Häsinnen eine kräftigere Muskulatur mit stärkerem Nacken und massigerem Kopf. Ausreichende Platzverhältnisse mit der Möglichkeit zur aktiven Bewegung begünstigen beim wachsenden Tier zweifellos die Ausbildung einer kräftigeren Muskulatur. Voraussetzungen hierfür sind allerdings dem Kaninchen zusagende Umweltbedingungen.

Abb. 3 zeigt eine Übersicht über die Muskulatur des Kaninchenkörpers, in der oberflächlich liegende Skelettmuskeln dargestellt sind. Die Gesamtzahl an

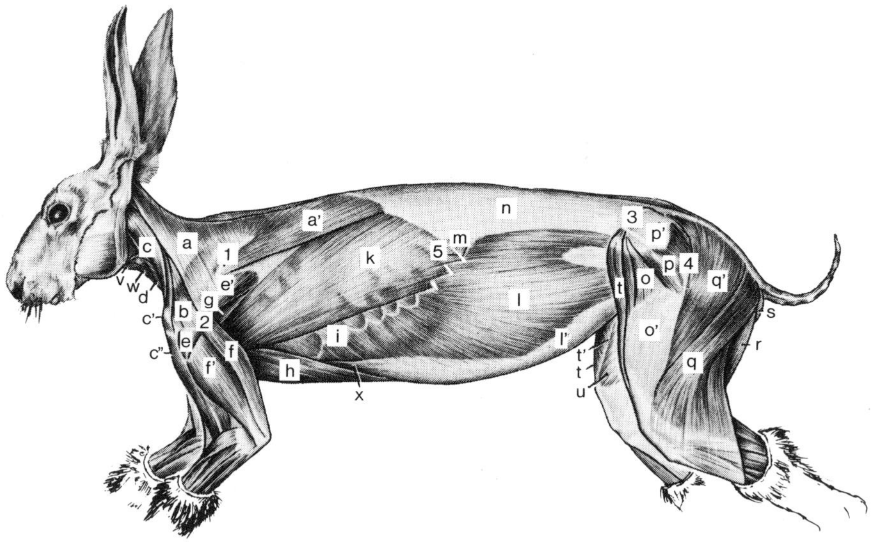

Abb. 3. Die Muskeln des Kaninchenkörpers (aus Koch 1976).

a)	M. trapezius, Pars cervicalis
a′)	M. trapezius, Pars thoracica
b)	M. omotransversarius
c)	M. cleidocervicalis
c′)	M. cleidomastoideus
c′′)	M. cleidobrachialis
d)	M. sternocephalicus
e)	M. deltoideus
e′)	M. infraspinatus
f)	M. triceps brachii, Caput longum
f′)	M. triceps brachii, Caput laterale
g)	M. teres major
h)	M. pectoralis superficialis
i)	M. serratus ventralis
k)	M. latissimus dorsi
l), l′)	M. obliquus externus abdominis
m)	M. iliocostalis
n)	M. longissimus dorsi mit Fascia lumbodorsalis
o), o′)	M. tensor fasciae latae
p)	M. glutaeus superficialis
p′)	M. glutaeus medius unter der Aponeurose des vorigen
q)	M. biceps femoris
q′)	M. abductor cruris cranialis
r)	M. semitendinosus
s)	M. semimembranosus
t), t′)	M. sartorius
u)	M. vastus medialis
v)	M. sternohyoideus
w)	M. sternothyreoideus
x)	M. rectus abdominis
1	Spina scapulae
2	Akromion
3	Spina iliaca ventralis cranialis
4	Trochanter major
5	zwölfte Rippe

paarigen und unpaarigen Muskeln ist weit höher. Allein die Extremitäten besitzen 90 paarige Muskeln.

Trotz der großen Zahl der für die unterschiedlichsten Bewegungsaufgaben zuständigen Muskeln machen aber nur etwa 10 % den Hauptanteil der Gesamtfleischmenge aus. Die Muskelfülle konzentriert sich im wesentlichen auf die wertvollen Partien des Rückens und der Keule. Zu nennen sind vor allem folgende Muskeln:

Rücken
Musculus longissimus dorsi
Musculus psoas major

Keule
Musculus glutaeus superficialis
Musculus glutaeus medius
Musculus glutaeus profundus
Musculus biceps femoris
Musculus semitendinosus
Musculus semimembranosus

Von den genannten Muskeln bringen der M. longissimus dorsi und der M. semimembranosus die größten Fleischanteile. Erwähnt seien noch die Muskeln der Schulter und des Oberarmes, die in ihrer Gesamtheit ebenfalls ein Fleischstück abgeben.

Auf den starken Muskelansatz und die Muskelfülle der genannten Teilstücke Rücken und Keule wird in der Wirtschafts- bzw. Fleischkaninchenzucht besonderer Wert gelegt. Aber auch beim Rassekaninchen ist eine gute Bemuskelung wünschenswert. Knochenvorsprünge wie auch alle Ecken und Kanten sollten von der Muskulatur überdeckt sein, um die in sämtlichen Zuchtrichtungen angestrebte Körperharmonie zu gewährleisten. Haut und Haar wie auch Fett- und Bindegewebe können diese Aufgabe allein nur bis zu einem gewissen Grad erfüllen.

1.4 Blut, Herz und Kreislauf

Sämtliche Organe benötigen zur Aufrechterhaltung ihrer Funktionen eine ständige Versorgung mit Blut. Die im Kaninchenkörper enthaltene Blutmenge beträgt wie bei anderen Säugern etwa 7 % des Körpergewichts. Beim Schlachten fließt hiervon nur etwa die Hälfte ab, mitunter weit weniger. Das auf das Körpergewicht bezogene relative Blutvolumen schwankt je nach Belastung zwischen 55 und 63 ml/kg. Bei starker Anstrengung findet eine Zunahme der zirkulierenden Blutmenge statt. Während der Trächtigkeit ist eine Erhöhung der absoluten Blutmenge, nicht jedoch des relativen Blutvolumens festzustellen. Blutverluste erträgt der Körper bis zu maximal 50 %. Es kommt dann aber bereits zu Kreislaufversagen. Im Gegensatz zu anderen Säugetieren und dem Menschen sollen Kaninchen jedoch dank ihrer Blutspeicherorgane wie der relativ großen Milz in der Lage sein, recht starke Blutverluste nach 2 Stunden wieder weitgehend auszugleichen.

Die Aufgaben des Blutes sind sehr vielseitig. Hierzu gehören u. a.:
- unentbehrliche Transportaufgaben: Zufuhr von Sauerstoff, Nähr- und Wirkstoffen, Weiterleitung von Abbauprodukten, Heranführung von Hormonen,
- lebenswichtige Regulationsfunktionen: Verteilung und Abgabe von Körperwärme, Ausscheidung und Bindung von Wasser, Aufrechterhaltung des Blutdruckes, Einstellung des osmotischen Druckes und des pH-Wertes
- notwendige Abwehrmaßnahmen: mit Hilfe von Antikörpern, Leukozyten, Fermenten, Blutgerinnung.

Für die Beurteilung des Gesundheitszustandes werden eine ganze Reihe von Blutkriterien herangezogen. Zu erwähnen ist, daß einzelne Werte beträchtliche tagesrhythmische Schwankungen aufweisen. Hierbei ist die Blutentnahme nicht rückwirkungsfrei, d. h., vorangegangene Blutproben können beim Kaninchen z.B. die Leukozytenzahl beträchtlich beeinflussen. Tab. 1 enthält eine Zusammenstellung wichtiger Blutparameter.

Tab. 1. Blut- und Kreislaufwerte.

Körpertemperatur (°C)	39 (38,5–39,5)
Atemfrequenz (min)	50–150
Pulsfrequenz (min)	120–150
Blutmenge (ml/kg)	55–63
Blutdruck (mm/Hg)	
systolisch	110 (90–130)
diastolisch	80 (60–91)
Blutgerinnung (sec)	90–180
Hämatokritwert (Vol. %)	39,6 (38,2–41,5)
Hämoglobingehalt (%)	etwa 12–14
Erythrozytengehalt (Mio./mm^3)	5 (4–6)
Leukozytengehalt (1000/mm^3)	8 (6–12)

Anmerkung: Die in der Literatur mitgeteilten Werte können je nach Verfassung der Tiere und der jeweiligen Versuchsanstellung erheblich voneinander abweichen.

Die ständige Bewegung des Blutes im Körper wird durch das Herz als zentrale Pumpstation bewerkstelligt. Da Zusammenhänge zwischen Körpermasse und Blutmenge bestehen, ist zu erwarten, daß auch die Größe des Herzens von der Körpergröße abhängt. Über das Gewicht und die Körpergröße der inneren Organe des Kaninchens liegen je nach Rasse unterschiedliche Angaben vor. Beträgt z. B. das Herzgewicht bei Deutschen Riesen über 10 g (relativ zum Körpergewicht 0,22%), so werden beim Hermelinkaninchen nur 2,7 g (0,24%) ermittelt. In den einzelnen Altersstufen sind unterschiedliche Relativwerte zu registrieren; geschlechtsbedingte Unterschiede treten jedoch nicht zutage.

Die größte Gewichtszunahme erfahren die Kaninchenherzen vom Zeitpunkt der Geburt bis zum Alter von einem Monat. Auch wenn beim Kaninchen bei der üblichen Haltungsweise Herz und Blutkreislauf nicht in dem Maße wie beim Wildkaninchen durch aktive Körperbewegungen beansprucht werden, so ist dennoch eine proportional zum Körper ausreichende Herzmasse und eine entsprechende Kreislaufbelastbarkeit notwendig. Eine erhebliche Kreislaufbelastung setzt gegen Ende der Trächtigkeit ein. Die intensive Durchblutung der Plazenta bedarf großer Blutmengen. Ebenso erfordert die relativ zum Körpergewicht hohe Milchleistung eine intensive Durchblutung der Milchdrüse. Beim Rind rechnet man beispielsweise mit einer Durchblutung, die um das 400fache höher ist als die Milchmenge. Auf das laktierende Kaninchen übertragen, müßten bei 200 g Tagesmilchleistung zur Milchbildung 80 Liter Blut durch die Milchdrüse zirkulieren. Da mit abnehmender Tiergröße relativ größere Stoffwechselleistungen einhergehen, die Kaninchenmilch zudem einen rund dreimal höheren Nährstoffgehalt aufweist, müßte die durch das Milchdrüsengewebe zu pumpende Blutmenge noch höher sein.

1.5 Atmungsapparat

Zwischen Blut und Kreislauf einerseits und dem Atmungsapparat andererseits bestehen enge Wechselbeziehungen: Bei niedrigem Sauerstoffgehalt des Blutes kommt es zur Steigerung der Atemtätigkeit, und der gesamte Kreislauf wird angeregt. Deutlich wird das beim neugeborenen Kaninchen. Ist der Blutaustausch zwischen mütterlicher Plazenta und dem Fötus nach erfolgter Geburt unterbrochen, so löst der Abfall des Sauerstoff- bzw. Anstieg des Kohlendioxid-Partialdruckes im fötalen Blut die ersten Atemzüge der Lunge aus. Von praktischer Bedeutung ist, daß dieses Regelprinzip auch bei schlechten Luftverhältnissen im Stall angewendet wird. Fällt der Sauerstoff-Partialdruck auf Werte von weniger als 65 Torr ab, so kommt es zur Atmungsbeschleunigung. Auch überhöhte Körpertemperaturen wirken sich über die Atemzentren des Gehirns auf die Atemtätigkeit aus. In gleicher Weise äußern sich Schmerzeinflüsse und besondere Belastungssituationen.

Die genannten Vorgänge beziehen sich auf die sogenannte äußere Atmung, die durch die Lunge betrieben und gemeinhin als Atmung verstanden wird. Hiervon zu unterscheiden ist die innere Atmung. Sie bezieht sich auf den Austausch von Sauerstoff und Kohlendioxid zwischen den Zellen und dem Kapillarblut und soll uns hier nicht weiter beschäftigen.

Der Weg der eingeatmeten Luft – angesaugt durch die Erweiterung des Brustkorbes – beginnt an den schlitzförmigen Nasenöffnungen. Bei ruhiger Atmung ist das charakteristische Anheben und Senken der Nasenspitze und das Öffnen und Schließen der seitlichen Nasenöffnungen zu beobachten. Die Luft strömt zunächst in die paarigen Nasenhöhlen, die mit den Nasennebenhöhlen nur andeutungsweise in Verbindung stehen. Somit sind beim Kaninchen die Stirn- und Oberkieferhöhle nicht frei zugänglich, was beispielsweise eine örtliche Behandlung von Entzündungen (Schnupfen) praktisch unmöglich macht oder zumindest stark erschwert.

Nach Passage von zwei deutlich enger als beim Feldhasen angelegten Öffnungen, den Choanen, strömt die eingeatmete Luft in die Rachenhöhle ein, kreuzt die Speiseröhre und gelangt in den Kehlkopf. Von hier aus erfolgt die Weiterleitung durch die Luftröhre über die Bronchialäste in die Lungen bis zu den kleinsten Lungenalveolen, dem eigentlichen Ort des Gasaustausches. Die Gefäßwandungen der Alveolen sind nur etwa 0,004 mm stark. Durch diese dünne Wand diffundieren die für die Atmung wichtigen Gase Sauerstoff und Kohlendioxid, die unter Mitwirkung der Erythrozyten und des Blutplasmas nicht nur gelöst, sondern im Blut chemisch gebunden werden. Da 1 g Hämoglobin im Mittel 1,34 ml O_2 bindet, beträgt die Sauerstoffkapazität des Kaninchenblutes etwa 17 Vol-% (bei 13 g Hb pro 100 ml Blut), ein Wert, der angesichts der Schwankungsbreite für den roten Blutfarbstoff auch für andere Haustiere zutreffen kann.

Die Lungen stellen sich als ein sehr weiches, schwammiges Gebilde dar, dessen Oberfläche tiefe Einkerbungen zeigt, die die einzelnen Lungenlappen voneinander trennen. Bei der Lunge fällt auf, daß die rechte Seite beträchtlich größer ausgebildet ist. Dies ist dadurch zu erklären, daß das mehr links gelagerte Herz einen beachtlichen Teil des Brustraumes beansprucht.

1.6 Verdauungssystem

Die Aufgabe der Verdauung ist es, dem Körper die notwendige Energie zur Aufrechterhaltung seiner Körperfunktionen und zum Aufbau von Körpersubstanz bereitzustellen. Hierbei entscheidet weniger die Menge an aufgenommenen Rohnährstoffen als vielmehr der Anteil der Nährstoffe, welche vom Organismus auch wirklich verdaut und genutzt werden können. Verdauungsleistung wie Nährstoffansprüche sind bei den einzelnen Tierarten sehr verschieden und der artspezifischen Ernährungsweise angepaßt. Wie aus Tab. 2 ersichtlich ist, können die einzelnen Abschnitte des Verdauungstraktes recht unterschiedlich entwickelt sein.

Beim Kaninchen fällt vor allem der große Blinddarm auf. Wesentliche Abweichungen gegenüber anderen Haustieren sind im andersartigen Bau des Magens sowie in der Ausbildung einzelner Darmabschnitte zu finden. Da unsere Kaninchen, denen ebenso wie den anderen Haustieren ihre Tagesration zugeteilt wird, kaum die Möglichkeit zur eigenen Auswahl haben, ist die tiergerechte Futterzusammenstellung besonders wichtig. Verdauungsphysiologische Grundkenntnisse sind deshalb notwendig und nützlich, zumal Kaninchen auf Fütterungsfehler und Verdauungsstörungen empfindlich reagieren.

Als Pflanzenfresser verfügt das Kaninchen über einen recht langen Verdauungskanal, der mit einer Gesamtlänge von 4 bis 6,5 m die Körperlänge um fast das Zehnfache übertrifft.

Nach Passage der Mundhöhle und der Speiseröhre stellt zunächst der einhöhlige Magen die erste Station für die Nahrung dar. Nach dem Magen folgt der Dünndarm mit den Abschnitten Zwölffingerdarm (Duodenum), Leerdarm (Jejunum) und Hüftdarm (Ileum). Die Bezeichnung „Darmabschnitte“ orientiert sich an den mit dem Darm verwachsenen Gekrösefalten, durch die sich die einzelnen Partien voneinander abgrenzen lassen. Der Name Zwölffingerdarm stammt übrigens aus der menschlichen Anatomie; er soll angeblich eine Länge von 12 Querfingern besitzen. Der übrige Teil des Darmes wird als Dickdarm

Tab. 2. Relatives Fassungsvermögen einzelner Verdauungsabschnitte bei verschiedenen Tierarten (in % zum Gesamtvolumen).

Verdauungsabschnitt	Pferd	Rind	Schwein	Kaninchen
Magen	9	70	29	34
Dünndarm	30	19	33	11
Blinddarm	16	3	6	49
Grimmdarm (Colon)	45	8	32	6

(Aus Portsmouth 1976)

bezeichnet. Ein wichtiger Abschnitt hiervon ist der beim Kaninchen überaus große, die rechte und linke Bauchhöhle fast völlig ausfüllende Blinddarm (Caecum oder Coecum), der schneckenartig aufgerollt ist und aus einzelnen Gärkammern besteht. Sein etwa 10 bis 15 cm langer Wurmfortsatz stellt im Vergleich zu anderen Haustieren eine Besonderheit dar, da er nur bei Kaninchen und Hasen anzutreffen ist.

Dem Blinddarm folgt der Grimmdarm oder das Colon, dessen oberer verdickter Abschnitt mit seinen deutlich abgesetzten unvollständigen Querfalten von dem wesentlich kompakteren Blinddarm umschlossen ist. Er fällt ins Auge, wenn die Bauchdecke geöffnet und der Darmtrakt freigelegt wird.

Im kurzen Endteil des Darmes, dem Mastdarm oder Rectum, der nach einer letzten Krümmung am Colon (Colon descendens) beginnt, liegen die bereits vorher geformten Kotpillen schon so verfestigt vor, daß sie als fertig ausgebildet erscheinen.

Nach dem Öffnen der Bauchdecke bietet sich dem Betrachter die in Abb. 4 dargestellte Ansicht.

Löst man die in sich verschlungenen Verdauungsorgane aus ihrer natürlichen Lage heraus, so ergibt sich für den Verdauungskanal das in Abb. 5 gezeigte Schema.

Die Durchgangsgeschwindigkeit für den Nahrungsbrei beträgt knapp 5 cm pro Stunde und über 1 m pro Tag. Somit benötigt die Nahrung für den Durchlauf durch das gesamte Verdauungssystem etwa 5 bis 6 Tage, wobei je nach Art und Zustand der Nahrung auch kürzere oder längere Durchgangszeiten festzustellen sind. Dieser Sachverhalt kann für den Züchter wie für den Tierarzt wichtig sein.

Über die Längenverhältnisse sowie Inhaltsgewichte liegen Zahlenangaben vor, die jedoch größeren Schwankungen unterliegen. Während die Darmlängen erblich bedingt sein mögen, sind die Inhaltsgewichte Ausdruck des augenblicklichen Fütterungszustandes. Die Magen- und Darmwände erweisen sich als außerordentlich dehnbar und erlauben nach üppiger Nahrungsaufnahme erhebliche Volumenzunahmen. Demgegenüber verursachen Hungerzeiten beträchtliche Reduzierungen. Das Verhältnis von Magen- zu Blinddarminhalt bewegte sich in Untersuchungen von Niehaus im Bereich von etwa 1 : 1,2 bis 1,4. Bei anderen Versuchen konnten Blinddarminhaltsgewichte von dem 8fachen des Mageninhaltes und darüber festgestellt werden. Bei einer eigenen Kontrolle ergab sich bei einem 3 kg schweren Tier der Rasse „Weiße Neuseeländer" bei

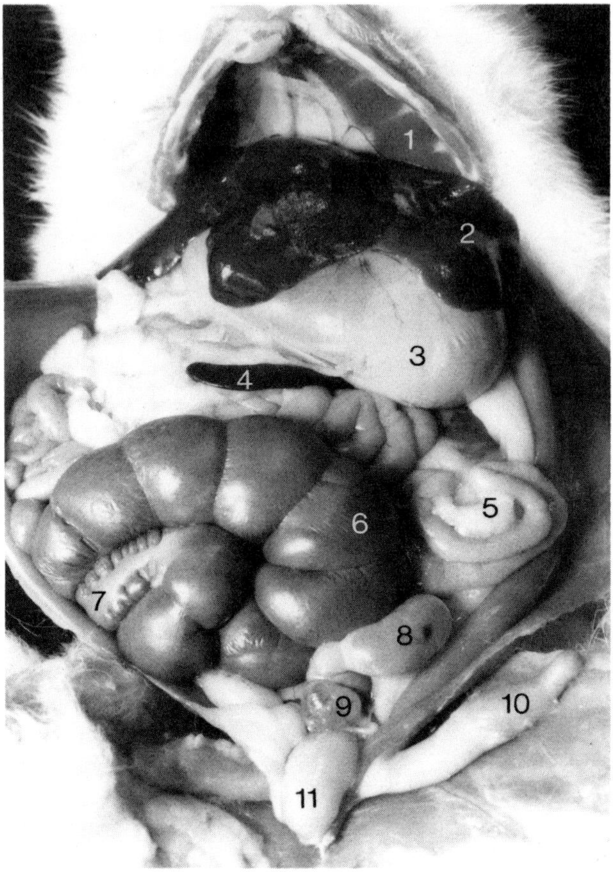

Abb. 4. Sichtbare innere Organe nach Öffnen der Bauchdecke eines männlichen Tieres (Rückenlage).

1 = Zwerchfell
2 = Leber
3 = Magen
4 = Milz
5 = Dünndarm
6 = Blinddarm
7 = Dickdarmanfang (Colon ascendens)
8 = Dickdarmende (Colon descendens)
9 = akzessorische Geschlechtsdrüse
10 = linker Hoden
11 = Penis

einem mäßig gefüllten Magen ein Verhältnis der Gesamtgewichte von 1 : 1,06 (460 g : 490 g). Für die in Züchterkreisen verbreitete Meinung, daß ballastreiche Nahrung während der Jugendentwicklung den Verdauungstrakt derart ausweite, daß bleibende Leibesfülle die Folge ist, gibt es keine Beweise. Wenn überhaupt, so werden sich diese Einflüsse in Grenzen halten.

Tab. 3. Längen und Inhaltsgewichte des Darmtraktes in Abhängigkeit vom Gewicht bei mittelschweren Rassen.

		Darmlänge (cm)			Inhaltsgewicht (g)	
Gewicht (kg)	n	Dünndarm	Dickdarm	gesamt	Magen	Blinddarm
2,0–2,5	20	317,2	158,2	475,4	72,9	77,7
3,0–3,5	14	358,1	168,5	526,6	101,6	139,7
4,0–4,5	5	370,8	189,5	560,3	74,0	121,6
Mittel	–	338,75	165,91	504,66	83,34	105,58

(Aus NIEHAUS 1975)

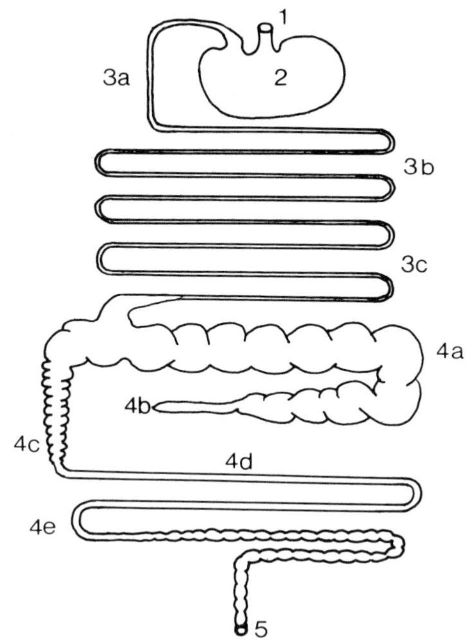

Abb. 5. Schematische Darstellung des Verdauungskanals eines ausgewachsenen Kaninchens (verändert nach NIEHAUS 1975).

1 = Pförtner (Pylorus)
2 = Magen
3 = Dünndarm
3a = Zwölffingerdarm (Duodenum)
3b = Leerdarm (Iljunum)
3c = Hüftdarm (Ileum)
4 = Dickdarm
4a = Blinddarm (Caecum)
4b = Blinddarmfortsatz (Processus vermiformis)
4c = Grimmdarm mit aufsteigendem Abschnitt (Colon ascendens)
4d = Grimmdarm mit querem Abschnitt (Colon transversum)
4e = Grimmdarm mit absteigendem Abschnitt (Colon descendens)
5 = Mastdarm (Rectum)

Tab. 3 enthält eine Zusammenstellung der Darmlänge und der Inhaltsgewichte von Magen und Blinddarm in Abhängigkeit vom Lebendgewicht. Wie aus den angeführten Mittelwerten zu sehen ist, bestehen deutliche Beziehungen zwischen Länge und Volumen der Verdauungsorgane zum Gewicht. Allgemein gültige Regeln über die Länge und das Fassungsvermögen des Verdauungstraktes bei den einzelnen Rassen aufzustellen, ist angesichts der großen Streubreite von 100 % und darüber wenig sinnvoll. Zudem gibt die Länge des Verdauungstraktes allein noch keine Auskunft über die Verdauungsleistung.

1.6.1 Die einzelnen Stationen der Nahrungsaufbereitung

Vorgänge im Mund

Die aufgenommene Nahrung wird zerkleinert und gut eingespeichelt. Während des Kauens können Abbeiß- bzw. Aufnahmebewegungen und die eigentlichen Kaubewegungen unterschieden werden. Mit den Schneidezähnen abgebissene Teile wie Stengel, Halme und Blätter werden mit Hilfe der Zunge gedreht und der Länge nach den Backenzähnen jeweils einer Mundhälfte zugeführt. Der Kauvorgang verläuft beim Kaninchen aus anatomischen Gründen wie schon erwähnt immer einseitig. Auch Getreidekörner und gekörntes Fertigfutter werden von der Zunge bewegt. Die Kauzahl beträgt bei ausgewachsenen Tieren etwa 3,5 bis 5 pro Sekunde. In diesem Bereich liegt auch die Zahl der Saugbewegungen der Jungkaninchen.

Der gemischte Mundspeichel wird von den Speicheldrüsen gebildet. Beteiligt sind die Sekrete der Ohrspeicheldrüse (Glandula Parotis), der Unterkieferdrüse (Gl. mandibularis), der Unterzungendrüse (Gl. sublingualis) und der unter dem Auge sitzenden Infraorbitaldrüse. Wichtiger Bestandteil des Speichels ist das Enzym Ptyalin, das die in Getreide, Kartoffeln usw. enthaltene Stärke aufspaltet und somit die Verdauung schon im Mund einleitet. Während des Abschluckens braucht der Kauvorgang nicht unterbrochen zu werden; das Gaumensegel schließt reflektorisch den Luftweg und verhindert das Eindringen von Speisebrocken in die Luftwege.

Vorgänge im Magen

Der einhöhlige Magen des Kaninchens speichert einmal die Nahrung, zum anderen werden Verdauungsvorgänge fortgesetzt, die bereits im Mund eingeleitet wurden. Die abgeschluckten Bissen werden im Magen zunächst schichtweise eingelagert. Während in den oberen Schichten die Speicheldiastase und Bakterien noch einige Zeit wirksam sein können, wird das Futter im unteren Bereich zunehmend von der Magensalzsäure durchsetzt, und die Reaktion schlägt von alkalisch in sauer um. Hier wird das eiweißspaltende Enzym Pepsin durch die Salzsäure aktiviert und wirksam. Die Salzsäure hat zudem antibakterielle und antivirale Eigenschaften. Lipolytische (fettspaltende) Enzyme sind schon vorhanden, der eigentliche Fettabbau findet jedoch erst im Dünndarm statt.

Die Fähigkeit des Magens, den Mageninhalt weiterzudrücken, ist beim Kaninchen aufgrund seiner schwach ausgebildeten Muskulatur sehr begrenzt. Nur am Magenausgang befinden sich kräftige Muskeln, die für eine Durchmischung sorgen und die Überführung in den Darm regeln. Der Transport des schichtweise eingelagerten Speisebreies erfolgt durch die Schwerkraft, unterstützt vom ständigen „Nachschub". Das Kaninchen frißt häufig und in kleinen Mengen, insgesamt recht viel. Bis zu 80 solcher kleinen Mahlzeiten täglich konnten registriert werden. Gewöhnlich nimmt das Kaninchen am Tag 20 bis 30 Mahlzeiten von je 6 Minuten Dauer zu sich. Es sollte deshalb auch ständig die Gelegenheit zur Nahrungsaufnahme haben. Zu große Fütterungsabstände bringen die Gefahr mit sich, daß sich die Tiere bei den Mahlzeiten überfressen. Kaninchen sind, ähnlich wie Pferde, nicht in der Lage zu erbrechen, so daß auf diese Weise keine Abhilfe bei Blähvorgängen geschaffen werden kann.

Vorgänge im Darm

Dünndarm

Hinsichtlich der anatomischen Verhältnisse sowie der Verdauungsprozesse, die im Dünndarm ablaufen, bestehen bei den einzelnen Nutztieren keine wesentlichen Unterschiede. Hier findet in den schon genannten Abschnitten Duodenum, Jejunum und Ileum die Hauptverdauung der Nahrung statt. Die wirkenden Verdauungssekrete sind der Gallensaft, der Pankreassaft sowie die Sekrete der Dünndarmschleimhaut mit einer Reihe von wirksamen Substanzen und Enzymen. Während der beim Kaninchen recht reichlich abgesonderte Gallensaft mit den darin enthaltenen Gallensäuren vor allem eine feine Fettverteilung bewirkt und somit die Resorption erleichtert, liefert die Bauchspeicheldrüse (Pankreas) wichtige Enzyme für die Verdauung aller drei Hauptnährstoffe.

Dickdarm

Der Dickdarm weist bei den einzelnen Haussäugetieren tierartliche Besonderheiten auf, was am Beispiel des Kaninchens deutlich zum Ausdruck kommt. Die enzymatischen Verdauungsvorgänge sind nun zwar im wesentlichen abgeschlossen, doch finden neben Wasserentzug bzw. Wasserrückgewinnung in den einzelnen Kammern noch wesentliche Prozesse des Aufschlusses der aufgenommenen Nahrung statt. Aufgrund des zur Verfügung stehenden Raumes und der relativ langen Verweildauer des Nahrungsbreies bestehen vor allem günstige Voraussetzungen für bakterielle Prozesse, die wichtige physiologische Aufgaben erfüllen. Beim erwachsenen Kaninchen sind es vor allem sogenannte Grampositive Bakterien wie z. B. *B. subtilis* und Laktobazillen, die die Hauptmasse der Bakterienflora stellen.

Im großräumigen Blinddarmabschnitt werden von den Bakterien, die ihre Körpersubstanz aus weniger vollwertigem Pflanzenprotein und Stickstoffverbindungen nichteiweißartiger Natur aufbauen, mit Hilfe eigener Enzyme schwer verdauliche Kohlenhydrate, z. B. Zellulose aufgeschlossen. Dabei entstehen flüchtige Fettsäuren, die zur Energiegewinnung herangezogen werden. 20 bis 30% des Energiebedarfs des Kaninchens sollen auf diesem Wege abzudecken sein. Ein Teil der Fettsäuren wird im sogenannten Weichkot, der im Blinddarm und Grimmdarm gebildet wird, wieder ausgeschieden. Die Fettsäuren verleihen dem Weichkot seinen charakteristischen Geruch, der das Kaninchen zum Fressen dieser Kotfraktion animiert.

Zu erwähnen ist, daß von den im Blinddarm und Grimmdarm tätigen Bakterien wertvolle Vitamine der B-Reihe und das Vitamin K gebildet werden. Diese Vitaminsynthese kommt dem Tier insbesondere während der häufig kargen Winterfütterung zugute. Die Bakterien stellen außerdem in ihrer Masse hochwertiges Eiweiß dar, und dieses könnte vom Tier anschließend verwertet werden, wenn in dem Rest des Verdauungsweges die hierzu notwendigen Mittel verfügbar wären. Während Wiederkäuer in der Lage sind, das wertvolle Bakterieneiweiß für sich nutzbar zu machen, lösen Kaninchen das Problem wie schon erwähnt auf eine andere Art: durch Fressen und die erneute Verdauung einer speziell für diesen Zweck gebildeten Kotfraktion.

1.6.2 Coecotrophie

Das Fressen von Kot ist bei einer ganzen Reihe von Tierarten verbreitet und ist keine Untugend, wie mitunter vermutet. Auch Mäuse und andere Nager fressen beträchtliche Mengen. Beim Kaninchen handelt es sich aber nicht um Kotfressen (Koprophagie) schlechthin, sondern um die Aufnahme eines ganz besonderen Kotes, des Blinddarm- oder Weichkotes, was zweifellos einen höheren Grad der Spezialisierung darstellt. Als Fachbezeichnung wurde hierfür das Wort Coecotrophie geprägt.

Der Anteil des nährstoffreichen Blinddarmkotes kann über 30 % des gesamten Kotes ausmachen, und bei Untersuchungen wurden während der Tageszeit 50 % und mehr des Mageninhalts als Blinddarmkot ausgewiesen. Im Aussehen unterscheidet er sich wesentlich von dem üblichen nährstoffarmen Hartkot. Es handelt sich um mit Schleim überzogene, traubenartige bis wurstartige Gebilde, die sich allein durch ihren Glanz und die homogene Beschaffenheit deutlich von den gröber erscheinenden Kotperlen abheben (s. Abb. 6). Der Durchmesser der einzelnen Perlen, die durch Zusammendrücken kantige Formen annehmen können, unterliegt beträchtlichen Schwankungen und bewegt sich in der Größenordnung von 3 bis 11 mm.

Abb. 6. Die beiden Kotfraktionen. Links: Blinddarmkot, rechts: normaler Kot.

Hartkot wie Weichkot sind das Produkt eines komplizierten Filterungs- und Siebungsprozesses, in dessen Verlauf die feineren und leichter verdaulichen Bestandteile von den gröberen abgetrennt werden. Beim Weichkot handelt es sich sozusagen um Blinddarminhalt, der die weiteren Dickdarmabschnitte weitgehend unverändert passiert, direkt vom After abgenommen und unzerkaut abgeschluckt werden kann. Dies geschieht recht unauffällig und wird wohl in den meisten Fällen vom Betrachter als Putzbewegung angesehen. Der Blinddarmkot gelangt in den blindsackartig erweiterten Fundusteil des Magens, wo die äußere, zum guten Teil aus Bakterien bestehende Schleimhülle, die sich aus Mucoprotein und Vitamin B_{12} zusammensetzt, noch bis zu sechs Stunden völlig erhalten bleibt. Währenddessen wirken bereits im Blinddarmkot enthaltene Bakterienfermente auf andere Nahrungsbestandteile abbauend ein, ehe die Bakterienmasse selbst dem Prozeß der Auflösung und Resorption unterzogen wird.

Die Haltung der Tiere auf Drahtböden hindert sie übrigens nicht an der Durchführung der durchaus normalen und für sie nützlichen Prozedur. Das Fressen fremden Kotes wird dadurch allerdings unterbunden, was aus hygienischer Sicht nur vorteilhaft sein kann. Wird den Kaninchen die Aufnahme von Blinddarmkot durch das Anbringen von Halskrausen verwehrt, so werden sie weder krank noch sterben sie. Die Nährstoffausnutzung, vor allem die Aneignung von Stickstoffsubstanzen wird jedoch spürbar herabgesetzt, was geringere Gewichtszunahmen zur Folge haben kann. Das gleiche gilt für die Vitaminausnutzung, wenn das verabreichte Futter den Bedarf allein nicht decken kann.

Bezüglich des Nährstoffgehaltes von Blinddarmkot ergaben Analysen 2,3mal höhere Roheiweißgehalte, die Keimzahl lag 3,5mal höher als bei normalem Kot (s. Tab. 4).

Tab. 4. Zusammensetzung von normalem Kot und Blinddarmkot beim Kaninchen.

Inhaltsstoffe (% TS)	normaler Kot	Blinddarmkot
Trockensubstanz (TS)	44,8	24,8
Wasser	53,8	75,2
Asche	14,2	15,7
Fett	2,6	1,4
Rohfaser	33,7	14,4
Roheiweiß	14,5	33,3
„Zucker“	34,8	35,1
Bakterienkeime	2700,0	9560,0

(Aus NIEHAUS 1975)

Die Bildung von Blinddarmkot und seine Aufnahme weist beim Kaninchen tagesperiodische Schwankungen auf. Während beim Wildkaninchen in der Regel Weichkot einmal in 24 Stunden abgegeben wird, vorzugsweise am Tage während der Ruheperiode, kann beim Hauskaninchen eine mit der Fütterungszeit und Tageslichtlänge zusammenhängende Verschiebung der Coecotrophieperiode festgestellt werden, wobei auch mehrphasige Bildungsperioden auftreten.

Wenn der Stall von morgens 6 bis abends 18 Uhr belichtet wird, erfolgt das Fressen des Weichkots in der Regel zwischen 6 und 14 Uhr.

Der Kotabsatz wird für beide Kotarten von einem Regelzentrum, das im Rückenmark der Kreuzbeinregion seinen Sitz hat, automatisch gesteuert. Über die Großhirnrinde ist das Kaninchen aber auch fähig, eine willkürliche Kontrolle über den Schließmuskel zu erlangen, so daß die Erziehung stubenreiner Kaninchen nach Ausbildung entsprechender bedingter Reflexe möglich ist.

Die Aufnahme von Blinddarmkot garantiert weiterhin eine gewisse Magenfüllung in freiwilligen und erzwungenen Freßpausen, was den fortlaufenden Weitertransport des Nahrungsbreies im Verdauungstrakt unterstützt.

Für die Praxis der Kaninchenhaltung hat dies insofern Bedeutung, als mit den tagesrhythmischen Abläufen der Blinddarmkotbildung beispielsweise das Futteraufnahmeverhalten und wichtige biochemische und physiologische Funktionen miteinander gekoppelt sind. Hieraus resultiert die begründete Forderung nach Regelmäßigkeit in der Betreuung sowie die genaue Einhaltung der Futterzeiten.

1.7 Harn- und Geschlechtsorgane

Die Harn- und Geschlechtsorgane werden wegen der engen räumlichen Verbindung und teilweisen Verschmelzung ihrer ableitenden Wege bei den Wirbeltieren auch als Urogenitalsystem bezeichnet, obwohl sie funktionell grundverschiedene Aufgaben wahrnehmen.

Zum sogenannten Harnapparat, der die Ausscheidung von Abbauprodukten und überflüssigen Substanzen in flüssiger Form vornimmt, gehören die harnbereitenden Nieren sowie Harnleiter, Harnblase und Harnröhre. Die Geschlechtsorgane sind je nach Geschlecht entsprechend ihrer Aufgabe verschieden ausgebildet, obwohl sie von ihrer ursprünglichen Anlage her prinzipiell gleich gebaut sind. Wichtigste Teile stellen die Keimdrüsen dar, die Eier bzw. Spermien hervorbringen. Ihre Entwicklung beginnt beim Fötus des Kaninchens etwa ab dem 20. Tag nach Befruchtung des Eies, was zunächst nur mikroskopisch zu verfolgen ist. Zur Zeit der Geburt sind äußerliche Geschlechtsunterschiede kaum erkennbar. Nur Geübte sind in der Lage, eine Geschlechtsbestimmung am ersten Lebenstag vorzunehmen (Abb. 7). Der Abstand zwischen After und Geschlechtsöffnung ist beim männlichen Tier etwas größer. Beim weiblichen Tier reicht die Schleimhaut der Vagina schlitzartig bis zum After hin. Während der Prüfung wird ein leichter Druck mit Zeigefinger und Daumen der haltenden Hand ausgeübt. Erst im Alter von 3 bis 4 Wochen läßt sich die Penisöffnung hervorstülpen und deutlich von der etwas weiteren Scheidenöffnung unterscheiden.

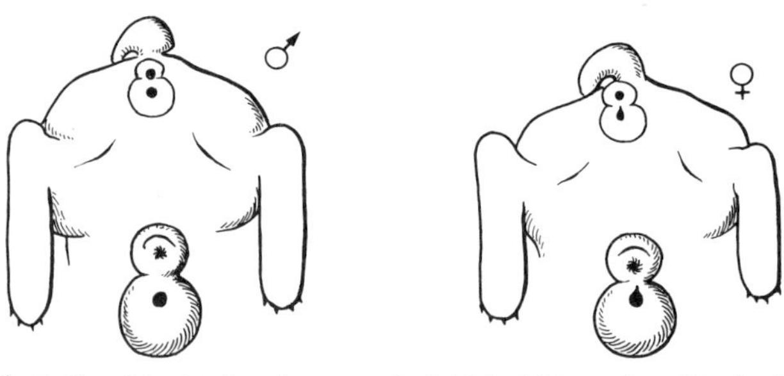

Abb. 7. Geschlechtsbestimmung bei 1 bis 2 Tage alten Kaninchen.

Anhand spezieller Präparationen von Zellteilungsphasen lassen sich zwar mittels Blut Geschlechtsbestimmungen durchführen, für die Praxis sind diese aufwendigen Karyotypanalysen jedoch ohne Bedeutung. Bei großer Tierzahl beträgt das Geschlechtsverhältnis annähernd 50 : 50.

Nachfolgend sollen wichtige Organe des Urogenitalsystems kurz behandelt werden.

1.7.1 Nieren

Die paarig angelegten Nieren sind die lebenswichtigen Hauptexkretionsorgane des Organismus. Sie haben bei den Kaninchen die Form einer Bohne, an deren Einbuchtung die Blutgefäße und der Harnleiter ansetzen. Beide Nieren befinden sich an der rückwärtigen Seite der Bauchwand. Der Sitz der rechten Niere liegt in Richtung Kopf etwas höher, so daß sich ein unsymmetrisches Bild ergibt. Die Hauptaufgabe der Nieren ist die Reinigung des Blutes von Schlackenstoffen. Das funktionelle Grundbauelement hierfür stellt das Nierenkörperchen mit den dazugehörenden Kanälchen dar, zusammen als Nephron bezeichnet. Hier wird das durchströmende Blut in feinsten Gefäßverästelungen und -schlingen ständig einer Filterungsprozedur unterzogen. Die Nierenkörperchen und die geschlängelten Kanälchen bilden in ihrer Gesamtheit die Rindenschicht der Niere, während der innere Teil, die Markschicht, durch die nachfolgenden Schleifen und Sammelkanäle sein typisches Gefüge erhält. Bei voll funktionierenden Nieren ist der Harn unserer Haustiere von charakteristischer Farbe und spezifischem Geruch. Beim Kaninchen ist auffällig, daß über die Trübung hinaus starke Harnkristallbildungen auftreten, die beim Laien den Verdacht krankhafter Zustände entstehen lassen. Spezielle Untersuchungen ergaben, daß es sich hierbei nicht nur um Kalziumkarbonate und Ammonium-Magnesiumphosphatkristalle handelt, sondern auch um das in der Natur ganz selten vorkommende Kalziumkarbonatmonohydrat, was nur noch im Tigerhai nachgewiesen wurde. Die zwischen den Nieren liegenden weißgelben rundlichen Körper, die Nebennieren, haben mit den Nieren an sich nichts zu tun. Sie produzieren eine Reihe von Hormonen und erfüllen lebenswichtige Aufgaben, zu denen u. a. auch die Regulation der Natrium-, Kalium- und Chloridausscheidung in den Nieren gehört.

1.7.2 Harnleiter, Harnblase und Harnröhre

Der im Hohlraum der Niere, dem sogenannten Nierenbecken gesammelte Harn wird ständig durch den Harnleiter der dehnbaren Harnblase zugeführt. Mit zunehmender Füllung entsteht der Drang zur Entleerung. Das geschieht, indem der Schließmuskel mit Unterstützung der glatten Muskulatur der Blasenwand wie auch der Bauchmuskulatur den Ausgang zur Harnröhre freigibt. Dieser Vorgang ist ebenso wie die Kotentleerung dem Willen unterworfen. Die Ausführungsöffnung der bei den Geschlechtern unterschiedlich langen Harnröhre liegt an der Spitze des Penis oder im Endabschnitt der Scheide.

1.7.3 Männliche Geschlechtsorgane

Spermienerzeugende Organe sind die paarig angelegten Hoden, die sich beim Kaninchen nicht wie bei vielen anderen Säugetieren in einem abgeschlossenen Hautsack befinden, sondern in beidseitig angelegten Hauttaschen unter der Haut. Die Entwicklung der Hoden beginnt vor der Geburt in der Nierengegend. Ihre Verlagerung nach außen hat den Vorteil, daß die sich im funktionstüchtigen Hoden bildenden Spermien niedrigeren Temperaturen von 35 bis 36 °C ausgesetzt sind als im Innern der Bauchhöhle, wo die Temperatur für sie auf die Dauer zu hoch wäre. Unterbleibt der Abstieg der Hoden, so spricht man von Kryptorchismus. Solche Tiere sind von der Zucht auszuschließen. Bei einer Kontrolle durch Nachsehen oder Abtasten ist jedoch zu beachten, daß die Rammler in der Lage sind, für kürzere Zeit ihre länglichen und schmalen Hoden mit Hilfe eines Muskels einzuziehen.

Die Spermienbildung verläuft wie bei anderen Säugetieren. Wichtig ist hier die vorausgehende Reduktionsteilung, bei der der volle Chromosomensatz von 44 auf die Hälfte reduziert wird; dies geschieht ebenso bei den sich im Eierstock bildenden Eiern. Während dieses Vorganges wird die Neukombination der väterlichen und mütterlichen Erbanlagen ermöglicht, denn die Aufteilung der doppelt vorhandenen Erbanlagen erfolgt rein zufällig. Nach der Vereinigung der väterlichen und mütterlichen Keimzellen erhält der entstehende Embryo wieder den vollen Chromosomensatz.

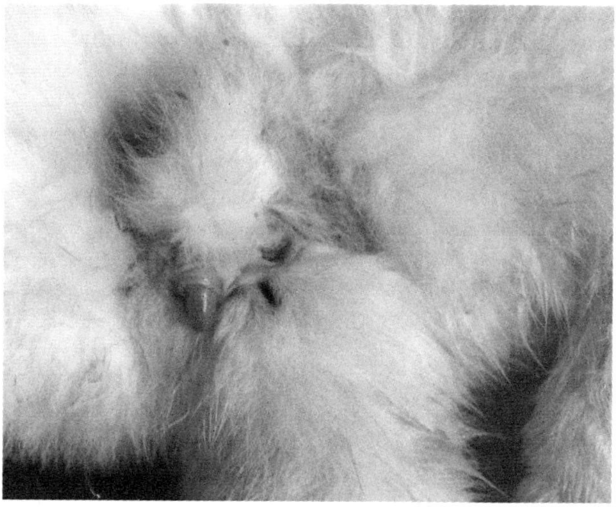

Abb. 8. Freigelegter Penis eines ausgewachsenen Rammlers.

Neben den Hoden gehören zu den männlichen Geschlechtsorganen die Nebenhoden, Samenleiter, Anhangdrüsen (Vorsteherdrüse, Samenblasendrüse, Harnröhrenzwiebeldrüse) und das eigentliche Begattungsorgan, das Glied oder der Penis, ausgerüstet mit Schwellkörpern und Muskelsträngen. Über eine ausgebildete Eichel verfügt der Penis des Kaninchens nicht. Abb. 8 und 9 vermitteln einen Überblick über die männlichen Geschlechtsorgane des Kaninchens.

1.7.4 Weibliche Geschlechtsorgane

Die Eierstöcke liegen in der Bauchhöhle dicht hinter den Nieren als recht weit voneinander entfernte weißliche ovale Gebilde von etwa 1,5 cm Länge. Beim geschlechtsreifen Tier bemerkt man auf der Oberfläche der Eierstöcke wäßrige Bläschen, sogenannte Follikel. Reife Follikel platzen beim Kaninchen nach

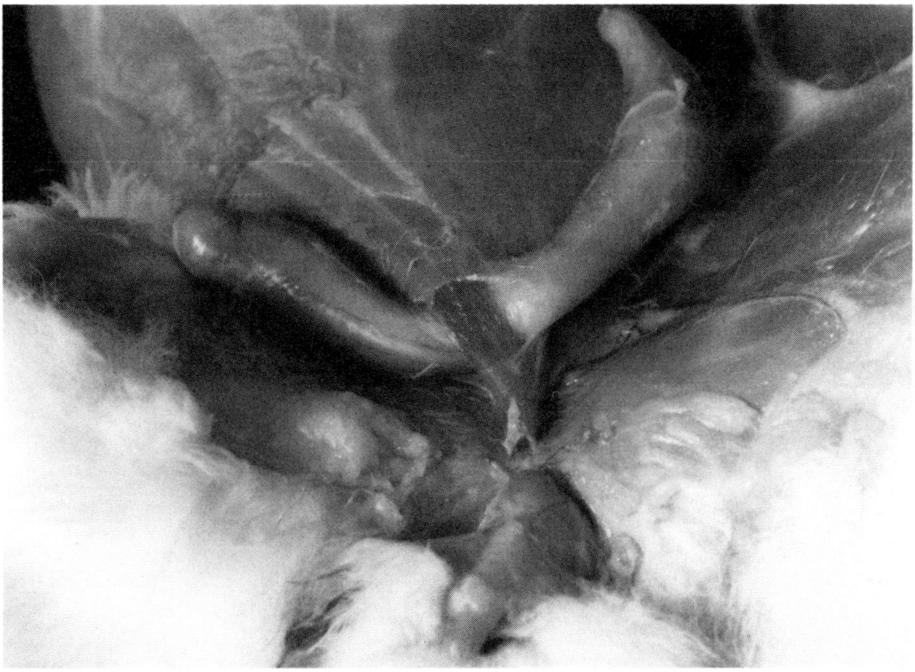

Abb. 9. Männliche Geschlechtsorgane nach Entfernen des Bauchfelles.

geschlechtlicher Reizung (sogenannte Spontanovulation) und geben das darin befindliche Ei frei. Findet keine Reizung bzw. kein Deckakt statt, so bilden sich die reifen Follikel wieder zurück. Gleichzeitig entstehen neue Eizellen und reifen heran, so daß zu jeder Zeit mit dem Vorhandensein reifer Eier zu rechnen ist.

Damit das freigesetzte Ei nicht in der Bauchhöhle verlorengeht, wird es vom Anfangsabschnitt des Eileiters, der sich am Ort des Eisprunges um den Eierstock legt, quasi wie von einem Trichter, Infundibulum genannt, aufgefangen und dem Eileiter zugeführt. Hier finden die Befruchtung und die ersten Reifeteilungen statt. Nach Durchwanderung des Eileiters gelangen die Eier in die ebenfalls doppelt angelegte Gebärmutter, den Uterus. Beim Kaninchen sind die beiden Gebärmutterhörner, in denen sich die Früchte entwickeln, völlig voneinander getrennt. Sogar der Muttermund ist doppelt vorhanden. Man spricht deshalb vom Uterus duplex, der in Abb. 10 dargestellt ist. Die Muttermundöffnungen werden vergrößert in Abb. 11 gezeigt. Der doppelt angelegte Uterus stellt eine Besonderheit unter den Haustieren dar. Solche Feinheiten entziehen sich aber gewöhnlicher Betrachtung, sie sind nur bei sorgfältiger Untersuchung zu erkennen.

Die Scheide ist schlauchförmig ausgebildet. Sie ist mit dem Enddarm verwachsen und hat bei mittelgroßen Rassen eine Tiefe von etwa 8 cm bei einem Durchmesser von etwa 1,5 cm. Für den Geburtsakt läßt sie sich kurzzeitig ausdehnen, um den ausgewachsenen Föten genügend Platz zu geben. Nach

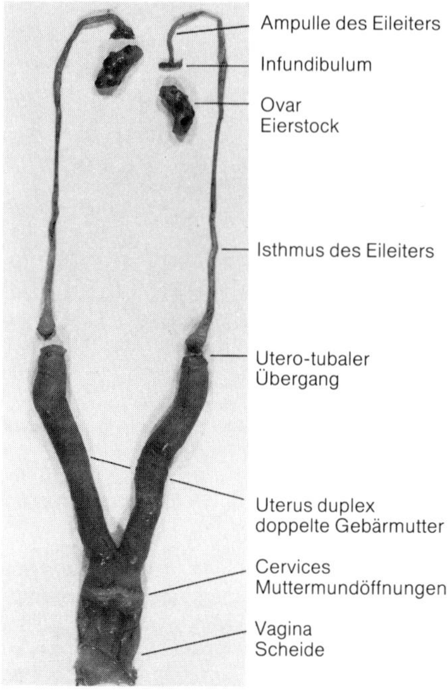

Abb. 10. Weibliche Geschlechtsorgane (aus FISCHER 1981).

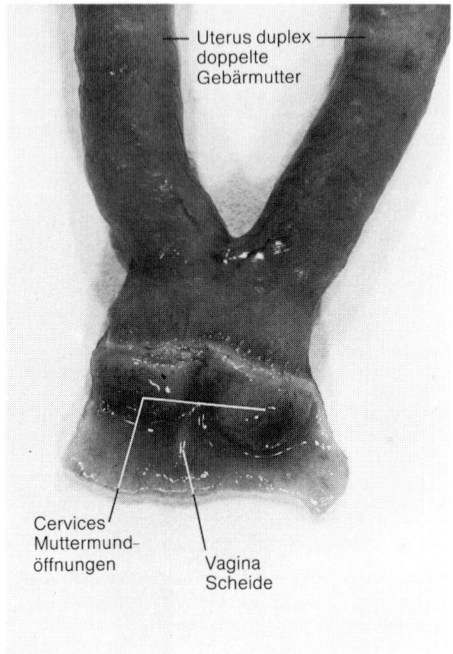

Abb. 11. Uterus duplex mit Muttermundöffnungen, vergrößert (aus FISCHER 1981).

außen ist die Scheide von einer Vorhaut bedeckt: zieht man diese zurück, so liegt die schlitzförmige Scheidenöffnung frei (Labium vulvae). Rechts und links davon befinden sich die Perinataltaschen, in denen sich die stark riechenden Sekrete der Inguinaldrüsen befinden.

1.8 Haut- und Hautanhangsgebilde

Die Haut bietet als Körperhülle in erster Linie mechanischen Schutz, hat aber auch noch andere Funktionen zu erfüllen, z. B. die der Wärmeregulierung. Bei hohen Umgebungstemperaturen erweitern sich die Hautgefäße, und das vermehrt durchströmende Blut leitet Wärme vom Körperkern zur Körperhülle ab. Da die Haut zahlreiche Rezeptoren für unterschiedliche Sinnesempfindungen enthält, ist sie zugleich Sinnesorgan (s. Seite 35).

Wie bei anderen Säugetieren besteht die Haut des Kaninchens aus der epidermalen Oberhaut (Epidermis), der bindegewebigen Lederhaut (Corium), aus der das Leder gewonnen wird, sowie der sich aus lockerem Bindegewebe zusammensetzenden Unterhaut (Subcutis) als Verschiebeschicht. Letztere ist beim Kaninchen besonders ausgeprägt und bewirkt, daß die Haut locker auf dem Körper liegt und sich mit Ausnahme weniger Stellen, wie Fußsohlen und äußere

Ohren, leicht bewegen und abheben läßt. Wir können Kaninchen deshalb auch gut am Fell greifen und tragen.

Als Anhanggebilde der Haut zählen die Haare, Krallen, Milchdrüsen, aber auch die Duftdrüsen, die als Hautdrüsenorgane zusammengefaßt werden. Über Schweißdrüsen verfügt das Kaninchen nicht. Es kann somit auch nicht schwitzen.

1.8.1 Haar

Das aus Hornsubstanzen (Keratin) bestehende Haar setzt sich aus der in der Haut steckenden Haarwurzel und dem herausragenden freien Haarschaft mit der Haarspitze zusammen. Die röhrenartige Vertiefung, in der das Haar steckt und die mit Wurzelscheiden ausgekleidet ist, wird als Haarbalg oder Haarfollikel bezeichnet. Am unteren Ende ist die Haarwurzel kolbenartig verdickt. Zusammen mit den angrenzenden Schichten bildet diese Verdickung die Haarzwiebel. Von ihr wird die darunterliegende Haarpapille mit der daraufliegenden Keimschicht umfaßt. Diese Keimschicht ist der eigentliche Ausgangspunkt des Haarwachstums. Die kolbenartige Verdickung der Haarwurzel garantiert den festen Sitz des Haares, solange sie sich in tiefen Hautschichten befindet. Kommt es bei Hautverletzungen zu Schädigungen der Haarpapille, so können bündelweise pigmentlose Haare wachsen, was aber nicht erblich ist. Erblich bedingt sind hingegen weiße Stichelhaare, wobei das Haar durch Lufteinschlüsse zwischen den Zellen der Rindenschicht grau oder weiß erscheint.

Während des Haarwechsels, der sich beim Kaninchen auf längere Zeiträume erstreckt, wird von der Haarpapille ein neues Haar gebildet, das in Richtung Hautoberfläche vorstößt und dabei das alte, sich lockernde herausschiebt (Abb. 12). Bereits vor dem Haarwechsel wird die Nährstoffversorgung von der Haar-

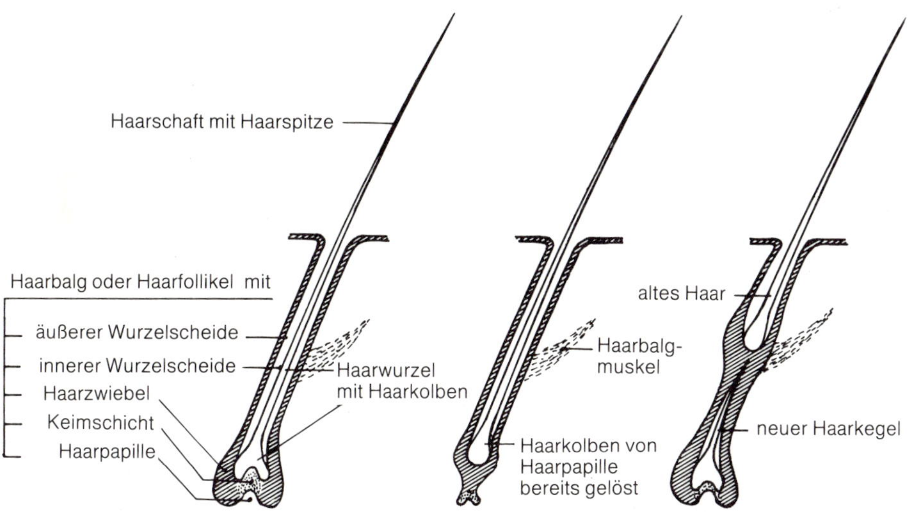

Abb. 12. Anatomie des Haares und Haarwechsel (verändert nach KOETTER 1981).

papille unterbrochen, so daß auch die in der Rinde eingelagerten Pigmente keinen Nachschub erhalten und verblassen. Das Fell verliert seinen Glanz. Bei manchen Rassen kündigt sich der bevorstehende Haarwechsel durch Rostanflug an. Ein gewisser Verlust an Farbintensität und Glanz findet mit dem Haaralter ohnedies statt. Wenn die Tiere direkter Sonnenbestrahlung ausgesetzt werden, übt der UV-Lichtanteil einen schädigenden Einfluß auf die Haarpigmente aus.

Es werden Primär- und Sekundärfollikel unterschieden. Während aus den zuerst wachsenden Primärfollikeln die Deckhaare und die Grannenhaare entstehen – letztere werden in der Tierzucht auch als Leithaare bezeichnet – gehen aus den Sekundärfollikeln die Wollhaare hervor. Obwohl die jungen Kaninchen völlig nackt geboren werden, sind 100 % der Primärfollikel und etwa 5 bis 10 % der Sekundärfollikel schon angelegt, und das Deckhaar zeichnet sich schon als feiner Flor ab. Sekundärfollikel und somit Wollhaare können je nach Erbanlage und Futterangebot noch bis zum Alter von 1 bis 2 Jahren neu gebildet werden.

Die auffällig spitz auslaufenden Deckhaare sind im Normalfellhaar reichlich entwickelt; sie sind meistens kürzer als Grannenhaare, weniger steif und etwas gebogen. Bei den Hellen Großsilber heben sich die schwarzen Grannenhaare z. B. gut von den hellen Spitzen der Deckhaare ab und werden deshalb auch „Stichelhaare“ genannt. Beim Sträuben des Felles werden die Spitzen der Deck- und Grannenhaare mit Hilfe des Haarbalgmuskels angehoben, wodurch eine Umfangsvermehrung vorgetäuscht wird.

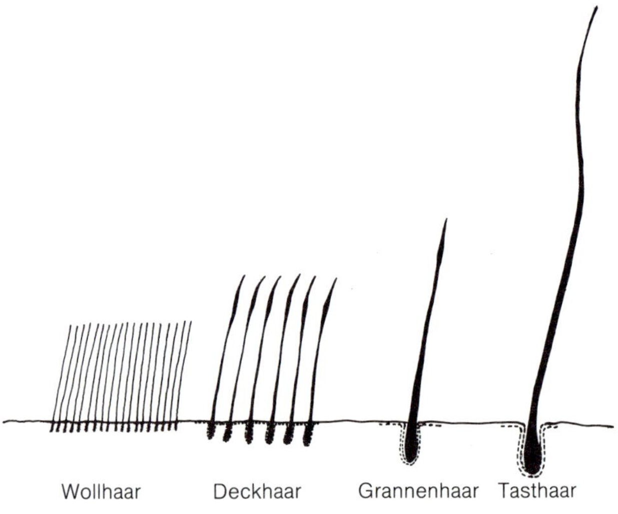

Abb. 13. Haararten des Kaninchens (nach KOETTER 1981).

Deckhaare und Grannenhaare bilden zusammen den Überbegriff Deckhaar, das sich bei den Normalhaarrassen schützend über das hiervon zu unterscheidende dünnere, zartere und kürzere Unter- oder Wollhaar legt. Bei Wollhaaren bewegt sich die Haardicke im Bereich von 10 bis 16 μm. Auf ein Deckhaar kommen etwa 20 bis 40 Wollhaare. Haare, die zwischen Deck- und Wollhaar eingeordnet werden können, bezeichnet man auch als Grannenflaumhaar, wobei Übergänge und Mischformen eine klare Unterscheidung oft erschweren. Das in seiner vollen Länge erhaltene Grannenflaumhaar besitzt eine verstärkte Spitze, im übrigen ist es dünn wie ein Wollhaar. Das Deckhaar ist in seinem Querschnitt um ein Mehrfaches stärker als das Wollhaar und weist im oberen Drittel oft eine Verdickung auf, unterhalb der das Haar dünner bzw. flacher ist und sich deshalb krümmt. Besonders dick und steif sind die ungekräuselten Grannenhaare mit einem Durchmesser von 40 bis 100 μm, die sich auch durch besondere Länge auszeichnen.

Die besonders langen Tasthaare findet man vereinzelt im Bereich der Oberlippe, des Kinns und der Augen. An ihren gut mit Blut versorgten Wurzeln enden Tastnerven. Das äußere Haarkleid des Kaninchens weist somit folgende Haararten auf: Wollhaar, Deckhaar, Grannenhaar und Tasthaar (s. Abb. 13).

Im Innern des Haares befindet sich das Mark, umgeben von der Haarrinde, die ihrerseits mit einem aus verhornten Epidermiszellen bestehenden Oberhäutchen (Cuticula) umgeben ist.

Der Markzylinder beträgt hier zwei Drittel der Gesamthaarbreite, beim Schafhaar ist es nur die Hälfte. Zu erwähnen ist die große Lufthaltigkeit der Markschicht des Kaninchenhaares. Die Lufthaltigkeit trägt zu den außerordentlich guten Isoliereigenschaften bei. Hauptsächlich ist sie jedoch auf die charakteristische „Flauschigkeit" zurückzuführen. Im Querschnitt ist das Haar unseres Hauskaninchens etwas eckig, statt wie beim Wildkaninchen oval.

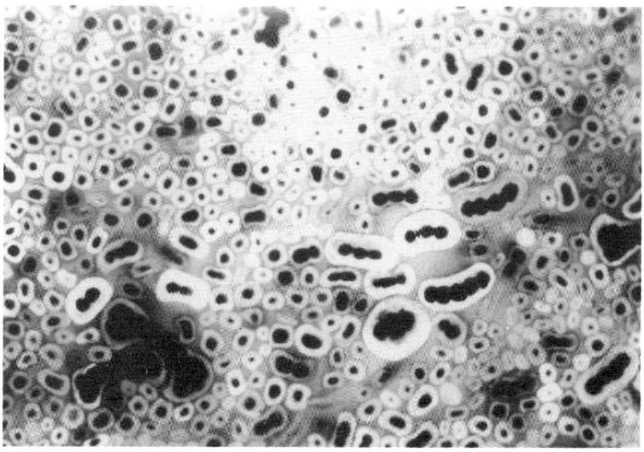

Abb. 14. Querschnitt durch einen Angorahaarbüschel, stark vergrößert (Korkschnitt).

Eine Sonderstellung nimmt das Angorahaar ein, das dem sonst üblichen jahreszeitlich bedingten Haarwechsel kaum unterliegt. Vom Fell des Normalhaarkaninchens unterscheidet es sich durch schnelleres Wachstum (0,5 bis 0,8 mm pro Tag) und durch einen geringeren Grannenanteil von nur 2 bis 3 %. Das Vlies besteht aus sogenannter Mischwolle, in der die drei Haararten ineinander übergehen und sich nicht mehr scharf voneinander abgrenzen lassen.

In Abb. 14 ist der Schnitt durch einen Haarbüschel in starker Vergrößerung abgebildet, was einen guten Eindruck über die tatsächlichen Verhältnisse vermittelt. Deutlich heben sich die starken mehrkammerigen Grannenhaare ab. Aber auch die Grannenflaumhaare als Übergangsformen sind gut zu erkennen.

Beim Kurzhaar der Rexkaninchen enden die feinen, nicht gekräuselten Grannenhaare mit den Wollhaaren (Unterwolle) in gleicher Höhe. Aufgrund ihrer Kürze stehen sie aufrecht und sind nicht wie sonst schräg nach hinten gerichtet. Die Felle fassen sich infolge der feinen Begrannung der bis an die Oberfläche reichenden Wollhaare samtartig weich an.

1.8.2 Krallen

Die Krallen sind spitz auslaufend gebogene Horngebilde, die aus Hautverdikkungen der Zehenenden hervorgehen und das Kaninchen zum Graben befähigen. Die Vorderpfoten weisen fünf Krallen auf, wobei die Daumenkralle höher angesetzt ist und den Boden kaum berührt. An den Hinterpfoten befinden sich nur vier Krallen. Bei genügender Bewegung auf festem Boden nutzen sich die Krallen durch natürlichen Abrieb ab und erreichen keine Überlänge. Anders beim Stallkaninchen. Hier müssen im zweiten Lebensjahr in der Regel die Krallen an den Spitzen gekürzt werden. Zu lange Krallen behindern das Tier beim Stehen und bei der Bewegung, wodurch die Gelenke über Gebühr strapaziert werden können. Die Länge der Krallen liefert im allgemeinen auch einen Hinweis auf das Alter eines Tieres. Überlange Krallen deuten auf ein Alter von mindestens zwölf Monaten hin. Es gibt aber auch Bestände, die bereits im Alter von sechs Monaten recht lange Krallen aufweisen können.

1.8.3 Milchdrüsen

Das Gesäuge des Kaninchens verfügt über 6 bis 10 Milchdrüsen, die sich in zwei Reihen über die ganze Länge der Brust- und Bauchseite erstrecken. Die Milchbildung erfolgt während der Laktation in den Drüsenzellen kontinuierlich. Die gebildete Milch fließt zunächst in die im Drüsengewebe eingelagerten Milchgänge und gelangt schließlich in die faltigen Zitzenzisternen der Zitze mit den dazugehörenden Ausführungskanälen. Jede Zitze oder Saugwarze weist mehrere Öffnungen ähnlich eines Brausekopfes auf, in der Regel 5 bis 6. Untereinander stehen die einzelnen flach unter der Brust- und Bauchhaut in Fettgewebe eingebetteten Milchdrüsen nicht in Verbindung. Jeder Drüsenkomplex stellt eine Einheit dar.

Damit die Ernährung der Jungtiere gesichert ist, sollen zehn gut ausgebildete Zitzen vorhanden sein. Gewünscht wird auch eine symmetrische Anordnung des Gesäuges. Mitunter werden ungerade Zitzenzahlen registriert. Einzelne Zitzen und Drüsenkörper können zudem unvollkommen entwickelt sein. Die vordersten und hintersten Paare sind ohnehin schwächer. Bei neugeborenen Kaninchen erkennt man die Zitzenstellen als helle Punkte bei beiden Geschlechtern auf der unbehaarten Haut. Zu späterem Zeitpunkt ist dies wegen der sich rasch entwickelnden Behaarung nicht mehr so leicht möglich.

Während der Wachstumsphase ist eine Entwicklung der Milchdrüse beim weiblichen Tier zunächst nicht festzustellen. So sind auch bis zur Trächtigkeit keine Unterschiede zwischen beiden Geschlechtern erkennbar; das Drüsengewicht der Junghäsin liegt bei etwa 40 g. Erst mit dem Einsetzen der Trächtigkeit ist ein Größenzuwachs zu beobachten. Ihre volle Reife erlangen die Milchdrüsen nach dem ersten Werfen, wobei der durch die Jungtiere ausgehende Stimulierungseffekt zu weiterem Wachstum beiträgt. Die Hauptentwicklung von 75% des Zuwachses ist zwischen dem 16. und 26. Trächtigkeitstag zu verzeichnen. In der Säugezeit ist eine weitere starke Gewichtszunahme an Drüsengewebe noch zwischen dem 5. und 15. Tag nach der Geburt festzustellen.

1.8.4 Hautdrüsenorgane

Das Kaninchen verfügt über drei Duftdrüsenkomplexe, die nach ihrer örtlichen Lage als Kinndrüsen (Submandibulardrüsen), Leistendrüsen (Inguinaldrüsen) und Afterdrüsen (Analdrüsen) bezeichnet werden. Ihre Ausscheidungssekrete erfüllen wichtige Funktionen im Sozialverhalten der Kaninchen.

Die Kinndrüsen, die besonders bei Rammlern gut entwickelt sind, machen sich oft durch verklebtes Haar bemerkbar. Bei der Häsin schwächer entwickelt, dienen sie beiden Geschlechtern zur Markierung des Areals. Nach Entfernung des Haares unter dem Kinn kann man sie als kleine Hautverdickungen erkennen, aus deren Hautporen sich bei Druck winzige Tröpfchen einer wäßrigen, für unsere Nase geruchlosen Flüssigkeit herausdrücken lassen.

Bei den Leistendrüsen handelt es sich um Duftdrüsen, die sich bei beiden Geschlechtern in den haarlosen Hauttaschen rechts und links der Vagina bzw. des Penis befinden. Die dunkelbraunen Inguinal- oder Leistendrüsen sind beim ausgewachsenen Tier etwa 1,5 cm lang und haben einen erbsengroßen Anhang von weißer bis gelblicher Färbung. Ihre Ausscheidungen haben einen unverwechselbaren, strengen Geruch, der eine starke Ausstrahlung besitzt. Das Sekret dient dem gegenseitigen Erkennen.

Die Analdrüsen liegen zu beiden Seiten des Darmendes in Afternähe. Sie erreichen eine Länge von 1 bis 3 cm und sind von traubenartiger Gestalt. Man findet ähnliche Drüsen auch bei anderen Tierarten (z. B. Analbeutel beim Hund). Die Ausführungsgänge münden direkt in den Enddarm. Ihr Sekret überzieht die Kotpillen, die hierdurch gekennzeichnet werden.

Über die chemische Natur der einzelnen Drüsensekrete ist noch wenig bekannt. Sie enthalten zahlreiche Substanzen, die erst in ihrer Gesamtheit ihre volle spezifische Wirkung entfalten.

1.9 Sinnesorgane

Die verschiedensten Reize aus der Umgebung werden von den Sinnesorganen aufgenommen und in verschlüsselter Form als elektrische Impulse an das zentrale Nervensystem weitergegeben. Zur Aufnahme der Reize sind Rezeptoren notwendig. Die Rezeptoren für den Gefühlssinn sind über den ganzen Körper verstreut, andere, wie die der Augen befinden sich in speziellen Organen. Im Großhirn werden dann die eintreffenden Sinneserregungen verarbeitet und mit anderen Empfindungen koordiniert. Wie alle Säuger verfügt das Kaninchen über sechs Sinnessysteme. Registriert und verarbeitet werden Gefühls-, Geschmacks-, Licht-, Geruchs- und Gehörreize; dazu kommt noch der Gleichgewichtssinn.

Für das in menschlicher Obhut lebende Hauskaninchen ist das Registrieren und Verarbeiten äußerer Reize nicht mehr so lebenswichtig wie bei dem ständigen Gefahren ausgesetzten Wildkaninchen, das auf höchste Sinnesleistungen angewiesen ist. Bezeichnend hierfür ist das stärker entwickelte Auge und das schwerere Gehirn des Wildtieres. Ein gleichschweres Hauskaninchen soll ein etwa 20 % geringeres Hirngewicht und sogar ein um mehr als 35 % geringeres Herzgewicht haben. In diesem Zusammenhang ist interessant, daß Wildkaninchen leichter stubenrein zu halten sein sollen als Hauskaninchen.

Das Kaninchen wird nackt und blind geboren. Die Ohren sind noch nicht geöffnet, so daß es auch nicht hören kann. Gut entwickelt sind dagegen Gefühls- und Geruchssinn. Der Geschmackssinn ist zwar schon vorhanden, jedoch noch nicht ausgeprägt. Die Tiere sind aber imstande, süß von sauer zu unterscheiden. Der Gleichgewichtssinn ist gleichfalls entwickelt.

Von zentraler Bedeutung ist der Geruchssinn, besonders für Saugkaninchen. Daß das Riechen für neugeborene Kaninchen lebensnotwendig ist, läßt sich nachweisen, indem man das Riechvermögen der Jungtiere ausschaltet. Ohne die Fähigkeit zum Riechen ignorieren Saugkaninchen trotz großen Hungers ihre eigene wie auch eine fremde Mutter während der gesamten Säugeperiode, obwohl die Augen mit 10 bis 12 Tagen geöffnet werden und die Tiere in der Lage sind, ihre sonstige Umgebung voll zu erfassen. Daß auch ältere Tiere ihre Nase gebrauchen, ist den Tieren leicht anzusehen. Sie beschnuppern sich gegenseitig, und der Futternapf wird erst einmal berochen, ehe mit dem Fressen begonnen wird. Im Vergleich zum menschlichen Geruchsvermögen besitzt das Kaninchen eine außerordentlich gute Nase. Es verfügt immerhin über 120 000 Riechzellen pro cm^2 Riechschleimhaut, wobei die Fläche der Riechschleimhaut mit etwa 9 cm^2 um das Mehrfache größer als die des Menschen ist. Von der Riechschleimhaut der Nase werden die Impulse an die bis zur Nasenregion reichenden Riechkolben (Bulbi olfactorii) des Gehirns weitergeleitet, wo sie verarbeitet werden. Die meisten Zellen des Riechhirns sind zur Zeit der Geburt schon voll ausgebildet. Im Alter von zwei Tagen ist noch eine weitere Ausreifung festzustellen, die sich in gesteigerter Riechfähigkeit niederschlägt. Bemerkenswert ist, daß sich in Dressurversuchen in Verbindung mit dem Saugakt bis zum Alter von etwa zehn Tagen bedingte Reflexe nur auf Geruchsstoffe ausbilden lassen, nicht jedoch auf taktile Reize, Temperaturen oder Lichtreize.

Der Geschmackssinn ist sehr gut entwickelt. Die differenzierten Geschmacksrezeptoren befinden sich in Gestalt kugel- bis eiförmiger Geschmacksknospen in der Schleimhaut der Mund- und Rachenhöhle. Ihre Anzahl übertrifft die anderer Tiere, und wir wissen, daß Kaninchen recht wählerische Feinschmecker sind.

Kaninchen sind imstande, süß, sauer, bitter und salzig voneinander zu unterscheiden. Im Gegensatz zu Katze und Ratte reagieren ihre Geschmacksnerven eher auf süß als auf bitter. Für den Geschmack Bitter sind sie recht unempfindlich, so daß bitter schmeckende Futterstoffe wie Eicheln, Löwenzahn oder Luzernegrünmehl in beträchtlicher Menge verzehrt werden können. Im übrigen sollen sie über einen „Wassergeschmack" verfügen.

Mit zunehmendem Alter gewinnt das Gehör an Bedeutung. Das Ohrenspiel verrät Wachsamkeit und zeigt eine empfindliche Reaktion auf die verschiedensten Geräusche. Auch von einem sehr gut entwickelten Gesichtssinn ist zu sprechen, der besser ausgeprägt ist als beim Feldhasen.

Bei der Beurteilung des Gesichtssinnes ist von Interesse, ob Kaninchen auch sämtliche Farben sehen. Spezielle Untersuchungen erbrachten den Nachweis, daß sie zwischen den Farben Grün und Rot unterscheiden können. Eine gesteigerte Empfindlichkeit liegt für Blau vor. Zu einem ausgeprägten Farbempfinden ist das Kaninchen aber sicherlich nicht befähigt. Zwischen Rot, Dunkelgrau und Schwarz soll es schlecht unterscheiden können. Man macht sich über solche Besonderheiten im allgemeinen wenig Gedanken und meint, daß Tiere wie Menschen sehen und daß höchstens in der Sehschärfe Unterschiede bestehen. Auf der Netzhaut des Kaninchenauges findet man aber wie bei Eulen und Katzen überwiegend die sogenannten Stäbchen vor. Diese sind für Wahrnehmungen im Dämmerlicht geschaffen und eignen sich nicht für das Farbsehen.

2 Verhalten und Verständigung

2.1 Allgemeine Verhaltensweisen

Wie jede Tierart hat auch das Kaninchen ein artspezifisches Verhalten mit charakteristischen Äußerungen, die in ihrer Gesamtheit als typisch gelten können. Dabei unterscheiden sich Wildtiere in nicht unerheblichem Maße von den unter reizarmen Bedingungen gehaltenen Haustieren, bei denen viele der erblich bedingten Verhaltensmuster vereinfacht wurden und einige ganz verlorengingen. Beim Hauskaninchen begann man mit der züchterischen Bearbeitung erst vor etwa 300 Generationen, und wir können die zahmen Hauskaninchen noch gut mit der wilden Stammform vergleichen. So hat beim Hauskaninchen die Fluchtbereitschaft gegenüber dem Wildkaninchen nachgelassen, was auch Änderungen im Schutz- und Verteidigungsverhalten zur Folge hatte. Z. B. schlagen bösartige Hauskaninchen beim Anfassen am Nackenfell nicht so heftig und ausdauernd mit weit gespreizten Hinterzehen am Kopf vorbei in die Handgelenke des Haltenden wie Wildkaninchen, obwohl einige diese Technik auch noch gut beherrschen. Offenbar handelt es sich hier um eine Abwehrreaktion gegenüber Raubtieren, um ihnen auf diese Weise das Maul verletzen zu können und sie zum Lösen des Griffes zu veranlassen.

Eine Verhaltensweise, die der soeben geschilderten ähnelt, ist das sogenannte Feststemmen. Ergriffene Wildkaninchen drücken sich in den Gängen ihres Baues so gegen die Wände fest, daß sie nur mit großer Mühe herauszuziehen sind. Ähnliche Schwierigkeiten hat man, wenn man weniger zahme Hauskaninchen durch enge Türöffnungen aus dem Stall nehmen möchte.

Andererseits haben es Hauskaninchen in der Regel verlernt, ihren Nistplatz sorgfältig zu verschließen, wie es die Wildkaninchen tun. In freier Wildbahn wäre das eine Todsünde. Diese Eigenart wird deutlich, wenn man Wild- und Hauskaninchen im Freigehege hält.

Änderungen haben sich auch im Aktivitätsrhythmus herausgebildet. Hauskaninchen zeigen keine so ausgeprägten Unterschiede in ihrer Tages- und Nachtaktivität, und die Ruhepausen sind mehr über den ganzen Tag verteilt. Bei ihnen werden auch schon kurze Schlafphasen beobachtet, wogegen Wildkaninchen sofort auf die geringsten Störungen reagieren.

Auffallende Verhaltensäußerungen für den unbefangenen Betrachter sind Nasenblinzeln, Warntrommeln, das bekannte Hoppeln sowie das Kinnreiben. Letzteres wird unter dem Punkt Territorialverhalten behandelt. Hierzu gehört auch das Anlegen von Kothügeln.

Stimmlaute sind kaum zu vernehmen. Kaninchen stoßen, wenn man sie ergreift, mitunter kurze Unmutslaute aus. Zu erwähnen ist der nicht überhörbare Knurrlaut des Rammlers nach erfolgtem Deckakt. Lautes und gellendes Schreien ist zu vernehmen, wenn die Tiere in ungewohnter Lage zwangsweise ergriffen werden und sich in höchster Gefahr glauben.

2.1.1 Nasenblinzeln

Das als Nasenblinzeln bezeichnete rhythmische Hochheben der Nasenfalten hat die Funktion, den Durchfluß der einströmenden Luft zu kontrollieren. Messungen ergaben, daß dies in der Sekunde 1,5- bis 4mal geschieht. Dabei werden die beiden ovalen Nasenöffnungen kurzzeitig freigelegt, wodurch die in der Luft vorhandenen Gerüche offenbar besser beurteilt werden können. Bei sehr intensivem Beriechen von Gegenständen unterbleibt jedoch das Nasenblinzeln, und die Luft wird stoßweise aufgenommen. Oft ist das Nasenblinzeln mit „Männchenmachen“ verbunden.

2.1.2 Trommeln

Die durch Aufschlagen mit den Sohlenflächen beider Hinterläufe auf den Boden erzeugten Trommelgeräusche dienen dem Wildtier als Warnsignal. Beim Hauskaninchen sind es Unmutsäußerungen, die bei Störungen jeglicher Art, z. B. beim Umsetzen in andere Abteile, abgegeben werden. Dabei können sowohl einzelne Schläge als auch Doppelschläge abgegeben werden. Häsinnen trommeln, wenn sie sich den Zudringlichkeiten eines Rammlers zu erwehren haben.

2.1.3 Hoppeln

Bei dieser für Kaninchen und Hasen typischen Fortbewegungsart werden die Hinterläufe gleichzeitig bewegt, während die Vorderpfoten nacheinander aufsetzen und einen richtigen Schritt vollziehen. Es handelt sich bei dieser bevorzugten Gangart praktisch um einen stark verlangsamten Galopp. Bei schnellerer Bewegungsfolge, zu der das Stallkaninchen allerdings keine Gelegenheit hat, werden bei gestreckter Körperhaltung nur noch die Zehenballen der Hinterbeine aufgesetzt, und es folgt eine kurze Schwebephase mit anschließend weitem Vorgreifen der Hinterextremitäten bei gekrümmtem Körper.

2.2 Territorialmarkierung

Häufig läßt sich beobachten, daß Kaninchen an Stallgittern, Tränkflasche, Futternapf oder anderen markanten Stellen ihrer Behausung mit dem Kinn entlangstreichen. Sie versehen dabei den betreffenden Gegenstand eigens mit einer Duftmarke, um so den Besitz desselben zu dokumentieren. Mitunter werden auf diese Weise auch Artgenossen „behandelt“. Die Reviermarkierung ist im Säugetierreich weit verbreitet, und Wildkaninchen machen aufgrund ihres kleinen Areals, das nur wenige hundert Meter umfaßt, intensiv Gebrauch davon. Hierbei verstreichen sie in kleinsten Mengen eine für uns Menschen geruchlose wässerige Substanz, die in den unter dem Kinn liegenden Kinndrüsen gebildet wird (s. Seite 35).

Besonders Rammler markieren gern und viel. Bei weiblichen Tieren ist das Markieren mit dem Kinn seltener zu beobachten; ihre Drüsen sind schwächer ausgebildet.

Über Kot und Harn werden gleichfalls Geruchsstoffe ausgeschieden, die auch das Areal kennzeichnen und die in der Gehegehaltung dem gegenseitigen Erkennen dienen. Welchen Informationswert diese Substanzen im einzelnen haben – man bezeichnet sie als Pheromone –, ist noch wenig erforscht. Es handelt sich um Stoffgemische, die schon in geringsten Konzentrationen wirksam werden und deren chemische Identifizierung außerordentlich schwierig ist.

Das Anlegen von Kothäufchen fällt besonders bei der Haltung auf Drahtrosten auf. Falls Schubfächer unter den Böden verwendet werden, sollten diese eine ausreichende Randhöhe aufweisen, da sonst die Kothügel schon nach einigen Tagen „durchwachsen". Es ist zu beobachten, daß die meisten Tiere beiderlei Geschlechts bei Einzelhaltung einen oder mehrere spezielle Kotplätze bevorzugen und daß jedes Tier seinen eigenen gewohnten Platz beibehält, auch wenn es in Abteile gesetzt wird, wo vom Vorgänger an anderer Stelle bereits Kotstellen angelegt wurden. Meistens werden die Kotplätze an der Rückfront plaziert. Es gibt aber auch Tiere, die die Frontseite bevorzugen. Bei einigen Tieren ist diese Eigenart bereits verlorengegangen. Sie verstreuen die Kotpillen mehr oder weniger gleichmäßig, was bei der Rosthaltung für den Tierhalter angenehm ist. Vermerkt sei, daß die Häsin nach dem Bau ihres Nestes oft ihre alte Gewohnheit aufgibt und zu einer neuen Anordnung der Kotplätze übergeht. Wie viele Verhaltensweisen beruht auch diese auf einer erblichen Veranlagung, und es lassen sich regelrechte Vererbungsstudien anstellen.

Das gelegentliche „Harnspritzen" dient nicht nur der Territorialmarkierung. Es wird von den Ethologen vor allem den Verhaltensweisen der Werbung und Paarung zugeordnet. Nicht zur Paarung willige Häsinnen sowie Rammler, die aufreiten wollen, drehen ihr Hinterteil in Richtung Partner und verspritzen eine Portion Harn.

Im Angriffs- und Verteidigungsverhalten wird ebenfalls Harn verspritzt. Es kann geschehen, daß der Betreuer unbemerkt mit Harnspritzern bedacht wird und sich später über die Flecken an seiner Kleidung wundert. Besonders augenfällig wird das gegenseitige Beharnen in der Bodenhaltung, wenn junge Rammler mit Beginn ihrer Geschlechtsreife zusammen in einem Stall gehalten werden. Die Stallwände sind dann bis zur Höhe von 1 m mit weißlichen Harnflekken überdeckt, und die Tiere selbst wirken unrein. In diesem Fall ist eine baldige Trennung der Tiere anzuraten. Kaninchen besitzen keine Beißhemmung wie Hunde, so daß die aufkommenden Rivalitäten zu bösen Verletzungen, ja bis zum Tod des Kontrahenten führen können.

Letzteres ist besonders dann zu befürchten, wenn die Tiere nicht gemeinsam aufwachsen, sondern erst später zusammengebracht werden und einander nicht ausweichen können.

Die folgende Abb. 15 zeigt geschlechtsreife männliche Tiere der Rasse Weiße Neuseeländer, deren Boxenwände stark mit Harn befleckt sind.

Abb. 15. Harnbefleckte Stallwände bei Gemeinschaftshaltung von Rammlern.

2.3 Verhalten in der Gruppe

Hält man mehrere Tiere in größeren Boxen, in Bodenhaltung oder im Freigehege, so sind Rangordnungskämpfe und Beißereien an der Tagesordnung. Auffällig werden Zankereien vor allem nach Eintritt der Geschlechtsreife. Bei älteren Böcken werden sie besonders schlimm. Die Kastration setzt die Kampfneigung wesentlich herab, schaltet sie jedoch nicht vollkommen aus. Der günstigste Zeitpunkt zum Verschneiden der Rammler ist das Alter zwischen drittem und viertem Monat.

Der Aggressionstrieb, besonders der männlichen Tiere, ist bemerkenswert, denn mit der Domestikation ist im allgemeinen eher eine Abnahme aggressiven Verhaltens zu erwarten. Aber offenbar steht der Aggressionstrieb in Zusammenhang mit dem gesteigerten Sexualtrieb, der bei Hauskaninchen gegenüber der Wildform festzustellen ist. Es handelt sich hier sozusagen um eine Nebenerscheinung der beim Kaninchen seit vielen Generationen ständig vorgenommenen Auslese, bei der bewußt Tiere bevorzugt werden, die sich durch Paarungsbereitschaft und Durchsetzungsvermögen auszeichnen.

„Sich-Ducken" gilt hingegen als unterwürfige Verhaltensweise, sie wird auch gegenüber dem Betreuer zum Ausdruck gebracht.

2.4 Individuelles Verhalten

Beobachtet und vergleicht man das individuelle Verhalten mehrerer Tiere, so läßt sich leicht feststellen, daß selbst Wurfgeschwister im Verhalten beträchtliche Unterschiede zeigen können. Während sich z. B. einige durch Temperament, Vorwitzigkeit und Streitlust gegenüber ihresgleichen und dem Betreuer hervortun, verhalten sich andere unauffällig oder sogar passiv. Neben gutmütigen Tieren gibt es solche, die trotz fürsorglicher Pflege zur Aggressivität neigen und einem die Futternäpfe regelrecht aus der Hand schlagen.

Kaninchen sind oft sehr schreckhaft. Deshalb wird empfohlen, die Tiere, besonders trächtige Häsinnen, anzusprechen oder sich sonst in gewohnter Weise bemerkbar zu machen, bevor man sich ihnen nähert.

Die Unterschiede im Verhalten können erblich sein, doch auch Umwelteinflüsse spielen eine Rolle. Z. B. können Frustrationen, Entbehrungen und Schmerzen die Reizbarkeit steigern. Werden die Tiere unregelmäßig versorgt, oder fehlt es an Wohlbefinden, so können selbst gutgemeinte Freundlichkeiten mit Beißen und Kratzen beantwortet werden. Regelmäßige Betreuung und Pflege schaffen in den meisten Fällen Abhilfe. Sollte dies nicht der Fall sein, sollte man sich von diesen Tieren trennen und von ihrer weiteren Zuchtverwendung absehen.

2.5 Sexualverhalten

Für eine erfolgreiche Paarung müssen mehrere Vorbedingungen erfüllt sein. Hierzu gehören die Erkennung des Geschlechtspartners, das Zueinanderfinden, die Paarungsbereitschaft auf beiden Seiten sowie das Überwinden von artspezifischen Aggressionen. Letzteres ist bei Tierarten mit ausgeprägtem Revierverhalten wie dem Kaninchen wichtig, wenn man einander fremde Tiere in Paarungsabsicht zusammenführt. Der dominierende Partner beim Deckgeschäft ist meistens das männliche Tier, von ungleicher Partnerzusammenstellung einmal abgesehen. Trotzdem sollte man bei der kontrollierten Paarung stets die Häsin zum Rammler bringen und nicht umgekehrt. Der Rammler würde sich in vielen Fällen erst einmal eingehend mit seiner neuen Umgebung befassen wollen, nicht aber mit der ihm zugedachten Aufgabe.

Zunächst wird der Geschlechtspartner anhand des Geruchs erkannt, wobei den Ausscheidungen der Inguinaldrüsen eine besondere Rolle zukommt. Bei erfahrenen Rammlern geschieht das bereits auf Distanz, obwohl auch sie die Häsin in den meisten Fällen vor allem an der Analregion intensiv beriechen. Tiere, die von Hand ohne Kontakt mit Artgenossen aufgezogen wurden, benötigen zur Erkennung des Geschlechtspartners wesentlich mehr Zeit und treffen zunächst Fehlentscheidungen. Sie sind anfänglich nicht in der Lage, spontan männliche von weiblichen und brünstige von nichtbrünstigen Tieren zu unterscheiden. Wie sehr das Geschlechtsverhalten beim Kaninchen von sexueller Erfahrung abhängt, wird nach der Kastration männlicher Tiere deutlich. Obwohl die Häufigkeit des Bespringens nach erfolgtem Eingriff abnimmt, zeigen einzelne erfahrene Rammler noch nach zehn Wochen normales Sexualverhalten. Das ist verständlich, denn das Sexualzentrum als übergeordnetes Steuerorgan befindet sich in einem an der Hirnbasis liegenden Abschnitt, dem Hypothalamus.

Häsinnen, die sich in Hitze befinden, verhalten sich nach kurzer Kontaktaufnahme und einigen Dreh- und Ausweichbewegungen ruhig und heben das Bekken an. Oft geht der Paarungsbereitschaft mehrmaliges Anspringen, Herumjagen und spielerisches Ausweichen voraus. Der Rammler folgt diesem Spiel und führt nicht selten bei sich bietender Gelegenheit die Kinnmarkierung an der Häsin aus. Häsinnen, die zur Paarung nicht gewillt sind, bleiben derart passiv, daß es trotz intensiver und wiederholter Bemühungen seitens des Rammlers zu keinem Deckakt kommt. Auf einen Stimmungswandel der Häsin zu hoffen hat dann wenig Sinn. Der Versuch ist nach einigen Tagen zu wiederholen. Auf keinen Fall sollten die Tiere zusammengesperrt bleiben.

Zum Sexualverhalten im weitesten Sinne zählt auch das Paarbildungs- und Paarbindungsverhalten. Darunter versteht man mehr oder weniger starke Bindungen, die über längere Zeitspannen andauern. Bindungen dieser Art sind beim Kaninchen nicht bekannt. Zu beobachten ist aber, daß einzelne Häsinnen bestimmte Rammler akzeptieren, obwohl zuvor andere eindeutig abgelehnt wurden.

2.6 Mutter-Kind-Beziehungen und Saugverhalten

Zwischen der Häsin und ihren Jungen werden durch eine Reihe angeborener Verhaltensweisen Mutter-Kind-Beziehungen hergestellt, die zwar aufeinander abgestimmt sind, jedoch im Vergleich zu anderen Säugetieren als recht locker bezeichnet werden müssen. Da Kaninchen Nesthocker sind, die von ihren Müttern in freier Wildbahn nur gesäugt aber nicht persönlich geschützt und bewacht werden müssen, ist von Natur her eigentlich kein zwingender Grund zu besonderer Fürsorge vorhanden. So werden die nackt, blind und taub geborenen Jungtiere in der Regel nur einmal täglich ohne Hilfestellung seitens der Häsin gesäugt, sie wärmen sich gegenseitig im Nest und schauen sich nicht ererbtes Verhalten von ihren Artgenossen ab, wenn sie mit etwa 15 Tagen das Nest verlassen und mehr und mehr selbständig werden. Dabei sammeln sie nach und nach auch ihre eigenen Erfahrungen. Wird ein Jungtier in den ersten Lebenstagen von den Nestgeschwistern abgesondert und findet es nicht mehr allein zurück, so kann es von seiner Mutter keine Hilfe erwarten und geht zugrunde.

Unter den genannten Umständen ist es nicht leicht, die zwischen der Mutter und ihren Jungen bestehenden Bindungen und vor allem die Verständigungsweisen zu erkennen. Genaue Kenntnisse hierüber sind aber für die Praxis nützlich. Während das Sozialverhalten durch die Käfighaltung eingeschränkt und verändert ist, sind die Verhaltensweisen beim Geburtsvorgang und in der Säugezeit von außen weitgehend unbeeinflußt, völlig natürlich und ursprünglich geblieben.

Vor dem Werfen tragen Häsinnen Stroh im Mund und rupfen Wolle, womit sie den Nistplatz auspolstern und die bevorstehende Geburt ankündigen. Das kann mehrere Tage vor dem zu erwartenden Termin sein, mitunter handelt es sich nur um Stunden oder gar Minuten. Das gleiche Verhalten ist auch bei Scheinträchtigkeit festzustellen, wenn zwar der Eisprung (Ovulation) stattfand, jedoch keine Befruchtung erfolgte. Das Ausrupfen der Haare an Brust und Bauch wird durch eine hormonell gesteuerte Haarlockerung erleichtert. Hierbei spielen nicht nur Sexualhormone, sondern auch die Hypophyse bzw. das Hormon Prolactin eine Rolle. Das eigentliche Mutterverhalten zeigt sich jedoch erst kurz vor oder während der Geburt.

Der Geburtsvorgang und die Nestvorbereitung stellen voneinander unabhängige Mechanismen dar. Das wird deutlich, wenn man den Geburtsvorgang, z. B. durch intravenöse Verabreichung von 3 IE Qxytocin je Tier, vorzeitig künstlich einleitet und die Neugeborenen anschließend entfernt. Die Häsin baut, wenn noch kein Nistplatz angelegt wurde, nachträglich ein Nest und rupft Haare, als wäre nichts geschehen und die Geburt stünde noch bevor.

Kriterien für das Mutterverhalten sind der Zeitpunkt des Nestbaus im Verhältnis zum Geburtstermin, die Qualität des Nestes, das regelmäßige Versorgen der Jungtiere mit ausreichend Milch sowie das Zudecken bzw. Verschließen des Nestes nach dem Säugen, gegebenenfalls das Auspolstern mit weiterem Haarmaterial.

Beim Wildkaninchen will man beobachtet haben, daß von der Häsin nur die eigenen Jungtiere akzeptiert werden, während Rammler gruppeneigenen und fremden Jungtieren gegenüber gleich friedlich gesinnt sind und sogar Aggressionen seitens der Häsin von ihnen abwehren. Es dürfte sich hier freilich um ältere und sich frei bewegende Jungtiere handeln. Beim hochgezüchteten Nutzkaninchen besteht dagegen keine enge Mutter-Kind-Bindung, und die Häsin säugt den erstbesten Wurf, der ihr angeboten wird, auch wenn ihr eigener nur wenig davon entfernt ist. Voraussetzung dafür ist allerdings, daß man sie längere Zeit von ihrem eigenen Wurf trennt. Auch der Austausch von Jungtieren ist problemlos, wenn man den Neulingen etwas Zeit zur Geruchsangleichung gibt und die Häsin etwa 24 Stunden vom Nest fernhält.

Es ist anzunehmen, daß ein angeborener Trieb das Muttertier veranlaßt, sich den Jungtieren zum täglichen Säugen anzubieten. Das Säugen dauert nur 3 bis 5 Minuten und findet in der Regel nur einmal am Tag statt. Während Wildkaninchen die Abenddämmerung bevorzugen, um den Nistbau aufzusuchen und die Jungen zu säugen, tun dies Hauskaninchen meist in den frühen Morgenstunden. Die neugeborenen Kaninchen scheinen bereits am zweiten Lebenstag zu wissen, wann ihre Mutter kommt. Sie sind dann besonders unruhig und reagieren auf kleinste Störungen mit aufgeregten Suchbewegungen. Auch wenn man die Häsin den ganzen Tag von den Jungen fernhält, können sie vermutlich mit Hilfe der sogenannten inneren Uhr den nächsten Säugetermin auf 1 bis 2 Stunden genau schätzen.

Wie bei allen Säugetieren, gehen auch von den neugeborenen Kaninchen bestimmte Signale, in erster Linie Geruchsreize, aus, die bei der Mutter die Bereitschaft zur Betreuung auslösen. Von diesen Signalen angeregt, setzt sich die Häsin auf die Jungtiere. Hierbei besteht eine Rückkopplung, d. h. machen die Jungtiere nun ihrerseits keine Anstalten an der Mutter zu suchen und sie zum Säugen zu stimulieren, so verläßt die Häsin das Nest wieder. Wenn der Säugetrieb der Häsin befriedigt ist, beendet sie den Saugakt von sich aus, auch wenn das Gesäuge nicht ganz geleert ist. Wird die Häsin am Säugen gehindert, kann es vorkommen, daß sie als Ersatzhandlung ein neues Nest baut. Der Kaninchenhalter sollte darauf achten, daß die Jungtiere genügend Zeit haben, den Saugvorgang ungestört zu beenden. Dabei ist es nicht unbedingt notwendig, daß die Häsin den ganzen Tag Zugang zu ihren Jungen hat.

Die Saugkaninchen stimulieren zweifellos das Mutterverhalten und die Milchabgabe. Setzt man beispielsweise die Jungtiere in den ersten Lebenstagen von Hand an ihre erstgebärende Mutter und läßt sie trinken, während diese in Narkose liegt, so ist sie später nicht mehr in der Lage ihre Jungen zu versorgen, obwohl ein volles Gesäuge sie eigentlich dazu veranlassen müßte. Das volle Gesäuge, der „Milchdruck", ist es also nicht, der allein das Muttertier zu den Jungen treibt.

Die Vitalität seitens der Jungtiere ist somit eine wesentliche Voraussetzung für die Aufrechterhaltung und Weiterentwicklung des Pflegetriebes der Mutter. Die Jungtiere könnten auch von einem Futterautomaten ernährt werden. Dieser müßte allerdings hautweiche Nippel besitzen, und von ihm müßte eine besondere Geruchsausstrahlung ausgehen. Gerade daran scheiterten bislang die Versuche, Jungtiere ohne Mutter und besondere Hilfestellungen vom ersten Lebenstag an künstlich aufzuziehen.

Offenbar werden hier mütterliche Geruchssubstanzen bzw. Pheromone wirksam, die für das Auffinden und Besaugen der mütterlichen Zitzen unerläßlich sind. Untersuchungen ergaben, daß holokrine Duftdrüsen im Zitzenepithel sowie Zersetzungsprodukte in den Strichkanälen der Zitzen als Duftreizquelle in Frage kommen. Temperatur- und taktile Reize sind zwar am Gesamtkomplex reizauslösender Faktoren beim Saugakt beteiligt, stellen aber nicht den Schlüsselreiz für das Jungtier dar. Jahreszeitliche Einflüsse, wie z. B. die Tageslichtlänge, üben ebenso einen Einfluß auf die Pheromonproduktion aus wie der innere Reifezustand des Muttertieres. Auch tagesrhythmische Schwankungen der Pheromonproduktion spielen eine Rolle. Die chemische Zusammensetzung der mütterlichen Geruchsstoffe ist noch nicht bekannt.

Der exakte Nachweis, daß der Geruchssinn für neugeborene Kaninchen wie bereits erwähnt lebensnotwendig ist, läßt sich über seine Ausschaltung erbringen. Hierbei lassen sich verschiedene Verfahren anwenden, z. B. die Verlegung der Nasenöffnungen mittels aufgesetzter VPC-Röhrchen, die operative Ausschaltung oder die Verätzung des Riechepithels. Alle Verfahren führen zum gleichen Ergebnis: Jungtiere ohne Geruchsvermögen ignorieren trotz großen Hungers ihre eigene wie auch jede fremde Mutter. Bemerkenswert ist, daß die geruchliche Stimulation auch noch nach dem Öffnen der Augen im Alter von 12 bis 14 Tagen erforderlich ist.

2.6.1 Gestörte Mutter-Kind-Beziehungen

In den ersten Lebenstagen sind Verluste häufig. Die Ursachen können verschiedenster Art sein, lassen sich aber in vielen Fällen auf gestörte Mutter-Kind-Beziehungen zurückführen.

Abgesehen von Totgeburten und unterentwickelten Kümmerern gehen oftmals auch anfänglich gesunde Tiere zugrunde, weil die Mutter ihnen die nötige Fürsorge vorenthält. Ein Nest wird entweder überhaupt nicht gebaut oder nur unzureichend ausgestattet, und die Jungtiere liegen unterkühlt oder bereits tot im Stall, ehe man sie entdeckt. Mitunter findet man sogar in einem gut ausgestatteten Nest unterkühlte oder tote Neugeborene. Nicht selten werden sie von ihrer Mutter angefressen oder ganz verzehrt. Es kommt auch vor, daß Häsinnen in ihr Nest und auf die Jungen urinieren.

Untersuchungen haben ergeben, daß die geschilderten Störungen mehr oder weniger miteinander in Beziehung stehen oder anders gesagt, zwischen zeitigem Nestbau, besseren Nestern, zusammenliegenden Jungen, Zahl der am Geburtstag gesäugten Neugeborenen und der Tatsache, daß die Jungen nicht gefressen werden, bestehen Zusammenhänge. Unabhängig von diesen Merkmalen für das Mutterverhalten sind das Interesse an den Jungtieren sowie die Bereitschaft, sie zu verteidigen. Eine Häsin, die fauchend das Nest bewacht, braucht noch lange keine gute Mutter zu sein!

Man kann mit Sicherheit annehmen, daß der angesprochene Komplex des Mutterverhaltens von mehreren Faktoren abhängig ist. Hierzu gehören die genetische Veranlagung, das Alter und die Erfahrung, ferner Umwelteinflüsse wie auch die allgemeine endokrine Reaktionslage.

Daß genetische Anlagen für das Mutterverhalten verantwortlich sind, wird dem Züchter klar, wenn die Nachkommenschaft stiefmütterlicher Häsinnen in die gleiche Richtung schlägt. Erbeinflüsse sind vor allem für den Zeitpunkt des Nestbaues und die Nestqualität nachgewiesen worden. Auch die Bereitschaft für zeitiges Säugen scheint erblich zu sein. Das gleiche trifft offenbar für das Anfressen und Auffressen der Neugeborenen zu. Häsinnen, die in dieser Hinsicht nicht befriedigen, sollten nicht zur Zucht genommen werden. Das Alter und die Erfahrung der Häsin spielen aber eine beträchtliche Rolle. Oft erweisen sich schlechte Erstlingsmütter später doch noch als brauchbar und liefern die besten Aufzuchtergebnisse.

Ohne Zweifel spielen aber auch Umwelteinflüsse in der Kaninchenzucht eine große Rolle und beeinflussen das Mutterverhalten. So ist zu erwarten, daß unter ungünstigen Umweltbedingungen eher gestörte Mutter-Kind-Beziehungen entstehen als unter optimalen Verhältnissen, wo die Nährstoffversorgung sichergestellt ist und auch Klimafaktoren keine zusätzlichen Anforderungen an das Muttertier stellen.

2.6.2 Kannibalismus (Kronismus)

Das Fressen der eigenen Jungen wird in der Verhaltensforschung als Kronismus bezeichnet; handelt es sich um fremde Jungtiere, so spricht man besser von Kannibalismus. Kannibalismus wird nach der gegebenen Definition beim Kaninchen nicht beobachtet. Die Ursachen für das gestörte Verhalten konnten noch nicht eindeutig geklärt werden. Fest steht, daß weder Futtermangel noch Durst die alleinigen Auslöser sind. Aus der Versuchstierhaltung ist bekannt, daß die Häsinnen ihre Jungen fressen, wenn sie keine Gelegenheit zum Nestbau haben. Gehäuft traten Kronismus-Fälle auch in einigen ingezüchteten Angora-Stämmen auf. Im Gegensatz zu Rammlern, die niemals Fleisch fressen, können Häsinnen, wenn sie werfen, Fleischnahrung aufnehmen, denn Pflanzenfresser fressen nach erfolgtem Wurf die Plazenta. Das Tier hält dadurch einerseits seinen Nistplatz sauber, andererseits bleibt ihm wertvolles Eiweiß erhalten. Ob im Fall von Kronismus Neugeborene mit der Nachgeburt verwechselt und als Nachkommen nicht erkannt werden oder ob die Häsin annimmt, daß mit ihren Jungen etwas nicht stimmt, ist schwer nachprüfbar. Wenn die Nabelschnur während des Geburtsvorganges nicht abreißt und die Nachgeburt am Jungtier hängen bleibt, ist das Neugeborene jedenfalls in hohem Maße gefährdet, angefressen zu werden. Dazu kommt, daß nach der Geburt die sogenannte puerperale Brunstphase eintritt: Das Muttertier gerät in hochgradige Fortpflanzungsstimmung und möchte sich decken lassen. Die unmittelbare Nähe eines Bockes verstärkt diesen Zustand. Die Folge davon sind Unruhe, wiederholtes Springen auf die Jungtiere und mitunter Harnlassen auf dieselben, möglicherweise auch Aggressionen gegenüber den Jungen. In diesem Zustand kann die Häsin ihre Jungtiere wahrscheinlich nicht ordnungsgemäß versorgen. Häsinnen, die einen Tag nach der Geburt dem Rammler zugeführt werden, beruhigen sich schnell. Die früh wieder einsetzende Hitze der Häsin wäre an sich für die dauernde Zuchtbenutzung nur ein Vorteil, kann aber wie man sieht, die Muttereigenschaften stark behindern. In der freien Natur wird sich solches Fehlverhalten von selbst ausmerzen, denn Tiere mit ausgesprochener Neigung zum Kronismus werden dieses extreme Verhalten schlecht an ihre Nachkommen weitergeben können, auch wenn sie die Voraussetzungen zu großen Wurfzahlen mitbringen.

Mit Kronismus nicht in Zusammenhang zu bringen sind Verletzungen der Jungtiere, die dadurch entstehen können, daß die Häsin bei Schwergeburten eigene Geburtshilfe leistet und dabei ihre Jungen anbeißt.

3 Fortpflanzung und Vermehrung

Die Biologie der Fortpflanzung ist nicht nur Grundlage für die Zuchtarbeit, sondern sie steht auch in direktem Zusammenhang mit den Fragen der Kaninchenhaltung. Gesteuert wird das Fortpflanzungsgeschehen vor allem durch den an der Gehirnbasis liegenden Hypothalamus, in dem sich das Sexualzentrum befindet. Dieses beim Kaninchen nur etwa 0,5 mm^3 große Organ regelt eine ganze Reihe wichtiger Körperfunktionen, so die Wasser- und Futteraufnahme, die Körpertemperatur, und es steuert die Freisetzung der im Eierstock herangereiften Eier. Die räumlich enge Unterbringung der verschiedenen Regelaufgaben in einem übergeordneten Organ zeugt davon, daß das Fortpflanzungsgeschehen eng mit den Umweltverhältnissen verbunden sein muß. Umweltfaktoren wie Fütterung, Temperatur- und Lichtverhältnisse, Sinneseindrücke, Bewegung u. a. wirken nachweislich über Nervenreize und Hormone auf die Funktion des Sexualzentrums ein, das durch die Freisetzung eines spezifischen Auslösehormons (Gonadotropin-Releasing-Hormon) weitere Hormonausschüttungen der nachgeordneten Hirnanhangdrüse (Hypophyse) veranlaßt, die wiederum rückwirkend die Funktionsfähigkeit des Sexualzentrums beeinflussen können. Die Gesamtzusammenhänge, die zum Verständnis der Fortpflanzungssteuerung notwendig sind, gehen in sehr vereinfachter Darstellung aus Abb. 16 hervor.

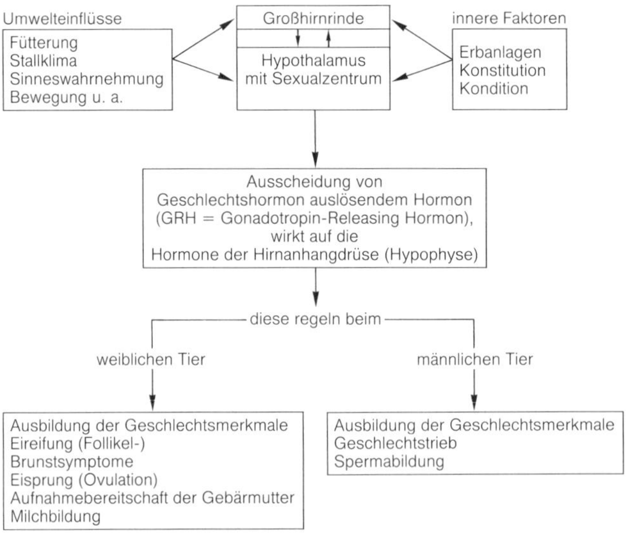

Abb. 16. Die Steuerung der Fortpflanzung durch Hormone.

3.1 Brunst

Unter Brunst versteht man bei den Säugetieren einen durch Sexualhormone gesteuerten Zustand der Fortpflanzungsstimmung und Paarungsbereitschaft außerhalb der Trächtigkeit.

Beim Kaninchen wollen einige Autoren einen 6- bis 7tägigen Brunstrhythmus festgestellt haben, andere wiederum ermittelten längere Perioden. Aufschluß hierüber geben u. a. verschiedene Zelltypen in Vaginalabstrichen. Nicht wenige Tiere sind alle 2 bis 3 Tage zu decken, bei manchen stellt sich die Paarungsbereitschaft aber erst nach 20 Tagen ein. Von regelmäßigen Zeitabständen der Brunst oder der „Hitze“ – auch mit dem Fachwort Östrus bezeichnet – kann deshalb nicht gesprochen werden. Anzeichen der Hitze sind bei vielen Häsinnen unruhiges Verhalten sowie stärker durchblutete äußere Genitalien, die bläulich anlaufen. Mitunter wird auch weniger gefressen.

Mit dem Vorhandensein reifer Eier ist übrigens die Befruchtung auch ohne Brunstsymptome durchaus möglich, so daß ein erzwungener Deckakt zur erfolgreichen Befruchtung führen und die Häsin trächtig werden kann.

Nicht ohne Einfluß auf die Fortpflanzungsbereitschaft bzw. Brunst der Häsin ist es, ob ein Rammler in unmittelbarer Nähe aufgestellt ist. Die Anwesenheit des männlichen Tieres im selben Stall hat mit Sicherheit eine stimulierende Wirkung auf das weibliche Tier. Im Gegensatz zu den Häsinnen sind gesunde Rammler nach Erreichen der Geschlechtsreife stets paarungswillig und zum Deckakt in der Lage. Von ihnen wird auch ohne Schwierigkeit die künstliche Vagina angenommen. Für die Deckbereitschaft spielen die von der Häsin oder dem Phantom ausgehenden Reize die ausschlaggebende Rolle. Die Rammler geraten sofort in geschlechtliche Erregung, und ihre Hoden befinden sich dann in den Haut- bzw. Scrotaltaschen.

Zu erwähnen ist eine gewisse jahreszeitliche Abhängigkeit der Brunst- bzw. Deckbereitschaft. Unter natürlichen Bedingungen sind jahreszeitliche Schwankungen festzustellen. In den Frühjahrsmonaten werden bessere Deck- und Befruchtungsergebnisse erzielt als im September. Ursache hierfür sind u. a. Licht- und Temperaturschwankungen. Erhöht man z. B. den Lichttag von konstant 12 Stunden täglich plötzlich auf 16 Stunden, so wird dadurch in den kommenden Tagen die Brunst ausgelöst. In vollklimatisierten Ställen gleichen sich deshalb die jahreszeitlich bedingten Unterschiede weitgehend aus.

Die Brunst wird somit von mehreren Faktoren bestimmt. Obwohl die Rammler an sich immer deckbereit sind, ist die Feststellung bemerkenswert, daß die Hodengewichte jahreszeitlichen Schwankungen unterliegen. Da ein Überschuß an Spermien im Ejakulat vorliegt, ist jedoch kaum anzunehmen, daß die etwa herabgesetzte Spermamenge sich auf die Befruchtungsergebnisse negativ auswirken könnte.

3.2 Natürlicher Deckakt, Befruchtung und künstliche Besamung

3.2.1 Natürlicher Deckakt

Um die Häsin decken zu lassen, bringt man sie zum Bock oder Rammler. Er wird sich sofort der Häsin annehmen und versuchen, sie zu bespringen. Dies kann unmittelbar zum Erfolg führen, oder es setzt ein mehr oder weniger starkes Herumjagen ein, wobei die Häsin in den Ecken des Käfigs Zuflucht sucht. In Versuchs- und Mastbetrieben benutzt man deshalb mit Erfolg runde Deckkäfige, die dem Rammler bessere Kontaktmöglichkeiten bieten. Man kann sich aus Preßpappe auch selbst einen ringartigen Käfig herstellen und diesen außerhalb des Stalles auf den Fußboden stellen (Abb. 17). Läßt sich die Häsin innerhalb von fünf Minuten nicht decken, so bricht man den Versuch ab und wiederholt ihn in den nächsten zwei bis drei Tagen. Wenn die Häsin den Rammler abweist, so braucht das nicht auf das Fehlen reifer Eier zurückzuführen zu sein. Ursache hierfür kann sein, daß die Östrogenkonzentration (Sexualhormone) im Blut zu gering ist, denn diese Hormone haben eine erotisierende Wirkung. Ein geschlechtsreifer Rammler in der Nachbarbucht wirkt in dieser Beziehung anregend. Manche Züchter sperren die Häsin aus diesem Grund über Nacht in das freigemachte Rammlerabteil. Diese Maßnahme soll die Deckbereitschaft am nächsten Tag sehr fördern.

Abb. 17. Runder Deckkäfig.

Die deckbereite Häsin hebt die hintere Beckenpartie an und ermöglicht dem Rammler das Einführen des Penis in die Scheide. Schon nach 8 bis 12 schnell ausgeführten Begattungsbewegungen kann die Ejakulation stattfinden. Der erfolgreiche Deckakt wird vom Rammler in der Regel durch einen knurrenden Laut angezeigt. Im selben Augenblick stößt er mit vorgezogenen Hinterläufen nach und läßt sich seitlich von der Häsin abfallen. Einen kurzen Moment verharrt er in dieser Lage.

Ein Rammler ist in kurzen Zeitabständen zu wiederholtem Deckakt fähig. Ohne Schwierigkeiten lassen sich innerhalb von einer halben Stunde mehrere Häsinnen decken. Steht mehr Zeit zur Verfügung, so können zehn und mehr Häsinnen pro Tag gedeckt werden. Bei starker Beanspruchung läßt aber die Qualität des Spermas nach, so daß Ruhepausen von einigen Tagen nötig werden. Bei den Rammlern gibt es hinsichtlich ihrer sexuellen Leistungsfähigkeit große individuelle Unterschiede. Es sollten vom Rammler jedoch nicht mehr als vier Besamungen pro Tag mit ein- bis zweitägiger Pause gefordert werden. Ein gesunder Rammler ist in der Lage, diese vier Deckakte innerhalb einer Stunde auszuführen.

3.2.2 Befruchtung

Die Ausführung des Deckaktes bietet noch keine Gewähr für eine erfolgreiche Befruchtung. Voraussetzung hierfür ist das Vorhandensein reifer Eier und einer ausreichenden Menge befruchtungsfähiger Spermien. Die letzte Hülle (Zona pellucida), die ein Spermium vor Beginn des eigentlichen Befruchtungsprozesses zu durchdringen hat, weist eine spezifische Empfangsbereitschaft auf. Gelingt es dem Spermium, diese Barriere zu überwinden, so erfolgt die Befruchtung durch Verschmelzung der männlichen und weiblichen Geschlechtszellen zu einer Zygote. Zuerst vereinigen sich die Zellplasmen, danach die Zellkerne, in denen die Erbinformationen enthalten sind. Da beim Kaninchen die Gebärmutter doppelt vorhanden ist (s. Abb. 11), kann es in seltenen Fällen vorkommen – beim Feldhasen ist es die Regel –, daß durch einen weiteren Deckakt zu einem späteren Zeitpunkt eine Befruchtung der möglicherweise noch nicht ovulierten anderen Gebärmutterseite stattfindet. Man bezeichnet diesen Vorgang als Doppelträchtigkeit oder Superfötation.

Bei den geschlechtsreifen weiblichen Säugetieren wird ein follikelstimulierendes Hormon (FSH) von der Hirnanhangdrüse (Hypophyse) gebildet, das die Reifung der Follikel bzw. der darin befindlichen Eier im Eierstock veranlaßt und für die Produktion weiterer Sexualhormone verantwortlich ist. Diese als Östrogene bezeichneten Hormone werden vor allem in den Follikeln gebildet und erzeugen den Östrus bzw. die Brunst. Die eigentliche Freisetzung der Eier geschieht durch das Luteinisierungshormon (LH oder ICSH), das, durch besondere Auslösefaktoren des Hypothalamus angeregt, in der Hypophyse gebildet wird (vgl. Abb. 16). Beim Kaninchen bleibt jedoch wie bei der Katze der LH-Spiegel im Blut so gering, daß noch kein Eisprung stattfindet. Hierzu sind besondere Reize auf Scheide und Muttermund notwendig. Erfolgt eine solche Stimulation durch den Geschlechtsakt, so kann innerhalb von 30 Minuten nahezu der 10fache Betrag an Luteinisierungshormon freigesetzt werden. Erst die geschlechtliche Reizung oder ähnlich gelagerte Manipulationen lösen somit den Eisprung aus (provozierte Ovulation), der nach etwa 10 bis 12 Stunden stattfindet. Die 0,16 mm großen Eier können dann von den bereits im Eileiter wartenden Spermien befruchtet werden, die durch Eigenbewegung dorthin vordringen. Der Vorgang der Befruchtung des Eies geht aus der folgenden schematischen Abb. 18 hervor:

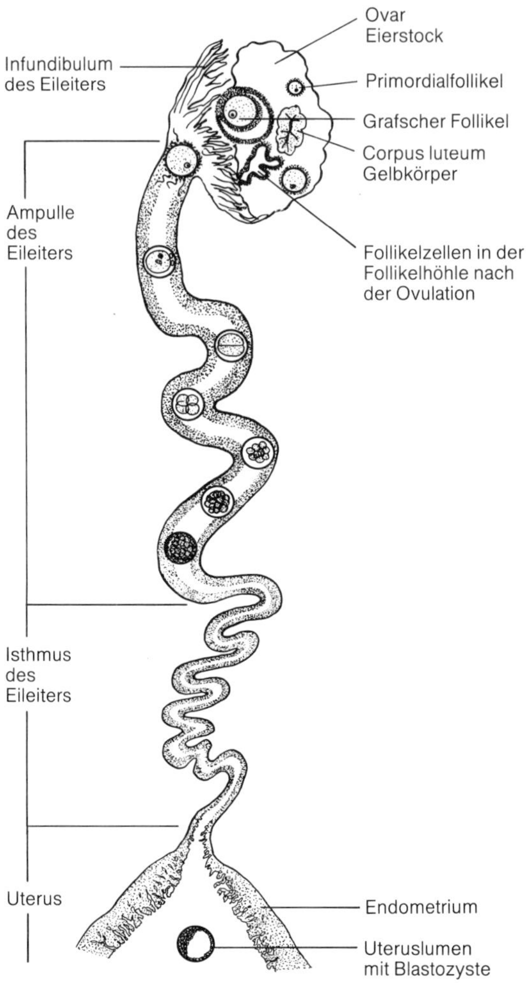

Abb. 18. Schematische Darstellung der Befruchtung beim Kaninchen (aus FISCHER 1981).

Die mit dem Deckakt in die weibliche Scheide gelangenden vielen Millionen Spermien würden vollkommen ausreichen, die Befruchtung sicherzustellen. In mehreren Versuchen konnte auch gezeigt werden, daß die Mehrfachpaarung keine Vorteile gegenüber der Einfachpaarung mit sich bringt. Andererseits ist aber nachzuweisen, daß die meisten Spermien schon nach 2 bis 5 Minuten im sauren Milieu der Scheide zugrundegehen und es darauf ankommt, daß möglichst viele Spermien den Muttermund in kürzester Zeit passieren. Dieser Vorgang wird durch die stimulierende Wirkung des Deckaktes gefördert, so daß die geschlechtliche Reizung nicht nur die Ovulation auslöst, sondern auch den Spermientransport begünstigt. Aus dem vorliegenden Sachverhalt wäre zu folgern, daß der Doppelsprung den Erfolg erhöht. Versuchsergebnisse zeigten jedoch, daß ein 5 bis 10 Stunden nach dem ersten Decken vorgenommenes

Nachdecken mit dem selben Rammler nur zu einem unwesentlich besseren Ergebnis führt. Deutlicher wird die Trächtigkeitsrate erhöht, wenn fünf Tage später nachgedeckt wird.

In diesem Zusammenhang entsteht die Frage, welche Deckzeiten die besten Befruchtungsergebnisse liefern. Hier ist nicht die Tageszeit angesprochen, die man vernachlässigen kann, sondern die Zeit, die nach der letzten Geburt verstrichen ist. Liebhaberzüchter gehen mit Recht davon aus, daß es günstiger ist, mit dem erneuten Decken erst einmal bis zum Absetzen der Jungtiere zu warten. Beobachtungen zeigten, daß die Trächtigkeitsprozente bei einem Decktermin von 28 Tagen nach dem Werfen höher sind als beim Decken nach 11 Tagen. Zudem hatten die Jungtiere bei einem späteren Decktermin höhere Gewichte vorzuweisen, denn zweifellos stellen Säugeleistung und gleichzeitige Trächtigkeit eine Belastung für das Muttertier dar.

Für die Farmkaninchenhaltung sind jedoch andere Maßstäbe heranzuziehen, so daß die frühzeitige Belegung allein aus wirtschaftlichen Erwägungen eine zwingende Notwendigkeit darstellt. Die pro Häsin und Jahr aufgezogene Zahl an Jungtieren ist hier das wichtigste Rentabilitätskriterium. Eine starke Follikelreifung wird bereits in den ersten Tagen nach der Geburt festgestellt. Diese Zeit erweist sich als besonders günstig für eine erneute Belegung. Dabei werden die besten Befruchtungsergebnisse am 1. und 2. Tag nach der Geburt erzielt. Bei früher Belegung kann man die Häsin schonen, indem die Jungtiere des vorhergehenden Wurfs bereits mit etwa 25 Lebenstagen abgesetzt werden. Wildkaninchen werden übrigens ebenfalls 1 bis 2 Tage nach dem Werfen wieder gedeckt.

3.2.3 Künstliche Besamung

Die künstliche Besamung wird bei mehreren Nutztierarten mit bestem Erfolg angewendet. Auch beim Hauskaninchen ist das Verfahren inzwischen zur Routine geworden und auch für den interessierten Praktiker erlernbar. Für den Liebhaberzüchter ist die künstliche Besamung sehr aufwendig, und angesichts der Leistungsfähigkeit des Rammlers sind die damit verbundenen Umstände und Kosten hoch. Für wissenschaftliche Versuche und für größere Betriebe bieten sich aber beträchtliche Vorteile. Die Häsinnen, auch scheinträchtige, können jederzeit besamt werden.

Auf diese Weise ist der gesamte Bestand gleichzeitig zu behandeln, so daß die Jungtiere auch zur selben Zeit anfallen. Unterschiedliche Wurfstärken lassen sich dadurch ausgleichen. Die Übertragung von Krankheiten (z.B. Spirochätose) wird unterbunden.

Das Sperma könnte möglicherweise tiefgefroren bei −197 °C in flüssigem Stickstoff gelagert werden, so daß wertvolle Vatertiere noch nach dem Tod zum Einsatz kommen könnten. Das Einfrieren von Sperma bedeutet zweifellos einen erheblichen Eingriff in den Stoffwechsel der Samenzellen. Kaninchensperma bereitet in dieser Hinsicht mehr Schwierigkeiten als beispielsweise Rindersperma. Die Konservierungstechnik ist allerdings in den letzten Jahren wesentlich verbessert worden, so daß mit praktikablen Verfahren der Langzeitkonservierung zu rechnen ist.

Die Samenentnahme erfolgt problemlos mittels einer künstlichen Scheide und eines damit verbundenen Samenauffangglases. Die Temperatur der künstlichen Scheide muß 40 bis 42 °C betragen, sonst erfolgt kein Nachstoß mit Ejakulation. Ferner ist ein gegerbtes Kaninchenfell notwendig, das über den Arm gespannt wird, der die künstliche Scheide hält. Ein neues Fell sollte zwei Tage lang im Stall einer Häsin gelegen haben.

Je nach Rasse variiert die erzielbare Spermamenge pro Ejakulation zwischen 0,3 und 1 ml; diese Menge enthält bei guter Qualität 200 bis 300 Millionen Samenzellen und kann theoretisch auf das 20fache verdünnt werden. In der Besamungspraxis arbeitet man mit 5 bis 10facher Verdünnung. Zu einer Besamung werden etwa 2 Millionen Spermien benötigt. Als Verdünner finden spezielle Präparate wie auch bewährte Verdünner aus der Rinderzucht Verwendung (bei kurzfristiger Konservierung etwa Spermasol-Milch; auch Verdünnung mit H-Milch bei 1,5 % Fett ist möglich). Das Sperma wird durch ein Mikroskop bei 160facher, später bei 400facher Vergrößerung betrachtet. Beurteilt werden Dichte, Vorwärtsbeweglichkeit und pathologische Formen. Der Anteil morphologisch veränderter Spermien kann 10 bis 25 % betragen. Die Einzelheiten des Samenfadens werden gut sichtbar, wenn man – entgegen der üblichen Handhabung – ein Tröpfchen Sperma zuerst auf ein Deckgläschen aufträgt und dieses auf den zuvor mit Farbe beschichteten Objektträger legt (Testimplets® von Boehringer, Mannheim). Glas und Mikroskop sollen möglichst eine Temperatur von 38 °C haben.

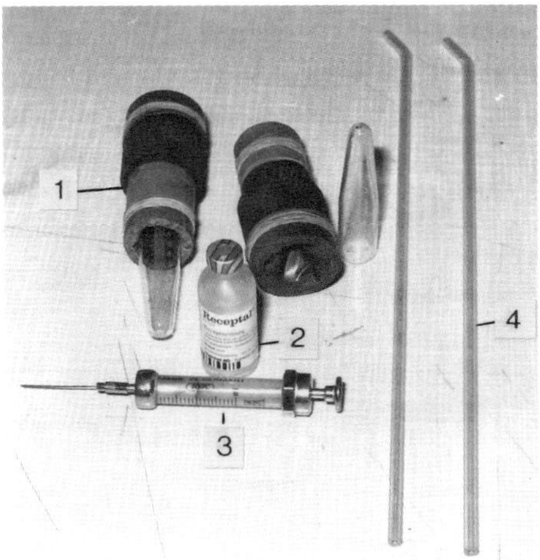

Abb. 19. Hilfsmittel zur künstlichen Besamung beim Kaninchen.
1 = Künstliche Vagina mit Samenauffangglas,
2 = Hormonpräparat Receptal® zur Auslösung des Eisprungs,
3 = Spritze zur Verabreichung des Hormons,
4 = Pipette zur Einführung des Spermas.

Wie bei der natürlichen Paarung, ist auch bei der künstlichen Besamung die Ovulationsauslösung notwendig. Dies wird am besten durch Verabreichen geeigneter Hormonpräparate erreicht (z.B. das synthetische Releaser-Hormon Receptal® von Hoechst). Nach subkutaner oder intramuskulärer Applikation wird die Gebärmutter mit beiden Muttermundöffnungen aufnahmefähig für die Spermien.

Das Sperma ist mit Hilfe einer leicht gebogenen Pipette etwa 10 bis 15 cm tief bis an die Gebärmutter in die Scheide einzuführen. Bei einer durchschnittlichen Befruchtungsrate von 70 % lassen sich heute von Häsinnen der Rasse Weiße Neuseeländer auf diese Weise etwa 50 Jungtiere pro Jahr erzielen, was im Vergleich zum natürlichen Deckakt eine Steigerung von etwa 30 % bedeutet.

Theoretisch können 100000 Nachkommen von einem Rammler pro Jahr erzeugt werden (dies entspricht 25000 Besamungen). Die zur Zeit erzielbaren Konzeptionsraten betragen bei Weißen Neuseeländern im Jahresdurchschnitt 70 bis 80 %, wenn 1 bis 2 Tage nach dem Werfen künstlich besamt wird. Bei natürlicher Bedeckung werden zu diesem Zeitpunkt 40 bis 50 % erreicht und nach 2 bis 4 Wochen 60 bis 70 %.

3.3 Trächtigkeit

Nach sieben Tagen nistet sich das befruchtete Ei in die Gebärmutterschleimhaut ein, und die Häsin ist trächtig. Vom Decktag bis zur Geburt rechnet man durchschnittlich 31 Tage. Abweichungen von ±2 Tagen können auftreten und sind normal. Erst nach Ablauf von 33 Tagen ist zu empfehlen, den Tierarzt zu Rate zu ziehen. Verlängerte Tragezeiten werden besonders dann beobachtet, wenn kleine Würfe zu erwarten sind. Das soll an der geringen Bildung von Schwangerschaftsschutzhormon (Progesteron) liegen, von dem man annimmt, daß es bei Vorhandensein vieler Föten in vermehrtem Umfange gebildet wird. Zwischen mittleren und großen Würfen bestehen hinsichtlich der Progesteronbildung keine Unterschiede. Sicher ist, daß weniger Jungtiere auch geringere Spannungen und schwächere mechanische Reize erzeugen, so daß der Geburtsvorgang etwas hinausgezögert und den Föten Gelegenheit zu weiterer Gewichtszunahme gegeben wird.

Falls nach einem normalen Eisprung keine Befruchtung stattgefunden hat, kommt es zur sogenannten Scheinträchtigkeit (Pseudogravidität). Ursache hierfür kann ein steriler Rammler sein. Auch das gegenseitige Bespringen der Häsinnen – beispielsweise während der Stallsäuberung und dem kurzzeitigen Zusammensperren mehrerer Häsinnen oder bei Gruppenhaltung – hat häufig Scheinträchtigkeit zur Folge. Das gleiche trifft zu, wenn bereits befruchtete Eier zu späterem Zeitpunkt zugrunde gehen, was in einem nicht unbeträchtlichen Maße vorkommt (etwa 20 %). Nach Ansicht von Praktikern soll die unmittelbare Nähe des Rammlers sich in dieser Beziehung störend auf die Häsin auswirken. In allen Fällen bleiben wie bei der echten Trächtigkeit die sich aus den Follikeln bildenden Gelbkörper aktiv und produzieren das Hormon Progesteron, dessen Aufgabe es ist, die Geschlechtsorgane auf die vermeintliche Geburt vorzubereiten. Nach etwa 16 bis 19 Tagen – so lange dauert dieser Zustand an – kommt es zu erneuten Brunsterscheinungen, und die Tiere können wieder gedeckt werden. Für die Praxis ergibt sich hieraus die Möglichkeit, durch Deckversuche die Häsin auf mögliche Scheinträchtigkeit zu testen. Auf diese Weise ist unter Umständen wertvolle Zeit zu gewinnen.

Liegt eine echte Trächtigkeit vor, so kann man von der 3. Woche an bei einiger Übung bereits gut die Köpfchen der Jungtiere durch Abtasten mit den Fingerspitzen fühlen. Zu diesem Zweck setzt man die Häsin auf den Tisch und tastet vorsichtig mit leicht geöffneter Hand die seitliche Bauchregion ab. Die Häsin darf dabei dem Untersuchenden zu- oder abgewandt sein. Geübte und erfahrene Personen sollen in der Lage sein, die Trächtigkeit auf diese Weise schon vom 10. Tag an festzustellen, so daß gegebenenfalls schon zu früherem Zeitpunkt nachgedeckt werden kann.

Eine andere Methode besteht darin, die Häsinnen mehrmals zu wiegen und anhand eindeutiger Gewichtszunahmen bei gleichbleibender Fütterung auf die Trächtigkeit zu schließen. Um andere Gründe für Gewichtsschwankungen auszuschließen, wird beispielsweise 14 Tage, 8 Tage und 1 Tag vor dem Decken gewogen und daraus das durchschnittliche Gewicht vor dem Decken ermittelt. Bei Farbenzwergen wurden nach 12 Tagen Trächtigkeit Gewichtszunahmen von 150 g registriert, bei Hellen Großsilbern betrug die Gewichtszunahme 190 g.

3.4 Geburt

Da der Deckakt beim Kaninchen den Eisprung auslöst, ist dem Tierhalter die Möglichkeit gegeben, den Zeitpunkt der Geburt selbst zu bestimmen. Auf diese Weise ist eine Wurfsynchronisierung ganzer Bestände möglich. Wenn z. B. am Mittwoch oder Donnerstag gedeckt wird, so fallen die Würfe auf das Wochenende. Meistens werfen die Häsinnen nachts oder am frühen Morgen ihre Jungen; die Geburt kann aber auch zu anderen Tageszeiten stattfinden. Der Vorgang läuft sehr schnell ab. Es kann passieren, daß während der Stallarbeiten eine Häsin unbemerkt ihre Jungen zur Welt bringt. Die Geburt von 8 bis 10 Jungen nimmt nur etwa 10 Minuten in Anspruch.

Vor dem errechneten Geburtstermin beginnt die Häsin das Nest zu bauen. Sie rupft sich hierfür aus der Brust- und Bauchregion Haare und stattet damit den Nistplatz aus. Bietet man ihr einen speziellen Nistkasten mit sauberer Einstreu, den man 4 bis 5 Tage vorher in ihre Box einstellt, so wird dieser in der Regel akzeptiert.

Das Geburtsgeschehen ist sehr komplexer Natur und schwer zu überblicken. Hierbei spielen eine Reihe zusammenarbeitender und einander entgegenwirkender Faktoren mit, die zudem das Verhalten des Muttertieres steuern. So ist die Nestbauaktivität vor der Geburt von dem Verhältnis zwischen Östrogen und Progesteron abhängig. Viel Östrogen und wenig Progesteron fördern den Nestbau.

Bei der natürlichen Geburt wird das wehenauslösende Oxytocin reflektorisch ausgeschüttet, wenn der Muttermund der Häsin entsprechend gedehnt wird. Da größere Würfe eine kürzere Tragezeit aufweisen, ist anzunehmen, daß darüber hinaus Spannungs- und Dehnungsreize die Hormonabgabe beträchtlich stimulieren. Obwohl das Hormon Oxytocin beim Kaninchen nicht als Geburtsauslöser bezeichnet werden kann, läßt sich mit seiner Hilfe die Geburt künstlich einleiten. Voraussetzung dafür sind hohe Dosierungen von 3 IE i.v. je Tier und ein innerhalb von 48 Stunden zu erwartender Geburtstermin. Sicheres Zeichen für die bevorstehende Geburt ist der Austritt von Milch aus den Zitzen bei leichtem Druck mit den Fingern.

Zwischen Nestbau und Geburt können einige Tage liegen, oftmals handelt es sich aber nur um Stunden oder Minuten. Die ersten Anzeichen der Wehentätigkeit lassen sich zwei Tage vor der Geburt nachweisen. Bei anderen Tierarten sind Kontraktionen des Uterus viel früher festzustellen. Die periodisch einsetzenden Preßwehen, die sich über den gesamten Körper hinziehen, sind deutlich erkennbar. Zum unmittelbaren Geburtszeitpunkt setzen dann kräftige Kontraktionen ein, die an Stärke immer mehr zunehmen und die zu einer spontanen Geburt der einzelnen Jungtiere führen, die in kurzen Zeitintervallen nacheinander anfallen. Hat man Gelegenheit, einmal eine Häsin beim Werfen zu beobachten, so fällt die gekrümmte Körperhaltung ins Auge, die der Häsin auch erlaubt, jederzeit mit dem Mund an die Scheide zu gelangen. Mitunter hilft sie aktiv mit ihren Zähnen nach, wobei sie die Jungen verletzen kann.

Die Vernarbung der Wundstellen auf der Gebärmutterschleimhaut erfolgt übrigens außerordentlich rasch. Unmittelbar nach der Geburt schnüren sich diese Stellen ab, es findet keine Nachblutung statt. Innerhalb von 6 Tagen sind die Wunden vollkommen verheilt. An dazwischenliegenden Stellen kann bereits die Einnistung neuer Früchte stattfinden.

Nach der Geburt beschäftigt sich die Häsin sofort mit ihren Jungen. Sie befreit gegebenenfalls die Jungtiere von den Eihäuten und frißt die Nachgeburt mitsamt der Nabelschnur. Mitunter reißt die Nabelschnur schon vor der beendeten Austreibung im Mutterleib ab. Bei zügiger Geburt ist das kein Nachteil.

Treten aber Störungen auf, so sind Totgeburten die Folge. Bei zu langer Geburtsphase laufen die Jungen blau an, und die Atmung kommt nur zögernd in Gang. Schreien die Neugeborenen laut, so ist das häufig ein Zeichen dafür, daß etwas nicht in Ordnung ist. Bei kleinen Würfen sind die Jungtiere oft zu schwer, was ihre Geburt hemmt und die Austreibungsphase wesentlich verlängert. Die häufig zu beobachtende mangelhafte Vitalität ausgesprochen kräftiger und schwerer Neugeborener steht hiermit in ursächlichem Zusammenhang.

Werden Junge außerhalb des Nestes zur Welt gebracht, verkühlen sie sehr schnell. Findet man unterkühlte und kaum Lebenszeichen abgebende Tiere noch rechtzeitig, so kann man sie mit warmem Wasser waschen und abreiben, um sie auf diese Weise zu retten. Zu ihren Nestgeschwistern zurückgegeben oder einem etwa gleichaltrigen Wurf zugesetzt, erholen sie sich schnell. Bei Häsinnen, die das erste Mal werfen, kommt das Verstreuen der Jungtiere oder mangelhafter Nestbau häufiger vor als bei Althäsinnen.

3.5 Fruchtbarkeit

Das Kaninchen gilt sprichwörtlich als fruchtbar. Dennoch reicht die je Häsin und Jahr erzielte Nachkommenzahl in der gewerblichen Kaninchenhaltung unter derzeitigen Verhältnissen kaum für eine rentable Fleischproduktion aus.

Die Fruchtbarkeit weiter zu verbessern und die Produktion zu steigern, kann auf verschiedene Weise erreicht werden: durch Förderung der Frühreife, größere Würfe (Wurfstärken), steigende Wurfzahlen und nicht zuletzt durch längere Zuchtverwendung. Die Bereitstellung genügend großer Nachkommenzahlen ist ferner die Voraussetzung für die Zuchtauslese oder Selektion.

3.5.1 Frühreife

Maßstab für die Frühreife ist die Wachstumsintensität. Bei hoher Wachstumsintensität schließen die Tiere ihre Entwicklung zeitiger ab, und das Körperendgewicht wird in kürzerer Zeit erreicht. Damit verbunden ist auch eine frühe Geschlechts- und Zuchtreife. Auf Fleischleistung gezüchtete Rassen oder Linien zeichnen sich durch Frühreife aus.

Die Geschlechtsreife setzt zwar bei allen Rassen und bei beiden Geschlechtern etwa mit 3 bis 4 Monaten ein. Als voll zuchttauglich wird man ein Tier aber erst ansehen, wenn der Körper sein Wachstum annähernd abgeschlossen hat, so daß zwischen Geschlechts- und Zuchtreife unterschieden werden sollte. Mit dem Erreichen der Zuchtreife kann das vorhandene Leistungspotential voll genutzt werden. Kleine und mittelgroße Rassen erreichen die Zuchtreife mit etwa 5 bis 6 Monaten (Körpergewicht 3,0 bis 3,5 kg). Große Rassen sind spätreifer, und die Tiere werden meist 8 Monate und älter, bevor sie in der Zucht Einsatz finden. Falls keine geschlossenen Stallbauten zur Verfügung stehen, wird man sich mit dem Zuchtbeginn auch nach der Jahreszeit richten müssen.

In der gewerblichen Fleischkaninchenhaltung werden die Tiere bei optimaler Fütterung und Haltung schon früher in die Zucht genommen als oben angegeben. Großbetriebe lassen Weiße Neuseeländer Häsinnen z. B. schon im Alter von 110 bis 130 Tagen zu. Spezielle Linienhybriden werden sogar im Alter von 90 Tagen besamt. Voraussetzung hierfür ist allerdings eine gute Körperverfassung. Weiße Neuseeländer sollten bei der Erstzulassung möglichst ein Körpergewicht von 3 kg und mehr aufweisen, also ein Gewicht, das dem Mindestgewicht des Rassestandards entspricht. Die Tiere sind in der Lage, Gewichtsrückstände ohne Nachteile bis zum rassetypischen Lebendgewicht später voll auszugleichen.

Zögert man die Zuchtbenutzung zu lange hinaus, so kann bei reichlicher Fütterung leicht eine Verfettung der Tiere eintreten, was Fruchtbarkeitsstörungen zur Folge hat. Auf die Qualität der einzelnen Nachkommen hat das Alter der Elterntiere keinen Einfluß, sofern eine ausreichende Versorgung der Jungtiere sichergestellt ist. Die Frühreife wird durch optimale Fütterungs- und Haltungsbedingungen gefördert. Das heute verfügbare Fertigfutter hat deshalb an dem guten Allgemeinzustand und der beschleunigten Zuchtreife keinen geringen Anteil. Bei ausschließlicher Verfütterung von wirtschaftseigenem Grünfutter ohne Kraftfutter oder gar bei Mangelernährung ist eine spürbare Reifeverzögerung zu beobachten.

Zweifelsfrei ist die Veranlagung zur Frühreife auch erblich bedingt. Dies wird deutlich, wenn Tiere aus verschiedenen Herkünften unter gleichen Bedingungen gehalten werden. Da die Entwicklung der Jungtiere in hohem Maße von der Milchleistung der Häsin abhängt, also umweltbedingt ist, kann die Frühreife beim Kaninchen erst zu relativ später Zeit erkannt werden. Sicheres Zeichen hierfür ist das schnellere Erreichen der Schlachtreife.

Betrachtet man andere Nutztierarten, so läßt sich feststellen, daß sich hochgezüchtete Kulturrassen gegenüber weniger züchterisch bearbeiteten Landrassen stets durch Frühreife auszeichnen. Beim Kaninchen sind die Unterschiede weniger augenfällig. Bereits die Wildform zeigt Vermehrungsfreudigkeit und Frühreife.

3.5.2 Wurfgröße

Die Zahl der pro Wurf geborenen Jungtiere bewegt sich in weiten Grenzen und kann zwischen 1 und 12 betragen. Mitunter fallen bei den schweren Rassen sogar mehr als 12 Junge an. Die Zwergkaninchen bringen im Gegensatz zu mittelgroßen und großen Rassen meistens nur 3 bis 4 Junge zur Welt. Während es vielen Rassekaninchenzüchtern ausreicht, 6 Tiere pro Wurf aufzuziehen, ist der Fleischkaninchenmäster darauf angewiesen, 8 und mehr Jungtiere groß zu bekommen.

Bei kleinen Würfen liegen die Geburtsgewichte in der Regel höher, und die Gewichtsentwicklung während der Säugeperiode ist meistens besser. Das ist verständlich, denn den Einzeltieren steht mehr Milch zur Verfügung. Dieser Sachverhalt verleitete früher viele Rassekaninchenzüchter dazu, die Veranlagung zu größerer Fruchtbarkeit nicht entsprechend zu honorieren. Man ließ der Häsin nur 4 bis 5 Junge, der Rest wurde getötet. Um die Häsin zu schonen, werden auch heute noch des öfteren schwächlich aussehende und überzählige Neugeborene aus dem Nest entfernt. Ausgesprochene Kümmerer sollten auf jeden Fall ausgemerzt werden. Wenn die Milchleistung der Häsin gut ist, wirkt sich der starke „Achterwurf" aber keinesfalls nachteilig auf die spätere Entwicklung und den Erscheinungstyp der Jungen aus. Diese Erkenntnis hat sich weitgehend durchgesetzt, und man strebt heute auch in der Rassekaninchenzucht mittlere bis starke Würfe von 6 bis 8 Jungtieren an. Gewichtsrückstände holen die aus starken Würfen stammenden Jungtiere schnell auf. Dem Züchter bietet sich dann die Möglichkeit, die Selektion auf verschiedene Merkmale an einer größeren Nachkommenzahl mit einer höheren Sicherheit durchzuführen. Dazu kommt, daß weniger als 5 Jungtiere nicht immer imstande sind, die mit 8 bis 10 Saugwarzen ausgestattete Milchdrüse entsprechend zu stimulieren, so daß das Milchbildungsvermögen nicht voll ausgeschöpft wird. Einzelne Zitzen werden überhaupt nicht besaugt. Andererseits kann es bei 10 bis 12 Jungtieren pro Wurf leicht passieren, daß die Milchleistung nicht ausreicht, um eine optimale Entwicklung der Nestlinge sicherzustellen, was sich in gesteigerten Jungtierverlusten und zu niedrigem Körpergewicht bei den erwachsenen Tieren zeigt.

Erst bei der Versorgung starker Würfe wird mangelhafte Milchproduktion erkennbar. Im Zusammenhang mit der Wurfgröße verdient deshalb die Milchleistung der Häsin besondere Aufmerksamkeit, was auch für die Rassekaninchenzucht gilt. Bei akutem Milchmangel der Häsin sind die Jungtiere bis zum

Alter von 12 Tagen dem Tode geweiht, falls keine Ersatzamme zur Verfügung steht und künstliche Aufzucht mangels Erfahrung oder wegen des großen Aufwandes nicht möglich ist. Nicht selten sind von dieser Notlage auch kleine und mittlere Würfe betroffen.

Bei den meisten Kaninchenrassen ist eine gute Veranlagung zu großer Wurfstärke und guter Milchleistung vorhanden. Dies gilt vor allem für die großen und mittelgroßen Normalhaarrassen. Bei Blauen Wienern und Weißen Neuseeländern kann man beispielsweise mit durchschnittlichen Wurfgrößen von mehr als 7 bis 8 Jungtieren pro Wurf rechnen. Die geringe Wurfgröße bei den sehr kleinen Rassen, wie dem Hermelinkaninchen und den Farbenzwergen ist vermutlich die Folge früherer Inzucht. Der Vergleich mit den etwa gleichschweren Wildkaninchen mit mehr als sechs Jungen im Wurf zeigt, daß diese Erscheinung nicht dem geringen Körpergewicht zuzuschreiben ist.

Die Wurfgröße wird vor allem durch die Häsin und die Föten selbst bestimmt. Die kräftig durchblutete und bläulich anlaufende Scheide ist als Hinweis dafür zu werten, daß die Aussichten auf einen großen Wurf günstig sind. Solange der Deckakt ausgeführt werden kann und befruchtungsfähige Spermien vorhanden sind, wird immer ein Überangebot an männlichen Keimzellen vorliegen. Für die Anzahl der Jungtiere im Wurf bzw. der sich im Mutterleib entwickelnden Jungtiere ist deshalb allein die Häsin verantwortlich. (Allerdings wirken auch die Groß- und Urgroßväter mütterlicherseits mit.) Es kann deshalb nicht am Alter des Rammlers liegen, wenn kleine Würfe vorliegen.

Der Vater ist nicht direkt beteiligt, da seine Mitwirkung sich allein auf die Weitergabe der Erbfaktoren beschränkt, die sich erst in der folgenden Generation auf die Fruchtbarkeit seiner Nachkommen auswirken können. Bezüglich der Vererbung der Wurfgröße kann festgestellt werden, daß hier einerseits Gene zur Wirksamkeit gelangen, die die Ovulationsrate beeinflussen und andererseits rezessive Gene wirken, die vor allem für Ei- und Embryonalverluste verantwortlich zu machen sind. Wegen der hohen Umweltbeeinflußbarkeit ergibt sich ein geringer Erblichkeitsanteil für dieses Merkmal, und deshalb eignet sich die Wurfgröße schlecht als Selektionskriterium.

Hohe Umgebungstemperaturen hemmen wie andere ungünstige Umweltbedingungen die Tätigkeit des in der Hirnanhangdrüse liegenden Sexualzentrums, und es kommt zu einer Verringerung der Hormonproduktion. Damit nimmt nicht nur die Deckbereitschaft ab, sondern es wachsen auch weniger Eizellen heran, wodurch die Wurfgröße verringert wird. Hohe Umgebungstemperaturen verringern die Durchblutung der Gebärmutter, so daß die heranwachsenden Embryonen mit Sicherheit schlechte Entwicklungsbedingungen vorfinden und nur unzureichend ernährt werden. Mangelhaft ernährte Embryonen sterben zu einem hohen Prozentsatz ab. Da dies sehr frühzeitig geschieht, bleibt dieser Vorgang wohl in den meisten Fällen verborgen. Die Zahl der absterbenden Früchte soll aber beim Kaninchen beträchtlich sein.

Die an anderer Stelle dieses Buches behandelten Umweltfaktoren wie Fütterung, Temperatur, Licht usw. wirken sich demnach auch auf die Wurfgröße aus, was in noch stärkerem Maße für die anschließend zu behandelnde Wurfzahl zutrifft.

3.5.3 Wurfzahl

Die Wurfzahl hat für die Selektion auf hohe Reproduktionsleistungen wesentlich mehr Aussagewert als die Wurfstärke, denn von Häsinnen mit vielen Würfen in einer bestimmten Zeit sind auch allgemein große und qualitativ gute Würfe zu erwarten. Hohe Wurfzahlen setzen beim natürlichen Deckakt voraus, daß die Fortpflanzungsbereitschaft zu verschiedenen Jahreszeiten vorhanden ist. Gleichmäßige Tageslichtlängen von etwa 14 Stunden sind hierbei wichtig. Indirekt ist auch die Fähigkeit des Rammlers beteiligt, mit qualitativ hochwertigem Sperma eine Befruchtung sicherzustellen. Durch künstliche Besamung und die damit verbundene hormonelle Auslösung des Eisprungs ist eine weitere Steigerung der Wurfzahl zu erreichen.

Werden die Häsinnen im Jahr nur 2- bis 3mal gedeckt, bleiben besonders fruchtbare Tiere weitgehend unerkannt. Andererseits ergaben Untersuchungen über Zusammenhänge zwischen Wurfzahl, Wurfgröße und Wurfgewicht bei Blauen Wienern und Weißen Neuseeländern, daß bei drei Würfen pro Jahr die größten Würfe mit den kräftigsten Tieren anfielen. Die Produktivität des Mastbetriebes wird aber wesentlich gesteigert, wenn höhere Wurfzahlen erzielt werden. Hieraus ergibt sich eine Diskrepanz zwischen den Belangen der Rassekaninchenzucht und den zwingenden Notwendigkeiten in der gewerblichen Fleischkaninchenzucht, denn die Existenz letzterer ist von kurzen Zwischenwurfzeiten und mehr als vier Würfen pro Jahr geradezu abhängig. Das muß aber nicht bedeuten, daß solche Tiere von ihrem äußeren Erscheinungsbild her gesehen weniger ansehnlich sind.

Die Gefahr ist aber groß, daß bei der Doppelbelastung durch Trächtigkeit und Säugeleistung die Kondition der Mutterhäsinnen geschwächt wird. Solche Beobachtungen machte man in ungarischen Großbetrieben. Eine vollwertige Nährstoffversorgung der Häsinnen ist deshalb besonders wichtig. Das läßt sich auch durch Gewichtskontrollen in der Rassekaninchenzucht belegen. Zu Beginn der Zuchtsaison, wenn noch kein Grünfutter zur Verfügung steht und die Ration einseitig zusammengestellt wird, weisen die Tiere keine so gute Entwicklung auf wie beispielsweise bei Fütterung mit frischem Löwenzahn.

Da die Häsin am ersten Tag nach erfolgter Geburt erneut belegt werden kann, errechnet sich eine theoretisch mögliche Wurfzahl von 11 pro Jahr. Dieser Wert wird in der Praxis der Fleischkaninchenzucht bei weitem nicht erreicht. 8 bis 10 Würfe pro Häsin und Jahr stellen bei den auf Fruchtbarkeit selektierten Stämmen und bei künstlicher Besamung herausragende Spitzenleistungen dar. 5 bis 6 Würfe können bei natürlicher Bedeckung als gute Leistungen für große und mittelgroße Rassen bezeichnet werden.

3.6 Zuchtverwendung

Wie im Abschnitt über Frühreife dargelegt, können junge Zuchttiere erst nach Erreichen der Zuchtreife voll eingesetzt werden. Bis zum Alter von 4 bis 5 Jahren sind befriedigende Zuchtergebnisse bei 2 bis 3 Würfen im Jahr durchaus erzielbar. Unter üblichen Haltungsbedingungen ist eine maximale Lebenserwartung von 10 bis 14 Jahren anzunehmen. Bei ununterbrochenem Zuchteinsatz erreichen aber nur wenige Tiere dieses Alter. Häsinnen scheiden in erster Linie wegen Fruchtbarkeitsstörungen aus. Die Schwierigkeiten, Häsinnen zum Tragen zu bringen, nehmen mit fortschreitendem Alter zu, und die Wurfstärken verringern sich deutlich.

Rammler können in der Regel länger als Häsinnen genutzt werden. Eine Spermaproduktion findet noch im Alter von 6 bis 7 Jahren statt, die Spermienzahl ist allerdings geringer, und die Geschlechtsaktivität läßt zusehends nach. Rammler sollen aber stets deckfreudig sein. Träge Rammler mit unbefriedigender Decklust erschweren die Deckarbeit und sind aus der Zucht zu nehmen. Die Ursache für mangelnde Libido können bei jungen Rammlern Krankheiten oder hormonelle Störungen sein. Ein ausgewachsener und leistungsfähiger Rammler reicht für etwa 25 Häsinnen. In kleineren Zuchten mit 10 bis 15 Häsinnen wählt man zweckmäßigerweise ein enges Geschlechtsverhältnis von 1 : 5 bis 1 : 10. Es ist auch daran zu denken, daß stets ein Reserverammler zur Verfügung steht.

In der modernen Fleischkaninchenhaltung werden die Häsinnen bei fortwährender Zuchtbenutzung oft nur ein Jahr gehalten, wenn fruchtbare Junghäsinnen in genügender Zahl zur Verfügung stehen. Es trifft jedoch nicht zu, daß die Lebenserwartung bei hohen Leistungsanforderungen generell stark abnimmt. Bei guter Veranlagung und einwandfreien Haltungsbedingungen ist mit einer Beeinträchtigung der Gesundheit durch hohe Leistungsanforderungen nicht zu rechnen. Gewöhnlich sind aber nur einzelne Tiere in der Lage, hohe Dauerleistungen zu erbringen. Hierauf züchterischen Einfluß zu nehmen, stellt eine notwendige Aufgabe dar, denn in dieser Beziehung bestens veranlagtes Tiermaterial kommt auch den Kaninchenzüchtern zugute, von deren Tieren keine Höchstleistungen gefordert werden. Völlig normal ist, daß Häsinnen auch einmal nicht aufnehmen und Würfe ausbleiben. Sehr wichtig sind optimale Fütterung und Pflege, wobei auch darauf zu achten ist, daß die Tiere nicht zu üppig gefüttert werden und verfetten.

3.7 Aufzuchtleistung

Die Aufzuchtleistung stellt eines der wichtigsten Leistungsmerkmale in der Kaninchenhaltung dar. Man versteht darunter die Anzahl der insgesamt von einer Häsin geborenen und bis zum Absetzen aufgezogenen Jungtiere, wobei in der Regel der Zeitraum von einem Jahr zugrundegelegt wird. Verwendet man die Zahl der pro Häsin in der Zeiteinheit aufgezogenen Jungtiere als Selektionskriterium, so gehen in dieses Maß nicht nur die Eigenschaften Wurfgröße und Wurfzahl, sondern auch die Milchleistung einschließlich der übrigen Muttereigenschaften mit ein. Auch die Anzahl der Zitzen findet indirekt Berücksichtigung, da Häsinnen mit Erhöhung der Zitzenzahl wesentlich bessere Voraussetzungen für gesteigerte Aufzuchtleistungen mitbringen. Das setzt allerdings voraus, daß die Fütterungs- und Haltungsbedingungen keinen begrenzenden Faktor für die Aufzucht darstellen. Die in genetischer Hinsicht wertvollsten Häsinnen mit der besten Nachzucht werden nämlich keine befriedigenden Aufzuchtleistungen erbringen, solange z. B. Hygienemängel hohe Verluste unter den Jungtieren verursachen. Die Aufzuchtleistung kann somit unter vergleichbaren einwandfreien Umgebungsbedingungen als wichtiger Beurteilungsmaßstab herangezogen werden, der auch in der Rassekaninchenzucht bei begrenzten Wurfzahlen seine volle Berechtigung hat. Der Liebhaberzüchter wird anhand von Aufzeichnungen (Stallkarte) schnell herausfinden, welche Häsinnen den Anforderungen genügen bzw. den Vorstellungen entsprechen. Den besten Eindruck vom Zuchtwert der Häsinnen erhält man, wenn man ihre Leistung über zwei Jahre verfolgt. Um einen Mindestaussagewert zu erhalten, sollten wenigstens drei Würfe zur Auswertung gelangen. Ein zusätzlicher Informationsgewinn fällt an, wenn die Summe der Zwischenwurfzeiten Berücksichtigung findet.

Nach Kreuzung reinerbiger Eltern verschiedener Rassen oder bestimmter Linien läßt sich häufig eine Überlegenheit der Kreuzungstiere in der 1. Nachkommengeneration gegenüber beiden Eltern feststellen, die auch in gesteigerter Lebenskraft zum Ausdruck kommt. Da bei vitalen Jungtieren die Überlebenschancen wesentlich steigen, wird folglich auch die Aufzuchtleistung erhöht. Diesen Sachverhalt nutzt man u. a. bei Gebrauchskreuzungen aus.

Der Rammler hat auf die Aufzuchtleistung der Häsin an sich keinen Einfluß, wenn Milchmenge und Muttereigenschaften zugrundegelegt werden. Erst bei seinen Nachkommen würden die in ihm steckenden Eigenschaften wie z. B. die Veranlagung zu hoher Milchleistung zum Tragen kommen.

In der gewerblichen Kaninchenzucht hat sich die Aufzuchtleistung als herausragendes Selektionskriterium weitgehend durchgesetzt. Die Leistungsfähigkeit einer Zucht, bestimmter Kreuzungsprodukte sowie die eines ganzen Betriebes wird durch das Aufzuchtergebnis bestens charakterisiert. Man wünscht heute in der Fleischkaninchenhaltung mehr als 35 aufgezogene Jungtiere pro Häsin und Jahr. Spitzenbetriebe liegen im Bereich von 40 bis 50 Tieren. Bei diesem Leistungsniveau bleiben die anteilmäßigen Kosten für die Elterntierhaltung niedrig, was bei Wirtschaftlichkeitsberechnungen deutlich zum Ausdruck kommt.

3.8 Aufzucht der Jungtiere

3.8.1 Natürliche Aufzucht

Vorbereitungen

Die Aufzucht der Jungen beginnt mit der Vorbereitung der Häsin. Damit die Milchbildung sichergestellt ist, muß für ausreichende Ernährung und Pflege des Muttertiers gesorgt werden, wobei vor allem auf den Mineralstoffbedarf zu achten ist. Erhöhte Futterrationen sind aber keinesfalls notwendig; zu reichliche Fütterung führt nicht nur zur Verfettung des Geburtstraktes, sondern auch zur Fetteinlagerung im Milchdrüsengewebe, so daß neben Geburtsschwierigkeiten auch unzulängliche Milchbildung die Folge sein kann. Zu empfehlen ist, die körperliche Verfassung der Häsin durch Abtasten zu kontrollieren und die Futterrationen entsprechend zu gestalten.

Vor dem Werfen ist die Häsin rechtzeitig dorthin umzusetzen, wo die Geburt und die Aufzucht der Jungen stattfinden soll. Es genügt, wenn diese Umstellung 4 bis 7 Tage vor dem Werfen erfolgt. Gutes Stroh ist für den Nestbau ausreichend zur Verfügung zu stellen und gegebenenfalls mehrfach zu erneuern. Das Stroh wird von der Häsin zerkleinert und zerschlissen und weist erst dann zufriedenstellende Isoliereigenschaften in Verbindung mit dem gerupften Haar auf. Hat die Häsin zu wenig Zeit zwischen dem Umsetzen und der Geburt, so kann der Nestbau leiden, und es kommt möglicherweise zum Zerstreuen der Jungtiere, weil sich das Muttertier auf den Nistplatz nicht genügend einstellen konnte. Das Nest sollte auch nicht zu hoch angelegt werden, da die Jungen nach dem Säugen leicht aus dem Nest gerissen werden und nur mit Schwierigkeiten den Weg nach oben zurückfinden. In solchen Fällen ist vorher regulierend einzugreifen, indem man z. B. die übrige Fläche mit Einstreu aufpolstert. Zu empfehlen ist das Einsetzen oder Anbringen von geeigneten Nistkästen, die in der Regel auch von der Häsin zum Werfen ihrer Jungen akzeptiert werden. Nistkästen sind besonders dann wichtig, wenn Außenställe in kalter Jahreszeit benutzt werden.

Nestkontrolle

Nach dem Werfen ist es zweckmäßig, die erste Nestkontrolle vorzunehmen. Einige Häsinnen verteidigen ihre Jungen mit Beißen, Kratzen und Fauchen, während andere ruhig zusehen. Wenn nötig, sperrt man die Häsin vor der Inspektion ab, setzt sie in ein anderes Abteil oder ergreift sie zumindest am Nacken und hält sie mit einer Hand fest, greift mit der freien Hand in das Nest, nimmt die Jungtiere in Augenschein und tastet dabei die Umgebung des Nestes ab. Sollten sich noch Nachgeburten im Nest befinden, so werden diese ebenso entfernt wie Totgeborene. Sämtliche Jungen werden zur Kontrolle am besten kurz aus dem Nest genommen und in ein vorbereitetes Behältnis wie z. B. einen Pappkarton gelegt. Bei niedrigen Temperaturen legt man sich vorher eine warme Bodeneinlage bereit.

Blutflecken und noch zusammenhängende Haarbüschel deuten auf die unmittelbar vorangegangene Geburt hin. Sollten zu wenig Haare von der Häsin gerupft worden sein, – bei Kurzhaarkaninchen ist ohnehin mit wenig Haar zu rechnen – so kann das bei dieser Gelegenheit von Hand des Züchters nachgeholt werden; dazu wird Haar an Hals und Brust zwischen Daumen und Faust erfaßt und ausgerupft. Wurden die Jungen schon gesäugt, so erkennt man dies an der durch die Bauchwand schimmernden Milch.

Die Milchbildung kommt erst langsam in Gang. Es braucht deshalb kein beunruhigendes Zeichen zu sein, wenn am ersten Tag noch nicht gesäugt wurde. Sind die Jungen gesund, so fühlen sie sich warm an und zeigen lebhafte Bewegungen. Ausgesprochene Kümmerer sind kalt, steif und haben eine faltige Haut. Der Züchter wird sich entsprechende Aufzeichnungen machen.

Werden Wurfkästen benutzt, so wird dadurch die Nestkontrolle wesentlich erleichtert. Das trifft insbesondere für solche zu, die von außen angebracht werden bzw. von außen zugänglich sind. Mit einem Trennschied läßt sich der Zugang zum Häsinnenabteil absperren. Unter Umständen ist es empfehlenswert, den ganzen Wurfkasten abzuhängen oder aus der Box zu nehmen.

Bei niedrigen Außentemperaturen können die Jungtiere z. B. in einem temperierten Raum untergebracht werden. Da die Häsin ihre Jungen gewöhnlich nicht öfter als einmal am Tag säugt, was im Durchschnitt in weniger als 4 Minuten geschieht, werden die Wurfkästen nur zum Säugen zur Häsin gebracht. Die gewählte Tageszeit ist dabei gleichgültig. Die erfahrene Häsin wird nach Einstellen des Kastens nach kurzer Nasenkontrolle sofort zum Säugegeschäft übergehen und nach Beendigung von den Jungen abspringen.

Die Absperrung bzw. Entfernung der Wurfkästen bietet hygienische Vorteile und schließt Aggressionshandlungen seitens der Mutter gegenüber ihren Jungen weitgehend aus. Auch unnützes Bespringen des Nestes durch unruhige Häsinnen wird dadurch ausgeschlossen. Scharfe Krallen können die Jungen verletzen. Erstlingshäsinnen sollten aber in den ersten Tagen nicht völlig von den Jungen getrennt werden, es sei denn aus zwingenden Gründen. Obwohl die Mutter-Kind-Beziehungen recht locker sind, zeigen diese Muttertiere doch Unruhe und bauen Ersatznester. Die Trennung von ihrem Wurf stellt einen krassen Eingriff dar, von dem zumindest in den ersten 3 bis 4 Tagen abzuraten ist.

Es wird von verschiedener Seite empfohlen, vor dem Anfassen junger Nestlinge nicht mit fremden Kaninchen zu hantieren und keine parfümierten Seifen zu verwenden. Die Tiere reagieren in dieser Hinsicht recht unterschiedlich, wobei auch Rassebesonderheiten eine Rolle spielen dürften. Während bei einem Versuch z. B. Weiße Neuseeländer Häsinnen alle möglichen Manipulationen an sich selbst, am Nest wie an ihren Jungen duldeten und sich auch von fremden Gerüchen nicht irritieren ließen, reagierten weniger auf Fruchtbarkeitskriterien selektierte Rassen weit empfindlicher auf Eingriffe solcher Art. Wenn die Häsin wie oben beschrieben von den eigenen Jungen längere Zeit getrennt wird, werden auch fremde Junge ohne weiteres akzeptiert. Überzählige oder verwaiste Jungtiere lassen sich auf diese Weise von fremden Müttern aufziehen. Dabei ist es nicht notwendig, daß sich die Ammen im gleichen Laktationsstadium befinden.

Nestkontrollen werden im Abstand von mehreren Tagen wiederholt. Dabei wird man dann nicht mehr sämtliche Tiere aus dem Nest nehmen. Oft reicht schon ein kurzer Blick um festzustellen, ob alles in Ordnung ist.

Milchzusammensetzung

Kaninchenmilch ist sehr nährstoffreich und weist einen Trockensubstanzgehalt von 30% und mehr auf. Über die Inhaltsstoffe der Kaninchenmilch, deren Zusammensetzung gut bekannt ist, liegen eine Reihe von Mitteilungen vor. Eine Übersicht über den Nährstoffgehalt vermittelt Tab. 5. Wie aus der Zusammenstellung hervorgeht, kommen die Autoren zu gleichlautenden Ergebnissen. Protein- und Fettgehalt bewegen sich etwa im selben Bereich (10 bis 15%). Auffällig ist der niedrige Anteil Milchzucker (Lactose). Eindeutige Unterschiede zu anderen Nutztieren ergeben sich auch in der Milchfettzusammensetzung, wo große Mengen der leicht verdaulichen Capryl- und Caprinsäure sowie

Linolsäure ermittelt wurden. Der Gehalt an Caprylsäure ist z. B. 20mal höher als im Butterfett. Dies ist bei der mutterlosen Aufzucht bzw. bei der Zusammenstellung einer Ersatzmilch besonders zu beachten.

Während der Laktationsperiode unterliegt die Zusammensetzung der Milch gewissen Schwankungen, so daß es nicht gleichgültig ist, zu welchem Zeitpunkt die Milchprobe zu Analysenzwecken entnommen wurde. Anfänglich ist der Fettgehalt bei geringer Milchleistung hoch. Das gleiche trifft für das Ende der Säugeperiode zu, so daß in diesen Zeitabschnitten hohe Fettprozente von 25 bis 30 % zu registrieren sind. Der Eiweißgehalt bleibt lange Zeit auf gleichem Niveau und steigt gegen Ende der Laktation gleichfalls an. Beim ohnehin niedrigen Milchzuckergehalt ist demgegenüber eine Senkung unter 0,5 % gegen Laktationsende zu verzeichnen.

Tab. 5. Zusammensetzung von Kaninchenmilch (%).

Trockensubstanz	Rohprotein	Gesamtfett	Lactose	Asche	Autor
28,7	12,3	13,1	1,9	2,3	VENGE (1963)
25,7–36,0	11,9–13,2	10,2–18,7	1,1–1,8	–	COATES et al. (1964)
31	13	12	2	2,5	TEGTMEYER (1964)
26	13	10	1	2,2	LEBAS (1971)
28,4	14	11,2	0,9	2,4	LEBAS (1975)
30,9	12,7	14,8	0,9	2,3	SCHLEY (1975)

(Aus: SCHLEY 1976)

Für die Aufzuchtergebnisse sind die genannten Schwankungen jedoch ohne praktische Bedeutung, und neugeborene Jungtiere können ebenso mit Milch aus späteren Laktationsabschnitten aufgezogen werden wie umgekehrt. Ein wichtiger Sachverhalt ist in diesem Zusammenhang zu erwähnen. Aufgrund des durchlässigen Plazentatyps erfolgt die Versorgung mit mütterlichen Abwehrstoffen (Immunkörpern) beim Kaninchen zum größten Teil bereits vor der Geburt. Ab 22. Trächtigkeitstag sind die Gewebebarrieren so weit abgebaut, daß die Blutgefäße der Eihäute praktisch im Blut der Gebärmutterschleimhaut schwimmen (Hämochorialis). Zwar ist nach Aufnahme von Kolostralmilch ein Immunkörperanstieg im Blut nachzuweisen, unbedingt notwendig ist die Aufnahme von Kolostralmilch jedoch nicht. Neugeborene, noch nicht gesäugte Jungtiere, können deshalb ebensogut von Ammen aufgezogen werden, die sich im späteren Laktationsstadium befinden.

Säugen und Milchleistung

Die Entwicklung der Jungtiere hängt vor allem von der Milchleistung der Häsin ab. Ehe die Milchproduktion nach dem Werfen richtig in Gang kommt, vergehen jedoch einige Tage. Eine gute Häsin verfügt aber schon am 1. Tag über so viel Milch, daß 50 bis 60 g schwere Neugeborene der mittelschweren Rassen 5 bis 10 g Milch aufnehmen können. Im Laufe von zwei Wochen wird die Milchbildung auf etwa 100 bis 150 g gesteigert und verdoppelt sich in der 3. Woche. Zwischen dem 15. und 25. Tag liegt die Produktionsspitze. Bei mittelschweren Rassen, z. B. den Neuseeländern, werden in der 3. Laktationswoche bei optimaler Ernährung und guter Veranlagung zur Milchbildung bis zu 300 g Milch pro Häsin und Tag gebildet, was angesichts des hohen Nährstoff- und Kaloriengehaltes der Kaninchenmilch eine bemerkenswerte Leistung darstellt.

Nach 28 Tagen nimmt die Milchleistung merklich ab. Einige Häsinnen haben nach vier Wochen kaum noch Milch, während andere bis zu acht Wochen säugen können. Es ist ein gutes Zeichen für die Konstitution, wenn die säugenden Häsinnen ihr Ausgangsgewicht bei guter Milchleistung annähernd konstant halten. In den meisten Fällen verlieren sie an Gewicht.

In sechs Laktationswochen konnten Weiße Neuseeländer Häsinnen bis zu 7 kg Milch produzieren. Bei einem Energiegehalt von etwa 200 Kcal/100 g bedeutet das etwa 14000 Kcal. Von leichteren Holländern wurden fast 4 kg bzw. 8000 Kcal erreicht. Vergleicht man die Milchleistung einer Häsin aus mehreren Würfen, so läßt sich feststellen, daß die Milchproduktion der 2. Säugeperiode größer als die der 1. ausfällt. Entsprechend höher liegen auch die Jungtiergewichte. Dieser Unterschied in der Milchleistung kann bis zu 1,5 kg während vier Wochen betragen. Bei den nachfolgenden Laktationsperioden sind die Unterschiede weniger ausgeprägt. Man kann jedoch von einer Tendenz der Leistungssteigerung ausgehen.

Jungtiere mittelschwerer Rassen sollten je Tier während der gesamten Säugeperiode 700 bis 800 g Milch bekommen. Leichtere Rassen benötigen entsprechend ihrem Gewichtszuwachs weniger. Die Milchleistung ist durch Wiegen der Jungen vor und nach dem Säugen festzustellen. Um eventuelles Harnen während der Wägung zu berücksichtigen, werden saugfähige Papierunterlagen verwendet und diese mitgewogen. Der Milchbedarf während des für die Entwicklung wichtigsten Abschnittes von der Geburt bis zum Alter von 14 Tagen läßt sich für die verschiedenen Rassen mit unterschiedlichen Körpergewichten anhand der Milchverwertbarkeit in etwa abschätzen. Die Milchverwertung während dieser Zeit beträgt etwa 1,5 bis 1,7 : 1, d. h. für100 g Lebendgewichtszunahme müssen 150 bis 170 g Muttermilch aufgewendet werden. Die Verwertung nimmt aber mit zunehmendem Alter ab und ist in der 3. Lebenswoche schlechter als 2 : 1.

Anhand des erzielten Lebendgewichtszuwachses läßt sich somit die konsumierte Milch errechnen. Voraussetzung hierfür ist allerdings eine ungestörte Entwicklung der Jungtiere.

Es gilt die Regel:
(3-Wochenwurfgewicht – Geburtsgewichte) × 2 = Gesamte Milchleistung

Da das Verhältnis zwischen Milchaufwand und Gewichtszunahme recht günstig ist, ergibt sich eine hohe Zuwachsrate. Je nach Wurfstärke und Durchsetzungsvermögen gegenüber seinen Wurfgeschwistern erhält ein Jungtier bis zum 21. Tag täglich etwa 15 bis 35 g Muttermilch, bei kleinen Rassen sind es etwa 10 bis 20 g. Das vorhandene Wachstumspotential wird aber bei mittelstarken bis großen Würfen nur selten voll ausgeschöpft, da die Aufnahmefähigkeit bei vitalen Jungtieren größer ist als die zur Verfügung stehende Milch. In Abb. 20 werden am Beispiel von vier Würfen Weißer Neuseeländer mit je 9 Jungtieren pro Wurf Säugeleistung, Gewichtsentwicklung und Milchverwertung demonstriert. Aus dieser Abb. geht hervor, daß das Geburtsgewicht im Laufe der ersten Woche verdoppelt wurde. Mit 14 Tagen ist bereits das 5fache des Geburtsgewichtes zu erreichen. Diese Angaben stimmen mit denen anderer Autoren überein. Die Verdoppelung des Geburtsgewichtes mit 6 bis 8 Tagen wird übrigens unabhängig von der Rasse erzielt. Auch die spätere Entwicklung ist bei allen Rassen etwa gleich, wenn man das Geburts- bzw. Endgewicht relativ zu den erzielten Zunahmen betrachtet.

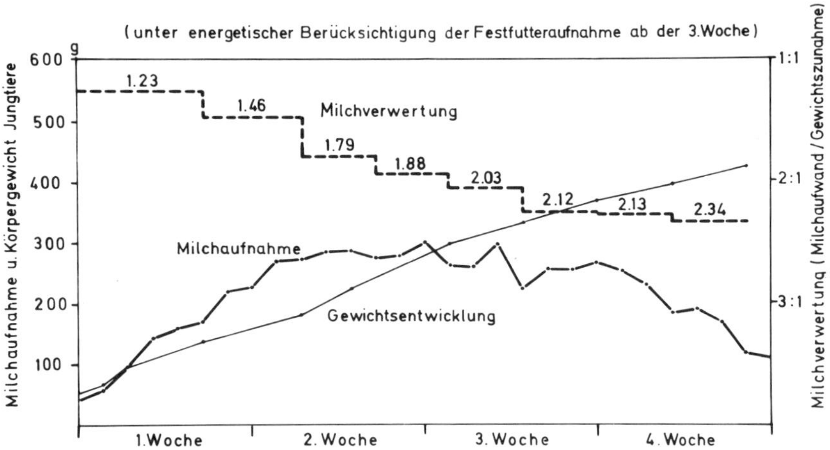

Abb. 20. Säugeleistung (Milchaufnahme), Gewichtsentwicklung und Milchverwertung bei Weißen Neuseeländern.

Gut genährte Jungtiere weisen im Alter von 7 Tagen rundliche Formen auf, die Haut ist straff und der beginnende Haarwuchs läßt die Tiere nicht mehr so nackt erscheinen. Mit 14 Tagen ist das Fell bereits dicht, und die Augen sind geöffnet. Bei guter Milchversorgung verlassen die Tiere in der Regel noch nicht das Nest. Die Entwicklung schreitet aber zügig voran. Mit 15 Tagen kann schon im Nest Heu bekaut und in geringer Menge aufgenommen werden. Das heißt jedoch nicht, daß den Jungen bereits Heu ins Nest gegeben werden sollte. Pelletiertes Futter wird in kleinen Mengen erst mit 18 Tagen oder später verzehrt. Danach verlassen die Jungtiere immer häufiger das Nest, und es erfolgt ein rapider Anstieg der Futteraufnahme.

Nach Vollendung der 3. Lebenswoche können die Jungtiere frühestens von der Mutter abgesetzt werden, was aber selbst bei frühreifen Mastrassen nicht zu empfehlen ist. In der gewerblichen Kaninchenhaltung hat sich das Absetzen im Alter von vier Wochen bewährt und weitgehend durchgesetzt. Besteht kein zwingender Anlaß zum Absetzen von der Mutter und ist der Käfig ausreichend dimensioniert oder erweiterungsfähig, so wird man die Jungen in der Rassekaninchenzucht bis zum Alter von sechs Wochen bei der Mutter lassen. Es ist vorteilhafter, wenn die Jungkaninchen dann in ihrer gewohnten Umgebung bleiben und die Mutter weggesetzt wird. Die plötzliche Trennung von der Mutter stellt für die Jungen bis zum Alter von 4 Wochen zweifellos eine große Umstellung dar und wird mit deutlichen Gewichtsverlusten beantwortet.

Nach der völligen Umstellung auf Festfutter beginnt eine Periode, in der große Futtermengen verzehrt werden und in der die Gewichtszunahmen entsprechend gut sind. Dieser Zeitabschnitt stellt aber zugleich eine sehr kritische Phase dar, da gehäuft Verdauungsstörungen und unspezifische Darmerkrankungen auftreten, die hohe Verluste verursachen. Die Begrenzung der Futteraufnahme und das Anbieten von reichlich Heu stellen ein wirksames Mittel dar, die Verluste während des 4 bis 6 Wochenalters niedrig zu halten.

Bei mangelhafter Säugeleistung hat es wenig Sinn, die Häsin zu ergreifen, festzuhalten und die ungenügend oder nicht gesäugten Tiere von Hand anzulegen. Dieses Verfahren läßt sich nur praktizieren, wenn schwachen, z. B. nach Unterkühlung erwärmten Tieren eine Chance gegeben werden soll. Hierzu ist notwendig, die Häsin möglichst vorher einen vollen Tag abzusperren. Man nimmt die Häsin am besten in Rückenlage auf den Schoß und sorgt dafür, daß sie das angesetzte Jungtier bei möglichen Abwehrbewegungen nicht mit den Füßen wegschlägt und verletzt. Ausgesprochene Kümmerer auf diese Art zu fördern, hat jedoch wenig Aussicht auf Erfolg. Studien haben gezeigt, daß zurückgebliebene Tiere aufgrund zu geringen Geburtsgewichtes und mangelnder Entwicklung in den ersten Lebenstagen trotz befriedigender Nahrungsaufnahme geringere Zunahmen haben, den Rückstand an Körpergewicht nicht mehr aufholen und als erwachsene Tiere im Vergleich zu ihren Wurfgeschwistern zurückbleiben.

3.8.2 Mutterlose Aufzucht

Der Kaninchenhalter steht nicht selten vor dem Problem, verwaiste Jungtiere versorgen zu müssen oder eine Häsin im Stall zu haben, die ihre Jungen nicht säugt. Bei Jungtieren guter Abstammung wird der zu erwartende Verlust als besonders schmerzlich empfunden und der verantwortungsbewußte Tierhalter wird deshalb nichts unversucht lassen, um den Jungtieren zu helfen und sie nach Möglichkeit anderen säugenden Häsinnen „unterzuschieben“, was die einfachste Lösung darstellt. Gelingt dies nicht, so kommt die mutterlose Aufzucht in Betracht. Das bekannte Rezept, ungesüßte vitaminisierte Kondensmilch mit Wasser 1 : 1 verdünnt und in „Liebesperlenfläschchen“ verabreicht, hat aber nur bei einer Woche alten und älteren Nestlingen Aussicht auf Erfolg, zumal der Schnuller entweder zu weich oder zu hart ist. Die mutterlose Aufzucht ist aber durchaus möglich, wenn bestimmte Gesichtspunkte beachtet werden. Allerdings ist nicht zu erwarten, daß mutterlos aufgezogene Tiere eine gleich gute Körperverfassung aufweisen wie von der Mutter gesäugte. Muttermilch ist nach dem gegenwärtigen Stand der Kenntnisse beim Kaninchen durch keine andere Milch vollwertig zu ersetzen.

Kaninchen ohne Muttermilch aufzuziehen, ist in der sogenannten Handaufzucht möglich. Die Tiere müssen dabei in die Hand genommen und einzeln gefüttert werden.

Die selbständige Milchaufnahme an Tränknippeln ist nicht möglich, da die Jungtiere auf den Hautkontakt mit der Häsin angewiesen sind. Hierbei spielen mütterliche Geruchsstoffe eine dominierende Rolle.

Als Ersatzmilch ist eine Milchnahrung auf der Basis von Kuhmilch herzustellen. Man wird dabei zweckmäßigerweise von Milchpulver ausgehen. Handelsübliche Milchpulver enthalten aber sehr hohe Anteile an Milchzucker (Lactose), die sogar den Gehalt an Eiweiß (Protein) übertreffen. Da bei der Zubereitung des Milchaustauschers Kaninchenmilch als Modell zu dienen hat, ergeben sich allein aufgrund des Zuckeranteiles für die Einstellung der erforderlichen Dünnflüssigkeit Schwierigkeiten, wenn ein Proteingehalt von über 10 % bei etwa 30 % Trockensubstanz angestrebt wird. Der Milchzuckergehalt – hohe Milchzuckergehalte hemmen die Bereitschaft zur Nahrungsaufnahme und verursachen Durchfall – würde um ein Vielfaches höher liegen als erwünscht. Bei jungen Saugkaninchen ist die Milchzuckerverträglichkeit an und für sich recht gut, so daß handelsübliche Magermilchpulver Verwendung finden können. Besser geeignet ist für diesen Zweck lactosereduziertes Spezialmilchpulver, das über ein besonderes Gel-Trennungsverfahren gewonnen wird (z. B. von Fa. Semper, Stockholm).

Als Zutaten für eine brauchbare Ersatzmilch kommen eine ganze Reihe von Grundstoffen in Betracht. Berücksichtigt man ihre variierbaren Anteile, so ergeben sich zahlreiche Rezepturmöglichkeiten. Zwei Punkte aber sollten besondere Beachtung finden:

1. Berücksichtigung der artspezifischen Besonderheiten des Milchfettes mit einem möglichst hohen Anteil der beiden Fettsäuren Capryl- und Caprinsäure.
2. Berücksichtigung des Casein-Albumin/Globulin-Verhältnisses im verwendeten Protein. Letzteres ist für die Gerinnungsfähigkeit verantwortlich. Den Anforderungen bezüglich der leichten Verdaulichkeit entsprechen verschiedene Diät-Speiseöle. Als Rohstoff dient u. a. Kokosfett, das in dieser Hinsicht eine günstige Zusammensetzung aufweist.

Die Verwendung von Sahne oder gar Olivenöl ist für künstliche Kaninchenmilch ungeeignet, da sie den verdauungsphysiologischen Verhältnissen des jungen Kaninchens nicht entsprechen und zu schwer verdaulich sind. Zu hoher Caseingehalt führt bei reichlicher Milchaufnahme, wie sie bei anzustrebender einmaliger Fütterung zwangsläufig gegeben ist, zu Verklumpungen im Magen. Demgegenüber gerinnt die natürliche Milch im Magen des Jungtieres zu einer weichen cremigen Masse. Alle Bemühungen, die im Rindermilchprotein vorhandene Eiweißkomponente an das Milchprotein des Kaninchens anzugleichen, müssen deshalb darauf hinzielen, das Verhältnis zwischen Casein und Molkenprotein einzuengen. Dies läßt sich durch Zusätze von Molkenpräparaten erreichen, womit gleichzeitig eine Verringerung des Milchzuckergehaltes erreicht werden kann.

Der Verfasser erzielte befriedigende Aufzuchtergebnisse mit Gemischen aus 62,5 % Trockenmagermilch und 37,5 % Molkenprotein. Als Fettgrundlage diente ein spezielles Kokos-Öl, dem 17 % Sonnenblumenöl zugesetzt wurden. Der Mineralstoffbedarf wurde über eine im Handel befindliche wasserlösliche Mineralstoff- und Spurenelementevormischung für Kälber sichergestellt.

Bezüglich der Vitaminzulagen wurde auf Multivitaminpräparate zurückgegriffen. Eine breit gefächerte Zusammensetzung weist das kaltwasserlösliche Vitaminkonzentrat 327/7 von La Roche auf. Als Bezugswert wurden 20 IE Vit.

A. pro ml Milch zugrundegelegt. Die vollständige Zusammensetzung der verfütterten Diät geht aus Tab. 6 hervor.

Tab. 6. Rezeptur für Milchaustauscher (1 Liter).

1.	Magermilchpulver, lactosereduziert (Semper, 10435 Stockholm 23) – auch übliches Magermilchpulver verwendbar	100 g
2.	Molkenprotein 70 N (Meggle Milchindustrie, 8094 Reitmehring)	60 g
3.	Trockenhefe, Torula	10 g
4.	Miglyol-Öl 818 (Dynamit Nobel, 5210 Troisdorf-Oberlar)	90 g
5.	Sonnenblumenöl	18 g
6.	Multivit.-Lösung (Vormischung 10 g 327/7 pro 1 Liter Wasser) – La Roche	110 g
7.	Vit.-B-Komplex BVK „Roche" – La Roche	1 ml
8.	Kalk ($CAHPO_4$)	2 g
9.	Kalk ($CaCO_3$)	2 g
10.	Mineralstoffgemisch für Kälber (Ramikal, 2 Hamburg)	3 g
11.	Myofer 100 (Hoechst)	0,02 ml
12.	DL-Methionin	0,4 g
13.	Wasser	ca. 600 g

Anmerkung: Die Zugabe eines Breitbandantibiotikums ist zu empfehlen. Vom 1. bis 14. Lebenstag wird die Milch unverdünnt verabreicht. Ab 15. Tag wird 1 : 1 mit einer Milch gemischt, die Positionen 2, 8, 9 und 10 nicht enthält.

Trotz des reichen Sortiments an Inhaltsstoffen ist die Zubereitung des Milchaustauschers einfach. Die festen Bestandteile werden gemischt in Plastiktüten abgepackt und so als Vorrat aufbewahrt. Ein Teil des Wassers wird mit den vorher angesetzten Vitaminlösungen in den Mixer gegeben, anschließend werden der Tüteninhalt sowie das restliche Wasser bei laufender Maschine zugesetzt; zuletzt wird das Öl zugegeben.

Fütterungstechnik

In den ersten Tagen nehmen die Kaninchen den Sauger in der Regel nicht freiwillig. Den Tieren muß deshalb der Mund geöffnet werden. Das geschieht am zweckmäßigsten mit Daumen und Zeigefinger der haltenden Hand. Der Schluckreflex setzt nach Milchaustritt ein. Die Schluckzahl bewegt sich beim Saugakt an der Häsin zwischen 3 und 4 in der Sekunde. Bei der Handfütterung werden aber im Durchschnitt höhere Schluckzahlen erreicht. Die abgeschluckte Milchmenge ist bei der Handfütterung ebenfalls größer als beim natürlichen Saugvorgang. Der Nachteil ist, daß die Tiere sich leicht verschlucken. Verengte Austrittsöffnungen senken zwar die Abschluckmenge und verlängern die Fütterungszeit, üben aber zugleich einen geringen Reiz auf das Tier aus, so daß der notwendige Saugdruck am Gummisauger nicht erreicht wird.

Die Wand des Saugers darf nicht zu dünn sein, da sonst die Öffnung zugebissen wird. Die Anbringung eines Schlitzes quer zur Mundrichtung kann unter Umständen besser sein als ein oder zwei Löcher. Der Einschnitt erlaubt eine gewisse Regulierung des Milchaustritts, wenn die Lage des zu fütternden Tieres entsprechend geändert wird.

Da die Tiere bis zur physischen Leistungsgrenze Milch trinken, muß die Fütterung nach ausreichender Magenfüllung oft abgebrochen werden. Bei zu hoher Milchaufnahme (>20 % des Körpergewichtes) leiden die Tiere an Überfüllung und die Trinklust läßt am folgenden Tag spürbar nach. Die Kondition des Tieres ist für die Nahrungsaufnahme von größter Bedeutung. Die körperliche Verfassung der Mutter vor der Geburt ist offenbar für den Aufzuchterfolg deshalb von Wichtigkeit, weil die Jungtiere vor ihrer Geburt wichtige Reserven anlegen können. Unterkühlung während der Aufzucht belastet nicht nur den Energiehaushalt, sondern führt auch zu Appetitverlust und Nahrungsverweigerung. Besondere Wärmezufuhr ist nicht notwendig, wenn mehrere Tiere zusammenliegen. Sie wärmen sich gegenseitig. Einzeltiere sollten es handwarm in ihrer Umgebung haben.

Lebendgewichtsentwicklung

Mit der oben angegebenen Milchrezeptur lassen sich befriedigende Aufzuchtergebnisse erzielen. Z. B. wurde folgender Fütterungsversuch angestellt: von vier gleichzeitig anfallenden Würfen mit insgesamt 30 Jungtieren der Rasse Weiße Neuseeländer wurden 12 noch nicht gesäugte Jungtiere von ihren Müttern getrennt und von Hand gefüttert. 18 Tiere verblieben bei den Müttern. Im Abstand von 7 Tagen wurde gewogen und ein Gewichtsvergleich bis zum Alter von vier Wochen vorgenommen (s. Tab. 7).

Tab. 7. Lebendgewichtsentwicklung mutterlos aufgezogener Kaninchen im Vergleich zu natürlich aufgezogenen Wurfgeschwistern.

Alter	7 Tage		14 Tage		21 Tage		28 Tage	
Aufzucht	ohne Mutter	mit Mutter	ohne Mutter	mit Mutter	ohne Mutter	mit Mutter	ohne Mutter	mit Mutter
Tierzahl	12	18	12	17	10	17	10	17
Ø-Gewicht (g)	114,8	125,0	208,8	250,6	322,0	372,3	501,0	520,6

Wie aus der Tabelle 7 hervorgeht, entwickelten sich die mutterlos aufgezogenen Tiere gewichtsmäßig gut und wiesen gegenüber ihren mit Muttermilch versorgten Geschwistern keine erheblichen Gewichtsrückstände auf. Solche waren auch nur Ende der 2. und 3. Lebenswoche statistisch abzusichern. Auffällig war eine größere Streuung der Körpergewichte in der natürlichen Aufzuchtgruppe, was durch die Benachteiligung schwächerer Wurfgeschwister beim Saugakt zu erklären ist. Zu erwähnen ist, daß die natürlich aufgezogenen Jungtiere ein wesentlich besser entwickeltes Haarkleid aufwiesen und auch im Körperbau kräftiger waren.

Abschließend kann festgestellt werden, daß die Möglichkeit besteht, Kaninchen von Geburt an ohne Muttermilch aufzuziehen. Die mutterlose Aufzucht ist aufgrund der nur einmal täglichen Fütterung für den geschickten Praktiker durchaus realisierbar. Insbesondere empfiehlt sich die mutterlose Aufzucht, wenn es gilt, gesunde Bestände aufzubauen. Dies hat Aussicht auf Erfolg, wenn die Jungtiere sofort nach der Geburt von der Häsin getrennt werden und spätere Kontakte zu anderen Kaninchenbeständen unterbleiben. Z. B. dürften in diesem Fall auch keine Ausstellungen besucht werden. So lassen sich auch schnupfenfreie Bestände aufbauen.

Ältere Nestlinge mutterlos aufzuziehen, gestaltet sich im übrigen wesentlich einfacher. Da die Mutter-Kind-Beziehungen beim Kaninchen sehr locker sind, bereitet die Umstellung auf die fremdartige Milchnahrung wenig Probleme. Bis jetzt stellt die Aufzucht von Kaninchen mit künstlicher Milch jedoch eine Notlösung dar. Erst bei selbständiger Nahrungsaufnahme der Jungtiere, die nur durch Zugabe von spezifischen Häsinnen-Duftstoffen zu erreichen ist, verspricht diese Methode zu einer praktikablen Aufzuchtmethode zu werden.

4 Die Kaninchenrassen

4.1 Rassekennzeichen und Rasseeinteilung

Unter einer Rasse versteht man eine Tiergruppe, die sich von anderen mindestens durch ein gemeinsames Merkmal unterscheidet und dieses Merkmal an die Nachkommen weitergibt. Betrachtet man die verschiedenen vom Zentralverband Deutscher Kaninchenzüchter anerkannten Rassen, so sind es vor allem Unterschiede im Haar und Eigentümlichkeiten der Farbe und Fellzeichnung, die die einzelnen Rassen voneinander abgrenzen.

Die Verschiedenartigkeit des Haares dient auch als übergeordnetes Unterscheidungsmerkmal. Dem Normalhaar mit einer Haarlänge von 30 bis 40 mm stellt man das Kurzhaar mit weniger als 30 mm und das Langhaar mit mehr als 40 mm Haarlänge gegenüber. Nicht zu vergessen sind die als „Behang" bezeichneten Schlappohren als charakteristisches Merkmal der Widderkaninchen sowie der hochgestellte schlanke Körper der Hasenkaninchen, die dem Feldhasen zum Verwechseln ähnlich sehen.

Das Körpergewicht bewegt sich in weiten Grenzen, und es lassen sich zweckmäßigerweise große, mittelgroße – die zahlenmäßig stärkste Gruppe – und kleine Rassen als Untergruppen zusammenfassen.

Die vorhandene Rassenvielfalt bietet dem Liebhaber wie dem auf Nutzleistung ausgerichteten Züchter eine fast unerschöpfliche Quelle genetisch unterschiedlichen Materials. Bemerkenswert ist, daß trotz dieser Vielfalt das hohe Potential an Nutzeigenschaften erhalten bleiben konnte. Zweifellos ist es ein großes Verdienst der Rassekaninchenzucht, daß trotz des exotisch anmutenden Rassebildes – von wenigen Zierrassen einmal abgesehen – die Wirtschaftlichkeit stets eine gebührende Beachtung bei der züchterischen Arbeit fand. So verfügen sämtliche schweren und mittelschweren Rassen über befriedigende Masteigenschaften, auch die Angorakaninchen sind hiervon nicht ausgenommen. Die Variation hinsichtlich der Fleischproduktion und Futterdankbarkeit ist innerhalb der einzelnen Rassen meistens größer als zwischen den Rassen. Es lassen sich somit auch von den Rassen, die in der Tabelle nicht als Fleischrassen gekennzeichnet wurden, gute Fleischleistungen erbringen.

Die Frage nach der besten Mastrasse kann dahingehend beantwortet werden, daß besonders in den mittelschweren Rassen Stämme ausfindig zu machen sind, die sich durch besondere Leistungsfähigkeit auszeichnen. Die Zugehörigkeit zu einer bekannten Fleischkaninchenrasse wie Weiße Neuseeländer oder Kalifornier gibt hierfür noch keine Gewähr. Notwendig wären vergleichende

Mastprüfungen, die allerdings einen hohen Aufwand erfordern. Voraussetzung ist nicht zuletzt eine gute Fruchtbarkeit, denn mit wenigen Nachkommen ist keine Fleischkaninchenzucht möglich.

Die Scheckenkaninchen stellen nach der tierzüchterischen Definition an sich keine selbständige Rasse dar, da Schecken heterozygot veranlagt sind und bei Weiterzucht zu ¼ einfarbige Nachkommen liefern. Bei homozygoter Scheckenanlage (Hellschecken) erweisen sich die Anlagenträger als konstitutionsschwach und zuchtuntauglich.

Nachfolgend werden sämtliche vom Zentralverband anerkannte Kaninchenrassen kurz beschrieben.

4.2 Beschreibung der einzelnen Rassen

4.2.1 Große Normalhaarrassen

1. Deutsche Riesen (DR), grau

Die Rasse stammte ursprünglich aus Belgien und stellt den größten und schwersten Vertreter unserer Kaninchenrassen dar. Das Gewicht der Zuchttiere beläuft sich auf etwa 7 kg. Das Mindestgewicht liegt bei 5,5 kg. Die Ohrlänge beträgt durchschnittlich 19 cm, aber 21 cm sind keine Seltenheit. Wegen des recht hohen Energiebedarfs während der Wachstumsperiode kann sich diese Rasse ohne zusätzliche Kraftfuttergabe nicht voll entfalten. Der imposante große Körper mit kräftigem Kopf, langen Ohren und starkem Knochenbau prägt das Erscheinungsbild. Neben vier grauen Farbenschlägen ist die Rasse in Schwarz, Blau, Blaugrau, Chinchillafarbe, Gelb und Hasenfarbe anerkannt.

2. Deutsche Riesen (DR), weiß

Diese Anfang des Jahrhunderts in Deutschland entstandenen Albinos gleichen in etwa den DR grau. Auch hier gibt es keine Höchstbeschränkung im Gewicht, doch liegt das Mittel etwa bei 6,5 bis 7,5 kg. Das Mindestgewicht beträgt 5 kg. Das Fell und die Unterfarbe sollen reinweiß sein, die Krallen farblos.

3. Deutsche Riesenschecken (DRSch)

Große, gescheckte Kaninchen waren schon lange in Deutschland und angrenzenden Ländern wie Holland, Belgien und Frankreich bekannt. Die Rasse selbst ging aus einer Kreuzung von Schmetterlingskaninchen und DR hervor und wurde 1908 anerkannt. Das Zuchtziel ist neben den Körpermaßen, einem Gewicht von 6 kg (ohne Höchstgrenze) und einem Mindestgewicht von 5 kg vor allem durch die Scheckenzeichnung an Kopf und Rumpf bestimmt. Da die Körperzeichnung nicht reinerbig vererbbar ist, stellt die Zucht dieser Tiere für den Rassezüchter einen besonderen Reiz dar. Anerkannt sind die Farbschläge Schwarz-Weiß und Blau-Weiß.

4. Deutsche Widder (DW)

Ramsnase und Hängeohren prägen die Rasse und geben ihr den Namen. Das

Zuchtziel dieser urwüchsigen, wuchtigen Rasse ist auf Fleisch und Fell ausgerichtet. So wird auf Masse, Gedrungenheit und Farbenreinzucht großer Wert gelegt. Bei den Hängeohren, die eine Länge von 38 bis 45 cm haben können, handelt es sich um eine mutative Domestikationserscheinung. Die Jungen werden stehohrig geboren und die Ohren fallen meist zwischen der 5. und 8. Woche. Das Gewicht lieg bei 5,5 kg ohne Höchstbeschränkung und einem Mindestgewicht von 4,5 kg. Von den Farbvarianten sind die grauen Tiere am weitesten verbreitet. Daneben existieren aber auch noch andere einfarbige Schläge (außer Silberung), Thüringer Farbe mit und ohne Abzeichen sowie Schecken.

4.2.2 Mittelgroße Normalhaarrassen

5. Meißner Widder (MW)
Entstanden ist diese Rasse um die Jahrhundertwende in Meißen. Sie vereinigt die Merkmale des Widders und des Silberkaninchens, ist aber insgesamt leichter und weniger gedrungen als DW. Als Farbschläge sind die des Kleinsilberkaninchens anerkannt, nämlich Schwarz, Blau, Gelb, Braun und Havanna, wobei die Deckfarbe am ganzen Körper gleichmäßig gesilbert und reichlich glänzend sein soll. Das Gewicht liegt zwischen 4,5 und 5,5 kg mit einem Mindestgewicht von 3,5 kg.

6. Helle Großsilber (HGrS)
Das Ursprungsland dieser mittelgroßen, schnellwüchsigen Kaninchenrasse ist Frankreich. Auch in Deutschland zählt diese Rasse mittlerweile zu den meist gezüchteten Wirtschaftsrassen. Der walzenförmige Körper mit festen und gut bemuskelten Schultern und das sehr gute Fell zeigen den angestrebten Nutztyp eines Fleisch- und Fellkaninchens. Das Gewicht liegt zwischen 4,5 und 5,5 kg bei einem Mindestgewicht von 3,5 kg. Die Silberung muß sich gleichmäßig über den ganzen Körper des Tieres erstrecken, bei durchgehender dunkelblauer Unterfarbe. Überragt werden die Deckhaare von schwarzen glänzenden Stichelhaaren.

7. Großchinchilla (GrCh)
Diese durch Mutation entstandenen chinchillafarbenen Kaninchen gelangten über Frankreich, England und Holland nach Deutschland und wurden hier zu einem guten Fell- und Fleischkaninchen durchgezüchtet. Die Chinchillafarbe entstand nach NACHTSHEIM aufgrund der Verdrängung des Gelbfaktors im wildfarbenen Fell durch die weiße Farbe. Das Gewicht liegt zwischen 4,5 und 5,5 kg mit einem Mindestgewicht von 3,5 kg.

8. Englische Widder (EW)
Die aus England stammende Rasse ähnelt im Typ dem DW, ist aber schlanker und feingliedriger. Durch die Behanglänge von 62 cm und mehr bleibt die Züchtung dieser Rasse Liebhabern vorbehalten. Die Tiere benötigen aufgrund der langen Ohren einen großen Stall und viel Wärme während des Wachstums.

Das Gewicht liegt zwischen 4,25 und 5,25 kg mit einem Mindestgewicht von 3,25 kg.

9. Deutsche Großsilber (DGrS)

Das Deutsche Großsilber-Kaninchen, das in den letzten 10 Jahren wieder vermehrt gezüchtet wurde, entspricht, abgesehen von der Größe, dem Kleinsilberkaninchen. Neben dem Silberkaninchen wurden als Ausgangsrassen verschiedene größere Rassen benutzt. Im Gegensatz zum HGrS ist das Fellhaar kürzer und der Körper gestreckter. Die Silberung, die möglichst gleichmäßig verteilt sein sollte, wird durch die weißgespitzten Grannenhaare auf dunklem Untergrund hervorgerufen. Das Gewicht dieser Rasse liegt zwischen 4,25 und 5,25 kg mit einem Mindestgewicht von 3,25 kg.

10. Blaue Wiener (BlW)

Die Blauen Wiener wurden in den dreißiger Jahren als Wirtschaftsrasse anerkannt. Sie zeigen ein besonders ruhiges und zutrauliches, dabei robustes und wetterhartes Wesen. Diese Leistungseigenschaften und eine gute Futterverwertung, Schnellwüchsigkeit und Fruchtbarkeit neben einer überdurchschnittlichen Fellqualität machen sie zu einer guten Nutzrasse. Der Körper ist breit, kompakt und walzenförmig, wirkt aber dennoch elegant. Das Haarkleid ist mittellang bei sehr dichter Unterwolle. Die Deckfarbe ist kräftig mittelblau bis dunkelblau bei etwas hellerer Unterfarbe. Das Gewicht liegt zwischen 4,25 und 5,25 kg mit einem Mindestgewicht von 3,25 kg.

11. Weiße Wiener (WW)

Dieses weiße Kaninchen mit den blauen Augen ist kein Farbenschlag des BlW, sondern eine Rasse eigenen Typs. Die weiße Farbe beruht auf Verlust des dunklen Pigmentes. In Wien entstanden, wurde diese Rasse auch in Deutschland zu einer Moderasse. Aufgrund ihrer guten Leistungen ist sie als Wirtschaftsrasse anerkannt. Die Körperform ähnelt der der BlW, ist aber kleiner und leichter. Der Körper ist breit, weniger kompakt als beim BlW, mit guten Fleisch- und Muskelpartien. Der kurze, kräftige Kopf mit ausgeprägten Backen zeigt einen leicht gebogenen Nasenrücken. Die fleischigen Ohren sollen dicht behaart sein. Das Gewicht liegt zwischen 4,0 und 5,0 kg mit einem Mindestgewicht von 3,0 kg.

12. Graue Wiener (GrW)

Herausgezüchtet wurde dieses „Deutsche Kaninchen“ des Wiener Typs aus dem kleinen hasengrauen rasselosen Landkaninchen, das in vielen Ländern verbreitet war. Diese als „Nutzkaninchen des kleinen Mannes“ benannte Rasse gilt als Übergangsform vom Wildkaninchen zum Hauskaninchen und wird heute nur noch von Liebhabern als Farbenrasse gezüchtet. Anerkannt sind die Farbenschläge Hasengrau, Wildgrau und Dunkelgrau. Das Gewicht liegt zwischen 4,0 und 5,0 kg mit einem Mindestgewicht von 3,0 kg.

13. Weiße Hotot (WH)

An der Bildung dieser Rasse waren sowohl die Holländerkaninchen mit ihrer Plattenscheckung als auch die Englischen Schecken mit ihrer Punktscheckung beteiligt. Durch die Wechselwirkung beider Anlagen entstand ein weißes Kaninchen mit tiefschwarzen, möglichst lückenlosen Augenringen und braunen Augen. Der Körperbau entspricht dem der WW, ist aber gestreckter und höhergestellt. Das Gewicht liegt zwischen 4,0 und 5,0 kg mit einem Mindestgewicht von 3,0 kg.

14. Rote Neuseeländer (RN)

Neuseeland gab dieser Rasse nur den Namen. Gezüchtet wurde sie zuerst in Kalifornien. Die beteiligten Rassen waren die gelbwildfarbenen Belgischen Riesen und das belgische Hasenkaninchen. Unter den günstigen klimatischen Verhältnissen Kaliforniens wurden die Tiere wegen ihrer Frohwüchsigkeit und ihres Fleischnutzens geschätzt. In Europa fanden Rote Neuseeländer weite Verbreitung. Wegen ihres ansprechenden Äußeren gilt die Rasse sowohl als gute Wirtschafts- als auch beliebte Farbenrasse. Die der Unterfarbe möglichst ähnliche Deckfarbe ist sattrot und glänzend. Der Körperbau spiegelt den des Wiener Typs wieder. Das Gewicht liegt zwischen 4,0 und 5,0 kg mit einem Mindestgewicht von 3,0 kg.

15. Weiße Neuseeländer (WN)

Diese ebenfalls in Kalifornien entstandene Rasse ähnelt in Größe und Masse den Roten Neuseeländern. Hinsichtlich der Leistungseigenschaften ist sie den RN jedoch überlegen. Mit hoher Fruchtbarkeit, Frühreife, Frohwüchsigkeit ist sie die am weitesten verbreitete Fleischrasse der Welt in Massenhaltungen. Das dichtwollige Fell ist von weißer Farbe. Als Ausgangsrassen sollen die RN und das Angorakaninchen beteiligt gewesen sein. Das Gewicht liegt zwischen 4,0 und 5,0 kg mit einem Mindestgewicht von 3,0 kg.

16. Kalifornier (Kal)

Hierbei handelt es sich um eine ausgesprochene Fleischrasse weltweiter Verbreitung, die selten auf Ausstellungen zu sehen ist. Die Grundfarbe dieser Tiere ist reinweiß mit roten Augen. Nasenregion, Ohren, Blume und Läufe sind schwarz gezeichnet, sozusagen eine größere Ausgabe des Russenkaninchens. Der gedrungene Körperbau mit den gut bemuskelten Partien verdeutlicht den Masttyp. Das Gewicht liegt zwischen 4,0 und 5,0 kg mit einem Mindestgewicht von 3,0 kg.

17. Japaner (J)

Ungeklärt ist die Herkunft dieser Rasse und die Entstehung des Namens. Wahrscheinlich stammt dieses Kaninchen, das über Frankreich, Holland und Belgien nach Deutschland kam, vom Holländer Kaninchen ab. Ob es durch Mutation oder Kombinationspaarung entstand, ist ungewiß. Bei diesem buntesten aller Rassekaninchen wechseln die Farben Schwarz und Gelb in Streifen möglichst gleichmäßig am ganzen Körper ab. Die Form ist eher gedrungen als gestreckt, das Gewicht liegt zwischen 3,75 und 4,5 kg mit einem Mindestgewicht von 2,75 kg.

18. Rheinische Schecke (RhSch)

Diese Rasse gilt als eine der schönsten und zugleich am schwierigsten zu züchtenden Kaninchenrassen. Aus einem Japaner-Rammler und einer grau-weiß-gescheckten Kreuzungshäsin entstanden dreifarbig gescheckte Tiere, die ihre Zeichnung jedoch nicht reinerbig weitergeben. Die Grundfarbe ist reinweiß, die Zeichnungsfarben Schwarz und Gelb, wobei man zwischen Kopf- und Rumpfzeichnung unterscheiden muß. Die Kopfzeichnung besteht aus dem Schmetterling, den Augenringen, den Backenpunkten und der Ohrenzeichnung; die Rumpfzeichnung aus dem Aalstrich und der Seitenzeichnung, bei der 6 bis 8 Seitenflecken als ideal gelten. Die Körperform ist wenig kompakt, leicht gestreckt, die Stellung mittelhoch. Das Gewicht liegt zwischen 3,75 und 4,5 kg mit einem Mindestgewicht von 2,75 kg.

19. Thüringer (Th)

Dieses heute wieder als Wirtschaftsrasse anerkannte Kaninchen entstand in Thüringen aus einer Kreuzung von Schwarzsilber, Russenkaninchen und Lothringer-Riesen. Einst Schamoa-Kaninchen (frz. Chamois = Gemse) oder Thüringer Gemse genannt, wird die Rasse heute einheitlich als Thüringer bezeichnet. Die Grundfarbe ist je nach Standort rotgelb bis gelbbraun, mit dunkelbraunem Grannenhaar, das dem Fell einen rußartigen Schleier verleiht. Nasenregion, Ohren und Läufe erscheinen dunkler. Die Vorzüge dieser Rasse, wie Robustheit, Frühreife, hervorragendes Pelzwerk u. a., machen die Tiere sehr begehrenswert. Das Gewicht liegt zwischen 3,5 und 4,25 kg mit einem Mindestgewicht von 2,5 kg.

20. Weißgrannen (WGr)

Die aus der Kreuzung von Kleinchinchilla und Schwarzlohkaninchen hervorgegangenen Weißgrannen bleiben untereinander gepaart reinerbig. Die Rasse gilt als vital, frohwüchsig und futterdankbar. Die Farbe und Zeichnung machen sie außerdem zu einem der schönsten Farbenkaninchen. Die Deckfarbe ist je nach Farbenschlag Schwarz, Blau oder Dunkelbraun mit weißen Abzeichen an den Nasenlöchern, Augenringen, Kinnbacken und Ohrenansatz. Die Bauchdeckenfarbe sowie die Innenseite der Läufe und die Unterseite der Blume sind weiß. Das Gewicht liegt zwischen 3,5 und 4,25 kg mit einem Mindestgewicht von 2,5 kg.

21. Hasen (Ha)

Bei dieser Rasse handelt es sich um eine ausgesprochene Sportrasse, die dem Feldhasen täuschend ähnlich sieht. Herausgezüchtet wurde dieses Kaninchen aus belgischen Landkaninchen mit verlängerten Vorderläufen. Das leuchtend rotbraune Fell ist besonders wirkungsvoll. Der hasenartige Körperbau ist langgestreckt und hochgestellt. Dem außergewöhnlich lebhaften Charakter dieser Rasse muß bei der Haltung Rechnung getragen werden. Das Gewicht liegt zwischen 3,5 und 4,25 kg mit einem Mindestgewicht von 2,5 kg. Kreuzungen zwischen den Hasenkaninchen und dem Feldhasen sind nicht möglich.

22. Satinkaninchen (Sa)
Dem seidenähnlichen Glanz des Felles (Satin = Seide) verdankt diese Rasse, die vom Havannakaninchen abstammt, ihren Namen. Die ungewöhnliche Struktur des Fellhaares ist offenbar auf eine mutative Veränderung des Hormonhaushaltes zurückzuführen. Oberhaar und Unterhaar besitzen einen geringeren Durchmesser und erscheinen daher durchscheinend. Da der Satin-Faktor eine konstitutionelle Schwäche bewirkt, muß der Züchter gerade bei dieser Rasse sehr auf Vitalität und Robustheit seiner Tiere achten. Der Körperbau wirkt leicht gedrungen, der Kopf ist mit leichter Ramsnase kurz. Die Bemuskelung ist gut. Das Gewicht liegt zwischen 3,25 und 4,0 kg mit einem Mindestgewicht von 2,5 kg.

23. Alaskakaninchen (Al)
Die Alaskakaninchen sind aus der Kreuzung von Holländer-, Russen-, Havanna- und Silberkaninchen entstanden. Entgegen den Schwarzschecken, die in den genannten Rassen vereinzelt anfallen, ist das Schwarz dieser Rasse reinschwarz und glänzend und wird rein vererbt. Die Körperform wirkt breit und gedrungen, der Rumpf walzenförmig und gut bemuskelt. Die Unterfarbe ist dunkelblau, je intensiver, um so besser. Das Gewicht liegt zwischen 3,25 und 4,0 kg mit einem Mindestgewicht von 2,25 kg.

24. Havanna (Hav)
Diese Rasse geht auf holländische braun-weiße Schecken zurück. Die Züchter wünschten sich eine zobelähnliche Farbe, die sie allerdings bisher nie ganz erreichten. Heute ist die Fellfarbe satt dunkelbraun mit gutem Glanz. Mit zunehmendem Alter der Tiere treten allerdings Farbmängel auf. Daher sind die Tiere wie alle dunklen Farbschläge vor intensiver Sonneneinstrahlung zu schützen (Rostbildung). Die Verbreitung dieser Rasse scheint in den letzten Jahren stetig anzusteigen. Die Körperform ist gedrungen, blockig und gut bemuskelt. Das Gewicht liegt zwischen 3,25 und 4,0 kg mit einem Mindestgewicht von 2,25 kg.

Die Ziffern in den Abbildungen beziehen sich auf die Numerierung der Rassebeschreibungen Seite 74 bis 93.

1

3

4

5

6

7

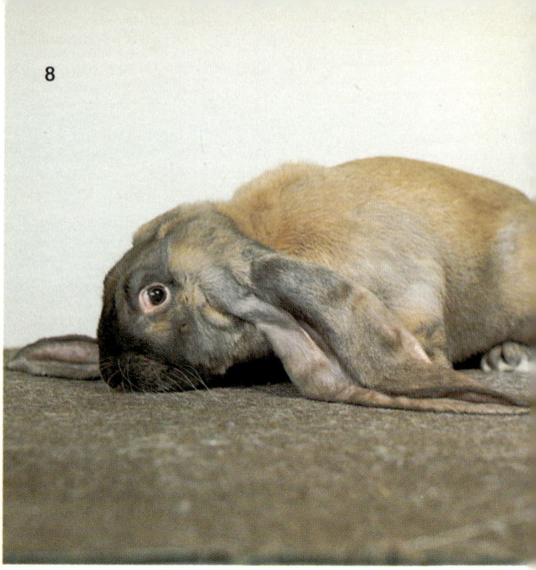
8

9

10

11

12

13

14

15

16

17

18

19

20

21

22

23

24

25

26

27

28

29

30

31

32

33

34

35

36

37

38

39

40

41

41a

41b

42

43

44

57

58

4.2.3 Kleine Normalhaarrassen

25. Kleinschecke (KlSch)
Das Zuchtziel dieser sehr jungen Rasse liegt in der Schaffung einer Rasse mit dem Erscheinungsbild der DRSch, jedoch wesentlich kleiner und leichter. Neben den beim DRSch anerkannten Farbenschlägen Schwarz-Weiß und Blau-Weiß ist bei Kleinschecken noch Havanna-Weiß zugelassen. Das Gewicht liegt zwischen 3,25 und 4,0 kg mit einem Mindestgewicht von 2,65 kg.

26. Deutscher Kleinwidder (DKlW)
Auch bei dieser Rasse liegt das Zuchtziel in der Schaffung einer verkleinerten Wiedergabe der DW. Die anerkannten Farbenschläge sind die gleichen. Die Vorzüge dieser Rasse liegen in einer sehr guten Fruchtbarkeit, Frohwüchsigkeit und Futterverwertung. Die Schlachtausbeute dieser Tiere beträgt im Durchschnitt 60 bis 65 % und ist damit größer als bei den DW. Das Gewicht liegt zwischen 3,0 und 3,5 kg mit einem Mindestgewicht von 2,5 kg.

27. Kleinchinchilla (KlCh)
Ausgehend von den mittelschweren Chinchillakaninchen wurde diese frohwüchsige und widerstandsfähige Kleinrasse von Liebhabern gezüchtet. Sie zählte schon immer zu den Spitzenrassen und erfreut sich wegen ihres eindrucksvollen Farbspiels durch exakte Abgrenzung im Haarkleid großer Beliebtheit. Das Gewicht liegt zwischen 2,75 und 3,25 kg mit einem Mindestgewicht von 2,25 kg.

28. Deilenaar (DL)
Diesem aus Holland stammenden Farbenkaninchen lag hinsichtlich Form und Größe zunächst das Alaskakaninchen als Vorbild zugrunde. Heute ist es das Kleinchinchilla. Die Deckfarbe ist leuchtend rotbraun. Die dunkle Schattierung entsteht durch schwarze Grannenhaare, die büschelweise zusammenstehen. Die Tiere sind robust, frohwüchsig und wenig anfällig. Das Gewicht liegt zwischen 2,75 und 3,25 kg mit einem Mindestgewicht von 2,25 kg.

29. Marburger Feh (MF)
Bei dieser Rasse handelt es sich um eine zufällige Kombinationszüchtung aus blauen und braunen Kaninchen, denen die beiden Rassen Havanna und Grausilber zugrunde liegen. Die ersten in Marburg gezüchteten Tiere wurden 1916 der Öffentlichkeit vorgestellt. Das Fell schien dem hellblaugrauen Sibirischen Eichhörnchen zu ähneln, dessen Pelzwerk hochgeschätzt ist und als Feh bezeichnet wird. Die Deckfarbe ist am ganzen Körper gleichmäßig zartblau, mit bräunlichem Anflug, der an den kurz behaarten Stellen stärker in Erscheinung tritt. Das Gewicht liegt zwischen 2,75 und 3,25 kg mit einem Mindestgewicht von 2,25 kg.

30. Sachsengold (Sg)
Diese robuste, frohwüchsige und fruchtbare Rasse ist eine kleinrahmige Wirt-

schaftsrasse mit einer vorzüglichen Schlachtausbeute. Zu den Ahnen dieser Rasse gehörten neben Japaner, Havanna, Kleinchinchilla, Schwarzloh auch Rote Neuseeländer. Das Ziel der Züchtung war der „Goldhase", d. h. goldgelbe Tiere mit gelber Bauchfarbe vom Typ des Kleinchinchillas. Heute ist die Deckfarbe orangefarbig mit Gelbverstärkern, die der Farbe einen Stich ins Rote verleihen. Das Gewicht liegt zwischen 2,75 und 3,25 kg mit einem Mindestgewicht von 2,25 kg.

31. Lux (L)
Aus einer Kreuzung zwischen Marburger Feh und Perlfeh entstanden Tiere, denen man ursprünglich den Namen „Luchskaninchen" gab, da das Fell dem des Luchses ähneln sollte. Der späteren Einsicht zufolge, daß die Pelzfärbung des Luchses anders aussieht, wurde die Rasse in Luxkaninchen umbenannt. Heute ist sie wegen ihrer außergewöhnlichen Fellqualität weit verbreitet. Die Deckfarbe ist ein silberartiges helles Blau, durch das die braunrote, scharf abgegrenzte Zwischenzone des Haares hindurchschimmert. Der Keil im Nakken ist braunrot, die Augenringe etwas heller. Die Bauchdeckenfarbe, die Innenseite der Läufe und die Unterseite der Blume sind hell bis weiß. Das Gewicht liegt zwischen 2,5 und 3,25 kg mit einem Mindestgewicht von 2,0 kg.

32. Perlfeh (Pf)
Mit der angestrebten Perlung sollte die charakteristische Pelzfärbung des Sibirischen Eichhörnchens nachempfunden werden. Unter Perlung versteht man das Zusammenspiel von gleichmäßig verteilten hellgrauen, graublauen und dunkelgespitzten Deckhaaren, die dem Fell eine deutliche Schattierung verleihen. Die blaugraue Deckfarbe kommt in verschiedenen Abtönungen vor. Augenringe, Kinnbackeneinfassung, Brust und Läufe sind heller. Der Keil im Nacken ist bräunlich. Die Perlung sollte harmonisch sein und klar in Erscheinung treten. Das Gewicht liegt zwischen 2,5 und 3,25 kg mit einem Mindestgewicht von 2,0 kg.

33. Kleinsilber (KlS)
Diese schon sehr alte Rasse hat kaum etwas von der Vitalität der Wildkaninchen eingebüßt. Genügsamkeit, Widerstandskraft und Fruchtbarkeit sind immer noch die hervorstechenden Eigenschaften. Die Silberung (siehe HGrS und DGrS) sollte sich auch hier über den gesamten Körper ausbreiten. Anerkannte Farbenschläge sind Schwarz-, Gelb-, Braun-, Blau-, Havanna- und Hellsilber. Das Gewicht liegt zwischen 2,5 und 3,25 kg mit einem Mindestgewicht von 2,0 kg.

34. Englische Schecken (ESch)
Das Englische Scheckenkaninchen bietet dem Züchter eine interessante Betätigung, da das Scheckenmuster wie bei den anderen Scheckenrassen nicht reinerbig weitervererbt wird. In England ist die Rasse aus gescheckten Hauskaninchen hervorgegangen und konnte auch in Deutschland schon sehr früh Freunde gewinnen. Das Zeichnungsbild setzt sich aus der Kopf- und Rumpf-

zeichnung zusammen. Die Kopfzeichnung besteht aus Schmetterling, Augenringen, Backenpunkten und Ohrenzeichnung; die Rumpfzeichnung aus Aalstrich, den beidseitigen Ketten und den Seitenflecken. Anerkannte Farbenschläge sind Schwarz-Weiß, Blau-Weiß und Thüringer-Weiß. Der Körperbau stellt den Sporttyp nach englischem Muster dar, das Gewicht liegt zwischen 2,5 und 3,25 kg mit einem Mindestgewicht von 2,0 kg.

35. Holländer (H)
Das Holländerkaninchen stellt eine der ältesten Rassen dar, die heute sowohl Liebhaber- als auch Nutzrasse ist. Die Züchtung der typischen Plattenschekkung ist durch die nicht einheitliche Vererbung schwierig. Andererseits ist die Rasse schnellwüchsig, fruchtbar und mastfähig, so daß schlecht gezeichnete und für Ausstellungen ungeeignete Jungtiere gut zur Mast aufgestellt werden können. Die Holländerscheckung gilt als rezessiv gegenüber der Nichtschekkung, und es konnten eine ganze Reihe von Farbenschlägen herausgezüchtet werden. Die Körperform entspricht der einer typischen Kleinrasse mit walzenförmigen Rumpf und gut gefüllten Flanken. Das Gewicht liegt zwischen 2,5 und 3,25 kg mit einem Mindestgewicht von 2,0 kg.

36. Lohkaninchen (Loh)
Diese in England erzüchtete Rasse soll aus dem Silber- und Holländerkaninchen sowie aus wilden Gehegekaninchen entstanden sein. Zur Verbesserung der lohfarbenen Abzeichen wurden später Hasenkaninchen eingekreuzt. Die Deckfarbe der drei anerkannten Farbenschläge Schwarz-, Blau- und Braunloh sollte rein, intensiv und glänzend sein; die auch beim Wildtier aufgehellte Zeichnung an Nase, Ohren, Augen, Bauch usw. ist lohfarbig (geflammt). Der Körperbau wirkt gedrungen und kompakt. Das Gewicht liegt zwischen 2,5 und 3,25 kg mit einem Mindestgewicht von 2,0 kg.

37. Marder (M)
Wie aus dem Namen schon hervorgeht, sollte mit dieser Rasse die Farbe des Steinmarderfelles imitiert werden. Doch auch hier zeigte sich sehr bald, daß das Pelzwerk eines Fleischfressers mit dem eines Pflanzenfressers nicht vergleichbar ist. Das Marderkaninchen konnte durch Kreuzungsversuche einer Anzahl von verschiedenen Rassen in Deutschland, England und Frankreich unabhängig voneinander gleichzeitig herausgezüchtet werden. Der heterozygote Schlag, dessen Fell dem Steinmarder am ehesten gleicht, wird in den Farben Braun und Blau in unterschiedlichen Tönungen anerkannt. Nasen-, Ohr- und Schwanzspitze sowie Läufe sind dunkler ausgefärbt. Nicht zugelassen ist der homozygote, dunkle Schlag. Der Körper ist nur leicht gedrungen, gestreckter und niedriger als der der sonstigen Kleinrassen. Das Gewicht liegt zwischen 2,5 und 3,25 kg mit einem Mindestgewicht von 2,0 kg.

38. Russenkaninchen (R)
Diese Rasse zählt mit zu den ältesten Kaninchenrassen und wurde in England herausgezüchtet. Die genaue Herkunft ist jedoch nicht bekannt, doch ähnelt

das Russenkaninchen in seiner Form und Größe auch heute noch dem Wildkaninchen. Die Grundfarbe ist reinweiß, die Abzeichen tiefschwarz oder sattblau. Die Kopfzeichnung besteht aus der Maske und den farbigen Ohren. Daneben unterscheidet man die Färbung der Läufe und der Blume. Charakteristisches Rassemerkmal ist die Kälteschwärzung, d. h. daß Kälte die Farbintensität und -ausdehnung fördert, während Wärme sie herabsetzt. Diese Kälteschwärzung führt man auf bestimmte Enzymreaktionen zurück, die durch Kälteeinfluß entstehen. Vererbt wird aber nur die Pigmentierungsreaktion, nicht die erworbene Fellschwärzung. Das Gewicht dieser Rasse liegt zwischen 2,25 und 3,0 kg, mit einem Mindestgewicht von 1,75 kg.

39. Widderzwerge (WZw)
Diese noch sehr junge Rasse entstand in den Niederlanden durch Kreuzung von Farbenzwergen und Deutschen Widdern. Die typische Widdergestalt, gepaart mit den vielen bei den Farbenzwergen anerkannten Farbenschlägen, brachte dieser Rasse viele Freunde. Zurückgedrängt durch die Deutschen Klein-Widder konnten sich die robusten und anspruchslosen Widderzwerge erst in den letzten Jahren wieder erholen. Das Gewicht liegt zwischen 1,4 und 2,0 kg mit einem Mindestgewicht von 1,0 kg.

40. Hermelin (He)
Das Hermelinkaninchen war lange Zeit das einzige Zwergkaninchen. Die kleinen weißen Tiere, die ursprünglich „Polnische Kaninchen" genannt wurden, kamen von England nach Deutschland, wo der frühere Wildkaninchentyp völlig umgezüchtet wurde. Die durch Verzwergung und Inzucht bedingten Fruchtbarkeitsstörungen, die geringe Wurfstärke sowie die Nervosität der Häsinnen nach dem Werfen gestalten die Zucht etwas schwierig. Anerkannt sind Rotaugen- und Blauaugen-Hermelin. Die Körperform ist trotz des Zwergwuchses gedrungen, der Rumpf walzenförmig, die Ohren sehr kurz und straff aufgerichtet. Das Gewicht liegt bei 1,25 bis 1,5 kg mit einem Mindestgewicht von 0,7 kg.

41. Farbenzwerge (Fbzw)
Diese Zwergkaninchen, die in Körperbau und Form dem Hermelin gleichen, werden gerade von Liebhabern mit eingeschränkten Haltungsbedingungen gern gezüchtet. Die aus Holland stammende Rasse bietet dem interessierten Züchter viele Variationsmöglichkeiten. Anerkannte Schläge sind nahezu alle Kaninchenfarben und -zeichnungen. Die geringe Fruchtbarkeit des Hermelins konnte durch Einkreuzung verbessert werden. Das Gewicht liegt im Mittel bei 1,25 bis 1,5 kg mit einem Mindestgewicht von 0,7 kg. Abgebildet sind: Perlfeh (41 a), Weißgranne (41 b), Russen (41 c).

4.2.4 Kurzhaarrassen

42.–56. Rex-Kaninchen (Rex)
Das Besondere dieser Rasse ist in der Eigenart ihres Felles begründet. Das Rexfell, das das Ergebnis einer mutativen Veränderung der inneren Sekretion

ist, zeichnet sich dadurch aus, daß Unterwolle und Deckhaar kürzer sind als bei den Normalhaarrassen. Die 17 bis 20 mm langen Haare stehen senkrecht zum Haarboden. Das feine Grannenhaar ist nicht gekrümmt und schließt mit der Unterwolle glatt ab oder überragt diese nicht mehr als 1 mm. Der Rex-Faktor läßt sich auf alle Rassen übertragen. Es entstanden dadurch eine Reihe verschiedener Rassen. Die hohen Aufzuchtverluste in den Anfangsjahren sind heute überwunden. Durch die kurze Behaarung an den Läufen kann es allerdings leicht zu wunden Stellen kommen. Vorbild für alle Rexe in Körperbau und Form ist der Castor-Rex, der zuerst in Frankreich vorgestellt wurde. Die Gewichtsgrenzen liegen je nach Abstammung zwischen 2,37 und 4,5 kg. Abgebildet sind: Castor-Rex (42), Dreifarben-Schecke (43), Blau-Rex (44).

4.2.5 Langhaarrassen

57. Angorakaninchen (A)

Mit „Angora" wird das tierartlich spezifische Haar von Säugetieren bezeichnet, das ungewöhnlich fein und lang ist. Das Angorakaninchen ist keinesfalls eine neuzeitliche Züchtung, sondern gehört zu den ältesten Kaninchenrassen und ist aus dem Wildkaninchen hervorgegangen. Genaueres über die Abstammung oder Entstehung dieser weltbekannten Rasse ist nicht bekannt. Es stellt den Nutz- und Wirtschaftstyp eines Kaninchens in vollendeter Form dar, wenn sich auch Fleisch- und Wolleistung nicht ideal verbinden lassen. Zu den Zuchtzielen des Angoras gehören nicht nur feinste Wolle mit besten Isoliereigenschaften, sondern auch Futterdankbarkeit, Fruchtbarkeit und gutes Aufzuchtvermögen kombiniert mit guter Mastfähigkeit. Besonderer Wert wird gelegt auf möglichst große Wolldichte, Wollänge, Ausgeglichenheit der Wolle sowie auf eine gesunde und kräftige Wollstruktur. Starken Haarbesatz finden wir an Kopf und Ohren sowie an den Läufen. Neben reinweißen Tieren gibt es auch farbige, die jedoch nur Liebhaberwert besitzen. Die Industrie wünscht weißes Haar. Farbige Haare müßten zunächst entfärbt und dann wieder gleichmäßig eingefärbt werden. Die Jahreswollerträge konnten pro Tier von 200 g (1924) auf über 1000 g gesteigert werden. Das Gewicht der Angoras liegt zwischen 3,5 und 5,0 kg mit einem Mindestgewicht von 2,5 kg.

58. Fuchskaninchen (Fu)

Diese Rasse entstand aus dem Angorakaninchen durch Einkreuzung zahlreicher anderer Rassen. Auch hier erfüllte sich der Wunsch der Züchter, ein Fell zu schaffen, das dem des Fuchses ähnelt, nicht ganz. Doch fand das Fuchskaninchen unter den Liebhabern zahlreiche Freunde. Als Haarlieferant ist es jedoch ohne wirtschaftliche Bedeutung. Die Haarlänge soll gleichmäßig am gesamten Körper 5 bis 6 cm betragen, bei dichter Unterwolle und gleichmäßiger, kräftiger Begrannung. Ohren, Kopf und Läufe sind normal behaart. Der Körperbau sollte gedrungen und gut bemuskelt sein. Anerkannte Farbenschläge sind Weiß (Rot- und Blauaugen), Schwarz, Blau, Fehfarbe, Havanna, Chinchilla, Gelb und Silber. Das Gewicht liegt zwischen 3,0 und 4,0 kg mit einem Mindestgewicht von 2,5 kg.

5 Züchtung und Genetik

5.1 Auswahl der Elterntiere

Jeder, der Tiere hält und seinen Bestand mit Nachkommen aus eigenem Material verjüngt und dabei eine Auswahl bzw. Selektion betreibt, wird automatisch zum Züchter. In der Hoffnung, daß die bei den Eltern vorhandenen positiven Eigenschaften und Merkmale an die Nachkommen weitergegeben werden, möchte man die entsprechenden Tiere zur „Weiterzucht" verwenden. Die Ähnlichkeit zwischen Eltern und Nachkommen einerseits und die Unterschiede zwischen den Nachkommen andererseits sind dabei die Voraussetzung für den Erfolg der Zuchtarbeit. Es wäre aber zu einfach, wenn man vom Äußeren auf die vorhandenen erblichen Anlagen in jedem Falle schließen könnte. Die Erbanlagen und ihre Übertragung sind vielfältiger Natur. Bei den sogenannten *qualitativen Merkmalen,* zu denen beispielsweise die Haarfarbe gehört, ist der Erbgang noch relativ einfach, und die Umwelteinflüsse haben auf die Ausprägung des Merkmals in der Regel keinen Einfluß. Es gelten hier die von MENDEL entdeckten und insbesondere von NACHTSHEIM am Kaninchen erforschten Gesetzmäßigkeiten. In zahlreichen Fällen sind auch besondere Effekte zwischen einzelnen Erbanlagen (Genen) möglich, so daß unerwartete Ergebnisse auftreten. Der Erblichkeitsanteil ist aber recht hoch und kann in vielen Fällen 100% betragen. Anders liegen die Verhältnisse bei den sich ständig ändernden *quantitativen Merkmalen,* wozu die Eigenschaften allgemeiner Lebenstätigkeit wie z. B. Fruchtbarkeitskriterien oder die Gewichtszunahme zählen. Bei diesen auf *Menge* ausgerichteten Merkmalen versagt das MENDELsche Schema, denn es sind viel zu viele Gene an der Ausbildung solcher Leistungseigenschaften beteiligt, die zusammen als Summe, also *additiv* wirken. Ihr Erblichkeitsanteil ist angesichts der großen Umweltbeeinflußbarkeit gering, weshalb mit diesen Eigenschaften nicht so leicht zu züchten ist. Ausgewählte Tiere geben hier keine Gewähr, daß die Nachkommen den Elterntieren entsprechen.

Der Kaninchenhalter wie der Kaninchenzüchter können auf ein breitgefächertes Rassenangebot mit unterschiedlichsten erblich bedingten Merkmalen zurückgreifen. Die Vielfalt der Kaninchenrassen resultiert daraus, daß es beim Kaninchen leichter als bei manch anderer Tierart möglich ist, die verschiedenen erblich bedingten Körpermerkmale wie Größe, Körperform, Haarfarbe, -länge und -dichte, Farbverteilung u. a. miteinander zu kombinieren.

Gleichgültig, ob es sich um eine ausgefallene Rasse, eine wertvolle Liebhaber-Zuchtrichtung oder nur um rasselose Gebrauchstiere handelt, mit denen nicht weitergezüchtet wird, in jedem Falle gelten die Grundregeln der Tierbeurteilung. Die Bewertung der äußeren Körperform orientiert sich bei den verschiedenen Nutztierarten nach dem gleichen Prinzip, wobei der Wertung nach konstitutionellen Merkmalen besondere Bedeutung zugemessen wird. Trotz unterschiedlichster Zuchtbestrebung und Zweckbestimmung bleibt nämlich die Erzeugung vitaler, frohwüchsiger und futterdankbarer Tiere ein gemeinsames Anliegen, das sämtliche Nutztierarten und Nutzrichtungen miteinander verbindet. Die nachfolgenden Ausführungen widmen sich solchen Fragen, die für den Kaninchenzüchter von allgemeinem Interesse sind und auch den „nur Tierhalter“ angehen.

5.1.1 Konstitution und Kondition

Konstitution und Kondition sind zwei in der Tierzucht viel verwendete Fachbegriffe. Während man unter Konstitution den erblich festgelegten Rahmen der Anpassungsfähigkeit und Widerstandskraft des Organismus gegenüber Umweltbelastungen versteht, zeigt die Kondition nur die jeweils vorliegende Körperverfassung an. Die Beurteilung der Konstitution bedarf längerer Beobachtungszeit, Erfahrung und Sachkenntnis.

Die Kondition bezieht sich demgegenüber auf den vorübergehenden Haltungszustand eines Tieres und ist für jedermann sichtbar. Befindet sich ein Kaninchen in einem für Ausstellung, Zucht oder Mast gut geeigneten Zustand, so spricht man gerne von Ausstellungs-, Zucht- oder Mastkondition. Diese Begriffe lassen sich mit Zahlen schlecht ausdrücken. Sie sind nicht frei von subjektiver Wertung, im Gebrauch aber sehr nützlich, da sie mit einem Wort alles ausdrücken, wozu sonst längere Umschreibungen nötig wären.

Konstitutionelle Schwächen werden sichtbar an zartem Knochenbau, dünner Haut und feinem Haar, an Degenerationen von Muskeln, ausgeprägten Stellungsfehlern der Gliedmaßen u. a. Die Neigung zu wunden Läufen ist z. B. eine deutliche Konstitutionsschwäche. Hier wirken sich schüttere und dünne Behaarung sowie empfindliche Haut an den Läufen schon bei geringen Umweltbelastungen in Gestalt von Feuchtigkeit oder Bodenrauheit gravierend aus.

Da Veranlagungen dieser Art erblich sind, sollten konstitutionsschwache Tiere von der Fortpflanzung ausgeschlossen werden. Der Begriff Konstitution deckt somit auch die Forderung nach Gesundheit, Fruchtbarkeit und hohem Lebensalter ab.

Bei der Begutachtung sind aber sämtliche Begleitumstände mit zu berücksichtigen. Wird z. B. die Hälfte eines Wurfes mutterlos unter ungünstigen Bedingungen aufgezogen und zeigen diese Tiere später scheinbar Konstitutionsfehler, so wäre es ein Irrtum, die vorhandenen Mängel mit echter Konstitutionsschwäche gleichzusetzen. Hierbei handelt es sich nämlich nur um eine durch die Umwelt bedingte variierte Ausprägung des äußeren „Erscheinungsbildes“ (des Phänotyps) der gleichen genetischen Veranlagung (des Genotyps), die man als Modifikation bezeichnet.

5.1.2 Leistungseigenschaften und Selektion

Der Züchter hat genaue Vorstellungen, welche Ziele er mit seiner Zucht erreichen will. Hierbei kann es sich um rein äußerliche Zuchtziele, um ausgesprochen wirtschaftliche oder beides handeln. Am gesteckten Zuchtziel werden die erbrachten Leistungen gemessen. Die gewünschten Leistungseigenschaften können demnach ganz verschiedener Natur sein. Es handelt sich beispielsweise um eine am Einheitsstandard der Rassekaninchenzucht orientierte Wertschätzung oder um Nutzleistungen der Wirtschaftskaninchenzucht, die man am besten nach dem internationalen Leistungsniveau beurteilt.

Wirtschaftliche Hochleistungen nehmen den tierischen Organismus stark in Anspruch. Es ist möglich, daß die vorhandene Konstitution nicht ausreicht, um unter den gegebenen Umweltbedingungen auf Dauer hohe Leistungen zu erbringen. Bei der Selektion auf Leistung ist deshalb die Ausgewogenheit zwischen Leistung und Konstitution bzw. Gesundheit im Auge zu behalten. Eine Disharmonie zwischen den beiden Faktoren kann leicht entstehen, wenn sich die Selektion nur auf ausgefallene Formen oder besondere Marktwünsche gründet. Die direkten Leistungen dürfen deshalb nicht isoliert betrachtet werden, sie sind vielmehr im Zusammenhang mit dem Gesamtorganismus zu sehen. Die wichtigsten Leistungsmerkmale für die gewerbliche Kaninchenzucht und -haltung sind auch für viele Hobbykaninchenzüchter interessant. Die herausragenden Leistungseigenschaften sind Fruchtbarkeit, Aufzuchtleistung, Fleisch- und Wolleistung sowie Futterverwertung. Um die Selektion von Leistungseigenschaften effektiv zu gestalten, sind theoretisches Wissen aus der Vererbungslehre und Kenntnisse aus der Zuchtpraxis eine Voraussetzung.

5.1.3 Beurteilung

Für Eigenschaften, die sich nicht in Zahlen ausdrücken lassen oder deren Erfassung mit einem unvertretbar hohen Aufwand verbunden ist, bietet in der Rassekaninchenzucht die Beurteilung nach äußeren Merkmalen nach wie vor die beste Möglichkeit, zuchttaugliche von zuchtuntauglichen Tieren zu trennen. Um den subjektiven Bewertungsspielraum, den eine Pauschalbeurteilung mit sich bringen würde, in Grenzen zu halten, wendet man ein Punkteverfahren an und geht dabei nach einem vorgezeichneten Schema vor. Für einzelne als wichtig erachtete Positionen werden Maximalnoten vergeben, deren Endsumme als Bewertungsergebnis gilt. Neben dem Körpergewicht, das sich leicht feststellen läßt, stehen somit weitere vergleichbare Zahlenwerte zur Verfügung.

Obgleich die organisierte Rassekaninchenzucht entsprechend ihrer Zielsetzung ein stärkeres Gewicht auf Aussehen und äußere Form legt, sollten ihre im Einheitsstandard festgelegten Bewertungskriterien nicht von vornherein als „formalistisch" abgetan werden. Trotz 58 anerkannter Rassen mit unterschiedlichsten Merkmalen werden für sämtliche Rassen hinsichtlich der Körperform und des Körperbaues die gleichen Maßstäbe angelegt. Sie stehen im Einklang mit den in der Nutztierzucht üblichen Forderungen und gründen sich vor allem auf die Bewertung von Gesundheit, der damit verbundenen Konstitution und den Geschlechtscharakter. Letzterer stellt die typischen Geschlechtsunterschiede heraus.

Folgende Merkmale werden bewertet:

		Punkthöchstzahl
I	Körpergewicht	20
II	Körperform und -bau	20
III	Fell bzw. Wolle	15
IV–VI	Besondere Rassemerkmale	15, 15, 10
VII	Pflegezustand	5
	mögliche Höchstzahl	100 Punkte

Das Körpergewicht wird mit Hilfe einer Waage entsprechend der im Einheitsstandard festgelegten Gewichtstabelle bewertet. Bei der Beurteilung von Körperform und -bau legt man Wert auf einen walzenförmigen Rumpf (genauso breit wie hoch bzw. tief). Die Körperlänge soll etwa die dreifache Rumpfbreite und -tiefe ausmachen. Gewünscht werden eine breite Brust, gut bemuskeltes und gerundetes Becken, gerade Rückenlinie ohne Vorsprünge, eng anliegende und nicht durchhängende Schulterblätter sowie kräftige und gut gestellte Läufe. Die äußeren Unterschiede zwischen den Geschlechtern sollen deutlich hervortreten: der Rammler vergleichsweise mit massigem Kopf, starker Muskulatur und festem Knochenbau, aber keinesfalls schwerer als die Häsinnen. Im Gegensatz zu anderen Haustieren bleiben die männlichen Tiere sogar leichter. Ein Urteil gewinnt man durch Abtasten des Körpers, was bei Normalhaarkaninchen zu empfehlen ist. Bei Kurzhaarkaninchen (Rexkaninchen) treten die Körperstrukturen stärker in Erscheinung.

In der Fellbewertung wird zwischen den drei Gruppen Normalhaar, Kurzhaar und Langhaar (Angora) unterschieden, wobei beim Normalhaar besonderer Wert auf die Dichte der Unterwolle gelegt wird. Bei dichter Unterwolle faßt sich das Fell voll an, und der Haarboden ist kaum sichtbar, wenn man mit der flachen Hand kräftig gegen die Haarrichtung streicht.

Die Bewertung der besonderen Rassemerkmale richtet sich nach den jeweiligen Zuchtzielen der einzelnen Rassen. Insbesondere werden hier Eigentümlichkeiten der Farbe und Zeichnung berücksichtigt. Unter der letzten Position ‚Pflegezustand' wird nicht der Fütterungszustand, sondern der Reinlichkeitszustand des zu beurteilenden Tieres benotet. Dieses Bewertungskriterium ist aus tierzüchterischer Sicht problematisch, da es mit dem eigentlichen Wert des Tieres nichts zu tun hat. In den Bewertungsbestimmungen der DDR wird aus diesem Grunde der Pflegezustand in der Regel nicht berücksichtigt. Andererseits sind aber Stämme bekannt, deren Tiere sich durch Unreinheit auszeichnen, so daß in solchen Fällen von einer erblichen Veranlagung auszugehen ist.

Bei der Mängelfeststellung unterscheidet man leichte und schwere Fehler. Letztere führen zum Ausschluß von der Bewertung. Als schwere Fehler gelten z. B. bei der Beurteilung der Körperform vollständige Abweichung vom Typ, Disharmonie in den Grundmaßen, mangelhafte Beinstellung sowie fehlender Geschlechtscharakter, um nur einige Punkte zu nennen.

Die Abb. 21 bis 23 aus dem Kaninchenstandard des Zentralverbandes Deutscher Kaninchenzüchter zeigen die am meisten verbreiteten Körperfehler im Vergleich zum Normaltier.

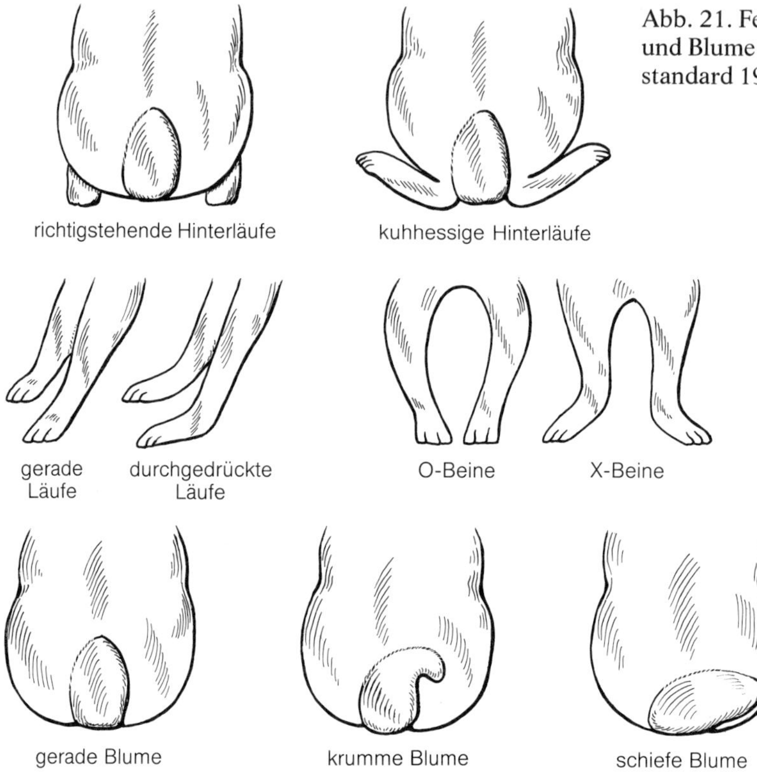

Abb. 21. Fehler bei Läufen und Blume (Kaninchenstandard 1980).

In der ausschließlich auf Fleischproduktion ausgerichteten Mastkaninchenhaltung sind wirtschaftliche Leistungen allein entscheidend, und Äußerlichkeiten treten in den Hintergrund. Die Bewertungskriterien weichen deshalb entsprechend dem gesetzten Zuchtziel von der Rassekaninchenzucht ab. Die pro Häsin und Jahr erzielten Schlachttiere, die Zuwachsraten, der Anteil wertvoller Teilstücke an den Schlachtkörpern und nicht zuletzt die Futterverwertung stellen hier die wichtigsten Kriterien dar. Die visuelle Beurteilung erfaßt lediglich den Gesamteindruck und beschränkt sich auf die Feststellung von Verhaltensfehlern oder krankhaften Veränderungen.

5.2 Genetische Grundlagen

Das Kaninchen verfügt über 44 Chromosomen. Jede Geschlechtszelle, gleichgültig, ob Ei oder Samenfaden, wird infolge einer vorangegangenen Reduktionsteilung mit dem halben Chromosomensatz ausgestattet, wobei es dem

Zufall überlassen bleibt, welche mütterlichen oder väterlichen Chromosomen in die entstehende Geschlechtszelle gelangen. Das aus der Vereinigung der weiblichen und männlichen Geschlechtszellen hervorgegangene Lebewesen erhält somit wieder den doppelten Chromosomensatz.

Die mögliche Zahl von Erbkombinationen bei der Befruchtung ist nahezu unendlich. Sie verringert sich drastisch, wenn Chromosomenpaare völlig identisch sind, was mit zunehmendem Verwandtschaftsgrad der Fall ist.

Von der Fähigkeit, quasi wie durch einen Röntgenschirm die vorhandenen Anlagen und ihre mögliche spätere Ausprägung abschätzen zu können, ist man noch weit entfernt. Wenn mehrere oder gar viele Gene an der Ausbildung einer Eigenschaft beteiligt sind – bei Leistungseigenschaften ist das die Regel –, so werden die Verhältnisse überaus kompliziert und unübersichtlich. Der Erblichkeitsgrad solcher Merkmale ist gering und man ist gezwungen, auf Nachkommenschaftsprüfungen und Mütter-Töchter-Vergleiche usw. zurückzugreifen, wenn man die Eigenschaften der Nachkommen abschätzen will.

Abb. 22. Unterschiedliche Wammenbildung beim Kaninchen (Kaninchenstandard 1980).

5.2.1 Modifikation, Mutation und Kombination

Das äußere Erscheinungsbild wird mit allen darin verborgenen erblichen Anlagen als Phänotyp bezeichnet. Es unterliegt in starkem Maße umweltbedingten Einflüssen. Die modifizierenden Umwelteinflüsse greifen insbesondere in sensible Entwicklungsabschnitte während der Jugendentwicklung ein und können bei der Nachzucht zu beträchtlichen Abweichungen von der Norm und vom erwarteten Erbbild führen. Man spricht von sogenannten Modifikationen. Zur Umwelt zählen nicht nur die Klimafaktoren Temperatur, Licht und Feuchtig-

Abb. 23. Verschiedenartige Rückenlinien (Kaninchenstandard 1980).

keit, sondern auch Ernährung, Haltung und Pflege. Bekanntes und viel zitiertes Beispiel einer Modifikation ist der Einfluß der Ernährung bei der Biene, wo bei gleicher genetischer Veranlagung zwei gänzlich verschiedene Wesen hervorgehen, nämlich die Arbeitsbiene oder die eierlegende Königin. Auch beim Kaninchen können durch unterschiedliche Ernährung für das ganze Leben bleibende Veränderungen herbeigeführt werden. Hungerzeiten während der Jugendentwicklung führen z. B. zu schmäleren Köpfen und zarterem Knochenbau. Das Knochengerüst kann die ihm zugedachte Aufgabe nicht erfüllen, was möglicherweise Beinfehler, Senkrücken u. a. zur Folge hat. Gut ernährte Tiere weisen demgegenüber eine tiefe, breite Brust sowie ein volles und rundes Bekken auf. Starken Einfluß übt auch die Umgebungstemperatur aus. Bei unterschiedlichen Temperaturen werden abweichende Ohrlängen der Kaninchen beobachtet, worauf vor allem Züchter sehr kleiner und sehr großer Rassen zu achten haben. Wärme wirkt auf das Ohrenwachstum fördernd, Kälte hemmend. Züchter der Rasse Englische Widder mit dem Wunsch nach sehr langem Ohr werden deshalb die Aufzuchtperiode in die warme Jahreszeit legen, während der Hermelinkaninchenzüchter gut beraten ist, wenn er die kälteren Monate hierfür bevorzugt.

Wie an Beispielen zu belegen ist, kann der Organismus grundlegende Änderungen erfahren. Dies läßt sich sogar über mehrere Generationen praktizieren, ohne daß Änderungen des Erbgutes damit verbunden wären. Solange die durch Modifikationen herbeigeführten Veränderungen im Erbgut nicht verankert sind, ist mit einer erfolgreichen Zuchtauslese in dieser Richtung nicht zu rechnen. Diesen Sachverhalt finden wir auch bei den sogenannten Blendern, die sich zwar selbst in allerbester Form präsentieren, dabei aber nicht in der Lage sind, ihre guten Eigenschaften auch nur annähernd an die Nachkommenschaft weiterzugeben.

Um erbliche Veränderungen zu erwirken, muß das Erbgut selbst verändert oder zumindest neu kombiniert werden. Änderungen an den Erbanlagen kommen durch sogenannte Mutationen zustande, die spontan ohne ersichtlichen Grund entstehen oder durch chemische und physikalische Agenzien auszulösen sind. Es handelt sich stets um ungerichtete, nicht vorauszusehende und in ihrer Auswirkung für das Tier zumeist nachteilige Abänderungen des Erbgutes. Und dennoch ist die Rassevielheit unserer Haustiere letzten Endes auf solche Mutationen zurückzuführen, die zur Züchtung neuartiger Rassen führen können. Es liegt nahe, daß gerade augenfällige Veränderungen wie die Haarfarbe oder die Haarstruktur das Interesse jedes Tierhalters wecken, die Weiterzucht zu versuchen. So traten z. B. im Jahre 1919 bei dem französischen Bauern Desiré Caillon plötzlich Tiere mit kurzem Haar auf, die die Stammeltern unserer heutigen Rexkaninchen darstellen. Es handelte sich um eine mutative Veränderung des Normalhaares, wie sie mit anderem Vorzeichen in ähnlicher Weise schon vor mehreren hundert Jahren beim Angorahaar aufgetreten war.

Auf neue positive Mutationen zu warten und mit ihnen züchten zu wollen, wäre ein müßiges Unterfangen. Es ist zwar stets mit Kleinmutationen zu rechnen, diese aber von den schon erwähnten Modifikationen zu unterscheiden und als Mutation zu erkennen, dürfte nur in den seltensten Fällen gelingen.

Erschwert wird das insbesondere dadurch, daß durch unkontrollierte Neukombination weit zurückgehender und bereits zum Inventar gehörender Mutationsschritte bei Kreuzungsnachkommen ständig neue Merkmale auftreten. Mit diesen vorhandenen Merkmalen züchterisch zu arbeiten und gezielt zu kombinieren, stellt zweifellos ein geeignetes Züchtungsinstrument dar.

Die Paarung unterschiedlich veranlagter Eltern führt mit Sicherheit zu „veränderten“ Nachkommen. Hier bietet sich dem Züchter die Möglichkeit zur Auslese geeigneter Tiere zur weiteren Verwendung. In Rechnung zu stellen ist dabei, daß einige Merkmale sich gegenüber anderen dominant verhalten können oder nur verdeckt bzw. rezessiv weitergegeben werden. Darüber hinaus sind noch Wechselbeziehungen zwischen den Erbanlagen möglich. Entsprechen bestimmte Tiere den Züchtervorstellungen und sind die gewünschten Gene in den Chromosomen in doppelter Form bzw. als sogenannte Allele vorhanden, so gilt es, die gewünschten Nachkommen auszulesen und über möglichst viele Generationen durch enge und engste Inzucht zu festigen. Als Beispiel ist die Kombination Langhaar (Angorismus) und Farblosigkeit (Albinismus) zu nennen. Die Ende des 17. Jahrhunderts auftretenden Langhaarkaninchen waren nämlich zunächst farbig. Die Kombination Angora und Albino erfolgte zu viel späterer Zeit.

5.2.2 Monohybride Kreuzung

Monohybride Kreuzungen liegen vor, wenn die verpaarten Tiere sich nur in einem Genpaar bzw. Merkmal unterscheiden, z. B., wenn normalhaarige Tiere mit langhaarigen Angoras gekreuzt werden. Das Schema in Abb. 24 verdeutlicht die Zusammenhänge:

Wie aus dem Schema ersichtlich ist, fallen in der F_1-Generation einheitlich mischerbige Tiere an (normalhaarige, da der Langhaarfaktor v rezessiv ist). In der darauffolgenden F_2-Generation erfolgt laut Spaltungsregel die Aufspaltung

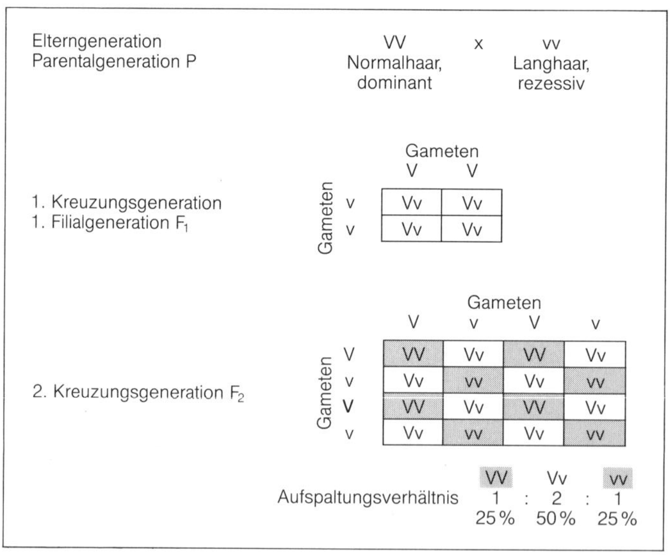

Abb. 24. Monohybride Kreuzung bei der Paarung von Normalhaarkaninchen mit Angorakaninchen.

1 : 2 : 1. Da es sich beim angeführten Beispiel wie erwähnt um einen dominant-rezessiven Erbgang handelt, sollte nicht übersehen werden, daß das genannte Aufspaltungsverhältnis nicht dem äußeren Erscheinungsbild entspricht. Nur die 25 % reinerbig veranlagten vv-Tiere weisen Angorahaar auf, der Rest (75 %) ist normalhaarig. Sollte der Wunsch zur Überprüfung eines normalhaarigen Tieres auf den möglicherweise verdeckt vorhandenen Langhaarfaktor v bestehen, so wird es an ein Tier mit Langhaarfaktor angepaart (reinerbig oder mit Sicherheit mischerbig). Befinden sich unter den Nachkommen Angorahaarige, so verfügt das betreffende Tier mit Sicherheit über diesen Faktor.

Der monohybride Erbgang trifft auch für das auffällige Merkmal der Scheckung zu, das durch den dominanten Faktor K bedingt und in mehreren charakteristischen Mutationsstufen bekannt ist. Als Symbol für Nichtscheckung gilt k. Wichtig zu wissen ist, daß die „reinrassige" Schecke KK keine ausgeprägte Scheckenzeichnung zeigt, sondern nur der Kreuzungstyp Kk. Nach tierzüchterischer Definition handelt es sich demnach bei der typischen Schecke um kein Rassetier, sondern stets um ein Kreuzungsprodukt, das bei Verpaarung nach dem bekannten Verhältnis 1 : 2 : 1 aufspaltet. Dieses Verhältnis tritt auch im Gegensatz zum vorher geschilderten Beispiel Langhaarfaktor äußerlich in Erscheinung, da sich die homozygoten Tiere KK von den heterozygoten trotz der dominanten Stellung von K deutlich unterscheiden. Will man ausschließlich Scheckentiere erzeugen, so sind Weißschecken (KK), die übrigens Konstitutionsschwächen aufweisen, mit den einfarbig dunklen Nichtschecken (kk) zu verpaaren.

5.2.3 Dihybride Kreuzung

Bei der dihybriden Kreuzung unterscheiden sich die Eltern in zwei Genpaaren. Als Beispiel sei die Kreuzung normalhaariger Albinos (Symbol aV) und wildfar-

Elterngeneration
Parentalgeneration P

aaVV x AAvv
Normalhaar und Albino — Langhaar (Angora) und Wildfarbe

1. Kreuzungsgeneration F_1

Gameten	aV	aV
Av	AaVv	AaVv
Av	AaVv	AaVv

2. Kreuzungsgeneration F_2

Gameten	AV	Av	aV	av
AV	AAVV	AAVv	AaVV	AaVv
Av	AAVv	AAvv	AaVv	Aavv
aV	AaVV	AaVv	aaVV	aaVv
av	AaVv	Aavv	aaVv	aavv

Aufspaltungsverhältnis 9 : 3 : 3 : 1

Abb. 25. Dihybride Kreuzung bei der Paarung von Normalhaarkaninchen mit wildfarbenen Langhaarkaninchen.

bener Langhaarkaninchen (Symbol Av) ausgewählt. Bei der Paarung zweier F_1-Tiere ergeben sich $4 \times 4 = 16$ Kombinationsmöglichkeiten. Bei einer Variante, nämlich Albino-Angora, handelt es sich um die Verbindung Pigmentlosigkeit mit Angorahaar. Das bekannte weiße Angorakaninchen verdankt seine Entstehung somit zwei Mutationen und einer Kombination (Abb. 25).

5.2.4 Trihybride Kreuzung

Falls die zu kreuzenden Eltern in drei Merkmalen abweichen, so liegt eine Trihybride Kreuzung vor. Ein geeignetes Beispiel stellt die Kreuzung Schwarzrusse × Blaurex dar. Die Unterscheidungsmerkmale sind:

1. D–d (Schwarzeinlagerung gewährleistet – begrenzt)
2. A–a^n (Farbeinlagerung gewährleistet – begrenzt)
3. Rex–rex (Rexfaktor nicht vorhanden – vorhanden)

Der Schwarzrusse verfügt hinsichtlich der angegebenen Merkmale über die Ausstattung a^n D Rex. Der Blaurex über A d rex. Die F_1-Generation ist wie folgt zu kennzeichnen:

Aa^n Dd Rexrex

Die Tiere präsentieren sich folglich in schwarzem Normalhaar. In der folgenden Abb. 26 sind die Kombinationsmöglichkeiten der F_2-Generation dargestellt. Aufgrund 8 unterschiedlicher Gameten bieten sich 64 Kombinationsmöglichkeiten an, wovon 56 spalterbig sind. Die Farbausprägung läßt sich anhand der in das Schachbrettmuster eingetragenen Symbole leicht ableiten. 24 Tiere sind in einem Merkmal heterozygot, 8 in drei Merkmalen und 8 Tiere sind in allen drei Merkmalen homozygot. Die homozygoten Tiere befinden sich auf der Dia-

	ADRex	ADrex	AdRex	Adrex	a_nDRex	a_nDrex	a_ndRex	$a_n$drex
ADRex	ADRex ADRex	ADrex ADRex	AdRex ADRex	Adrex ADRex	a_nDRex ADRex	a_nDrex ADRex	a_ndRex ADRex	$a_n$drex ADRex
ADrex	ADRex ADrex	ADrex ADrex	AdRex ADrex	Adrex ADrex	a_nDRex ADrex	a_nDrex ADrex	a_ndRex ADrex	$a_n$drex ADrex
AdRex	ADRex AdRex	ADrex AdRex	AdRex AdRex	Adrex AdRex	a_nDRex AdRex	a_nDrex AdRex	a_ndRex AdRex	$a_n$drex AdRex
Adrex	ADRex Adrex	ADrex Adrex	AdRex Adrex	Adrex Adrex	a_nDRex Adrex	a_nDrex Adrex	a_ndRex Adrex	$a_n$drex Adrex
a_nDRex	ADRex a_nDRex	ADrex a_nDRex	AdRex a_nDRex	Adrex a_nDRex	a_nDRex a_nDRex	a_nDrex a_nDRex	a_ndRex a_nDRex	$a_n$drex a_nDRex
a_nDrex	ADRex a_nDrex	ADrex a_nDrex	AdRex a_nDrex	Adrex a_nDrex	a_nDRex a_nDrex	a_nDrex a_nDrex	a_ndRex a_nDrex	$a_n$drex a_nDrex
a_ndRex	ADRex a_ndRex	ADrex a_ndRex	AdRex a_ndRex	Adrex a_ndRex	a_nDRex a_ndRex	a_nDrex a_ndRex	a_ndRex a_ndRex	$a_n$drex a_ndRex
$a_n$drex	ADRex $a_n$drex	ADrex $a_n$drex	AdRex $a_n$drex	Adrex $a_n$drex	a_nDRex $a_n$drex	a_nDrex $a_n$drex	a_ndRex $a_n$drex	$a_n$drex $a_n$drex

Abb. 26. Trihybride Kreuzung von Schwarzrussenkaninchen mit Blaurex (aus WEISSENBERGER 1981).

gonalen von links oben nach rechts unten. Rechts unten befindet sich ein homozygotes Blaurusse-Kaninchen, ein kurzhaariges Tier mit Russenzeichnung.

Das Kreuzungsbeispiel mit drei Merkmalen läßt die Schwierigkeit erahnen, falls der Erbgang von 4 oder gar 5 Merkmalen verfolgt werden sollte. Bei fünf Merkmalen ergeben sich bereits über 1000 Kombinationsmöglichkeiten, und wir haben es bereits mit einer Übergangssituation zur multifaktoriellen Vererbung zu tun.

In der Praxis wird man deshalb nicht mehr als drei Merkmale durchzüchten können. Aus diesem Sachverhalt ergeben sich auch wichtige Fingerzeige für die Notwendigkeit von Inzucht und Linienzucht.

5.3 Qualitative Merkmale

Qualitative Merkmale sind Merkmale, die keinen Mengencharakter besitzen, somit nicht meßbar oder zählbar sind.

Hierzu zählen insbesondere die Vererbung der Fellfarben, eindeutige körperbauliche Kennzeichen sowie die Bestimmung des Geschlechts. Die Festlegung des Geschlechts ist das einfachste Beispiel für die Vererbung eines qualitativen Merkmals. Sie beruht darauf, daß ein Chromosomenpaar, das sich gegenüber anderen durch Ungleichheit auszeichnet, für die Geschlechtsausprägung verantwortlich ist. Werden bei der Befruchtung die als XX-Chromosomen bezeichneten gleichartigen Chromosomen zusammengeführt, so entsteht bei Säugetieren ein weibliches Wesen, treten demgegenüber ein X-Chromosom mit dem andersgearteten Y-Chromosom in Verbindung, ist das männliche Geschlecht festgelegt. Das zu erwartende Geschlechtsverhältnis beträgt im Durchschnitt 50:50. Das folgende Schema veranschaulicht die Geschlechtsbestimmung bei männlicher Heterogamie (Abb. 27).

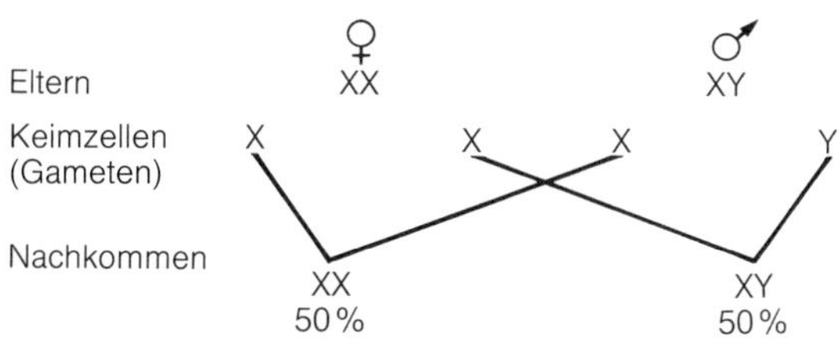

Abb. 27. Geschlechtsbestimmung bei männlicher Heterogamie.

Nach dem gleichen Prinzip erfolgt die Vererbung anderer qualitativer Merkmale. Das oben gezeigte Schema entspricht einer Rückkreuzung des heterozygoten Kreuzungstiers mit einem homozygoten Elternteil (XX = reinerbig bzw. homozygot, XY = mischerbig bzw. heterozygot).

Die von Mendel für die Vererbung qualitativer Merkmale gefundenen Grundregeln lassen sich wie folgt zusammenfassen:

1. Gleichförmigkeit der Nachkommen aus der Kreuzung von reinerbig veranlagten Eltern in der ersten Nachkommengeneration (Regel der Uniformität der Kreuzungstiere).

2. Aufspaltung der Nachkommenschaft aus der 1. Kreuzungsgeneration (= F_1-Generation) in der 2. Generation (F_2-Generation) in reinerbige wie die Großeltern und mischerbige wie die Eltern in bestimmten Zahlenverhältnissen.
3. Neukombination der unabhängig voneinander vererbbaren Merkmale in der 3. Generation (Unabhängigkeitsregel). – Das zu erwartende Zahlenverhältnis kann sich übrigens ändern, wenn es zu Kopplungen von Anlagen auf ein und demselben Chromosom kommt.

5.3.1 Farbvererbung

Beim Kaninchen ist die Vererbung der Fellfarben gut erforscht. Der Erbgang ist im allgemeinen auch leicht zu klären, weil sich keine fließenden Übergänge ergeben. Es ist zweifellos das bleibende Verdienst von NACHTSHEIM, die einzelnen Erbgänge beim Kaninchen aufgeklärt zu haben und die Merkmale wie allgemein üblich mit Buchstabensymbolen zu kennzeichnen. Von ihm wurden 5 für die Farbvererbung verantwortliche Erbfaktoren ermittelt, belegt mit den Buchstaben A, B, C, D und G. Im englischsprachigen Schrifttum finden gemäß der international üblichen Praxis, die Erstbeschreibung der Bezeichnung zugrunde zu legen, auch andere Gen-Symbole Verwendung. Für den Leser wissenschaftlicher Literatur ist es deshalb nicht immer leicht, die entsprechenden Symbole richtig einzuordnen. Da die von NACHTSHEIM gewählte Kenntlichmachung im deutschsprachigen Raum gebräuchlich ist und in der Praxis ausschließlich Verwendung findet, wird sie auch nachstehend angewendet.

Das Wildkaninchen verfügt über den vollständigen Satz der Farbfaktoren in dominanter Form, was aus der Schreibweise in Großbuchstaben ersichtlich ist. Mit kleinen Buchstaben werden Faktoren gekennzeichnet, die bei Vorhandensein von dominanten Merkmalen unterdrückt und an ihrer Ausprägung gehindert werden.

Die Erbformel für die Fellfarbe des Wildkaninchens wird mit

$$\frac{A\ B\ C\ D\ G}{A\ B\ C\ D\ G}$$

angegeben, wobei die über dem Bruchstrich befindlichen Buchstaben die mütterliche Herkunft und die unter dem Strich stehenden Buchstaben die väterliche Abstammung kennzeichnen. Der Sachverhalt läßt sich auch einzeilig darstellen (AA, BB, CC, DD, GG). Die Wildfarbigkeit ist über sämtliche andere Farben, die die Folge von Mutationen sind, dominant.

Durch Mutation wurden die genannten 5 Faktoren der Wildfarbe umgewandelt. Diese werden rezessiv vererbt und können nur in homozygoter oder reinerbiger Form wirksam werden. Im einzelnen bedeuten:

A = Anlage für die Farbstoffeinlagerung
(a = keine Farbstoffeinlagerung; aa = Albino *Albinofaktor*)
B = Anlage für dunkles Pigment
(b = keine dunkle Farbe; bb = dunkle Farbausprägung nicht möglich, es erscheinen Gelbtöne, deshalb auch als *Gelbfaktor* bezeichnet)

C = Anlage für Schwarz
(c = Schwarz kann nicht gebildet werden; cc = Braun breitet sich aus, *Braunfaktor*)

D = Anlage, die die Dichte der Schwarzeinlagerung festlegt
(d = Schwarzeinlagerungsdichte herabgesetzt; dd = bläulicher Farbton, *Blaufaktor*)

G = Anlage für Wildfarbigkeit
(g = zonale Pigmenteinlagerung bzw. Bänderung des Haares verhindert und körperregionale Pigmentbeschränkung für Schwarz aufgehoben; gg = schwarze Fellfarbe, ohne weißen Bauch, keine Farbzonen im Haar, *Wildfaktor*, Voraussetzung ist, daß der Grundfaktor A für die Farbstoffeinlagerung vorhanden ist)

Ausgehend vom Wildtyp treten demnach folgende Grundfarben auf:

AA	BB	CC	DD	GG	=	Wildkaninchen
aa	BB	CC	DD	GG	=	weißes Kaninchen
AA	bb	CC	DD	GG	=	gelbwildfarbiges Kaninchen
AA	BB	cc	DD	GG	=	braunwildfarbiges Kaninchen
AA	BB	CC	dd	GG	=	blauwildfarbiges Kaninchen
AA	BB	CC	DD	gg	=	schwarzes Kaninchen

Neben den aufgeführten Farben gibt es noch zahlreiche Farbnuancen und Fellzeichnungen. Sie lassen sich dadurch erklären, daß der jeweilige Mutationsschritt stufenweise erfolgt ist, so daß mehrere Mutationsgrade bei der Vererbung der Haarfarbe wirksam werden und daß darüber hinaus noch andere Faktoren und Wechselbeziehungen in Frage kommen. Bei der sogenannten A-Serie (Albinoserie) unterscheidet man z. B. zwischen AA (Pigmenteinlagerung unbegrenzt) und aa (Pigmenteinlagerung aufgehoben) noch die Faktoren

$A^d A^d$	BB	CC	DD	GG	Chinchilla dunkel
$a^{chi} a^{chi}$	BB	CC	DD	GG	Chinchilla hell (Teilalbino)
$a^m a^m$	BB	CC	DD	GG	Marder (Teilalbino)
$a^n a^n$	BB	CC	DD	GG	Russe (Teilalbino)

Nur Vollalbinos mit der Anlage aa haben rote Augen. Es ist deshalb nicht möglich, farbige Tiere mit roter Iris zu züchten.

Ähnliche Abstufungen wie bei der A-Serie kommen in der sogenannten B- und G-Serie vor. Daneben spielen der Silberfaktor, die abgestufte Holländerzeichnung, die Punktscheckung sowie die verschiedenen Lohzeichnungen eine Rolle. Auch die genetisch unterschiedlichen Genverbindungen ein und derselben Farbausprägung verdienen Beachtung. Das Weiß der albinotischen Tiere (Weiße Neuseeländer) ist keinesfalls identisch mit dem der leuzistischen Rassen (Weiße Wiener mit blauen Augen). Auch die schwarze Farbe kann durch unterschiedliche Genverbindungen bedingt sein.

Das Bild wird noch differenzierter, wenn die Vererbungsfaktoren für Haartyp und Haarlänge in die Betrachtung mit einbezogen werden. Sie unterliegen gleichfalls den Mendelschen Vererbungsregeln.

Der Faktor für Normalhaar wird symbolisch mit V angegeben. Bei Vorhandensein dieses Faktors ist die Haarlänge auf 3 bis 4 cm begrenzt. Tritt demgegenüber die Mutation v in reinerbiger Form auf (vv), so wächst das Haar bis zu einer Länge von 15 bis 20 cm. Anders verhält es sich beim schon erwähnten Kurzhaarkaninchen. Hier tritt aufgrund des gegenüber Normalhaar rezessiven Rex-Faktors eine deutliche Haarverkürzung auf, die ursprünglich mit Degenerationserscheinungen verbunden war. Es hat intensiver züchterischer Bemühungen bedurft, die gesundheitliche Verfassung der Rex-Kaninchen zu normalisieren. Der rezessive Rex-Faktor ist gesondert aufzuführen, so daß das Normalhaarkaninchen in Ergänzung zu der oben genannten Grundausstattung folgerichtig auch die Rex-Bezeichnungen führen müßte:

AA BB CC DD GG Rex = Normalhaarkaninchen
AA BB CC DD GG rex = Rexkaninchen

Vom Rex-Faktor gibt es ebenso eine Mutationsserie (rex = Rexkaninchen, nok = Normannenkurzhaar, dek = Deutschkurzhaar).

Aus dem Gesagten ist zu erkennen, daß intermediäre Vererbung bei Farbmerkmalen selten ist und daß die Farbvererbung in erster Linie durch dominante und rezessive Faktoren geprägt wird.

Es dominiert:	
Wildfarbe	über Schwarz
Wildfarbe	über Chinchilla
Wildfarbe	über Russenfarbe
Wildfarbe	über Albinismus
Alaska	über Chinchilla
Schwarz	über Havannafarbe
Schwarz	über Blau
Havannafarbe	über Fehfarbe
Einfarbig	über Russenfarbe
Einfarbig	über Albinismus
Einfarbig	über Japanerfarbe
Russenfarbe	über Albinismus
Chinchillafarbe	über Albinismus
Chinchillafarbe	über Marder
Marder	über Russenfarbe
Chinchillafarbe	über Russenfarbe
Dunkelblau	über Hellblau
Lohgelb	über Nichtlohfarbe
Gelb	über Cremefarbe
Scheckung	über Nichtscheckung
Normalhaar	über Langhaar
Normalhaar	über Kurzhaar

Die Farbvererbung bietet beim Kaninchen geradezu ein unerschöpfliches Reservoir von verschiedenen Farbgestaltungsmöglichkeiten; sie konnte im vorliegenden Kapitel nur andeutungsweise berührt werden. Ausführlich wird dieses für den Rassekaninchenzüchter so wichtige Gebiet von Weißenberger (1979) abgehandelt.

5.4 Quantitative Merkmale

Quantitative Merkmale sind Merkmale, die meß- oder zählbar sind. Hierzu gehören z. B. die Körpergröße, Fleischansatz oder Fruchtbarkeitskennzeichen. Charakteristisch für diese Merkmale ist, daß sie auf erblichen Anlagen beruhen, die nicht auf ein einziges Gen zurückzuführen sind, sondern auf mehrere oder gar viele Gene bzw. Allele verteilt sind. Ihre Häufigkeitsverteilung ist bei den Nachkommen im Gegensatz zu den vorher behandelten qualitativen Farbmerkmalen in der Regel kontinuierlich. Das bedeutet, daß die Mendelschen Vererbungsregeln praktisch nicht anzuwenden sind. Die Kombinationsmöglichkeiten wären unvorstellbar groß. Um zu einem züchterischen Ergebnis zu kommen, geht man deshalb von der Annahme aus, daß sich die quantitativen Leistungsmerkmale eines Zuchttieres aus verschiedenen Komponenten zusammensetzen, und zwar aus der Durchschnittsleistung der jeweiligen Tiergruppe, aus der das betreffende Tier stammt, dem individuellen Anteil als Differenz zum Durchschnitt sowie dem umweltbedingten Anteil, mit dessen Weitervererbung nicht gerechnet werden kann. Die genannten drei Größen lassen sich aufgrund theoretischer Überlegungen noch weiter aufteilen und verrechnen. Ziel aller Bemühungen dabei ist, die erwünschte genetische Gesamtveranlagung für die einzelnen erblichen Merkmale zu schätzen und diese Veranlagungen bei den Nachkommen anzuhäufen oder entsprechend günstig zusammenzuführen. Leider ist es jedoch nicht möglich, die genannte erbliche Komponente für das Einzeltier im voraus abzuschätzen, sondern nur für die ganze Gruppe. Man ist demzufolge bestrebt, die Erb- und Umweltanteile rechnerisch voneinander zu trennen und den vererbbaren Teil, der als Heritabilität (h^2) bezeichnet wird, zu bestimmen. Von seiner Größe hängt auch die Art der Selektion ab. Ist die Heritabilität gering, wie es bei vielen Leistungsmerkmalen leider der Fall ist, so besteht wenig Aussicht auf Erfolg, wenn die Zuchtauslese nach der Leistung von herausragenden Einzeltieren vorgenommen wird (in Anlehnung an die Pflanzenzucht als Massenauslese bezeichnet). Weit wirkungsvoller ist in diesem Falle die sog. Familienselektion, bei der die Auslese nach der Durchschnittsleistung der Familie erfolgt. Auf diese Weise wären z. B. Wurfleistungen der Vollgeschwister zu bewerten. Sinngemäß ist auch bei der Schätzung des Zuchtwertes bestimmter Zuchttiere zu verfahren, die anhand sog. Zuchtwertschätzungen vorzunehmen ist. Bei niedriger Heritabilität sind deshalb die Leistungen aus nächster Verwandtschaft mit heranzuziehen. Die Eigenleistung sowie die Leistungen der alleinigen Nachkommen würden in diesem Falle nicht ausreichen, die geringen genetischen Unterschiede im Vergleich zu anderen Tieren zu erkennen. An einem einfachen Beispiel soll der Begriff der Heritabilität, der im tierzüchterischen Schrifttum eine zentrale Stellung einnimmt, kurz erläutert werden. Er errechnet sich u. a. wie folgt:

$$\text{Heritabilität } (h^2) = \frac{SE}{SD} = \frac{\text{Selektionserfolg}}{\text{Selektionsdifferenz(-differential)}}$$

Beträgt das Schlachtgewicht in einem Bestand im Alter von 3 Monaten beispielsweise im Durchschnitt 2000 Gramm und wählt man für die Zucht nur solche Tiere aus, die durchschnittlich 2500 Gramm auf die Waage bringen, so beträgt die Differenz 500 Gramm. Bei den Nachkommen der selektierten Tiere erhält man z. B. ein Schlachtgewicht von 2250 Gramm. Aus diesem Ergebnis errechnet sich ein Erblichkeitsanteil bzw. eine Heritabilität von 0,5 oder 50%:

Mittleres Schlachtgewicht	2000 g
selektierte Tiere	2500 g
Differenz	500 g
Nachkommen	2250 g
Selektionserfolg	250 g

$$\text{Heritabilität} = \frac{250}{500} = 0{,}5$$

50% der Unterschiede wären demnach erblicher Natur und 50% auf Umwelteinflüsse zurückzuführen. Das entspricht einer mittleren Heritabilität. Wird die Selektion innerhalb des Bestandes ohne Zufuhr von fremdem Tiermaterial nun fortgeführt, so verringert sich erwartungsgemäß von Generation zu Generation der Selektionserfolg bzw. der Zuchtfortschritt, denn das Tiermaterial wird immer ausgeglichener. Die genetischen Leistungsunterschiede können in den nachfolgenden Generationen so gering werden, daß praktisch alle zu registrierenden Unterschiede durch Fütterungs- und Haltungsverhältnisse bedingt und der erbliche Anteil verschwindend klein ist.

Bei fortgesetzter Selektion innerhalb des Bestandes wird zwangsläufig auch der Inzuchtgrad zunehmen, was bekanntlich zu Inzuchtdepressionen führt. Der Zuchtfortschritt erhält ein negatives Vorzeichen. Erst mit der Einkreuzung nicht verwandter Tiere werden wieder neue genetische Unterschiede und neue Kombinationsmöglichkeiten geschaffen, aus denen sich wiederum neu selektieren läßt.

5.4.1 Fleischleistung

Für den züchterischen Erfolg bestehen bei der Selektion auf das quantitative Merkmal Fleischleistung bessere Erfolgsaussichten als bei der Auslese auf Fruchtbarkeitsmerkmale, da Körpergewicht und Muskelansatz in höherem Maße vererbbar sind. Man kann davon ausgehen, daß für einige wichtige Kriterien der Fleischleistung der Erblichkeitsanteil (Heritabilität) bei dem landläufig verwendeten Tiermaterial 50 bis 70% beträgt, während es bei Fruchtbarkeitsmerkmalen nur etwa 10 bis maximal 30% sind. Der genetische Einfluß auf die gesamte Streubreite ist somit größer. Das ausgewählte Einzeltier bietet schon eine gewisse Gewähr, daß die von ihm zu erwartende größere Fleischleistung auch an seine Nachkommen weitervererbt wird.

Man hat bisher eine ganze Reihe von Merkmalen untersucht, die als Kriterien für die Fleischleistung in Frage kommen. Eine brauchbare Grundlage liefert nach wie vor das Gewicht, insbesondere das Körpergewicht im frühen Alter. Während die Jungtiere kurz nach dem Absetzen eine gute Übereinstimmung hinsichtlich des erreichbaren Gewichts im Vergleich zu ihren Eltern erkennen lassen, nimmt diese Beziehung zum 100-Tagealter merklich ab (h^2-Wert bzw. Erblichkeitsanteil etwa 60 bis 80 % bzw. 40 bis 50%). Mit dem Körpergewicht korrelieren die Körpermaße Hüftbreite, Körperlänge und Brustumfang, so daß diese Maße als zusätzliche Information herangezogen werden können.

Bei der Untersuchung von Schlachtkörpermerkmalen ist festzustellen, daß die Gewichte von Haut, Schlachtkörper und Keulenfleisch recht gut vererbt werden. Demgegenüber bieten z. B. Kopfgewicht und Schulterfleischmenge keine hinreichende Gewähr für eine annähernd genaue Voraussage. Bemerkenswert ist, daß die gewünschte Walzenform oder „Blockigkeit" allein noch keine Weitervererbung guten Fleischansatzes verspricht. Das ist verständlich, denn walzenförmig können sowohl Hermelinkaninchen als auch Deutsche Riesen sein. Schlankere Typen liefern oft genauso viel oder gar mehr Fleisch, wenn die begehrten Teilstücke Rücken, Lende und Keulen als Kriterien für guten Fleischansatz herangezogen werden.

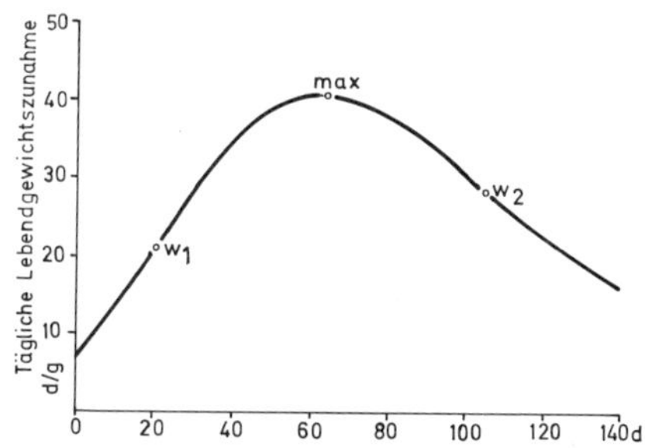

Abb. 28. Beziehungen zwischen täglicher Lebendgewichtszunahme und Alter von Kaninchen der Rasse Weiße Neuseeländer (aus LEHMANN 1980).

Will man die einzelnen Schlachtwertkriterien einschließlich der Organanteile einer exakten Prüfung unterziehen, so sind genaue Ausschlachtungsversuche anzustellen. In sogenannten Nachkommenschaftsprüfungen können die besten Anlageträger herausgefunden werden. Dieses Vorgehen blieb bisher in begrenztem Rahmen staatlichen Versuchsanstalten oder speziellen wissenschaftlichen Versuchen vorbehalten. Der erfahrene Praktiker ist aber auch ohne Ausschlachtungsergebnisse in der Lage, die Fleischfülle durch bloßes Abtasten mit ausreichender Genauigkeit abzuschätzen. Der Raum zwischen den Dorn- und Querfortsätzen des Lendenwirbelabschnittes der Wirbelsäule soll z. B. so mit Muskeln angefüllt sein, daß die Spitzen der Dornfortsätze kaum zu fühlen sind. Zusammen mit dem durch Wiegen festgestellten Körpergewicht ergibt sich eine durchaus ausreichende Schätzgenauigkeit.

Die im Abschnitt Frühreife bereits angesprochene Schlachtreife beeinflußt nicht nur die Wirtschaftlichkeit der Fleischleistung, sondern vermittelt in Verbindung mit der Wachstumskurve auch Interessantes über die Eignung des jeweilig zu prüfenden Tiermaterials. Als Selektionskriterium braucht die Frühreife jedoch nicht speziell berücksichtigt zu werden, da sie indirekt vom Schlachtzeitpunkt bzw. der Fleischproduktion je Häsin in der Zeiteinheit automatisch mit erfaßt wird. Kaninchen wachsen zu Beginn ihrer Entwicklung sehr stark, d. h. die auf das Lebendgewicht bezogene tägliche Zunahme ist anfänglich am höchsten und verringert sich mit fortschreitendem Alter. Betrachtet man den Verlauf der Tageszunahmen anhand einer Kurve, so liegt der erste Wendepunkt bei Weißen Neuseeländern z. B. bei 21 Lebenstagen (Abb. 28).

Herauszustellen ist der geradlinige Wachstumsverlauf während des Altersabschnittes von 8 bis 21 Tagen, der generell zu beobachten ist. Die Gewichtskurven von Tieren unterschiedlicher Ausgangsgewichte verlaufen bis zur Aufnahme von Festfutter bei gleicher erblicher Veranlagung und ausreichender Nährstoffversorgung parallel und weisen den gleichen Steigungswinkel auf. Unterschiede in der Wachstumsveranlagung kommen in dieser Phase deutlich zum Ausdruck. Negative Einflüsse wirken sich zu dieser Zeit mit Sicherheit auf die spätere Körpergewichtsentwicklung und den Schlachtzeitpunkt aus.

Hat das Kaninchen entsprechend seiner Veranlagung seine höchsten Tageszunahmen früher oder später erreicht, fällt die Wachstumskurve zum 2. Wendepunkt hin verstärkt ab, wobei zu bemerken ist, daß Kaninchen eine recht lange Periode mit guten Tageszunahmen aufzuweisen haben. Tiere mit großem Wachstumsvermögen zeichnen sich dadurch aus, daß die Periode mit befriedigenden Tageszunahmen länger anhält, so daß Tageszunahmen von 30 g auch noch mit 100 Lebenstagen zu erzielen sind. Die Verringerung der Tageszunahmen zum 2. Wendepunkt hin bedeutet, daß der Leistungsenergiebedarf im Vergleich zum Erhaltungsenergiebedarf unwirtschaftlich ansteigt. Eine Ausdehnung der Mast über den 2. Wendepunkt hinweg wird man auch deshalb nicht wählen, weil der unerwünschte Verfettungsgrad nach Erreichen von 60 bis 70% des rassebedingten Endgewichts stark zunimmt. Als optimaler Schlachtzeitpunkt wäre aus dieser Sicht ein Termin zwischen der maximalen täglichen Gewichtszunahme und dem 2. Wendepunkt der in Abb. 28 dargestellten Kurve zu wählen. Das sind etwa 60% des Häsinnengewichtes. Hieraus resultieren unterschiedliche Schlachtzeitpunkte und Schlachtgewichte je nach Herkunft und Eignung des Tiermaterials, die innerhalb einer Rasse beträchtlich abweichen können. Über die Fütterung läßt sich die Schlachtreife in gewissem Rahmen steuern. Durch verhaltene Fütterung bzw. weniger nährstoff- und energiereiches Futter kann der Schlachtzeitpunkt hinausgezögert werden, was unter Umständen kostengünstiger und dem Gesundheitszustand der Tiere dienlicher ist sowie das Krankheitsrisiko in gefährdeten Beständen herabsetzt (geringere Störungen im Verdauungstrakt).

Unter extensiven Mastbedingungen ist im Interesse eines niedrigen Fettanteils das Mastendgewicht bei etwa 70 bis 80% des Gewichtes der ausgewachsenen Tiere der betreffenden Rasse zu veranschlagen. Es würde sich nicht lohnen, Tiere mit geringem Gewicht frühzeitiger zu schlachten. Häsinnen verfügen im Vergleich zu Rammlern bei gleicher Gewichtszunahme über eine ausgedehntere Wachstumsperiode. Sie könnten deshalb etwas länger gemästet werden. Da jedoch in der Praxis die Mastzeit für männliche und weibliche Tiere gleich ist, bestehen hinsichtlich der Fleischleistung praktisch keine Unterschiede zwischen den Geschlechtern. Abweichungen sind erst zu erwarten, wenn die Tiere älter als 100 Tage werden.

In Tab. 8 ist die Gewichtsentwicklung verschiedener Rassen unter Bedingungen der Rassekaninchenzucht aufgeführt. Die Auswahl wurde den „Bewertungsbestimmungen für Rassekaninchen sozialistischer Länder" entnommen.

Tab. 8. Richtwerte für die Gewichtsentwicklung der einzelnen Rassen.

Rasse	Alter in Monaten								
	1	2	3	4	5	6	7	8	9
Alaska	0,5	1,0	1,5	2,0	2,5	2,9	3,2	3,5	–
Angora	0,5	1,0	1,5	2,0	2,5	2,9	3,2	3,4	3,5
Blaue Wiener	0,5	1,2	2,2	2,8	3,4	3,8	4,1	4,3	–
Blausilber	0,4	0,8	1,2	1,6	2,0	2,3	2,5	–	–
Castor Rex	0,5	0,9	1,4	1,9	2,4	2,8	3,3	3,5	–
Deutsche Großsilber	0,5	1,3	2,2	2,8	3,5	3,8	4,1	4,5	–
Deutsche Riesenschecke	0,6	1,2	2,3	3,5	4,5	5,0	5,5	6,0	–
Dreifarbenschecke	0,5	0,9	1,7	2,0	2,5	3,0	3,3	3,6	3,75
Englische Schecke	0,4	0,8	1,2	1,6	2,0	2,3	2,5	–	–
Fuchskaninchen	0,5	1,0	1,4	1,9	2,2	2,5	2,9	3,0	–
Gelbsilber	0,4	0,8	1,2	1,6	2,0	2,3	2,5	–	–
Graue Wiener	0,5	0,9	1,5	2,0	2,4	2,7	3,2	3,7	4,0
Grausilber	0,4	0,8	1,2	1,6	2,0	2,3	2,5	–	–
Groß-Chinchilla	0,5	1,3	2,2	2,8	3,4	3,8	4,1	4,5	–
Havanna	0,5	1,0	1,5	2,0	2,5	2,9	3,2	3,5	–
Havannasilber	0,4	0,8	1,2	1,6	2,0	2,3	2,5	–	–
Helle Großsilber	0,5	1,3	2,2	2,8	3,4	3,8	4,1	4,5	–
Holländer	0,4	0,8	1,2	1,6	2,0	2,3	2,5	–	–
Kalifornier	0,5	1,0	1,7	2,3	2,8	3,4	4,0	–	–
Klein-Chinchilla	0,4	0,8	1,2	1,6	2,0	2,3	2,6	2,75	–
Lohkaninchen	0,4	0,8	1,2	1,6	2,0	2,3	2,5	–	–
Luchskaninchen	0,4	0,8	1,2	1,6	2,0	2,3	2,5	–	–
Marburger Feh	0,4	0,9	1,3	1,8	2,2	2,5	2,8	–	–
Perlfeh	0,4	0,8	1,2	1,6	2,0	2,3	2,5	–	–
Riesenkaninchen	0,7	1,6	2,6	3,6	4,6	5,4	6,0	6,5	7,0
Rote Neuseeländer	0,5	0,9	1,5	2,0	2,4	2,7	3,2	3,6	4,0
Russenkaninchen	0,4	0,8	1,3	1,7	2,0	2,3	–	–	–
Sachsengold	0,4	0,9	1,3	1,8	2,2	2,5	2,8	–	–
Schwarzsilber	0,4	0,8	1,2	1,6	2,0	2,3	2,5	–	–
Thüringer	0,5	1,0	1,5	2,0	2,5	2,9	3,2	3,5	–
Weiße Hotot	0,5	0,9	1,5	2,4	2,7	3,2	3,6	4,0	–
Weiße Neuseeländer	0,5	1,0	1,7	2,3	2,8	3,4	4,0	–	–
Weiße Wiener	0,5	0,9	1,5	2,0	2,4	2,7	3,2	4,0	–
Weißgrannen	0,5	1,0	1,5	2,0	2,5	2,9	3,2	3,5	–

5.4.2 Fell, Haar und Wolle

Die Fell- und Haarqualität sowie die Haarmenge sind in hohem Maße züchterisch beeinflußbar und weisen verhältnismäßig hohe Erblichkeitswerte auf. Für die Haarmengenleistung wurden etwa 50 % errechnet. Der genetische Anteil an der Gesamtvariation ist somit hoch, das heißt, die beobachteten Abweichungen zwischen den Tieren gehen in starkem Maße auf erbliche Veranlagung zurück. Für die Selektion bieten sich neben dem Gewicht von Fell und Haar eine ganze Reihe von Merkmalen an, die in den Oberbegriffen Fellstruktur und Fellzustand zusammengefaßt werden. Der gewünschte Glanz entsteht durch die glatte Oberfläche des Haares und wird vor allem durch eine gleichmäßige Ausrichtung des Deckhaares hervorgerufen, dessen gebogene Breitseite das auffallende Licht besonders gut reflektiert. Der Glanz wird demzufolge sowohl durch die Fellstruktur als auch durch den Fellzustand beeinflußt (Haaralter).

Die *Fellstruktur* wird beim Normalfell, das in der Vererbung dominant über Kurzhaar und Langhaar ist, durch Unterwolldichte, Deckhaar bzw. Begrannung sowie Haarlänge charakterisiert. Der *Fellzustand* umfaßt dagegen die Fellreife (Haarungszustand) und die Sauberkeit (Freiheit von Filz, Kahlstellen und Parasiten). Die Selektion auf Fellstrukturmerkmale verspricht eher Erfolg als auf den Fellzustand, da letzterer stark von Umwelteinflüssen geprägt ist, z. B. durch die Art der Fütterung.

Der Haarungszustand wird in erster Linie von der Jahreszeit bzw. von der Temperatur und von der Tageslichtlänge gesteuert. Die Fähigkeit zu schnellem Umhaaren ist aber wiederum erblich. Im Herbst verläuft die Haarung in der Regel schneller als im Frühjahr. Zu lange Haarungszeiten machen sich am lebenden Tier unangenehm bemerkbar, und das Fell erlangt bis zur Schlachtung nicht seine volle Reife. Die stellenweise sich neu bildenden Haare stecken dann noch so tief in den Hautschichten, daß sie sogar auf der Rückseite des gegerbten Felles noch in Gestalt unschöner Haarungsflecke erkennbar sind und den Wert des Felles mindern.

Kahlstellen, die völlig haarlos sind, haben mit natürlichem Haarwechsel nichts zu tun. Es handelt sich um eine Hauterkrankung. Möglicherweise besteht hierfür eine erbliche Veranlagung, und es ist empfehlenswert, solche Tiere aus der Zucht zu nehmen.

Von den Rassezüchtern wird die Bewertung der Haar- und Wollqualität am lebenden Tier nach den Richtlinien des Rassestandards vorgenommen. Technische Prüfmethoden finden keine Anwendung. Die Haarlänge kann mit einem Zollstock gemessen werden, indem man diesen auf den Haarboden aufsetzt und abliest. Meistens wird die Haarlänge aber nicht gemessen, sondern das Fell wird durch Auge und Griff geschätzt. Je nach Qualität werden entsprechende Punktzahlen vergeben. Eine frühzeitige Bewertung, etwa wie bei Karakullämmern, ist nur bei den Zeichnungsrassen bezüglich des Musters möglich. Am besten läßt sich die Qualität am ausgereiften Fell feststellen, obwohl sich Mängel schon im jugendlichen Alter bemerkbar machen. Die Bauchseite ist die am meisten problematische Körperregion für alle Haartypen. Hier sind Fehler am deutlichsten ausgeprägt.

In der Angorazucht ist das Hauptselektionskriterium naturgemäß die Schurleistung, wobei zu bemerken ist, daß die erste Schur noch keine hinreichende Gewähr für hohe Folgeleistungen bietet. Der zweite Schurertrag sollte deshalb abgewartet werden. Die Ergebnisse der offiziellen Wolleistungsprüfungen geben dem Züchter die sicherste Handhabe, entsprechende Auswahlentscheidungen zu treffen. Aufgrund konsequenter Selektion konnte die Schurleistung innerhalb von zwanzig Jahren verdoppelt werden, ohne daß die Haarqualität darunter gelitten hätte. Hier wird aber auch die Wechselwirkung von ererbter Veranlagung zu hoher Leistung und die Begrenzung durch Umwelteinflüsse besonders deutlich. Ohne vollwertige Ernährung und genügend Kraftfutter ließe sich die genetische Veranlagung zu über 1 kg Wolle pro Tier und Jahr mit Sicherheit nicht ausschöpfen.

Beim Angorakaninchen zeichnen sich schon bei Jungtieren Unterschiede am Kopfbehang (Ohr-, Stirnbüschel, Backenbart) sowie an den Behängen der Vorder- und Hinterläufe ab. Üppige Haarbildung an diesen Körperstellen ist aber keinesfalls eine Gewähr für eine gute Anlage auf hohe Schurleistung. Als Probestelle eignet sich dagegen die Schulterregion. Anhand von Haarproben hat man festgestellt, daß große Haardichte in diesem Bereich mit dem gesamten Wollertrag des Tieres in direktem Zusammenhang steht.

5.4.3 Futterverwertung

Die Umsetzung von Futter in Körpersubstanz stellt in der Tierhaltung neben der Fruchtbarkeit ein wichtiges Wirtschaftlichkeitskriterium dar. Die Effektivität des Futterverbrauches drückt sich in der sogenannten Futterverwertung aus, die das Verhältnis von lufttrockener Futtermenge zur Körpergewichtszunahme angibt. Eine Futterverwertung von 3 : 1 bedeutet, daß für 1 kg Lebendgewichtszunahme 3 kg Trockenfutter aufgewendet werden. Freßlust und hohe Futteraufnahme sind zwar die Voraussetzung für eine gute Futterverwertung, sie haben jedoch für die Verwertbarkeit keinerlei Aussagefähigkeit. Auch körperliche Merkmale liefern keine sicheren Anhaltspunkte, obwohl Rumpfigkeit, gute Rippenwölbung, breites Becken usw. für eine bessere Futterverwertung sprechen als beispielsweise Hochbeinigkeit und geringer Brustumfang.

In Untersuchungen hinsichtlich der Futterverwertung beim Kaninchen lassen sich erhebliche Unterschiede zwischen einzelnen Tiergruppen feststellen. Da eine gute Erblichkeit für das Merkmal Futterverwertung vorliegt, verspricht die Selektion darauf Aussicht auf Erfolg. Hier lassen sich auch Parallelen zu anderen Tierarten ziehen. Beispielhaft sind die züchterischen Erfolge in der Hähnchenmast, wo nach drastischer Verringerung der Mastdauer durch indirekte Selektion die Futterverwertung innerhalb von 20 Jahren von 2,3 auf 1,8 : 1 gesenkt werden konnte.

Beim Kaninchen ergeben sich für die Angabe der Futterverwertung insofern Schwierigkeiten, da die Aufzuchtperiode im Vergleich zu anderen Nutztieren recht lang ist, so daß der Futteranteil der Häsin mit zu Buche schlägt. Die Futterverwertung kann daher erst nach dem Absetzen von der Mutter ermittelt werden. Zweckmäßigerweise schließt man deshalb den Futteranteil der Häsin bei der Berechnung mit ein und vermerkt dies (z. B. Futterverwertung 3,2 : 1 inkl. Häsinnenanteil). Die Futterverwertung kann sich auch allein auf die Jungtiere und einen bestimmten Zeitraum beziehen. Als gute Werte für die Futterverwertung können für durchgezüchtete Fleischkaninchenbestände etwa angeführt werden:

0– 6 Wochen	2,5–2,7 : 1	(inklusive Häsinnenanteil)
0–12 Wochen	3,2 : 1	(inklusive Häsinnenanteil)
6–12 Wochen	2,8–3,0 : 1	(Jungtiere)
9–12 Wochen	3,5–4,2 : 1	(Jungtiere)

Wie aus der Zusammenstellung ersichtlich, verschlechtert sich die Futterverwertung mit zunehmendem Alter. Ursache hierfür ist vor allem die zunehmende Bildung von Fett, das für seinen Ansatz mehr Energie benötigt. Man ist deshalb bestrebt, die Mastdauer möglichst kurz zu halten. Auf den Schlachtkörper bezogen soll der mit fortschreitender Mastdauer steigende Mehrbedarf an Futter im Vergleich zu anderen Nutztieren aber wesentlich geringer ausfallen, weshalb spätere Schlachtzeitpunkte beim Kaninchen vertretbar sind.

Die scheinbar einfache Ermittlung der Futterverwertung stößt auf große Schwierigkeiten, wenn man die erhaltenen Daten eines Bestandes mit denen aus anderen Tierbeständen vergleichen will. Sowohl Abweichungen in der Futterration, Unterschiede in den Umgebungstemperaturen, Futterverluste u. a. verfälschen die Werte derart, daß die Errechnung der Futterverwertung eigentlich nur unter standardisierten Bedingungen durchführbar ist. Diese Voraussetzungen sind weitgehend in den Leistungsprüfungsanstalten erfüllt, die dem Züchterkreis offenstehen.

5.5 Zuchtmethoden

5.5.1 Reinzucht

Der Tierzüchter versteht unter Reinzucht die Paarung von Tieren der gleichen Rasse. Dabei ist gleichgültig, ob die Partner aus dem eigenen Bestand oder vom Nachbarn kommen. Voraussetzung ist lediglich, daß es sich um weitgehend reinerbige Tiere handelt. Ob diese Voraussetzung tatsächlich zutrifft, kann im Zweifel erst die Nachzucht zeigen. Die Reinzucht ist zweifellos die vorherrschende Zuchtmethode, und sie hat wesentlich zur Schaffung und Erhaltung der Rassen beigetragen. Ohne sie würde ein Rassengewirr entstehen. Heute ist der Reinzuchtbegriff weiter gefaßt. Auch die Paarung innerhalb rasseloser Zuchtlinien zählt als Reinzucht. Kennzeichnendes Merkmal ist, daß es sich um Paarungen innerhalb der Population bzw. des abgegrenzten Tierbestandes handeln muß. Im Sinne der Genetik dürfte es sich bei Reinzucht streng genommen nur um die Paarung erbreiner und erbgleicher Tiere handeln. Da dies aber nur bei Pflanzen mit der Befähigung zur Selbstbefruchtung der Fall ist, bleibt in der Tierzucht jede Reinzuchtpaarung eine heterogene Paarung und streng genommen eine Kreuzung. Der Kreuzungscharakter ist jedoch derart abgeschwächt, daß er vernachlässigt werden darf.

Unter Ausnutzung der Ähnlichkeit von Eltern und Nachkommen wird es bei konsequenter Reinzucht zur Ansammlung erwünschter Gene und zu einer Genangleichung im Bestand kommen. Das wirkt sich dahingehend aus, daß die Tiere ein annähernd gleiches Erbbild aufweisen. Im durchgezüchteten Reinzuchtbestand sind die erblichen Eigenschaften schließlich so gefestigt und die Summierung an erwünschten (allerdings mitunter auch an unerwünschten) Genen so weit fortgeschritten, daß eine züchterische Beeinflussung in der Folgezeit kaum mehr zu erwarten ist. Deshalb stellt sich über kurz oder lang das Bedürfnis ein, durch Anpaarung nicht verwandter Tiere aus der gleichen Rasse bzw. Population eine „Blutauffrischung" vorzunehmen. Diese Maßnahme ist den Kaninchenzüchtern unter dem Begriff „Fremdzucht" geläufig.

Die Erweiterung der genetischen Varianz als Folge dieser „Einkreuzung" eröffnet bei der richtigen Auswahl der anzupaarenden Tiere wieder die Aussicht auf züchterische Einflußnahme. Negativer Begleitumstand ist allerdings die wieder eingetretene Heterogenität im Bestand. Ihr ist durch Selektion anschließend entgegenzuwirken. Die geeignete Auswahl der anzupaarenden Tiere erfordert demnach Einfühlungsvermögen und viel Erfahrung. Wird die Reinzucht hingegen im geschlossenen Bestand konsequent weitergeführt, so mündet sie zwangsläufig in Inzucht. Die Inzucht wird zwar als gesonderte Zuchtmethode betrachtet, sie ist aber eigentlich der Reinzucht unterzuordnen, denn die Reinzucht schließt die Paarung enger Verwandtschaftsgrade keineswegs aus.

5.5.2 Inzucht

Von Inzucht wird gesprochen, wenn die Paarungspartner näher verwandt sind als im Durchschnitt der Rasse bzw. der gesamten Population. Das Wort Inzucht läßt sich demnach durch den Ausdruck Verwandtschaftszüchtung ersetzen. Je nach Verwandtschaftsgrad führt die Inzucht zu einer Zunahme der Homozygotie auf Kosten der Heterozygotie, so daß die Chance gegeben ist, daß die Nachkommen von Vater und Mutter ein oder mehrere herkunftsgleiche Gene eines gemeinsamen Vorfahren erhalten. Engste Inzucht (Eltern × Kind, Bruder × Schwester), die auch als Inzestzucht bezeichnet wird, sowie enge Inzucht (Großeltern × Enkel, Halbbruder × Halbschwester) erweisen sich naturgemäß am wirkungsvollsten. Über den 6. Verwandtschaftsgrad hinausgehende Beziehungen werden nicht mehr als Inzucht angesehen. Mit Hilfe spezieller Koeffizienten ist es möglich, den Inzuchtgrad zahlenmäßig zu erfassen. Der rechnerische Aufwand ist jedoch erheblich, so daß nur in besonderen Erbstudien davon Gebrauch gemacht wird.

Die Inzucht schafft wie die Reinzucht keine neuen Erbanlagen, sondern trägt zu verstärkter Reinerbigkeit der Erbfaktoren bei. Das trifft sowohl für erwünschte wie für unerwünschte Merkmale zu. Gleichzeitig wird die Vielfalt der im Zuchtbestand vorhandenen Erbanlagen von Generation zu Generation verringert.

Bei häufiger Inzucht treten in der Regel Inzuchtdepressionen auf. Sichere Anzeichen dafür sind Konstitutionsschwäche, Herabsetzung der Vitalität,

Nachlassen der Fruchtbarkeit sowie Erhöhung der Sterblichkeit vor und nach der Geburt. Diese Erscheinungen sind mit homozygot rezessiv auftretenden Merkmalen zu erklären; sog. Letalfaktoren führen zum Absterben der Früchte.

In der Praxis gilt es, die Vorteile der Inzucht zu nutzen, ohne die Nachteile in Kauf nehmen zu müssen. In der Tierzucht gibt es genügend Beispiele für hervorragende Ergebnisse, die durch Inzucht erzielt wurden. Durch Inzucht ist es möglich, die in der Erbmasse vorhandenen guten Anlagen zu festigen und zu erhöhen. Andererseits gibt es Beispiele für voreilige Inzucht auf hervorragende Leistungstiere, die zu Erbfehlern und Inzuchtdepressionen führten und schließlich zur Aufgabe der ganzen Zucht zwangen. Unter welchen Bedingungen Inzuchtschäden auftreten, hängt vom Tiermaterial ab und ist mit Bestimmtheit nicht vorauszusagen. In der Regel gilt, daß Merkmale mit hohem Vererbungsgrad verhältnismäßig inzuchtstabil sind und schnellere Selektionserfolge zeigen, während Merkmale mit niedrigem Vererbungsgrad inzuchtanfällig sind und später unerwartete Kreuzungseffekte hervorbringen.

Grundvoraussetzung für eine erfolgreiche Inzucht ist, daß das Ausgangsmaterial aus Zuchtbeständen stammt, welches sich durch Gesundheit und Fruchtbarkeit auszeichnet. Planlose Inzucht wird unausweichlich zu Mißerfolgen führen.

5.5.3 Kreuzungszucht

Oft zeichnen sich Kreuzungsnachkommen durch überragende Leistungen aus, die wesentlich über denen der Elterntiere liegen können. Dieser Sachverhalt ist als Heterosis bekannt. Diese Überlegenheit der Kreuzungsnachkommen ist aus der gegenseitigen Ergänzung der Erbfaktoren sowie durch wechselseitige Effekte zwischen einzelnen Genen verschiedener Genorte zu erklären.

Bei planmäßigem Vorgehen bietet die Kreuzungszucht die Gewähr, daß höhere Leistungen nicht dem Zufall überlassen bleiben. Wenn geeignetes Tiermaterial zur Verfügung steht, erhöhen bestimmte Rassekreuzungen oder Kreuzungen zwischen Linien die Rentabilität. Die F_1-Generation hat bei geeigneter Kreuzungskombination, die auf jeden Fall vorher zu testen ist, in der Regel mehr Vitalität, besseres Wachstum und bessere Futterverwertung als die Eltern. Auch größere Würfe sind von Kreuzungshäsinnen zu erwarten. Ferner sind ausgeprägtere Kopf- und Körperformen, dichteres und glänzendes Fell sowie Ausgeglichenheit bei den Nachkommen zu nennen. In den nachfolgenden Generationen gehen die Vorteile jedoch verloren, und die Kreuzungstiere eignen sich nicht zur Weiterzucht.

Höchste Vervollkommnung hat die Gebrauchskreuzung in den Hybridkreuzungen erreicht, die nach genauen Zuchtplänen erstellt werden. Unter Linien sind Zuchteinheiten innerhalb einer Population bzw. Fortpflanzungsgemeinschaft zu verstehen, in der die Zucht ohne (oder fast ohne) Austausch mit anderem Zuchtmaterial erfolgt. Die Größe des Tierbestandes richtet sich dabei nach den jeweiligen Erfordernissen. Beim Kaninchenzüchter bilden sich Linien heraus, wenn innerhalb der Zuchtfamilie gezüchtet wird. Weitere Linien lassen sich herauszüchten, wenn separat von Einzeltieren nachgezogen und anschließend entsprechend selektiert wird. Wegen der im Vergleich zum Geflügel geringen Nachkommenzahl und der üblicherweise kleineren Betriebseinheiten lassen sich bei Kaninchen zwar keine so aufwendigen Kreuzungsmethoden mit einer ganzen Reihe von Testlinien verwirklichen wie in der Hühnerzucht, die Zusammenführung spezieller Zuchtlinien hat sich aber bewährt und wird vielerorts praktiziert. Einige Zuchtfirmen haben sich dieser Aufgabe angenommen und bieten leistungsfähige Gebrauchstiere für den Markt an. Aber auch in kleinem Rahmen lassen sich Gebrauchskreuzungen durchführen, ohne daß dafür besondere Aufwendungen und Kosten entstehen.

Eine interessante Zielsetzung wäre die Zucht besonders konstitutionsstarker, fruchtbarer und zugleich anspruchsloser und nicht auf moderne Leistungskriterien selektierte Kaninchen, deren Häsinnen dann zur Gebrauchskreuzung mit Fleischleistungsböcken moderner Zuchtrichtung herangezogen werden könnten. Der heute in der Nutztierzucht festzustellenden „Genverarmung“ bei ausschließlicher Verwendung von Hochleistungsrassen wäre dadurch von vornherein vorzubeugen. In der Kaninchenzucht sind derartige Überlegungen aufgrund der vorhandenen Rassenvielzahl und der dominierenden Rolle der Rassekaninchenzucht sicher noch verfrüht, verdienen aber Erwähnung. Es ist ein unbestreitbares Verdienst der Rassekaninchenzüchter, daß sie auf dem Gebiet der Neuzüchtung wie auch bei der Erhaltung vorhandenen Genmaterials Vorbildliches leisten.

5.6 Beispiele für Gebrauchskreuzungen

Bei Gebrauchskreuzungen müssen sich die zu verpaarenden Tiere durch mindestens ein wichtiges Merkmal auszeichnen. In diesem Merkmal sollten hervorragende Leistungen vorzuweisen sein. Praktikabel sind Zwei- und Dreilinienkreuzungen, wobei letztere erheblich mehr Aufwand erfordern.

Wenn eine Rasse bzw. Mutterlinie mit hohen Fruchtbarkeitsleistungen zur Verfügung steht, läßt sich durch Anpaarung von Rammlern einer Vaterlinie mit ausgezeichneten Fleischleistungen nicht nur eine Verbesserung der Fleischleistung pro Häsin und Jahr, sondern unter Ausnutzung des Heterosiseffektes gleichzeitig die Vitalität und Gesundheit der Kreuzungstiere erzielen. Dem Kaninchenmäster stehen solche Linien zur Verfügung bzw. sind in relativ kurzer Zeit aufzubauen. Als Ausgangstiere werden z. B. zwei möglichst nicht verwandte Tiere einer Rasse, ein Rammler und eine Häsin, benötigt. Anhand von Testpaarungen ist sicherzustellen, daß die Nachkommen in ihren Leistungen den Erwartungen entsprechen. Ist dies der Fall, so wird aus der Paarung der beste Nachkommenrammler an die Mutter, die beste Tochter an den Vater angepaart. Falls Erbmängel vorhanden sind, treten solche offen zutage. Zu erwähnen sind z. B. lange Zähne, weiße Krallen, weiße Büschel usw. Die beiden zuletzt genannten Kriterien interessieren nur den Rassekaninchenzüchter. Es muß ständig selektiert werden. Kann eines der Ausgangstiere nicht mehr verwendet werden, so wird es durch ein anderes Tier der im Aufbau begriffenen Linie ersetzt. Wichtig sind weitere Testpaarungen und die entsprechende Aus-

Tab. 9. Beispiele für Zweirassenkreuzungen.

	Mutterrasse	Vaterrasse
Eigenschaften:	klein- bis mittelrahmig (niedriger Erhaltungsfutteranteil)	mittel- bis großrahmig
	überdurchschnittliche Fruchtbarkeit und Aufzuchtleistung	durchschnittliche Fruchtbarkeit
	durchschnittlicher Schlachtwert	überdurchschnittlicher Schlachtwert
	durchschnittliche Tageszunahmen	hohe Tageszunahmen
Rassenbeispiele:	Holländer oder Weiße Neuseeländer, Kalifornier, Russen	Helle Großsilber oder Groß-Chinchilla, Riesen, Deutsche Widder

Aus: SCHLOLAUT und LANGE, Kaninchen-Fibel

Tab. 10. Beispiel für Dreirassenkreuzungen.

a) Kreuzung zur Erzeugung von Kreuzungshäsinnen (F_1-Mütter) mit höherer Aufzuchtleistung bei relativ niedrigem Erhaltungsfutterbedarf.

	Großmutter-Rasse	Großvater-Rasse
Eigenschaften:	klein- bis mittelrahmig	klein- bis mittelrahmig
	überdurchschnittliche Fruchtbarkeit und Aufzuchtleistung	
	durchschnittlicher Schlachtwert	überdurchschnittlicher Schlachtwert
	durchschnittliche Tageszunahmen	hohe Tageszunahmen
Rassenbeispiele:	Holländer oder Kalifornier, Russen	Hasen oder Helle Großsilber, Weiße Neuseeländer

b) Kreuzung zur Erzeugung von Masttieren

	F_1-Mutter	Vaterrasse
Eigenschaften:	hohe Fruchtbarkeit und Aufzuchtleistung (liegen über den Ausgangsrassen, da durch Heterosiseffekte beeinflußt)	großrahmig, überdurchschnittlicher Schlachtwert hohe Tageszunahmen
	Rahmen liegt zwischen den Paarungspartnern, an der unteren Grenze des mittleren Rahmens	überdurchschnittliche Futterverwertung
Rassenbeispiele:	siehe oben	Weiße Neuseeländer (schwerer Schlag) oder Deutsche Riesen, Deutsche Widder

Aus: SCHLOLAUT und LANGE, Kaninchen-Fibel

lese bei den Elterntieren. Die Ergebnisse müssen auch wiederholbar sein. Es reicht nicht aus, nur Einzeltiere zu testen, sondern die Stichprobe muß repräsentativ für die zu kreuzende Rasse bzw. Linie sein. Der Test ist unter den gleichen Bedingungen vorzunehmen, unter denen auch die Kreuzungstiere gehalten werden. Hierzu gehört auch das gleiche Futter. Benötigt werden mindestens 25 bis 30 Buchten. Hier liegen aber bereits die Grenzen der Liebhaberzucht. Gewerbsmäßig geführte Farmen arbeiten mit mehr als 100 Elterntieren.

Sollen verschiedene Rassen zu Gebrauchskreuzungen herangezogen werden, so bieten sich beim Kaninchen eine ganze Reihe von Möglichkeiten an. In Tab. 9 und 10 werden Beispiele für 2- und 3-Rassenkreuzungen als Gebrauchskreuzungen angeführt. Vorteilhaft ist vor allem der geringe Futterbedarf der leichten Mutterrassen. Dank der schweren Vatertiere und des möglichen Kreuzungseffektes haben die Schlachtkörper ein Gewicht, das über dem üblichen Gewicht leichter Rassen liegt.

Für die aufwendige Dreilinienkreuzung muß man sich erst dann entscheiden, wenn ein großer Bedarf an leistungsfähigen und futterdankbaren Häsinnen zur Erzeugung von Masttieren besteht, oder wenn keine geeignete Mutterlinie mit hoher Fruchtbarkeit vorhanden ist.

5.7 Hybridzuchtprogramme

Zuchtlinienkreuzungen mit gezielter Ausrichtung auf die Nutzung von Heterosiseffekten werden als Hybridzucht bezeichnet. Wegen des hohen organisatorischen Aufwandes ist hierbei eine vorherige Planung unumgänglich, die im Zuchtprogramm ihren Niederschlag findet. Im Zuchtprogramm sind sämtliche zur Erreichung des züchterischen Fortschritts erforderlichen Maßnahmen festzuhalten und aufeinander abzustimmen. Hierzu gehören u. a. Umfang, Art und Ausmaß der Leistungsprüfungen, Selektionsintensität, Nutzdauer der Zuchttiere sowie organisatorische Verfahrenstechniken. Bisher sind mehrere Hybridzuchtprogramme aus der Kaninchenzucht bekannt geworden. In Ungarn werden z. B. zu diesem Zweck spezielle Linien Weißer Neuseeländer-Häsinnen mit Kalifornier-Böcken aus anderen Linien gekreuzt. Der daraus resultierende fruchtbare Zuchthybrid „Weiße Perle“ wird wiederum mit Neuseeländer-Böcken verpaart, was zum Masthybrid „Weiße Perle“ führt, der mit einem 12-Wochengewicht von etwa 2,6 kg schlachtreif ist.

Für die Effektivität der Hybridzucht erscheint es sehr wichtig, daß das verwendete Tiermaterial genau definiert ist und sich durch gleichbleibende Qualität auszeichnet. Ständige Überprüfungen und Kontrollen sind deshalb eine unverzichtbare Voraussetzung für eine erfolgreiche Arbeit. Dabei ist auf die Vergleichbarkeit der Ergebnisse besonderer Wert zu legen. Bei großen Beständen von mehr als 1000 Tieren besteht z. B. die Gefahr, daß hygienische Mängel als leistungshemmende Faktoren den genetischen Fortschritt überdecken und verfälschen. Unter solchen Umständen ist eine erfolgreiche Selektionsarbeit nicht mehr möglich, und die Hybridzucht bietet gegenüber der konventionellen Zucht keine Vorteile mehr.

In Abb. 29 ist das Kreuzungsschema des deutschen ZIKA-Hybridkaninchens aufgeführt, das sich durch außerordentlich hohe Leistungen auszeichnet. Ausgangsmaterial stellen vier Linien dar, wovon sich zwei Speziallinien durch jeweils extrem gute Fruchtbarkeits- und Fleischleistungen auszeichnen.

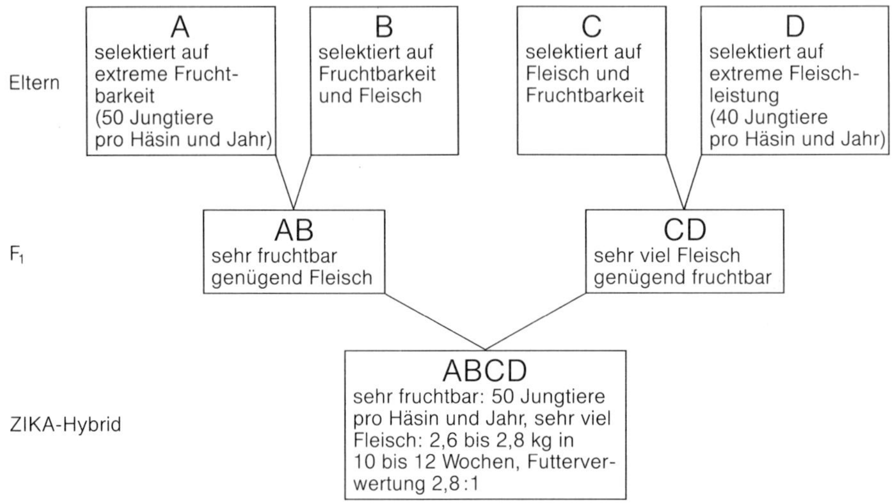

Abb. 29. Schema des Zuchtprogrammes für ZIKA-Hybrid-Kaninchen.

In sämtlichen Linien wird scharf selektiert. Böcke werden u. a. nach dem natürlichen Sprung, nach dem Spermavolumen, nach Spermakonzentration, Spermienbewegung, Spermafarbe und Spermadefekten beurteilt und ausgewählt. Wie aus Abb. 29 zu entnehmen ist, werden zuerst die Linien A × B und C × D gekreuzt. Hierbei ist bereits ein ausgeprägter Heterosiserfolg zu erzielen. Die weiblichen Kreuzungstiere AB liefern im Mittel 60 lebende Jungtiere pro Häsin und Jahr. Die Verluste liegen unter 8,5 %.

Aus der Verpaarung der F_1-Tiere geht ein ausgesprochen ausgeglichenes Endprodukt hervor, das sehr hohe Fruchtbarkeit mit sehr hoher Wachstumsintensität und hervorragender Fleischqualität verbindet. Die Tiere zeichnen sich darüber hinaus durch besondere Vitalität aus.

5.8 Leistungsprüfungen

Leistungsprüfungen ermöglichen die Bereitstellung von vergleichbaren Leistungsdaten. Entsprechend der Hauptnutzung Fleisch und Wolle haben beim Kaninchen vor allem Mastleistungs- und Angoraleistungsprüfungen Bedeutung erlangt. In sogenannten Zuchtleistungsprüfungen, die mit Mastleistungsprüfungen zweckmäßigerweise kombiniert werden, steht die Mutterleistung der Häsin unter Kontrolle. Daneben werden auch Rassevergleichsprüfungen durchgeführt.

Um eine unabhängige Information sicherzustellen, werden die Leistungsprüfungen auf staatlichen Versuchsstationen nach den Richtlinien der DLG (Deutsche Landwirtschaftsgesellschaft) unter Mitwirkung der Zuchtverbände, praktischer Züchter und den Fachabteilungen der Landwirtschaftskammern bzw. des Landesamtes für Landwirtschaft abgewickelt und bieten so die Gewähr für fachgerechte und objektive Auswertung der Ergebnisse. Wolleistungsprüfungen kennt man in Deutschland seit 1934.

Gegenwärtig widmen sich in der Bundesrepublik drei Institutionen der Woll- und Mastleistungs- bzw. Zuchtleistungsprüfung. Es sind dies die Lehr- und Versuchsstation für Kleintierzucht in Kitzingen/Main, die Hessische Landesanstalt für Leistungsprüfungen in der Tierzucht in Neu-Ulrichstein (Homberg/Ohm) sowie die Lehr- und Versuchsanstalt für Tier- und Pflanzenproduktion in Unna.

Über die Landesgrenzen hinaus bekannt geworden sind die dänischen Leistungsprüfungen in Nordrup. Dort werden neben Fütterungsversuchen auch Rammler-Nachkommenschaftsprüfungen durchgeführt. Die Züchter senden ihre Rammler an die Versuchsstation. Nach Verpaarung mit den Stations-Häsinnen (weiße Landkaninchen) werden die Nachkommen bis zum Schlachten in etwa 90 Tagen gemästet und auf Futterverwertung und Tageszunahmen geprüft. Die Leistungen der ersten Kreuzungsgeneration (F_1-Kreuzungsnachkommen) konnten innerhalb von 10 Jahren merklich gesteigert werden. Die täglichen Zunahmen und die Futterverwertung während der Mast bewegen sich gegenwärtig bei Verwendung von Rammlern der Rassen Blaue Wiener, Großsilber, Französische Widder, Belgische Riesen und Kalifornier zwischen 34 und 40 g/Tag und etwa 3,5 kg Futter je kg Gewichtszunahme, wobei kleinere Mengen an Heu keine Berücksichtigung finden. Bei dieser Form der Prüfung ist in Betracht zu ziehen, daß die Kreuzungseignung geprüft wird und mit den Ergebnissen kein echter Rassenvergleich möglich ist.

Intensiv hat sich die Hessische Landesanstalt für Leistungsprüfungen mit Kaninchen befaßt. Die Station hat auf diesem Sektor Bedeutendes geleistet und nimmt den führenden Platz ein. Die nachfolgenden Ausführungen wurden anhand von Stationsunterlagen in gekürzter Form zusammengefaßt.

5.8.1 Wolleistungsprüfung

Die Wolleistung des Angorakaninchens wird während eines Prüfungszeitraums bzw. Schurintervalls von 13 Wochen ermittelt. Dazu kommt eine Vorbereitungszeit von 8 Wochen. Die Tiere verbleiben somit 5 Monate in der Prüfungsanstalt, woraus sich eine zweimalige Beschickung pro Jahr ergibt (z. B. Geburt 1. Hälfte März, Nestschur Ende April, Anlieferung zur Station Mitte Mai, Vorschur Mitte Juni, Prüfungsschur Mitte Oktober und Rücklieferung, Geburt für den 2. Durchgang in der 1. Septemberhälfte usw.).

Wegen des züchterisch größeren Einflusses gelangen vor allem Rammler zur Prüfung, zugelassen sind aber auch weibliche Tiere. Eine Berechtigung zur Beschickung der Prüfung haben Züchter, die Mitglied in einem Kaninchenzuchtverein sind, ebenso Firmen. Herdbuchzüchter werden bevorzugt. Die möglichst aus zwei gleichgeschlechtlichen Vollgeschwistern bestehende Prüfungsgruppe im Alter von maximal 10 Wochen sollte von leistungsgeprüften Eltern aus Würfen von wenigstens 6 geborenen Jungtieren stammen.

Folgende Daten werden während der Prüfung erfaßt:

1. Wollertrag in Gramm aus 13 Prüfwochen nach der nicht berechneten Vorschur sortiert nach Sorte I (über 6 cm lang, rein weiß und sauber) und Sorte II (bis 6 cm, ebenso rein weiß und sauber) sowie Filz (verworrene Wolle)
2. Ermittlung des Körpergewichts bei Anlieferung, bei der Vorschur sowie bei der Prüfschur
3. Preßfutterverbrauch während der Prüfdauer (nach neuer Ordnung auch Futterverbrauch je kg Wolle)
4. Lebendbeurteilung nach den Richtlinien des Rassekaninchenstandards für Angora ist nicht mehr Bestandteil des Prüfungszeugnisses. Die Bewertung wird durch einen Preisrichter des Zentralverbandes Deutscher Kaninchenzüchter (ZDK) vor der Prüfungsschur vorgenommen.

Bei der Auswertung der Ergebnisse wird der ermittelte Wollertrag der Prüfungsschur mit dem Faktor 4 multipliziert, woraus sich der voraussichtliche Jahresertrag errechnet. Um über bessere Vergleichsmöglichkeiten zu verfügen, wird aus der Jahreswolleistung die sogenannte Wollwert-Richtzahl (Wollwert-Index) errechnet.* Dabei wird die Sorte I voll angerechnet, während die Sorte II mit 75 % und der Filz mit nur 25 % in Anrechnung gebracht wird. Die relative Wollwert-Richtzahl des geprüften Einzeltieres läßt sich mit der durchschnittlichen Jahres-Wollwert-Richtzahl sämtlicher Prüftiere gut vergleichen. Man verfügt somit über Relativ-Leistungen bzw. den sogenannten Stallgefährtenvergleich.

Bezieht man die Wollwert-Richtzahl auf die durchschnittliche Körperfläche in qcm, so steht dem Züchter als weitere Information die Wollwert-Endzahl zur Verfügung. Die Körperoberfläche kann aus Tabellen anhand des Körpergewichts leicht entnommen werden. Bei einem Tiergewicht von 2000 g sind z. B. 984 qcm zu veranschlagen, bei 2010 g 988, bei 2020 g 991 qcm usf. Wegen des zusätzlichen Aufwandes wurden die Wollwert-Endzahlen bei Leistungsberechnungen bisher nicht berücksichtigt.

Rammler erzielen nach Angaben der Neu-Ulrichsteiner Station gegenwärtig durchschnittliche Jahreswollerträge von über 1000 g Wolle, bzw. eine Wollwert-Richtzahl von über 960 g bei einem Futterverbrauch je 100 g Wollwert-Richtzahl von 5,5 kg Futter. Bei Häsinnen liegt der Jahreswollertrag um ca. 100 g höher und der Futteraufwand ist mit ca. 5,1 kg geringer. Die Streu-

* Wegen des geänderten Preisgefüges der einzelnen Sortierungen – mindere Qualitäten werden aufgrund verbesserter Herstellungsverfahren höher vergütet – entspricht die Bewertung nach der Wollwert-Richtzahl nicht mehr den marktwirtschaftlichen Gegebenheiten und wird deshalb nicht mehr im Prüfungsbericht ausgewiesen. Da die Richtzahl in den gültigen Bewertungsrichtlinien des Zentralverbandes noch geführt wird, errechnet sie der Züchter selbst.

breite zwischen den Tieren ist bemerkenswert. Bei Rammlern bewegte sich z. B. der Futteraufwand je 100 g Wollwert-Richtzahl in weiten Grenzen von etwa 4 bis 8 kg. Bei der ersten Stationsprüfung in Kiel-Steenbek im Jahre 1934 betrug die mittlere Jahresleistung 292 g.

5.8.2 Zucht- und Mastleistungsprüfungen

Zucht- und Mastleistungsprüfungen sind jüngeren Datums als die Wollleistungsprüfungen und dienen vor allem der Feststellung, welche Kaninchenrassen sich am besten für die Fleischnutzung eignen. Sie erfolgen in den Anstalten Kitzingen und Neu-Ulrichstein und haben gleichfalls amtlichen Charakter.

Am besten werden die Prüfungen als Rassevergleichsprüfungen in kombinierter Form durchgeführt, wobei auch Tiere aus der Linien- und Kreuzungszucht Aufnahme finden können.

In zurückliegenden Jahren wurden nach DLG-Richtlinien reine Mastleistungsprüfungen in Neu-Ulrichstein dergestalt durchgeführt, daß die Züchter innerhalb einer Woche nach dem Werfen die Wurfmeldung an die Anstalt durchgaben, worauf die Jungtiere im Alter von 3 bis 4 Wochen zur Mastleistungsprüfung abgeholt wurden.

In Tab. 11 sind die Ergebnisse der Neu-Ulrichsteiner Anstalt aus den Jahren 1969/70 aufgeführt, die einen guten Überblick über die erzielten Leistungen vermitteln.

Tab. 11. Mastleistung und Schlachtwert verschiedener Kaninchenrassen

		Deutsche Riesen, weiß	Deutsche Widder, grau	Groß-Chinchilla	Helle Großsilber	Blaue Wiener	Neuseeländer, weiß	Holländer	Kleinchinchilla	Kleinsilber, gelb
Zahl der Tiere		31	14	20	30	30	50	28	30	28
Mastendgewicht	g	4315	3692	2971	2940	2847	2670	1668	1841	1669
Alter bei Mastende	Tage	105	113	89	91	104	81	68	84	73
tgl. Zunahme 5 W. – Mastende	g	49	37	40	38	31	41	31	25	27
Futterverwertung 5 W. – Mastende	kg	3,3	3,5	3,2	3,5	3,6	3,1	2,9	3,5	3,4
Ausschlacht. warm	%	59,2	57,8	57,1	57,7	59,6	57,4	56,5	56,3	56,6
Fellanteil	%	16,0	15,9	14,7	13,7	14,9	15,0	14,8	15,7	13,1
Kopfanteil	%	7,1	7,8	7,6	7,4	7,6	7,9	8,1	8,6	8,7
Vorderteil	%	41,1	39,5	40,8	39,9	38,8	41,1	39,5	40,1	38,9
Rücken und Keule	%	48,6	49,1	48,4	49,0	49,8	47,6	48,2	47,6	48,7

(Aus: Kurzberichte über Leistungsprüfungen und Versuche, Arbeitsgebiet Kaninchen Neu-Ulrichstein 1977)

Wie aus Tab. 11 zu entnehmen ist, bestehen hinsichtlich der Mastleistung bei den einzelnen Rassen beträchtliche Unterschiede. Beachtenswerte Abweichungen ergaben sich im Fellanteil und in der Futterverwertung.

Um eine möglichst große Aussagefähigkeit über die zu prüfende Rasse oder Tiergruppe zu erhalten, sollten von einer Rasse bzw. Herkunft mindestens 10 Häsinnen und 5 Rammler getestet werden. Das Alter der zur Prüfung eingesandten Häsinnen beträgt 3 bis 4 Monate, Rammler sollen nicht jünger als 6 Monate sein.

In Neu-Ulrichstein beginnt die Prüfung der Häsinnen nach den neuen DLG-Richtlinien im 4. bis 5. Monat nach mindestens vierwöchiger Quarantänezeit mit der Erstbesamung und endet nach fünfmaliger Besamung nach insgesamt 165 Tagen. Besamt wird mit Frischsperma eines nicht verwandten Rammlers. Die anfallenden Würfe werden auf eine Stärke bis zu 8 Jungtieren pro Wurf ausgeglichen. Das Absetzen erfolgt mit 25 Lebenstagen. Der Mastprüfung unterzogen werden von jeder Häsin je ein männliches und ein weibliches Tier aus drei Würfen. Die Mastperiode beginnt mit Vollendung der 4. Lebenswoche nach Überführung in den Maststall und wird mit der Schlachtung abgeschlossen, wenn 55 % des Häsinnen-Durchschnittgewichtes der betreffenden Rasse erreicht worden ist.

Die Haltung erfolgt wie bei der Wolleistungsprüfung in üblichen Drahtkäfigen mit absperrbarem Wurfkasten unter möglichst standardisierten Bedingungen. Als Futter dient ein handelsübliches Alleinfutter.

Der abschließenden Bewertung werden eine Reihe von Kriterien zugrundegelegt. Die Zuchtleistungsprüfung berücksichtigt u. a. die Konzeptions- bzw. Trächtigkeitsrate, die Wurfzahl, die Zahl der lebend geborenen und abgesetzten Jungtiere pro Wurf. Ferner werden die Gewichte der Häsin und ihrer Jungtiere, der Futterverbrauch und die Abgangsursachen registriert. Die Mastleistungsprüfung erfaßt u. a. die Körpergewichtszunahme bzw. die Tageszunahmen getrennt nach Geschlecht, den absoluten wie auch den auf je kg Gewichtszunahme bezogenen Futterverbrauch sowie die Ausschlachtungsdaten. Die Geschlechtsunterschiede bezüglich des Mastgewichts sind übrigens gering; Böcke sind leichter und neigen zu etwas mehr Fettansatz.

Nach Beendigung der Prüfung erhält der Beschicker einen Kurzbericht mit den Leistungsdaten seiner Tiere und den entsprechenden Werten der jeweiligen Gruppe.

6 Nährstoffbedarf und Fütterung

Das Kaninchen ist als Pflanzenfresser in der Lage, zahlreiche pflanzliche Futterstoffe verschiedener Herkunft zu verwerten. Hierbei kommen auch energiearmes Futter und geringwertige Abfallprodukte in Betracht, wenn keine hohen Leistungen angestrebt werden. Es besteht dann keine Nahrungskonkurrenz zur menschlichen Ernährung wie beispielsweise bei Schwein und Huhn. Dieser Sachverhalt verdient besondere Beachtung in einer Zeit, in der in vielen Ländern Mangel an tierischem Eiweiß herrscht. Mit anderen Nutztieren vergleichbare Leistungen sind nur dann zu erzielen, wenn das Nährstoffangebot entsprechend groß ist, d. h. hochwertige Futtermittel zum Einsatz kommen. Ob die Zucht- und Mastergebnisse befriedigend ausfallen, wird auch davon abhängen, ob richtig gefüttert wird. Obgleich das Kaninchen keine großen Ansprüche an das Futter stellt und sehr verschiedenartig gefüttert werden kann, verursachen Fütterungsfehler empfindliche Störungen im Verdauungstrakt, und fütterungsbedingte Erkrankungen sind häufig, beispielsweise, wenn hochverdauliches Futter an Jungtiere in zu großer Menge verfüttert wird.

Kaninchen besitzen bei freier Auswahl in beschränktem Maße noch die Fähigkeit, das für sie am besten geeignete Futter auszuwählen. In Fütterungsversuchen hat man z. B. feststellen können, daß eiweißhaltige Futtermittel mit bestimmten Aminosäuren aufgenommen werden, die den Tieren in vorangegangener Diät vorenthalten wurden. Dem Stallkaninchen ist die Auswahlmöglichkeit weitgehend genommen. Um so größer ist die Verpflichtung des Tierhalters, eine Ration zusammenzustellen und anzubieten, die den Bedürfnissen des Tieres Rechnung trägt. Man hat deshalb auch versucht, z. B. beliebte Aromastoffe wie Thymianextrakt unterzumischen. Die Geschmacksempfindung variiert aber individuell sehr stark, so daß einige Tiere die behandelte Ration eindeutig bevorzugen, andere wiederum dieses Futter verschmähen!

Je vielseitiger und reichhaltiger das Nahrungsangebot ist, desto weniger werden sich Fehler auswirken. Das tägliche Verfüttern von industriell in Mischfutterwerken hergestellten Fertigfuttermitteln kann eine solche Vielseitigkeit nicht bieten. Aber die heute angebotenen Alleinfutter sind nach wissenschaftlichen Gesichtspunkten zusammengestellt und nach den Fortschritten, die auf diesem Sektor in den letzten Jahren gemacht wurden, in jeder Hinsicht als vollwertig zu bezeichnen. Trotzdem wird der Hobbykaninchenhalter auf individuell zusammengestellte Rationen nicht verzichten wollen. Schließlich ist es auch eine Kostenfrage, ob man auf Fertigfutter zurückgreift, wenn anderweitig Futterstoffe billiger und in ausreichenden Mengen zur Verfügung stehen.

Bevor auf spezielle Fragen der Kaninchenfütterung eingegangen wird, sollen einige Zusammenhänge sowie Bedarfswerte an Grundnährstoffen einschließlich der Wirkstoffe und Vitamine behandelt werden.

6.1 Nährwertermittlung

Bei der Beschäftigung mit Ernährungsfragen treten immer wieder Fachbegriffe auf, ohne deren Verständnis die Beurteilung von Fütterungsproblemen erschwert ist. Die wichtigsten Voraussetzungen der Nährwertermittlung des Futters sollen deshalb kurz erläutert werden.

Zur Feststellung des Futterwertes der Nahrung ist die Kenntnis der Inhaltsstoffe die erste Voraussetzung. Seit mehr als 100 Jahren wird hierfür auf die sogenannte Weender Analyse zurückgegriffen, auf die sich praktisch die ganze Nährstoffbewertung aufbaut und die wegen ihrer einfachen Handhabung trotz mancher Unzulänglichkeiten weiterhin in Gebrauch ist. Die mit dieser Methode ermittelten Inhaltsstoffe werden als „Rohnährstoffe" bezeichnet. Nach der Feststellung der Trockensubstanz wird zunächst die Summe der stickstoffhaltigen Stoffe ermittelt. Da Eiweißkörper zu etwa 16 % aus reinem Stickstoff bestehen, läßt sich umgekehrt aus dem ermittelten Stickstoff-Analysenwert eines Futterstoffes nach entsprechender Multiplikation der sogenannte „Roheiweiß"- bzw. „Rohprotein"-Betrag errechnen. Der Fettgehalt wird mittels Ätherextraktion gefunden. Die Rohfaser ist der organische fett- und stickstofffreie unlösliche Rückstand, der nach dem Kochen in Säure und Lauge übrigbleibt. Durch Verglühen einer Probe Futtermittel erhält man die „Rohasche", die zugleich einen Hinweis auf den Mineralgehalt liefert. Die sogenannten N-freien Extraktstoffe, die Gruppe der Kohlenhydrate, ergeben sich letztendlich aus der Differenz zwischen dem Ausgangswert und der Summe der übrigen Inhaltsstoffe.

Die so erhaltenen „Rohnährstoffe", die als Analysenwerte bei Futtermitteln angeführt werden, reichen aber allein nicht aus, den Futterwert zu charakterisieren. Die enthaltenen Stoffe müssen auch „verdaulich" sein. Der Zusatz „verdaulich" bedeutet, daß nur derjenige Betrag in Anrechnung zu bringen ist, der nicht unverdaut über den Kot ausgeschieden wird. Weißkohlblätter, Wurzelfrüchte und -knollen weisen z. B. beim Kaninchen eine Verdaulichkeit der organischen Substanz von über 90 % auf. Die Verdaulichkeit von Wiesenheu beträgt demgegenüber je nach Qualität nur 40 bis 50 %.

Die Summe der verdaulichen Nährstoffe in Gramm bildete bislang als sogenannter Gesamtnährstoff beim Kaninchen in Anlehnung an Schwein und Huhn die Grundlage zur Rationsberechnung. Der höhere Energiegehalt des Fettes wird in Rechnung gestellt, indem das verdauliche Rohfett mit dem Faktor 2,3 multipliziert wird. Man addiert somit die aus Tabellen entnehmbaren Werte für Rohprotein, Rohfaser, N-freie Extraktstoffe sowie den mit 2,3 multiplizierten Wert für das Rohfett. In ähnlicher Weise wird beim in Amerika entwickelten TDN-(Total Digestible Nutriens-)Bewertungsverfahren vorgegangen, wo Fett mit dem Faktor 2,25 angerechnet wird. Da die Kaninchennahrung wenig Fett enthält, ändert sich am Endergebnis praktisch nichts.

Die einseitige Höherbewertung des Fettes und die gleichwertige Behandlung von Protein und Stärke bei der Bewertung nach Gesamtnährstoff ist jedoch nicht unproblematisch, da hierdurch keine exakte Aussage über die energetische Verwertung des Futters möglich ist.

Jede Art von Tätigkeit des Organismus ist mit Energieverbrauch verbunden, und es bietet sich an, das energetische Leistungsvermögen der Futtermittel direkt in Energiewerten anzugeben. Die Bruttoenergie, d. h. der Brennwert, worunter man den in Wärme überführbaren Energiegehalt eines Stoffes versteht – vergleichbar mit den „Rohnährstoffen" ohne Berücksichtigung der Verdaulichkeit – wäre ein ungeeigneter Maßstab. Der Energiewert der Futtermittel ist deshalb in die verschiedenen Anteile bzw. Energiestufen aufzugliedern:

Bruttoenergie, abzüglich Energie im Kot =
verdauliche Energie, abzüglich Energie im Harn (und Gase*) =
umsetzbare Energie, abzüglich Energie durch Wärmeverlust =
Nettoenergie für Erhaltungsbedarf und tierische Produkte

Aus praktischen und versuchstechnischen Erwägungen wird gegenwärtig vor allem beim Geflügel die Futterbewertung ausschließlich nach umsetzbarer Energie vorgenommen, und diese Verfahrensweise findet auch in der Kaninchenfütterung immer mehr Anwendung. Soweit keine speziellen Stoffwechseluntersuchungen über ein betreffendes Futtermittel vorliegen, ist es möglich, anhand von Umrechnungsformeln vom Gesamtnährstoff in Gramm bzw. TDN auf umsetzbare Energie in Joule umzurechnen. Die umsetzbare Energie der Futterration ist etwa 6 bis 7 % niedriger als die verdauliche Energie zu veranschlagen.

6.2 Nährstoffe

6.2.1 Eiweiß

Eiweißkörper stellen die wichtigsten Bausteine der tierischen Körpersubstanz dar. Auch Hormone, Enzyme und Immunkörper bestehen aus Eiweiß. Gebräuchlich für Eiweiß ist auch der Begriff „Protein", der aus dem Griechischen abgeleitet so viel wie das „Ursprüngliche" bedeutet. Da Eiweiß nicht wie der Energiespender Fett gespeichert werden kann, ist eine ständige Eiweißzufuhr über die Nahrung zur Aufrechterhaltung der Lebensvorgänge notwendig; es ist die teuerste Komponente der Ration.

Das ausgewachsene Kaninchen ist als Pflanzenfresser und dank seiner intensiven mikrobiellen Verdauung in der Lage, bei ausschließlicher Pflanzenkost pflanzliches Eiweiß zum Aufbau von Körpersubstanz, Verdauungssäften, Hormonen usw. zu nutzen und einige fehlende Eiweißbausteine (Aminosäuren) selbst zu synthetisieren. Der Bedarf an einzelnen Aminosäuren entspricht beim wachsenden Kaninchen etwa dem Bedarf des Hühnchens. Junge Saugkaninchen

* Beim Wiederkäuer treten beträchtliche Verluste durch Gärungsgase auf (Methan).

sind allerdings nicht fähig, den Bedarf an Aminosäuren über pflanzliches Protein zu decken. Sie erhalten arteigenes Eiweiß über die Muttermilch in idealer Zusammenstellung.

Tierisches Eiweiß ist wegen seiner ausgeglichenen Zusammensetzung in der Tierernährung generell wertvoller als pflanzliches, und es hat sich gezeigt, daß Zugaben von tierischem Eiweiß im Futter beispielsweise in Form von Fischmehl oder Milchpulver die Ration aufwerten. Das Verhältnis von Protein zu Gesamtnährstoff sollte im Kaninchenfutter je nach Alter und Leistung zwischen 1 : 3,5 und 1 : 10 liegen. Wachsende Tiere und säugende Häsinnen benötigen ein enges Verhältnis, also viel Protein in der Ration.

Der Eiweißbedarf pro Tier und Tag errechnet sich aus dem Erhaltungsbedarf, der sich im wesentlichen am Körpergewicht orientiert, sowie dem Leistungsbedarf für Körperzuwachs, Milchleistung usw. Ausgewachsene Tiere mit wenig Bewegung haben praktisch nur einen Erhaltungsbedarf. Diesbezügliche Angaben weisen aber in der Literatur recht große Unterschiede auf. Die nachstehenden Zahlen sind vergleichsweise hoch gegriffen, so daß unter Umständen weniger Nährstoffe und geringere Energiemengen ausreichen.

Der Erhaltungsbedarf an verdaulichem Protein beläuft sich beim Kaninchen auf etwa 2 bis 3 g pro kg Lebendgewicht und Tag, was bei mittelschweren Rassen mit einem Gewicht von 4 bis 5 kg einen Tagesbedarf von 11 bis 15 g ergibt.

Im Wachstum befindliche Tiere sowie säugende Häsinnen erhalten entsprechende Zulagen (je kg Körpergewicht etwa 5 g, bei 200 g Milchleistung zusätzlich 40 bis 50 g verdauliches Protein). Gerade laktierende Häsinnen haben einen hohen Proteinbedarf, da der Proteingehalt der Milch mit 12 % und mehr 3- bis 4mal so hoch ist wie bei der Kuh.

Für die praktische Fütterung sind jedoch nicht die Einzelmengen, sondern die notwendigen Anteile in der Gesamtration von Interesse. Der Erhaltungsbedarf an verdaulichem Rohprotein, d. h. die zur Aufrechterhaltung der Körperfunktionen notwendige Menge wird gedeckt, wenn in der in ausreichender Menge angebotenen Gesamtration etwa 12 bis 14 % verdauliches Rohprotein enthalten sind. Für wachsende Tiere sind 16 bis 18 % notwendig, für säugende Häsinnen mit großen Würfen etwa 20 % auf die Trockensubstanz bezogen. Bei diesen Zahlenangaben handelt es sich um Analysewerte, die auch auf den Sackaufklebern der Futtermittel angegeben werden. Je nach Qualität des Proteins ist mit einer Verdaulichkeit von etwa 70 bis 80 % zu rechnen.

Der Bedarf an Protein kann auch auf die Futterenergie bezogen werden. Für den Erhaltungsbedarf rechnet man z. B. 30 bis 38 g verdauliches Protein pro 1000 kcal bzw. 4,18 MJ umsetzbare Energie, wobei 36 bis 38 g noch für Tiere ausreichen, die sich im Wachstum befinden. Für junge Masttiere sind dagegen 46 bis 48 g verdauliches Protein zu veranschlagen. Laktierende Tiere beanspruchen etwa 50 g verdauliches Protein pro 1000 kcal bzw. 4,18 MJ umsetzbare Energie.

Zu bemerken ist, daß Gehalte an hochwertigem Protein von über 20 % bei entsprechend gut veranlagten Tieren zwar höhere Leistungen während der Wachstumsphase ermöglichen, daß mit der Anhebung des Proteingehaltes das Gesundheitsrisiko jedoch zunimmt. Meistens ist damit eine Reduzierung des

Rohfaseranteils in der Ration verbunden, was zu vermeiden ist. Es gibt Tiere, die nicht in der Lage sind, höhere Proteinanteile bzw. hochverdauliche Rationen zu ihrem Vorteil zu verwerten, so daß höhere Proteingaben ohne Einfluß auf die Gewichtszunahme bleiben. Der Verdauungstrakt vieler Kaninchen ist offenbar von Natur her nicht auf eine so hochverdauliche Nahrung eingestellt und gegenüber Störungen anfälliger, wenn der Rohproteingehalt in der Ration mehr als 20 % beträgt.

Mangelt es an Eiweiß in der Fütterung, so sind bei jungen Tieren Wachstumsverzögerungen festzustellen, bei älteren Tieren leidet augenfällig der Allgemeinzustand. Eine partielle Unterversorgung kann leicht bei den schwefelhaltigen Aminosäuren Methionin und Cystin eintreten, die besonders für den Aufbau von Haarsubstanz benötigt werden. Zulagen von Methionin wirken sich deshalb bei Angorakaninchen günstig aus. Versuche haben ergeben, daß Zulagen von synthetischem Methionin die Wolleistung von Angoras bis zu 25 % steigerten. Der beim Mischfutter zwischen 0,35–0,45 % liegende Anteil wurde dabei auf 0,6 % angehoben. Spezielle Mischfutterrezepturen für Angorakaninchen berücksichtigen den erhöhten Bedarf.

6.2.2 Kohlenhydrate

Die Kohlenhydrate stellen mengenmäßig den größten Teil der organischen Substanz. Sie dienen vor allem als Energiequelle und nur in geringerem Maße als Reservestoffe.

Da die Kohlenhydrate im wesentlichen die Energieversorgung sichern, steht ein spezieller Bedarf an Kohlenhydraten nicht zur Diskussion. Ihr Anteil geht als Energie in die Summe der Gesamtnährstoffe ein. Je kg Körpermasse werden für mittelschwere Rassen etwa 22 g verdauliche Gesamtnährstoffe als Erhaltungsbedarf angenommen. Für Zwergkaninchen sind wegen der relativ größeren Körperoberfläche etwa 20 % mehr anzusetzen.

Der Energiebedarf pro Tier und Tag ist im einzelnen vom Körpergewicht, von der Körperoberfläche und den Umgebungstemperaturen abhängig. Die Angaben in der Literatur weichen deshalb je nach Versuchsanstellung etwas voneinander ab. Für ein etwa 1 kg schweres Kaninchen sind etwa 630 kJ umsetzbare Energie zu veranschlagen. Je 500 g zusätzliches Körpergewicht steigt der Bedarf um etwa 125 kJ.

Für wachsende Tiere nach dem Absetzen im Alter von 4 Wochen sind je g Gewichtszuwachs von 13 auf über 40 kJ steigende Mengen umsetzbare Energie bis zum Alter von 24 Wochen aufzuwenden.

In der Tab. 12 sind Bedarfswerte an Energie für den Erhaltungsbedarf einzelner Gewichtsgruppen zusammengefaßt.

Häsinnen erhalten während der Trächtigkeit Zulagen bis zu 30 % zum Erhaltungsbedarf. Der höchste Bedarf besteht während der Säugezeit. Da 100 g Kaninchenmilch einen Energiegehalt von über 850 kJ besitzt und maximal 250 bis 300 g Milch pro Tag gebildet werden, müßten allein für die Milchbildung unter Zugrundelegung von mehr als 50 % Umsetzungsverlusten über 500 g Fertigfutter pro Tier und Tag zum Laktationshöhepunkt zur Verfügung stehen.

Tab. 12. Energiebedarf für die Erhaltung beim Kaninchen.

Körpergewicht (kg)	Erhaltungsbedarf an			
	Verdaulicher Energie		Umsetzbarer Energie	
	kcal/Tag	MJ/Tag	kcal/Tag	MJ/Tag
2,0	251	1,05	230	0,96
2,5	278	1,16	260	1,09
3,0	310	1,30	290	1,21
3,5	339	1,42	320	1,34
4,0	371	1,55	350	1,46
4,5	403	1,67	380	1,59

Aus: Kolb/Gürtler (1971)

6.2.3 Rohfaser

Wichtig ist die Funktion, die der Rohfaser als Regulator der Verdauungstätigkeit beim Kaninchen zukommt. Viel Rohfaser in der Ration lockert die Verdauungsmasse, beschleunigt den Verdauungsdurchgang und sorgt für gute Kotpillenbildung. Die Verdauungsorgane selbst zeigen eine bessere Funktionsfähigkeit. Zwar kann der Rohfasergehalt der Kaninchennahrung von 5 bis 30 % schwanken, es hat sich jedoch gezeigt, daß Rohfasergehalte von 13 bis 16 % in der Ration am günstigsten sind. Liegen die Werte in hochverdaulichen Futterrationen unter 10 % Rohfaser, so treten Verdauungsstörungen häufiger auf. Das Fressen von Haaren ist als Zeichen für Rohfasermangel anzusehen. Durch Zugabe von Stroh und Heu kann dagegen vorgebeugt werden. Zu beachten ist, daß die einzelnen Futterstoffe unterschiedliche Rohfaserqualitäten aufweisen, deren Einflüsse auf die Verdauungstätigkeit im einzelnen noch nicht genügend bekannt sind. Daraus lassen sich auch abweichende Angaben in der Fachliteratur erklären.

Übersteigt der Rohfasergehalt 20 %, so geht das normalerweise auf Kosten der anderen Nährstoffe sowie deren Verdaulichkeit, und die Gewichtsentwicklung bleibt unbefriedigend. Das Kaninchen ist dann nicht mehr imstande, Nährstoffdefizite über eine gesteigerte Nahrungsaufnahme zu kompensieren. Wildkaninchen vertragen im Mittel des Jahres Rohfaseranteile von mehr als 20 % im Futter gut. Befriedigende Mastergebnisse wären unter solchen Verhältnissen jedoch nicht zu erzielen.

6.2.4 Fett

Die biologische Bedeutung der Fette liegt in ihrer Funktion als Energiequelle. Neben der Energiespeicherung dient das Depotfett jedoch auch der Wärmeisolierung, dem mechanischen Schutz empfindlicher Organe sowie der Speicherung fettlöslicher Vitamine.

Der Fettgehalt ist im herkömmlichen Kaninchenfutter gering. Beim Grünfutter liegen die Fettgehalte unter 1 %. Getreidekörner und Heu verfügen über

Fettgehalte von etwa 2 bis 3 %. Angesichts der geringen Anteile in grüner Pflanzenmasse ist nicht zu erwarten, daß gegenüber Futterfett besondere Ansprüche vorliegen. Kaninchen haben in dieser Richtung auch keinen gezielten Bedarf. Die für die menschliche Ernährung so wichtigen essentiellen Fettsäuren spielen hier keine Rolle. Nur Saugkaninchen benötigen die mehrfach ungesättigten Fettsäuren Linol- und Linolensäure, die aber in ausreichender Menge in der Fettfraktion der Muttermilch enthalten sind.

Fütterungsversuche haben eindeutig gezeigt, daß Fettzulagen in Fertigfuttermitteln von 2 bis 4 % zu besseren Mastergebnissen führen. Der Appetit und die Futterverwertung werden ebenfalls in günstiger Weise beeinflußt. Bei säugenden Häsinnen erweisen sich Fettzusätze darüber hinaus als sehr nützlich, da auf diese Weise bei hohen Rohfasergehalten die Energiebalance verbessert wird. Verglichen mit reiner Stärke setzt Fett den 2,3fachen Betrag an umsetzbarer Energie frei, so daß es in der Ration den Nährwert relativ stark anhebt, ohne die Gesamtration gewichtsmäßig zu erhöhen. Die Tiere sind nämlich nur bis zu einem gewissen Grade in der Lage, fehlende Energiebeträge durch größeren Futterkonsum auszugleichen. Vorteilhaft ist auch, daß Trockenfutter mit Fettgehalten von über 2 % weniger Staub entwickelt.

6.3 Mineralstoffe und Wirkstoffe

6.3.1 Mineralstoffe

Zum Aufbau von Körpersubstanz sind beträchtliche Mengen von Mineralstoffen notwendig. Die Trockensubstanz des Kaninchenkörpers besteht z. B. zu 2,5 bis 5 % aus Asche bzw. Mineralbestandteilen. Der überwiegende Anteil stammt aus dem Skelett, das während der Wachstumsphase in wenigen Wochen aufgebaut wird. Daß ein beträchtlicher Umsatz an Mineralstoffen stattfinden muß, geht daraus hervor, daß bemerkenswerte Mineralstoffausscheidungen über den Harn erfolgen. So werden etwa 60 % des aufgenommenen Kalziums über den Harn ausgeschieden. Der Harn stellt eine 3- bis 6 %ige Salzlösung dar, in der Kristallbildungen ganz deutlich hervortreten.

Hohe Ausscheidungen an Mineralstoffen werden auch über die Milch erbracht. Die Gesamtmineralausscheidungen betragen bei einer Tagesmilchleistung von 250 g ca. 5,5 g. Kaninchenmilch enthält etwa 0,6 % Kalzium und 0,4 % Phosphor, was einen etwa fünfmal so großen Gehalt gegenüber frischer Kuhmilch darstellt, obwohl der Trockensubstanzgehalt von Kaninchenmilch nur das dreifache ausmacht. Das bedeutet eine Ca-Ausscheidung während der höchsten Milchleistung bei mittelschweren Rassen bis zu 2 g pro Tier und Tag. Es kann deshalb akuter Kalziummangel eintreten, der die Ursache von plötzlichen Todesfällen bei Häsinnen 1 bis 2 Wochen nach dem Werfen sein kann (Hypokalzämie). Die Jungen sind meistens bis dahin sehr gut entwickelt, weshalb an eine Vergiftung gedacht wird.

Aus den obigen Ausführungen wäre zu erwarten, daß Mineralstoffzulagen für Kaninchen angebracht erscheinen. Vielseitig zusammengestellte Rationen enthalten jedoch genügend Kalzium und Phosphor, um den Ansprüchen von 0,8 % Kalzium und 0,5 % Phosphor in der Ration zu genügen. Wichtig ist hingegen das Verhältnis zwischen Kalzium zu Phosphor im Bereich von 1,5 : 1, bis 2 : 1, wie es auch für andere Nutztiere angestrebt wird. Bei einseitig zusammengesetzten Rationen kann dieses Verhältnis empfindlich verändert sein, was Störungen im Mineralstoffhaushalt und Verkalkungen zur Folge hat. Dieses kann durch ein Überangebot von Kalzium geschehen. Während z. B. Wiesenfutter und Heu ein ausgeglichenes Ca-P-Verhältnis aufweisen, mangelt es dem Getreidefutter an Kalk, während es Stroh, Kartoffeln und Rüben an beiden Elementen fehlt.

Neben Kalzium und Phosphor besteht ein größerer Bedarf von 0,5 bis 0,8 % an Kalium in der Ration. Kalium steht in enger Verbindung mit Natrium, und beide Elemente erfüllen wichtige Funktionen in den Körperflüssigkeiten, bei der Enzymwirkung sowie im Nervensystem. Das hohe Kaliumvorkommen in pflanzlichen Futterstoffen sichert den Bedarf mehr als genug, und Kaliumzulagen wirken sich eher negativ als positiv aus. Anders ist die Situation bei dem im Kochsalz vorhandenen Natrium. Kochsalz ist im Futter nur in unzureichender Menge enthalten, und Pflanzenfresser zeigen geradezu eine Begierde nach Kochsalz. Es ist bekannt, daß kleine Zulagen von Kochsalz im Kaninchenfutter günstig wirken, den Appetit anregen und deshalb empfohlen werden können. Fertigfuttermischungen enthalten aus diesem Grund 0,5 bis 1 % Kochsalz.

6.3.2 Spurenelemente

Unter Spurenelementen versteht man Stoffe, die wie der Name schon sagt, nur in Spuren vorkommen, d. h. in kleinsten Mengen von weniger als 50 mg pro kg Körpermasse. Eisen kann diese Grenze überschreiten, wird aber trotzdem dieser lebenswichtigen Gruppe von Mikronährstoffen zugerechnet. Bezüglich möglicher Mangelerscheinungen gilt das bereits für die Mineralstoffe Gesagte. Akuter Mangel wird hier ganz selten auftreten, da Spurenelemente im Pflanzenmaterial unserer mitteleuropäischen Vegetationszone in ausreichender Menge vorhanden sind. Es gibt aber Gebiete auf unserer Erde wie z. B. in der Sowjetunion, wo in bestimmten Zonen wichtige Elemente im Boden fehlen und das Futter erheblichen Mangel an einigen Elementen wie z. B. Kupfer, Cobalt und Jod aufweisen kann. Unter unseren Verhältnissen dürfte deshalb eine vielseitige Ernährung bzw. eine Abwechslung in der Fütterung keine Mangelerscheinungen verursachen. Auch das verfügbare Eisenangebot für Saugkaninchen ist ausreichend, obwohl Kaninchenmilch wenig Eisen enthält. Es kommt aber nicht zu anämischen Erscheinungen wie bei Ferkeln, da neugeborene Kaninchen vor der Geburt große Eisenreserven anlegen können, die den Bedarf während der Säugezeit sichern. Danach ist allerdings eine ausreichende Zufuhr über das Futter nötig.

Die in der Futtermittelindustrie zugesetzten Mineralstoffmischungen enthalten übrigens Spurenelemente in ausreichender Menge, um von vornherein Mangelerscheinungen auszuschließen. Es handelt sich vor allem um die Elemente Eisen, Kupfer, Kobalt, Zink, Mangan und Magnesium. Überdosierungen sind nicht zu befürchten, da der Organismus die über seinen Bedarf hinausgehenden Mengen nur bis zu einem gewissen Grade speichert und den Rest ausscheidet.

6.3.3 Vitamine

Kaninchen sind ebenso wie andere Haustiere auf die Zufuhr von Vitaminen angewiesen. Mangelerscheinungen können vor allem bei Vitamin A, unter Umständen auch bei Vitamin D und E auftreten. Andererseits werden Störungen im Kalkstoffwechsel beobachtet, wenn zuviel Vitamin D angeboten wird. Empfindlich reagieren in dieser Beziehung Angorakaninchen. Höhere Dosierungen vertragen lediglich Kurzhaarkaninchen, die einen höheren Vitamin-D-Verbrauch haben. Bei welcher Dosierung bereits Schädigungen auftreten, hängt weitgehend vom Kalzium-Phosphor-Verhältnis im Futter ab. Unter Umständen stellen schon 3000 I.E./kg Futter eine deutliche Überdosierung dar.

Kein Bedarf besteht demgegenüber an den wasserlöslichen Vitaminen der B-Gruppe. Wichtige B-Vitamine wie z. B. B_{12} werden von der Bakterienflora im Kaninchendarm synthetisiert und brauchen nicht über das Futter zugeführt zu werden, sofern man die Tiere nicht an der Aufnahme von Weichkot (Coecotrophie) hindert und keine Verdauungsstörungen vorliegen. Antibiotika in höheren Dosierungen können z. B. die Darmflora beeinträchtigen, so daß ein Mangel an Vitamin B entstehen kann. Mangel an Vitamin B führt zu Gewichtsabnahmen und Störungen im Nervenbereich mit Lähmungen.

Da in den tiefer gelegenen Darmabschnitten eine Vitaminresorption nur in unzureichendem Maße möglich ist, stellt das Fressen selbst gebildeter Vitamine in Form des Weich- bzw. Blinddarmkotes eine sinnvolle Maßnahme dar. Die Resorption erfolgt dann im „2. Durchgang" vor allem im Dünndarm. Man bezeichnet die Weichkotfraktion auch als Vitaminkot. Zu berücksichtigen ist, daß Jungtiere zur Zeit des Absetzens von der Mutter ihren Eigenbedarf auf diese Weise noch nicht decken können, da sich die Weichkotaufnahme erst langsam entwickelt und die Jungtiere deshalb auf Zufuhren über das Futter angewiesen sind. Die Aufnahme von Weichkot wird übrigens nicht unterbunden, wenn die Tiere auf Drahtrosten gehalten werden, da sie den Weichkot direkt vom After aufnehmen.

Das für die menschliche Ernährung so wichtige Vitamin C hat für das Kaninchen keinen Vitamincharakter. Es wird im endogenen Stoffwechsel synthetisiert, so daß eine Zufuhr mit dem Futter überflüssig ist.

Übliches Grünfutter deckt an sich ebenso wie das im Fertigfutter enthaltene Grünmehl den Bedarf an Vitamin A und D. Das Vitamin A, das in vielen Stoffwechselprozessen benötigt wird, erweist sich jedoch als sehr lagerungsempfindlich. Mindestens 50 % des Gehaltes an Provitamin A gehen bereits während des Trocknungsprozesses verloren. Industriell hergestellten Alleinfuttermitteln setzt man deshalb die wichtigsten Vitamine in Gestalt einer Vormischung in ausreichender Menge vorsorglich zu, um eine mögliche Unterversorgung zu vermeiden. Bei hohen Leistungsanforderungen und der ausschließlichen Verfütterung von Trockenfutter ist eine Vitaminisierung auch unbedingt erforderlich.

Wichtig ist vor allem eine ausreichende Versorgung mit Vitamin A während der Wintermonate, wenn kein Frischfutter verfüttert wird. Etwaige Ausfallerscheinungen bei Verfütterung von Vitamin A-armen Rationen äußern sich in nervösen Störungen, Augenveränderungen, Wachstumsverzögerung und Unfruchtbarkeit bzw. mangelnder Decklust. Sie lassen sich durch Zugaben von 1 bis 2 mg Karotin (Vorstufe von Vitamin A) je Tier und Tag verhüten. Als therapeutische Dosen werden Gaben von 500 bis 1000 I.E. Vitamin A je Tier und Tag verabreicht.

Das Vitamin D ist auch als antirachitisches Vitamin bekannt. Der Bedarf ist beim Kaninchen allerdings sehr gering. Vitamin D steht in engem Zusammenhang mit dem Ca-P-Stoffwechsel, indem es die Absorption dieser Elemente begünstigt und die Kalkbildung im Knochen fördert. Von Bedeutung sind das Vitamin D_2 (Provitamin = Ergosterin) sowie das Vitamin D_3 (Provitamin = 7-Dehydrocholesterin). Das Ergosterin wird in der lebenden Pflanze, besonders aber im geschnittenen Futter durch ultraviolette Strahlung zum Vitamin D_2 umgewandelt. Beim Vitamin D_3 kann die Vorstufe im tierischen Organismus selbst gebildet werden. Die Aktivierung erfordert aber ebenfalls eine Bestrahlung mit UV-Licht.

Mangel an Vitamin E ist normalerweise nicht zu befürchten, wurde aber verschiedentlich nach Verfüttern unzureichend vitaminisierter bzw. denaturiertes Fett enthaltender Alleinfuttermittel festgestellt. In Fertigfuttermischungen können, sofern nichts dagegen unternommen wird, oxidierend wirkende Fettbestandteile vitaminzerstörend wirken. Gefährdet sind insbesondere die Vitamine A und E, obwohl letzteres selbst stabilisierende Eigenschaften besitzt. Die Schadwirkungen äußern sich bei Vitamin E-Mangel in Muskeldegeneration und Absterben der Föten. Bei männlichen Tieren wird das Hodengewebe geschädigt. Mit Vitamin-E-Mangel wird übrigens die sogenannte Gelbfettigkeit in Verbindung gebracht, die bei Nerzen, Katzen, Schweinen und Geflügel auftritt und auch bei Kaninchen zu beobachten ist. Sie soll entstehen, wenn das Futter reich an ungesättigten Fettsäuren ist und zugleich ungenügend Vitamin E enthält. Die genannten Fettsäuren unterliegen der Selbstoxidation, wodurch die Gelbfärbung des Fettes hervorgerufen wird. Die Gelbfärbung wird ebenso bei Gallengangkokzidiose beobachtet, welche einen erhöhten Bedarf an Vitamin E hervorruft, und soll auch auf ein mutativ bedingtes und rezessiv vererbtes Fehlen eines normalerweise das Xantophyll abbauenden Enzyms zurückzuführen sein. Falls nur einzelne Tiere des Bestandes die Gelbfärbung aufweisen, ist diese Möglichkeit in Betracht zu ziehen.

Als minimale Dosis zur Heilung von Vitamin-E-Avitaminosen müßten 1,1 I.E. Vitamin E je kg Körpergewicht und Tag verabreicht werden. Herrscht gleichzeitig Cholinmangel, so ist die doppelte Dosis notwendig.

Insgesamt läßt sich feststellen, daß ausgeprägte Vitaminmangelkrankheiten heute sehr selten sind und praktisch nicht mehr vorkommen.

6.3.4 Futterzusatzstoffe

Unter Futterzusatzstoffen versteht man Futterzusätze, die die Leistung der Tiere steigern können. Sie zeigen keinen Nährstoff-, Mineralstoff- oder Vitamincharakter und werden unter dem Begriff Ergotropica zusammengefaßt. Das geltende Futtermittelrecht wie auch einschlägige EG-Richtlinien geben im einzelnen Auskunft darüber, welche Mittel als Futterzusatzstoffe erlaubt sind. Die Anforderungen zur Zulassung gelten als sehr streng, so daß nur eine sehr begrenzte Zahl von Präparaten im Handel ist. Es besteht im übrigen eine klare Trennung zwischen Futterzusatzstoffen und Fütterungsarzneimitteln. Letztere unterliegen den Bestimmungen des Arzneimittelgesetzes.

Antibiotika
Antibiotika sind Stoffwechselprodukte bestimmter Bakterien, Pilze und z. T. auch höherer Pflanzen, die das Wachstum vieler Mikroorganismen hemmen oder verhindern. Einige Antibiotika zeigen günstige Wirkungen auf Wachstum und Futterverwertung sowie Verhütung von Verdauungsstörungen und Durchfällen und werden daher als Fütterungsantibiotika eingesetzt. In der Kaninchenfütterung wurden eine ganze Reihe von Fütterungsantibiotika erprobt. Positive signifikante anabolische Effekte konnten u. a. bei Virginiamycin, Zinkbacitracin und Salinomycin beobachtet werden. Die Futterverwertung wurde positiv beeinflußt durch Terramycin, Flavomycin, Salinomycin u. a. Tretracykline und Zinkbacitracin trugen zur Reduzierung der durch Dysenterie verursachten Verluste bei. Nicht alle Antibiotika sind verträglich. Penicillin, Ampicillin und Spiramycin verursachen z. B. Haarausfall. Auch Verdauungsstörungen können die Folge einer Antibiotikabehandlung sein.

Man verwendet übrigens das gesamte Fermentationsprodukt (Nährboden plus gebildete Produkte), so daß neben dem Antibiotikum auch geringe Mengen an Nährstoffen und anderen Wirkstoffen zur Verfügung stehen.

Antioxidantien
Hierbei handelt es sich um Zusätze, die bestimmte Futterbestandteile, wie ungesättigte Fettsäuren, Vitamine A und E sowie Karotine vor dem oxidativen Abbau schützen. Synthetische Antioxidantien sind Aethoxyquin und Butylhydroxytoluol.

Coccidiostatica
Dies sind Arzneimittel, die dem Futter in geringer Dosierung aus prophylaktischen Gründen zugesetzt werden können. Sie sollen die Vermehrung von *Eimeria*-Arten im Darm unterbinden. Auf Gewichtsentwicklung und Futterverwertung wirken sie positiv. Bei ihrer Anwendung sollte die Schaffung optimaler hygienischer Verhältnisse nicht vernachlässigt werden. Ebenso sind die gesetzlichen Bestimmungen bei der Anwendung von Coccidiostatica wie auch der anderen Futterzusatzstoffe in Bezug auf Schlachttiere genauestens zu beachten.

6.4 Wasser

Bei Verfütterung wasserhaltigen Grünfutters besteht bei Kaninchen nur ein geringer Trinkwasserbedarf, der voll vom Futter abgedeckt werden kann. Grüner Klee hat z. B. einen Wassergehalt von 80 bis 85 %, bei Futterrüben reicht der Wassergehalt bis über 90 %. Sobald der Anteil wasserreicher Futtermittel in der Ration aber eine gewisse Grenze unterschreitet, muß den Tieren Wasser in ausreichender Menge angeboten werden, um einem Leistungsverlust vorzubeugen. Bei ausschließlicher Verfütterung von Trockenfutter ist das Tränken eine Selbstverständlichkeit. Man rechnet mit etwa der zweieinhalbfachen Wassermenge gegenüber der im Futter vorhandenen Trockensubstanz. Werden z. B. 250 g Pellets gefressen, so besteht ein Trinkwasserbedarf von gut einem halben Liter. Mit Reduzierung des Trinkwassers sinkt gleichzeitig die Aufnahme von Festfutter, da beide Komponenten im Verhältnis zueinander stehen. Über das Wasserangebot läßt sich auf diese Weise auch die Futteraufnahme regeln.

Unbedingt notwendig ist das Tränken in warmer Jahreszeit. Da das Kaninchen keine Schweißdrüsen besitzt, wird bei hohen Umgebungstemperaturen überschüssige Wärme vor allem über die Atmung abgeführt, was den Bedarf an Wasser zusätzlich steigert. Kaninchen, die extremer Sonnenhitze ausgesetzt sind, verlieren auf diese Weise im Sommer pro Stunde bis 100 g Wasser (10 bis 20 g je kg KG). Die Respirationsrate steigt dabei von 1 Liter Luft bis auf 25 bis 37 Liter pro Minute an. Je Gramm verdunstetes Wasser werden dem Körper 2,1 bis 2,32 kJ (0,5 bis 0,6 kcal) entzogen. Zu ausgesprochenem Flüssigkeitsmangel, der mit 10 % Abnahme des Lebendgewichtes verbunden ist, sollte es niemals kommen. Bei 20 % Verlust an Körpergewicht sind die Schädigungen so groß, daß der Tod eintreten kann.

Die Wasseraufnahme der Tiere richtet sich nach ihrem Durstgefühl, das reflektorisch durch den Anstieg der Kochsalzkonzentration in den Körperzellen ausgelöst wird. Die Gewöhnung an gewisse Wassermengen wie individuelle Schwankungen spielen hierbei aber ebenso eine Rolle.

Eine nicht unbeträchtliche Wassermenge fällt bei der Oxidation der Nährstoffe im Organismus selbst an, die bei der Aufstellung von Bedarfswerten jedoch nicht berücksichtigt wird, aber an dieser Stelle erwähnt werden soll. Bei der Oxidation von 1 kg Körperfett entsteht z. B. über 1 Liter Wasser, was bei der üblichen Oxidationsrate immerhin ⅙ des Gesamtbedarfs des Körpers ausmacht. Beim Eiweiß und den Kohlenhydraten ist der Wassergewinn um etwa die Hälfte geringer. Hieraus erklärt sich die Tatsache, daß fette Tiere Durst- und Hungerperioden besser überstehen.

Für die Praxis erweisen sich Richtwerte als sehr nützlich. Wie schon angedeutet, richtet sich der Wasserbedarf nach der Trockensubstanzmenge des Futters, nach der verzehrten Futtermenge bzw. nach der Körpermasse und somit nach dem Alter sowie nach den äußeren Temperaturverhältnissen. Der Wasserkonsum wird deshalb nach den jeweiligen Bedingungen recht unterschiedlich sein, wobei zu berücksichtigen ist, daß auch die individuelle Schwankungsbreite recht groß sein kann.

Ein erhöhter Bedarf ist im letzten Trächtigkeitsstadium zu verzeichnen, wenn die Entwicklung der Föten und die Bildung des Fruchtwassers sprunghaft vor sich gehen. Mit der Geburt setzt ein beträchtliches Wasserdefizit von etwa 400 g ein, wenn diesem plötzlichen Verlust nicht Rechnung getragen wird. Nach der Geburt benötigen die Häsinnen für die zusätzlichen Wasserausscheidungen über die Milch einen ansehnlichen Mehrbedarf. Die Kaninchenmilch ist zwar mit etwa 70 % Wasseranteil vergleichsweise wasserarm, doch erreichen die Ausscheidungen immerhin bis zu 200 g Wasser während der Zeit der höchsten Milchleistung.

Die Wassertemperatur ist von untergeordneter Bedeutung. Man empfiehlt im allgemeinen Temperaturen von mehr als 8 °C. Hauskaninchen können zwar ihren Gesamtbedarf an Wasser bei einer einmaligen Tränkung für einen Tag lang decken, für hohe Leistungen und Wohlbefinden sollte den Tieren aber nach Möglichkeit ganztägig Wasser zur Verfügung stehen. Selbsttränken sind dabei eine große Hilfe. Im Winter ist in Außenställen oft nur die einmalige Tränke realisierbar. Sporadisch gereichtes Wasser kann zur Folge haben, daß die Tiere hastig und mehr trinken als sie zunächst benötigen. Darmkatarrh und Durchfall können die Folge sein.

Im allgemeinen kann man davon ausgehen, daß je kg Körpergewicht etwa 100 cm^3 Wasser oder je 100 g verzehrtes Trockenfutter das Doppelte bis Zweieinhalbfache an Wasser benötigt werden. Bei eiweißreicher Diät ist der Wasserbedarf etwas größer, da über den Kot mehr Wasser ausgeschieden wird.

In Tab. 13 sind einige Richtwerte aufgeführt, die bei der Ermittlung des täglichen Wassergesamtverbrauchs heranzuziehen sind.

Tab. 13. Richtwerte für den täglichen Wasserbedarf von Kaninchen mittelschwerer Rassen bei Trockenfutter.

Jungtiere	0,2–0,3 Liter
Tiere ausgewachsen	0,3–0,5 Liter
Häsinnen kurz vor der Geburt	1,0 Liter
Häsinnen mit großen Würfen im Alter bis zu 14 Tagen	0,8–1,5 Liter
Häsinnen mit großen Würfen im Alter von 14–28 Tagen	1,5–2,5 Liter
Häsinnen mit großen Würfen im Alter von 28–42 Tagen	2,5–3,5 Liter

6.5 Fütterungsmethoden

Die Fütterung der Kaninchen kann mit Grobfutter, Fertigfutter oder in Kombination beider Futterarten auf verschiedene Weise erfolgen. Es lassen sich somit verschiedene Fütterungsmethoden praktizieren.

Wenn innerhalb einer Fütterungsart bestimmte Fütterungsprogramme für einzelne Tier- und Leistungsgruppen aufgestellt werden, die darüber hinaus an gewisse Zeiten und Mengen gebunden sind, spricht man besser von Fütterungstechnik.

6.5.1 Grobfutter

Grobfutter oder wirtschaftseigenes Futter sind Futtermittel oder Nebenprodukte, die im eigenen „Betrieb" erzeugt und in der Regel nicht gehandelt werden. Hierzu gehören Grünfutter, Wurzelfrüchte, Heu usw. Auch Küchen- und Gartenabfälle sowie wildwachsende Pflanzen fallen hierunter, so daß dem Kaninchenhalter ein unerschöpfliches Reservoir an Futterstoffen zur Verfügung steht.

Angesichts des reichhaltigen Angebots steht der Kaninchenhalter sehr oft vor der Frage, was er mit gutem Gewissen an seine Tiere verfüttern kann. Besonders bewährt haben sich in der Kaninchenfütterung das „Landsberger Gemenge" (eine Mischung von Winterwicken, Inkarnatklee und Welschem Weidelgras), Topinambur *(Helianthus tuberosus)* sowie Markstammkohl.

Neben den feldbaumäßig angebauten Pflanzen wie Klee, Luzerne, Futterroggen, Wicken, Markstammkohl usw. kommen als Kaninchenfutter ferner nahezu alle Unkräuter in Betracht, von denen sich viele zur Trocknung und Silierung eignen. Für Grünfutter gilt die Regel, je zeitiger es geschnitten ist, um so höher ist sein Gehalt an Eiweiß, je älter es ist, um so größer sein Rohfasergehalt auf Kosten des Eiweißanteils; allerdings steigt der Ertrag pro Fläche.

Tab. 14 enthält eine Zusammenstellung bekannter Unkräuter und ihre Eignung als Kaninchenfutter, die, obwohl sie heutzutage kaum als Futter in Frage kommen, weiterhin Interesse verdienen.

Junge Brennesseln oder Melde sollen nicht nur frisch, sondern auch als Heu einen hervorragenden Futterwert haben; sie sind sogar mit Kleie verglichen worden. Pflanzen wie Löwenzahn und Frühlingskreuzkraut, die zu wenig Masse bringen oder die Weiße Taubnessel, die über einen zu geringen Nährwert verfügt, lohnen das Einsammeln für den Winter nicht und werden deshalb nur frisch verabreicht.

Gegenüber Giftpflanzen ist das Kaninchen übrigens recht unempfindlich. Pflanzen, die für andere Tiere und Menschen schädlich sind, wie Schöllkraut, Sumpfdotterblume, Ackerwinde, Kornrade, Hahnenfuß und Mohn sind für das Kaninchen unschädlich und können in nicht allzu großen Mengen im Gemisch mit anderen Pflanzen verfüttert werden. Pflanzen, die besser nicht verfüttert werden sollten, sind u. a. Stechapfel, Herbstzeitlose, Schierling, Fingerhut, Nachtschatten und Tollkirsche. Dazu gehören auch einige Sträucher wie Goldregen, Eibe, Oleander und Seidelbast, vor deren Verfütterung gewarnt werden muß. Übertriebene Vorsicht, d. h. die Auslese einzelner Pflanzen, ist entgegen früheren Angaben nach heutigen Ansichten nicht mehr notwendig. Solange dem Kaninchen ausreichend Futter zur Verfügung steht, wird es instinktiv die schädlichen Pflanzen liegenlassen.

Bei der Verwendung von Gartenunkräutern und Grünfutter von Wegrändern ist unbedingt darauf zu achten, daß das Grünfutter nicht mit Unkraut- und Schädlingsbekämpfungsmitteln gespritzt wurde. Grünfutter von stark befahrenen Straßenrändern oder deren unmittelbaren Umgebung ist wegen möglicher hoher Bleigehalte abzulehnen. Rost- oder Mehltaubefall an Blättern kann zu Trommelsucht führen. Das gilt auch für die Abfälle aus Garten und Küche.

Tab. 14. Die wichtigsten Unkräuter und ihre Eignung als Kaninchenfutter.

	Verwendung			
Name	frisch	getrocknet	siliert	Bemerkungen
Ackerdistel	nur abgewelkt füttern	+	+	bei mangelhafter Durchtrocknung leicht Schimmel
Beifuß	wird in jeder Menge gefressen	+	+	
Bärenklau	wird gern gefressen	+	+	
Brennessel	nur abgewelkt füttern	+	+	wertvoll, da ganzjährig hoher Vitamingehalt
Frühlingskreuzkraut	wird gern gefressen	–	+	einsäuern nur in großen Mengen lohnend
Hederich	bedenkenlos	+	·	nicht in großen Mengen, sonst Verdauungsstörungen
Heidekraut	verfütterbar	·	·	stopfende Wirkung
Hirtentäschelkraut	wird sehr gern gefressen	·	·	möglichst jung verfüttern – besserer Futterwert
Huflattich	wird gemischt gern gefressen	+	+	verdauungsfördernd, vorbeugend g. Trommelsucht
Kamille	im Gemisch mit anderen Kräutern	+	·	vor Blüte sammeln, da schnelle Verholzung
Klebkraut	wird sehr gern gefressen	+	+	
Löwenzahn	1. Frühlingsfutterpflanze	–	·	Wurzel gilt als Leckerbissen
Melde	wird ungern gefressen	+	+	Heu soll Luzerneheu überlegen sein
Milch- oder Saudistel	beliebtes Futterkraut	·	·	
Quecke	Blätter und Wurzeln	+	·	hochwertiges Futter, Wurzeln gut waschen
Schafgarbe	wird in jeder Menge gefressen	+	·	Heu – ausgezeichnetes Winterfutter
Sauerampfer	sehr beliebt	·	·	nährstoffreich und verdauungsregulierend, viel Vitamin C
Rainfarn	sehr beliebt	+	·	Verdauungsstörungen vorbeugend, im Übermaß abtreibend
Vogelknöterich	wird gern gefressen	·	·	
Weiße Taubnessel	im Gemisch mit anderen Kräutern	–	·	Sammeln nicht lohnend, da zu geringer Blattanteil

Anmerkung: + = geeignet, – = nicht lohnend, · = keine Angaben; (Aus Fachbeiträgen gesammelt)

Tab. 15. Einige angebaute Futterpflanzen und ihre Eignung für die Kaninchenfütterung.

	Verwendung			
Name	frisch	getrocknet	siliert	Bemerkungen
Comfrey (Beinwell)	zerkleinert im Weichfutter	–	+	starke Behaarung, als Sauerfutter gern gefressen
Futtermalve	wird ungern gefressen	+	+	als Silage gern gefressen, Heugewinnung langwierig
Futtermöhren	wertvolles Zusatzfutter	–	–	Anbau zu empfehlen, Lagerung in Mieten
Kleearten	rationiert	+	+	Gefahr der Trommelsucht
Kohl- oder Steckrübe	bewährtes Winterfutter	–	–	Faulstellen und gefrorene Rüben nicht verfüttern
Luzerne	sehr eiweißreich	+	+	Kraftfutterverbrauch kann eingeschränkt werden
Mais	Grünmais und Körner	–	+	wertvolles Futter, leicht beschaffbar
Mangold	rationiert	–	–	hoher Oxalsäuregehalt – Stoffwechselstörungen
Markstammkohl	Blätter und Stiel	–	+	Stiele einmietbar, beim Füttern längs aufspalten, frostunempfindlich
Roggen	Grünmasse und Körner	–	·	Futterwert als Grünfutter nicht groß, Körner wie auch Mühlenprodukte werden ungern gefressen
Rote Beete	werden nur in geringer Menge gefressen	–	–	reichliche Gaben, insbesondere Blätter wirken laxierend
Runkel- oder Futterrübe	stets mit Heu	–	–	Vorsicht vor gefrorenen Rüben – Trommelsucht; Rüben sind kalkarm (Heu verfüttern)
Senf	nur junge Pflanzen	–	+	ältere Pflanzen leicht holzig, Senfölgehalt
Serradella	bei Blühbeginn bis Schotenbildung	+	+	bis zur Sättigung zu verfüttern
Sonnenblume	sehr beliebt	–	+	Stengel und Körner auch gern gefressen, gibt dem Fell Glanz

Süßlupine	Grünmasse und Körner	–	+	Bodenverbesserer, Samen sind gutes Kraftfutter
Topinambur	Kraut und Knollen	+	+	Wurzeln lagerungsfähig im Boden, frosthart, hohe Erträge
Wicken	meist im Gemenge	–	–	gute Erträge
Zichorie	Grünmasse und Wurzeln	Wurzeln	+	Wurzeln lagerungsfähig im Boden
Zuckerrüben	Blätter und Köpfe	–	–	wertvolles Futter, häufig Gewöhnung erforderlich

Anmerkung: + = geeignet, – = nicht lohnend, · = keine Angaben

(Aus Fachbeiträgen gesammelt)

Tab. 16. Garten- und Küchenabfälle als Kaninchenfutter.

Name	Verwendung			Bemerkungen
	frisch	getrocknet	siliert	
Bananenschalen	werden gern gefressen	–	–	wenig gehaltvolles Beifutter, Vorsicht Spritzmittel
Blumenkohlblätter	werden in jeder Menge gefressen	–	+	
Brot und Brotreste	nur trocken	+	–	gelten als Kraftfutter, befriedigen das Nagebedürfnis
Buschbohnenkraut	wird jung gern gefressen	–	–	ausgereift nur im Gemisch
Dahlienknollen	roh oder gekocht	–	–	Nährwert wie Topinamburknollen
Erbsenkraut und Schalen	beliebt, wenn nicht zuviel	+	·	getrocknet gutes Winterfutter, Vorsicht bei Mehltaubefall
Erdbeerblätter	Blätter schmackhaft	–	–	
Erdbeerranken	nur im Gemisch	–	–	
Fallobst	Faulstellen entfernen	–	–	
Kartoffelkraut	wird wenig aufgenommen	+	+	besser getrocknet oder gesäuert als Winterfutter
Kartoffelschalen	billigstes Kraftfutter	+	+	roh oder gekocht; nach Kochen bessere Verwertung, roh nicht an Jungtiere
Kohlstrünke und -blätter	ausnahmslos geeignet	–	–	Weiß- und Rotkohl rationiert mit Heu, da blähend
Kürbis	gekocht im Weichfutter	–	–	Kürbiskerne getrocknet verfütterbar
Mohrrübenkraut	unbedenklich	–	+	
Obst, Obstabfälle	heimisches Kern-/Steinobst	–	–	als Leckerbissen, Faulstellen und Wurmfraß entfernen
Porree, Sellerie	unbedenklich	–	–	willkommenes Abwechslungsfutter, nicht einseitig füttern

Rapunzel- oder Feldsalat	sehr beliebt	–	–	als Wintergrünfutter bestens geeignet
Rettich und Meerrettich	nur ungern	+	–	getrocknet im Gemisch mit Heu
Rhabarberblätter	in kleinen Mengen	–	–	auf Sauberkeit achten
Rübenblätter und -köpfe	rationiert mit Heu	–	+	Oxalsäure verursacht Durchfall, kann entkalkend wirken, deshalb Futterkalk verabreichen
Salat, Endivien	unbedenklich	–	–	
Kopfsalat	rationiert mit Heu	–	–	wirkt abführend, Vorsicht bei welkem, verschmutztem Abfall
Spinat, Mangold	als Beifutter	–	–	in Blüte verfütterbar
Spargelkraut	nur ungern	–	–	nur wenig anbieten
Schwarzwurzeln (Laub, Wurzeln)	sehr beliebt	–	–	Wurzeln gut waschen
Tomatenkraut	möglich	–	–	wurde bereits in größeren Mengen verfüttert
Weinranken und -blätter	als Beifutter	–	+	Vorsicht bei gespritztem Futter

Anmerkung: + = geeignet, – = nicht lohnend, · = keine Angaben

(Aus Fachbeiträgen gesammelt)

Tab. 17. Sonstige Futterstoffe.

Name	Verwendung			Bemerkungen
	frisch	getrocknet	siliert	
Baumlaub Kirschen-, Pflaumen-, Walnuß-, Hasel-, Esche-, Hainbuche-, Erle-, Linde-, Spitzahornblätter	nur junge Blätter	+	–	Ulme (Rüster) gibt vorzügliches Laubheu
Baumnadeln (Fichte)		–	–	im Frühjahr wegen Saftgehaltes nicht verfüttern
Brombeer- und Himbeerblätter	werden gern gefressen	+	–	
Bucheckern	nur gekocht, Wasser abgießen	–	–	enthalten Alkaloide, nie mehr als 20 % ins Futter geben
Bohnen	ganz oder geschrotet	–	–	nach Gewöhnung gut angenommen
Vogelbeeren (Eberesche)	–	+	–	im Weichfutter, Bitterstoff regt Darmtätigkeit an
Eicheln	möglich, aber niemals grün	+	–	getrocknet und zerkleinert im Weichfutter, nicht zuviel wegen Gerbsäuregehalt
Eichen- und Weidezweige	möglichst junge Zweige	–	–	empfehlenswert bei Durchfall und Trommelsucht
Erbsen	rationiert	–	–	am besten gequollen und gequetscht im Weichfutter
Gartenblumen	bedenkenlos	–	–	gefährlich: Efeu, Oleander, Akelei, Maiglöckchen, Glyzinie, Alpenveilchen

Gewürzkräuter u. a. Beifuß, Bohnenkraut, Dill, Estragon, Fenchel, Koriander, Kresse, Kümmel, Liebstock, Majoran, Petersilie, Salbei, Schnittlauch, Thymian	zur Abwechslung	–	–	wirken appetitanregend
Ligusterbeeren	werden gern gefressen	–	–	kein hoher Nährwert
Linsen	werden gern gefressen	·	·	
Kastanien	im Weichfutter	–	–	mit und ohne Schale frisch gequetscht oder gedörrt und geschält, günstig mit Kartoffeln, wegen Gerbsäuregehalt nicht zuviel; gegebenenfalls wässern
Obstreste (Apfel, Birne)	möglichst frisch	–	+	verdirbt schnell, trocknen aufwendig
Pilze	bedenkenlos	–	–	
Reisig (Obst)	nur junge Zweige	–	–	zur Befriedigung des Nagebedürfnisses, Rinde beliebt
Sägemehl	nur untergemischt	–	–	praktisch ohne Nutzen, nur fütterungstechnisch vertretbar

Anmerkung: + = geeignet, – = nicht lohnend, · = keine Angaben

(Aus Fachbeiträgen gesammelt)

Verwelktes, verfaultes oder verschmutztes Grünfutter ist grundsätzlich nicht zu verfüttern.

Tab. 15 vermittelt eine Übersicht über Futterpflanzen, deren Anbau für den Kaninchenhalter lohnend sein kann. Darunter fallen auch die Grasarten, die nicht gesondert aufgeführt wurden.

Grünfutter sollte immer in die Raufe gegeben werden, da Kaninchen besonders in heißen Sommermonaten das Bedürfnis haben, sich auf das kühle Futter zu legen. Erwärmtes oder welkes Grünfutter kann aber leicht zu Darmerkrankungen führen.

Der Kaninchenhalter ist oft unsicher, ob er nasses Grünfutter verfüttern darf. Nach eigenen Erfahrungen und Angaben aus der Literatur ist regennasses und taunasses Grünfutter unschädlich, wenn nicht zu große Mengen verabreicht werden.

Gefrorenes Futter sollte man grundsätzlich vermeiden, da es Durchfall verursacht. Man läßt es in einem kühlen Raum langsam auftauen. Ist es restlos aufgetaut, besteht die Möglichkeit, es zu verfüttern.

Sind ausreichend Futterpflanzen vorhanden, so bietet sich eine Silierung an. Heute wird die Silierung in der Kaninchenhaltung kaum noch angewandt, da sie mit Mehrarbeit verbunden ist. Geruchliche Beeinträchtigungen sind auszuschließen, wenn die Silierung in Plastiksäcken vorgenommen wird.

Kaninchen fressen Silage nach Gewöhnung recht gern, nehmen aber insgesamt wegen der geringeren Verzehrmenge weniger Nährstoffe auf. Eine Grundvoraussetzung für den Konservierungseffekt ist ein möglichst vollständiger Luftabschluß. Der Luftabschluß wird erreicht durch zügiges Füllen der Behälter bzw. Säcke, gute Verdichtung des Pflanzenmaterials durch Zerkleinern und Pressen und eine sorgfältige Abdeckung oder Abschnürung.

Keinen unwichtigen Posten stellen Garten- und Küchenabfälle dar, die sporadisch in recht großer Menge anfallen können. In Tab. 16 sind eine Anzahl möglicher Pflanzen sowie Rückstände und Abfälle aufgelistet, die als Futter in Frage kommen.

Sehr gern fressen Kaninchen übrigens auch die Rinde von geschnittenen Obstzweigen. Es scheint geradezu eine Delikatesse zu sein, denn Wildkaninchen ziehen sie allen anderen Gehölzen vor. Der Nährwert ist allerdings gering. Auch Obstlaub und ähnliche Stoffe kommen als Futter in Frage.

In Tab. 17 sind weitere Futterstoffe zusammengestellt. Dieser Gruppe werden auch Bucheckern, Eicheln und Kastanien zugeordnet, die in gewissen Grenzen brauchbares Futter darstellen.

Der Nährstoffgehalt von Grob- bzw. Wirtschaftsfutter wird häufig überschätzt. Es ist zu berücksichtigen, daß das Hauskaninchen – wenn man von den Zwergrassen absieht – wesentlich schwerer als das Wildkaninchen ist und einen höheren Bedarf an Nährstoffen hat, der über Wirtschaftsfutter meistens nicht voll abzudecken ist. Eine Häsin müßte z. B. täglich 3 kg Gras fressen, um 200 g Milch zu erzeugen. Das Fassungsvermögen des Verdauungstraktes würde hierzu nicht ausreichen.

Auch wenn Grünfutter und Wurzelfrüchte in der Beliebtheitsskala obenan stehen, so ist es bei entsprechenden Leistungsforderungen unumgänglich, in gewissem Rahmen Kraftfutter, also Körnerfrüchte und gehaltvolle Nebenprodukte der Nahrungsgüterindustrie, oder Handelsfutter zuzufüttern.

Wichtig ist eine Zufütterung vor allem in den ersten Tagen nach dem Deckakt. Es hat sich gezeigt, daß bei Zulagen von Kraftfutter ein höherer Prozentsatz der sich entwickelnden Föten erhalten bleibt und nicht abstirbt. Gegen Ende der Trächtigkeit sind Zugaben ebenso zu empfehlen, da der Nährstoffbedarf der an Gewicht stark zunehmenden Föten steil ansteigt und mit Wirtschaftsfutter nicht immer voll abgedeckt werden kann.

6.5.2 Fertigfutter, Mischfutter

Spezielle Mischfutter für Kaninchen gibt es auf dem deutschen Markt seit 1953, als eine deutliche Nachfrage für derartige Futtermittel entstand. Eine Analyse des Marktes ließ erkennen, daß vor allem ein Bedarf an Zucht- und Erhaltungsfutter vorlag. Aber auch an reinem Mastfutter, das energiereicher und proteinreicher zu gestalten ist, bestand Interesse. Heute ist das Preßfutter, das in Pelletform im Durchmesser von etwa 4,5 mm angefertigt wird, aus der Kaninchenfütterung nicht mehr wegzudenken und wird von den meisten Fertigfutterherstellern angeboten.

Nach anfänglichen Schwierigkeiten, vielen Verbesserungen und langer Anlaufzeit stehen dem Kaninchenhalter nunmehr Mischfutter in hoher Qualität mit einem Gesamtnährstoffgehalt von etwa 550 bis 700 g/kg Futtermischung zur Verfügung. Das entspricht etwa der Gesamtnährstoffmenge in Weizenkleie.

Tab. 18. Mindestanforderungen für Kaninchenmischfutter nach dem DLG-Standard (nach Merkblatt 147).

Inhalts- und Zusatzstoffe	Angaben in	Alleinfutter für Zuchtkaninchen	Alleinfutter für Mastkaninchen
Rohprotein	%	14,0	17,0
Rohfaser	%	12,0	12,0
Kalzium	%	0,50	1,00
Phosphor	%	0,50	0,80
Natrium	%	0,12	0,12
Eisen	mg/kg	–	100
Kupfer	mg/kg	–	20
Zink	mg/kg	50	70
Vitamin A	I.E.	6000	6000
Vitamin D_3	I.E.	750	750
Vitamin E	mg/kg	40	10
Pantothensäure	mg/kg	–	10
Thiamin	mg/kg	2	2
Riboflavin	mg/kg	5	5
Vitamin B_6	mg/kg	5	5
Nicotinsäure	mg/kg	50	50
Cholin	mg/kg	1000	1000

Die Rohkomponenten werden nach Schmackhaftigkeit, Preßfähigkeit, Verdaulichkeit bzw. Verwertung sowie Preiswürdigkeit ausgewählt und nach dem derzeitigen Stand der Kenntnis noch zusätzlich mit Mineralstoffen, Vitaminen und besonderen Zusätzen angereichert.

Begrüßt wurde Fertigfutter besonders von den Angorazüchtern, die schon immer ein besonderes Interesse an optimaler Nährstoffversorgung hatten, zumal hier schwefelhaltige Aminosäuren, die für das Wollwachstum notwendig sind, einen besonderen Stellenwert haben. Fertigfutter für die Wollproduktion soll nach Fütterungshinweisen der DLG z. B. mindestens 0,7 % schwefelhaltige Aminosäuren enthalten. Zusätze von 0,3 % DL-Methionin ergaben höhere Wollerträge. Bei Normalhaarkaninchen war hingegen kein Effekt zu erzielen.

Die erwähnten Fütterungshinweise stellen die Richtschnur für Kaninchenfutter dar, speziell das DLG-Merkblatt Nr. 147, aus dem die Standardempfehlungen entnommen wurden (Tab. 18).

Im Handel befindliche Mischfutter orientieren sich an diesen Empfehlungen. Während in den vergangenen Jahren meistens nur ein oder zwei Typen für die Zucht und die Mast angeboten wurden, steht dem Kaninchenhalter heute eine ganze Palette von Produkten zur Verfügung, die den unterschiedlichen Altersgruppen und Nutzrichtungen Rechnung tragen.

Allgemein kann zur Futterzusammensetzung gesagt werden, daß in allen Futtersorten etwa 35 % Luzerne-Grünmehl und bis zu 25 % Weizenkleie enthalten sind. Dazu werden je nach Sorte und Energiegehalt unterschiedliche Mengen vor allem an Getreide, Maiskeimschrot und Weizennachmehl sowie Mineralstoffe, Vitamine und Spurenelemente zugegeben.

In Tab. 19 sind einige Kaninchenfuttermischungen aufgeführt, die auf dem Markt sind.

Wie aus der Tab. 19 ersichtlich ist, bewegt sich der Rohproteingehalt in den Grenzen von 15 bis 18,5 %. Den höchsten Wert weist das Kaninchenfutter „Spezial“ mit 18,5 % auf, das auch den höchsten Energiegehalt besitzt. Vor einigen Jahren bevorzugte man noch Proteingehalte von mehr als 20 %, was sich aber wegen des höheren Risikos gegenüber Verdauungsstörungen als problematisch erwies, von den höheren Herstellungskosten abgesehen. Bessere Tageszunahmen wurden in vielen Beständen durch vermehrtes Auftreten von Darmerkrankungen in Frage gestellt.

Aufgrund des schnellen Wachstums während der Mast ist davon auszugehen, daß ein Energiegehalt von 2500 bis 2600 kcal bzw. 10500 bis 10920 kJ/kg an umsetzbarer Energie für Mastkaninchenmischfutter notwendig ist. Um diesen Wert zu erreichen, wird Fett zugesetzt. Der Rohfettgehalt beträgt in sämtlichen vorgestellten Futtertypen 2 %. Demgegenüber weist der Rohfasergehalt mit 14 bis 18 % große Schwankungen auf. Bei rohfaserärmeren Futtern ist das Zufüttern von Heu und Stroh angebracht. Da sich Heu gut einlagern läßt, wird in den meisten Kaninchenhaltungen dieses Zufüttern zusätzlich zum Fertigfutter praktiziert. Es hat sich stets als sehr nützlich erwiesen, zumal die Darmpassage erleichtert wird und weniger Gefahr besteht, daß sich Haarverfilzungen im Magen festsetzen können. Die feststellbaren Abweichungen beim Mineralstoff Kalzium ergeben sich aus dem besonders hohen Ca-Bedarf für wachsende

Tab. 19. Inhalts- und Zusatzstoffe in Kaninchenmischfutter für verschiedene Nutzrichtungen.

Bezeichnung und Produktionsrichtung	Inhaltsstoffe (%)						Zusatzstoffe (je kg)					empfohlen für
	Rohprotein	Rohfett	Rohfaser	Rohasche	Calcium	Phosphor	Vitamin A (tausend I.E.)	Vitamin D_3 (tausend I.E.)	Vitamin E (mg)	Metichlor-pindol (mg)	Flavophospho-lipol (mg)	
Kaninchen-Alleinfutter	16,0	2,0	18,0	8,5	1,0	0,5	20	2	10	–	4	heranwachsende und niedertragende Tiere, auch für Mast, ohne Coccidiostatika
Kaninchen-Alleinfutter Zucht und Mast	16,0	2,0	18,0	8,5	1,0	0,5	20	2	10	200	4	wie zuvor, jedoch mit Coccidiostatika. Ab 5. Tag vor Schlachtung nicht mehr zu verfüttern
Zuchtfutter Kaninchen	17,5	2,0	16,0	8,5	0,7	0,5	15	2	20	–	4	heranwachsende und niedertragende Tiere
Kaninchenfutter Spezial für Frühentwöhnung und Schnellmast	18,5	2,0	14,0	8,5	0,7	0,5	20	2	20	200	4	heranwachsende und niedertragende Tiere, wegen höheren Energiegehaltes zur Schnellmast geeignet. Ab 5. Tag vor Schlachtung nicht mehr füttern
Laborfutter Kaninchen	16,5	2,0	14,0	8,5	0,7	0,5	12	2	20	–	–	universell verwendbar
Versuchsfutter Angorakaninchen	15,0	2,0	16,0	8,5	1,0	0,5	15	2	–	–	4	für Angorakaninchen besonders gut geeignet

Tiere. Solange sich das Ca-P-Verhältnis des Futters im Bereich von 1,5 bis 2:1 bewegt, sind unterschiedliche Effekte jedoch nicht zu erwarten.

Beträchtliche Differenzen ergeben sich hinsichtlich des Vitamingehaltes. Im Wachstum befindliche, stoffwechselaktive Tiere erhalten die höchsten Vitamin-A-Zugaben. Beim Vitamin-D-Gehalt ist eine Differenzierung nicht notwendig, es wird eine ausreichende Menge zugesetzt. Hinsichtlich der Vitamin-E-Zulagen erhalten erwartungsgemäß die Zuchttiere sowie die Schnellmasttiere höhere Zuwendungen. Das gleiche gilt für das Labortier, denn bei Versuchstieren ist eine ungestörte Fortpflanzungsfähigkeit eine sehr wichtige Voraussetzung.

Fertigfutter können darüber hinaus einige spezielle Zusätze enthalten, die der Vitaminstabilisierung dienen und das Krankheitsrisiko herabsetzen. Aethoxyquin verhindert z. B. die Oxidation der fettlöslichen Vitamine. Bei Metichlorpindol handelt es sich um ein bewährtes Kokzidiostatikum, das die verlustreiche Kokzidiose weitgehend unterdrückt. Durch das geltende Futtermittelrecht sind die zugelassenen Präparate und ihre Dosierung im einzelnen festgelegt.

Angesichts der strengen Bestimmungen und Kontrollen bestehen keine Bedenken gegen die zugelassenen und geprüften Zusätze. Die Empfehlungen der Hersteller sind jedoch zur Kenntnis zu nehmen und zu berücksichtigen.

6.5.3 Kombinierte Fütterung

Bei der kombinierten Fütterung werden wirtschaftseigene Futterstoffe als Grundfutter zusammen mit Beifutter oder Fertigfuttermitteln eingesetzt. Diese Fütterungsmethode ist landläufig die wohl am weitesten verbreitete, denn mit der alleinigen Fütterung von Grünfutter, Gartenabfällen usw. sind nach heutigen Maßstäben weder befriedigende Aufzuchtergebnisse noch ausreichende Mastergebnisse zu erzielen. Auch konserviertes Futter wie Heu oder Silage reicht nicht aus, um zu jeder Zeit den Bedarf zu decken. Hiervon wird noch wesentlich weniger gefressen als von Grünfutter. Der Vorteil der kombinierten Fütterung liegt demnach in der Verwertung wirtschaftseigenen Futters, das oft kostenlos anfällt oder aus der Nachbarschaft billig zu beziehen ist, ohne auf notwendige Kraftfutterzufuhr zu verzichten. Bei kleineren Tierzahlen in der nebenberuflichen Kaninchenhaltung nimmt man den zusätzlichen Arbeitsaufwand gern in Kauf. Aber auch in größeren Mastanlagen wird nach dieser Fütterungsmethode verfahren, da sie bedeutende finanzielle Vorteile bieten kann.

Die regelmäßige Zufuhr von vollwertigem Alleinfutter stellt aber nicht nur einen Sicherheitsfaktor hinsichtlich der Nährstoff- und Wirkstoffversorgung dar, sondern macht auch in gewissem Grade unabhängig von der täglichen Futterbeschaffung und Futterzubereitung, denn es steht schnell und ohne Umstände jederzeit zur Verfügung.

Da wirtschaftseigenes Futter oft zu hohe Rohfasergehalte aufweist und diese Komponente im Alleinfutter in der Regel voll abgedeckt ist, bietet sich auch die Zubereitung eigener Kraftfuttermischungen an, denen gegebenenfalls Mineral- und Vitaminmischungen zugesetzt werden können. Auf diese Weise lassen sich Futtergetreide, Hülsenfrüchte und Ölkuchen zu Eigenmischungen verarbeiten.

Tab. 20. Handelsfuttermittel.

Bezeichnung	Charakterisierung	Bemerkungen
Biertreber	Rückstand bei Herstellung der Bierwürze	frisch nur begrenzt haltbar, besser getrocknet oder gesäuert
Erdnußkuchenmehl	Rückstand aus der Ölgewinnung	Zusatz zum Weichfutter
Getreide	Körnerfrüchte	hochwertiges Kraftfutter, Hafer oder Mais preisgünstig und empfehlenswert, Gerste führt bei Jungtieren leicht zu Verstopfungen
Hanfsamen	Ölsaat	rationiert und gequetscht, sonst Durchfall
Kartoffelflocken	gedämpfte Kartoffeln, walzengetrocknet	trocken oder schwach angefeuchtet als Kraftfutter
Kokoskuchen	Rückstand aus der Ölgewinnung	fördert Fellqualität, milchbildend
Leinsamen	Ölsaat	nur in Mehlform, günstig im Haarwechsel und für säugende Häsinnen; 1 Teelöffel je Tier und Tag
Leinkuchen	Rückstand aus der Ölgewinnung	in Brockenform oder als Leinkuchenmehl im Weichfutter, ideal während des Haarwechsels; fördert Haarglanz
Malzkeime	Nebenprodukt der Malzbereitung (Gerste)	trocken oder gequetscht im Weichfutter, Vorsicht vor Schimmel und Staub
Melasse	Nebenerzeugnis der Zuckerindustrie	rationiert, im Gemisch mit Kleie oder Kartoffelflocken
Palmkernkuchen	Rückstand bei der Gewinnung von Palmkernöl	günstig für Milchsekretion und Fellqualität
Trockenschnitzel	getrocknete, ausgelaugte Zuckerrübenschnitzel	trocken oder im Gemisch z. B. mit Kartoffelschalen
Zuckerrübenschnitzel	teilweise entzuckert und getrocknet	allein oder gemischt mit Hafer, angefeuchtet mit Kartoffelschalen und Kleie
Sojaextraktionsschrot	Rückstand aus der Sojaölgewinnung	wird gern gefressen, Eiweißanteil in Rechnung stellen, Durchfallgefahr und Fruchtbarkeitsstörungen

(Aus Fachbeiträgen gesammelt)

In diesem Zusammenhang sei erwähnt, daß große Rassen pro kg Lebendgewicht schlechtere Wirtschaftsfutterverwerter sind als kleine, denn das Fassungsvermögen der Verdauungsorgane ist nicht proportional der Tiergröße. Große Rassen brauchen im Verhältnis mehr Kraftfutter als kleine.

Im Handel befindliche Zusatzfuttermittel werden für den Kaninchenzüchter von Interesse sein. In Tab. 20 sind einige der wichtigsten Futtermittel zusammengefaßt.

Falls die Gelegenheit zum günstigen Einkauf von Handelsfuttermitteln besteht, machen Kaninchenhalter gern Gebrauch davon. In Verbindung mit Futtergetreide u. a. geeigneten Futtermitteln lassen sich preiswerte Rationen zusammenstellen. Hierbei können allerdings leicht Fütterungsfehler auftreten, wenn solche Eigenmischungen ein gewisses Maß übersteigen und dabei die Nährstoffgehalte nicht berücksichtigt werden. Über die anteilige Zusammensetzung der Futterration muß von Fall zu Fall entschieden werden, da im voraus schlecht zu sagen ist, was im einzelnen an Futter zur Verfügung steht. Es kann davon ausgegangen werden, daß etwa 50% des Gesamtbedarfes durch selbst beschafftes Futter abgedeckt werden kann.

Die Beliebtheitsskala sieht folgendermaßen aus: Grünfutter und Wurzelfrüchte stehen an erster Stelle, es folgen feuchtkrümeliges Weichfutter (gedämpfte Kartoffeln mit Getreideschrot), danach pelletiertes Mischfutter, Rauhfutter (Heu und Stroh) sowie Silage und zuletzt mehlförmige Futtermittel. Bei Körnerfrüchten ist folgende Reihenfolge zu beobachten: Hafer, Gerste, Weizen und Mais. Roggen wird ungern gefressen. Selbstverständlich sind auch individuelle Unterschiede zwischen den einzelnen Tieren festzustellen, so daß durchaus Abweichungen von der genannten Reihenfolge auftreten können.

6.6 Futterberechnung

Eine rentable Tierhaltung ist heute nur möglich, wenn das angebotene Futter nicht nach Gutdünken zusammengestellt wird, sondern in Zusammensetzung und Menge den jeweiligen Bedürfnissen entspricht. Während bei optimal vom Werk zusammengesetzten Mischfuttern für Kaninchen keine derartigen Berechnungen anzustellen sind, sondern lediglich der Mischtyp auszuwählen und gegebenenfalls die Mengen zuzuteilen sind, erfordert die Zusammenstellung eigener Rezepturen mit optimalen Nährstoffgehalten Erfahrungswerte oder Berechnungen. Hierzu ist einmal der Nährstoffbedarf für das Einzeltier bzw. die Tiergruppe heranzuziehen, zum anderen sind im Rahmen der aufnehmbaren Futtermengen für die beabsichtigte Ration aus den Fütterungstabellen die verdaulichen Gesamtnährstoffe zu entnehmen, die den Bedarf voll abdecken müssen. Da die Bedarfswerte noch nicht einheitlich gehandhabt werden und die im Schrifttum angeführten Angaben sich auf verschiedene Bezugsgrößen stützen, ist die Futterberechnung hierdurch sehr erschwert.

Die Nährstoffgehalte des zur Verfütterung vorgesehenen Futters können Tabellenwerken entnommen werden. Speziell für das Kaninchen wurde eine tabellarische Zusammenstellung von Schlolaut (1982) angefertigt, die in Tab.

22 wiedergegeben wird. SCHLOLAUT weist darauf hin, daß die aufgeführten Werte zum Teil aus Einzeluntersuchungen stammen, die zeitlich weit zurückliegen. Unter Berücksichtigung des heute wesentlich jüngeren Tiermaterials in der Jungtiermast sind die Angaben über die Verdaulichkeit möglicherweise korrekturbedürftig.

Die angeführten verdaulichen Energiewerte wurden durch Multiplikation von TDN × 4,4 kcal
(1 kcal = 4,182 kJ; 1000 kcal = 4,184 MJ)
errechnet. Die Werte für die umsetzbare Energie liegen für das Kaninchen im Mittel 5 bis 7 % niedriger.

In Tab. 21 wird am Beispiel einer Sommerration eine Futterberechnung für ein 4 kg schweres Kaninchen vorgenommen. Die Ration setzt sich aus Wiesengras, Gerste, Weizenkleie sowie einer Mineralstoffmischung für Kleintiere zusammen. Die aus Tab. 22 entnommenen Nährstoffgehalte der betreffenden Futtermittel dienen als Berechnungsgrundlage. Anhand der abzulesenden Nährstoff- und Eiweißgehalte lassen sich die Rationen auf die Bedarfswerte abstimmen.

Tab. 21. Nährstoff- und Energiegehalte einer Ration.

Futtermittel	v. Rohprotein g	v. Rohfett 2,3/2,25 g	v. Rohfaser g	v. N-freie Extraktstoffe g	GN (Fett×2,3)	TDN (Fett×2,25)	verd. Energie kcal
300 g Wiesengras	6,75	3,31/3,24	6,30	31,44	47,80	47,70	201,00
80 g Gerste	5,94	3,45/3,38	1,12	48,34	58,85	58,78	259,04
30 g Weizenkleie	4,20	2,07/2,03	0,75	10,06	17,08	17,04	75,20
2 g Mineralstoffmischung	–	–	–	–	–	–	–
Gesamt	16,89	8,83/8,65	8,17	89,84	123,73	123,52	535,25 =2,24 MJ

Wie aus Tab. 21 zu ersehen ist, enthält die Ration 123 g Gesamtnährstoff. Zum TDN-Wert bestehen praktisch keine Unterschiede, da der Fettgehalt im Kaninchenfutter in der Regel unbedeutend ist. Das Angebot an verdaulicher Energie beträgt 2,2 MJ. Dem 4 kg schweren Tier stünden somit über den Erhaltungsbedarf von 1,55 MJ hinaus für zusätzliche Leistungen 0,65 MJ zur Verfügung (vgl. S. 132). Der Proteinbedarf ist mit 17 g gut abgedeckt und reicht für ein Tier in Zuchtruhe aus. Für ein in der Laktation befindliches Tier wäre

Tab. 22. Zusammensetzung und Verdaulichkeit der Futtermittel (SCHLOLAUT 1982).

Futtermittel	T S	Rohnährstoffe in % des Futtermittels					Verdaulichkeit in %					Verdauliches Eiweiß	TDN* je kg Futtermittel	Verdauliche** Energie	
		org. Sub.	Roheiweiß	Rohfett	Rohfaser	N-freie Extraktstoffe	org. Sub.	Roheiweiß	Rohfett	Rohfaser	N-freie Extraktstoffe				
	%	%	%	%	%	%	%	%	%	%	%	%	g	kcal	MJ
Grünfutter															
Ackersaudistel	8,8	7,2	1,2	0,3	1,2	4,5	86	75	63	77	93	0,9	65	286	1,20
Bärenklau	14,0	11,8	2,6	0,5	2,0	6,8	85	82	37	73	93	2,1	102	449	1,88
Futterkohl	13,6	12,3	2,2	0,5	2,1	7,5	89	92	78	72	94	1,5	115	506	2,12
Giersch	10,6	8,5	1,9	0,3	2,6	3,7	81	73	54	82	85	1,4	71	312	1,31
Gras, Wiese	25,0	22,9	3,0	0,8	6,0	13,1	67	75	60	35	80	2,0	159	670	2,93
Gras, Weide	20,0	18,0	3,5	0,8	4,0	9,7	49	62	26	26	56	2,2	91	400	1,68
Kohl	8,5	–	1,7	0,1	0,9	5,1	–	99	83	88	103	1,7	79	348	1,46
Landsberger Gemenge	20,0	18,2	3,2	0,5	3,3	11,2	72	76	63	33	82	2,1	134	590	2,47
Luzerne v.d. Blüte	21,5	19,3	4,5	0,9	5,3	8,6	74	86	70	54	81	2,8	152	667	2,80
Markstammkohl	12,9	11,7	2,1	0,4	2,3	6,9	81	86	72	55	88	1,3	98	431	1,81
Melde	16,9	13,9	4,4	0,4	3,2	5,8	66	81	49	45	66	3,6	94	414	1,73
Süßlupine	12,5	11,1	3,8	0,5	2,9	3,9	79	91	73	57	84	2,7	92	405	1,69
Weißkohlblatt	13,5	11,5	2,6	0,4	1,2	7,4	97	96	91	96	98	2,5	117	515	2,16
Rotklee	19,7	17,1	2,8	0,8	3,3	9,8	76	77	73	65	80	2,1	134	589	2,41
Zuckerrübenblatt	20,4	14,1	1,8	0,5	2,5	9,3	90	83	72	89	92	1,5	131	576	2,36

Grünfutter natürlich und künstlich getrocknet															
Barbarea vulg. Heu	86,3	–	14,3	3,1	28,2	34,1	–	78	62	26	66	11,1	455	2002	8,38
Brennesselheu	88,3	70,6	22,6	1,2	15,8	31,0	75	96	32	42	79	16,4	537	2363	9,89
Haferheu	93,2	85,9	7,1	3,1	35,4	40,3	35	61	54	10	50	3,7	319	1407	5,88
Haferheu	93,2	–	7,1	3,1	37,4	38,3	–	61	54	10	36	4,3	257	1131	4,73
Haferstroh	86,0	81,7	3,8	1,8	39,7	36,4	30	30	30	25	35	0,9	251	1104	4,62
Hubhanklee	89,4	–	21,1	2,9	22,6	33,0	–	79	49	7	73	16,7	456	2006	8,40
Künstl. getrocknetes Weidegras	90,0	81,4	19,6	5,2	17,5	39,1	68	70	53	42	80	12,0	587	2583	10,81
Künstl. getrocknetes Wiesengras	89,6	80,2	13,9	5,1	18,9	42,3	66	69	55	41	78	8,2	568	2499	10,46
Kudzuheu	92,8	–	10,9	1,5	42,2	33,2	–	63	12	16	56	6,8	326	1434	6,01
Knaulgrasheu	88,2	82,1	10,2	2,8	28,1	41,0	46	76	65	15	59	6,9	404	1778	7,44
Lespedeza	89,5	–	14,8	2,8	27,7	39,0	–	67	46	11	59	9,9	389	1712	7,17
Luzernegrünmehl 17 % Prot.	92,0	–	17,4	2,7	23,9	38,1	–	–	–	–	–	12,2	530	2332	9,76
Luzernegrünmehl 20 % Prot.	92,0	–	20,2	3,2	20,3	37,4	–	–	–	–	–	15,0	590	2596	10,87
Luzerneheu v. d. Blüte	90,2	80,6	16,1	2,3	25,2	37,0	55	70	50	28	68	10,5	461	2028	8,49
Luzerneheu volle Blüte	88,0	–	13,3	1,6	30,6	35,5	–	–	–	–	–	9,1	400	1760	7,37
Melde, getrocknet	81,3	62,6	21,9	1,5	11,0	28,1	76	85	61	60	77	18,6	490	2156	9,03
Miloheu	90,0	–	19,3	3,7	21,6	34,2	–	71	46	16	47	13,7	370	1628	6,82
Obstgartengras, spärlich	88,6	–	6,8	2,2	29,2	43,5	–	72	63	12	59	4,9	375	1650	6,91
Obstgartengras, üppig	88,2	–	10,2	2,8	28,1	41,0	–	76	65	15	59	7,8	402	1769	7,41
Raygras	91,7	87,4	8,3	2,7	33,0	43,4	38	54	57	13	52	3,5	348	1531	6,41
Rotkleeheu	86,7	81,1	13,5	3,0	24,3	40,3	53	64	69	27	68	7,0	474	2086	8,73
Rotkleeheu	86,7	–	13,5	4,0	24,3	39,3	–	64	75	27	68	8,7	489	2152	9,01

* vgl. S. 128 ** umsetzbare Energie = –7 %

Tab. 22. (Fortsetzung)

Futtermittel	T S	Rohnährstoffe in % des Futtermittels					Verdaulichkeit in %					Ver-dau-liches Eiweiß	TDN* je kg Futter-mittel	Verdauliche** Energie	
		org. Sub.	Roh-ei-weiß	Roh-fett	Roh-faser	N-freie Extrakt-stoffe	org. Sub.	Roh-ei-weiß	Roh-fett	Roh-faser	N-freie Extrakt-stoffe				
	%	%	%	%	%	%	%	%	%	%	%	%	g	kcal	MJ
Sojabohnenheu	92,5	–	14,5	1,9	28,6	37,5	–	67	32	17	59	9,7	380	1672	7,00
Sudangrasheu	89,0	–	15,8	3,7	20,2	40,5	–	68	49	27	64	10,8	463	2037	8,53
Süßlupine, getrocknet	88,7	79,1	18,1	3,6	22,1	35,4	59	62	75	38	70	11,3	504	2218	9,28
Timothe, Heu	89,8	85,0	6,2	2,2	30,7	45,9	38	57	49	15	50	3,1	336	1478	6,19
Timothe, Heu	89,9	–	5,9	1,8	30,7	47,1	–	47	44	11	51	2,8	319	1404	5,88
Weißkleeheu	86,6	–	16,0	3,8	17,2	40,5	–	68	51	57	83	10,9	589	2592	10,58
Weißkleeheu	86,6	78,6	15,0	3,8	22,0	37,8	58	68	51	30	70	8,2	477	3073	12,87
Wickenheu	87,2	78,1	17,4	3,0	23,9	33,8	56	75	60	21	71	10,1	462	2033	8,51
Wickenheu	89,7	–	19,2	3,1	24,5	35,3	–	78	63	11	72	15,0	485	2134	8,93
Wiesenheu, gering	89,3	82,6	8,4	2,1	29,1	43,0	40	53	51	19	52	3,6	348	1531	6,41
Wiesenheu, mittelgut	85,5	78,5	10,0	2,5	25,0	41,0	43	55	51	22	53	4,5	357	1571	6,58
Wiesenheu, sehr gut	87,6	79,4	13,6	3,0	23,5	39,3	47	50	45	33	55	6,4	393	1729	7,24
Wruckenblatt, getrocknet	90,7	69,9	13,9	1,6	10,1	44,3	88	79	69	80	93	11,0	629	2768	11,59
Rotklee, künstl. getrocknet	87,3	80,2	13,2	2,9	20,8	43,4	71	85	77	55	75	11,2	601	2644	10,84
Zuckerrübenblatt, künstl. getrocknet	83,4	70,1	10,6	2,3	9,8	47,4	80	67	69	69	85	7,1	578	2543	10,42
Wickroggen, künstl. getrocknet	88,9	78,5	9,4	2,8	25,9	40,4	66	82	72	57	69	7,7	548	2411	9,89
Wickweizen, künstl. getrocknet	89,2	83,7	9,3	2,2	23,3	48,3	63	77	64	44	69	7,1	540	2376	9,74

Grünfutter-Silage															
Kleegras	20,1	18,0	3,6	1,9	4,7	7,8	63	71	67	32	76	1,8	124	546	2,28
Luzerne	17,0	14,6	3,4	1,4	4,6	5,2	58	82	51	28	70	2,0	94	414	1,73
Mais	24,3	22,4	2,0	0,5	7,6	12,7	56	79	96	24	69	1,3	133	585	2,45
Melde	13,7	10,4	3,1	0,6	2,2	4,5	75	89	64	52	77	2,8	83	365	1,53
Wurzeln, Knollen															
Futterrüben	14,6	13,6	1,0	0,1	0,9	11,6	94	66	80	100	96	0,4	129	568	2,38
Kartoffeln, eingesäuert	25,0	23,8	2,0	0,1	0,8	20,9	95	78	85	83	97	1,1	227	999	4,18
Kartoffeln, gedämpft	25,0	23,5	2,3	0,1	0,8	20,3	94	68	85	83	98	1,1	223	981	4,11
Karotten	12,3	11,4	1,4	0,1	1,2	8,7	92	86	79	56	98	0,6	106	466	1,95
Kohlrüben	13,1	12,4	1,3	0,1	1,2	9,8	97	89	83	100	98	0,4	122	537	2,25
Möhren	12,3	–	1,4	0,1	1,2	8,7	–	86	79	56	98	1,2	106	466	1,95
Rutabaga	13,1	–	1,3	0,1	1,2	9,8	–	89	83	104	100	1,2	124	546	2,28
Sellerie	5,6	–	0,9	0,1	0,8	2,5	–	77	91	93	99	0,7	41	180	0,76
Sellerie	5,6	4,3	0,9	0,1	0,8	2,5	93	77	91	93	99	0,4	41	180	0,76
Süßkartoffeln	41,9	–	1,8	0,3	1,0	37,9	–	44	76	94	94	0,8	380	1672	7,00
Topinambur-Knollen	19,0	17,8	1,5	0,2	1,2	14,9	96	72	100	100	98	0,9	173	761	3,19
Wasserrüben	8,2	7,4	1,0	0,1	1,1	5,2	95	91	100	82	98	0,4	71	312	1,31
Weiße Rübe	8,2	–	1,0	0,1	1,1	5,2	–	91	103	82	101	0,9	73	321	1,34

* vgl. S. 128 ** umsetzbare Energie = –7 %

Tab. 22. (Fortsetzung)

Futtermittel	T S	Rohnährstoffe in % des Futtermittels					Verdaulichkeit in %					Ver-dau-liches Eiweiß	TDN* je kg Futter-mittel	Verdauliche** Energie	
		org. Sub.	Roh-ei-weiß	Roh-fett	Roh-faser	N-freie Extrakt-stoffe	org. Sub.	Roh-ei-weiß	Roh-fett	Roh-faser	N-freie Extrakt-stoffe				
	%	%	%	%	%	%	%	%	%	%	%	%	g	kcal	MJ
Körner und Samen															
Buchweizen	85,2	–	10,4	2,3	10,8	60,0	–	72	95	17	89	7,5	679	2988	12,51
Gerste	86,1	83,4	9,9	2,1	5,0	66,4	85	75	89	28	91	7,1	736	3238	13,56
Hafer	88,2	85,0	10,5	4,9	11,1	58,5	72	81	92	19	79	8,1	672	2957	12,38
Hafer	87,9	–	10,9	4,2	10,6	58,9	–	79	98	2	79	8,6	646	2842	11,90
Mais	86,8	85,3	10,1	3,9	2,1	69,2	90	81	92	45	92	7,6	810	3564	14,92
Mais	86,0	–	10,0	3,6	2,1	68,9	–	84	93	46	92	8,4	804	3538	14,81
Milokorn	93,5	–	12,1	2,8	1,9	75,0	–	72	96	103	91	8,7	848	3731	15,62
Roggen	85,9	–	9,7	1,4	2,1	70,9	–	79	82	54	93	7,7	774	3406	14,26
Roggen	85,7	83,9	11,5	1,6	2,1	68,7	87	69	81	25	92	7,4	747	3287	13,76
Weizen	85,3	83,6	12,1	1,9	2,0	67,6	92	83	92	28	95	9,1	788	3467	14,52
Baumwollsaatmehl	90,0	–	40,7	2,1	12,6	31,8	–	–	–	–	–	34,5	670	2948	12,34
Erbsen, gelb	89,9	87,2	23,4	0,8	4,9	58,1	88	84	72	33	94	18,7	772	3397	14,22
Erbsen, grün	91,1	88,7	24,3	0,9	5,3	58,2	91	90	87	53	95	20,8	818	3599	15,07
Erdnußkernmehl	92,0	–	49,9	2,4	10,5	28,5	–	–	–	–	–	45,2	900	3960	16,58
Lupinen	87,0	83,3	32,0	3,7	16,0	31,6	71	94	84	35	65	28,2	634	2790	11,68
Sojabohnen	93,2	88,1	40,9	17,1	5,6	24,5	87	88	95	35	91	32,4	976	4308	18,04
Sojabohnen	93,2	–	40,9	17,1	5,6	24,5	–	88	96	85	91	35,9	1001	4404	18,44

Gewerbliche Abfälle und Produkte															
a) Müllerei															
Gerstenkleie	94,0	87,5	9,3	3,2	18,1	56,8	44	72	82	5	50	6,7	419	1844	7,72
Haferfuttermehl	85,8	82,4	12,6	3,5	7,9	58,4	75	84	96	20	79	9,9	660	2904	12,16
Maisgries	86,6	85,5	9,0	3,0	2,3	71,2	91	77	87	42	94	6,7	808	3555	14,88
Roggenkleie	88,0	83,9	14,1	3,7	6,3	59,8	74	80	91	26	76	10,2	661	2908	12,18
Weizenkleie	89,6	–	16,7	3,9	10,5	51,6	–	83	77	24	65	13,9	570	2508	10,50
Weizenkleie, grob	88,4	82,4	15,1	3,8	10,8	52,7	65	75	73	27	69	10,4	570	2508	10,50
b) Ölkuchen und Extraktionsschrote															
Baumwollsaatkuchen	93,3	86,4	39,7	6,6	13,3	26,8	68	84	99	31	56	32,1	675	2970	12,43
Baumwollsaatkuchen	93,3	–	39,7	6,6	13,3	26,8	–	84	99	31	56	33,1	673	2961	12,40
Erdnußkuchen	90,0	83,5	42,8	7,7	5,5	27,5	91	91	100	49	96	37,6	858	3775	15,81
Erdnußkuchen	94,0	–	42,8	7,7	4,4	32,6	–	91	101	49	96	39,0	905	3982	16,67
Hanfsaatkuchen	87,0	79,1	29,3	9,3	27,7	12,8	41	78	92	9	3	21,7	343	1509	6,32
Kokoskuchen	88,0	82,5	21,3	8,5	14,8	37,9	87	96	99	45	95	19,9	825	3630	15,20
Leinextraktionsschrot	90,0	–	35,0	1,6	8,9	38,4	–	–	–	–	–	30,4	680	2992	12,53
Leinkuchen	88,3	82,4	33,3	6,8	8,2	34,1	78	87	97	23	78	28,5	726	3194	13,37
Leinkuchen	89,2	–	36,8	4,0	7,8	35,2	–	86	99	21	81	31,8	710	3124	13,08
Mohnsaatkuchen	88,0	76,6	32,8	11,4	12,2	20,2	69	82	100	25	57	25,6	677	2979	12,47
Palmkernkuchen	90,3	86,3	17,7	8,6	23,8	36,2	79	93	98	64	78	16,0	793	3489	14,61
Palmkernkuchen	89,5	–	16,9	12,0	17,4	39,0	–	93	98	64	78	15,7	842	3705	15,51
Rapskuchen	90,0	83,3	30,2	8,6	12,0	32,2	72	79	85	40	73	20,7	690	3036	12,71
Rapskuchen	89,4	–	29,9	8,5	11,9	32,1	–	79	85	40	73	23,6	685	3014	12,62
Senfsaatextraktions-schrot	94,2	87,7	40,8	0,7	10,1	36,1	76	75	100	32	87	30,8	672	2957	12,38
Senfsaatextraktions-schrot	90,4	81,6	36,2	0,8	8,9	35,7	82	81	100	25	97	26,2	680	2992	12,53
Senfsaatkuchen	90,0	83,5	34,0	10,1	7,9	31,5	76	80	100	25	76	24,0	763	3357	14,06
Sesamkuchen	94,5	81,3	39,4	8,7	6,7	26,5	86	91	100	45	84	33,0	811	3568	14,94
Sesamkuchen	94,5	–	39,4	8,7	6,7	26,5	–	91	101	73	84	35,8	834	3670	15,36

* vgl. S. 128 ** umsetzbare Energie = –7 %

Tab. 22. (Fortsetzung)

Futtermittel	T S	Rohnährstoffe in % des Futtermittels					Verdaulichkeit in %					Ver-dau-liches Eiweiß	TDN* je kg Futter-mittel	Verdauliche** Energie	
		org. Sub.	Roh-ei-weiß	Roh-fett	Roh-faser	N-freie Extrakt-stoffe	org. Sub.	Roh-ei-weiß	Roh-fett	Roh-faser	N-freie Extrakt-stoffe				
	%	%	%	%	%	%	%	%	%	%	%	%	g	kcal	MJ
Sojaextraktionsschrot	88,3	81,8	45,5	0,8	6,5	29,0	86	89	74	45	90	39,0	709	3119	13,06
Sojakuchen	90,7	85,0	43,5	4,6	6,0	28,9	88	90	96	52	96	38,1	802	3529	14,77
Sojakuchen	90,7	–	45,5	4,6	5,0	29,9	–	90	96	52	96	40,8	821	3612	15,12
Sonnenblumen-extraktionsschrot	90,4	82,5	38,1	1,5	18,2	24,7	68	91	100	16	68	32,6	578	2543	10,65
Sonnenblumenkuchen	90,0	85,0	30,5	12,5	13,3	28,7	67	86	95	14	60	24,3	726	3194	13,37
Sonnenblumenkuchen	91,5	–	30,7	9,5	19,4	25,8	–	86	79	14	45	26,3	579	2548	10,67
Kokoskuchen	88,0	–	21,8	13,5	14,4	33,0	–	96	99	89	95	20,9	959	4220	17,67
c) Übrige gewerbliche Abfälle und Produkte															
Abfallkleie	87,6	80,0	14,5	4,0	13,5	48,0	59	82	80	30	59	11,9	518	2279	9,54
Abfallkleie	90,8	83,7	15,0	4,8	12,5	51,6	63	80	82	35	61	12,1	568	2499	10,46
Biertreber, getrocknet	94,3	91,3	25,5	7,0	16,2	42,6	57	85	81	21	49	20,4	590	2596	10,87
Biertreber, getrocknet	94,3	–	28,7	5,8	16,2	40,6	–	85	81	21	49	24,3	582	2561	10,72
Birnentrester, getrocknet	88,9	87,3	4,0	2,1	29,3	51,9	39	60	52	19	53	2,4	380	1672	7,00
Diffusionsschnitzel, getrocknet	88,9	82,5	9,0	0,9	15,2	57,4	82	66	87	42	95	3,6	687	3023	12,66
Kartoffelflocken	89,0	80,5	6,8	0,4	0,9	72,4	91	60	41	67	95	3,2	736	3238	13,56
Kartoffelpülpe, trocken	89,2	86,0	3,6	0,4	17,0	65,0	81	75	75	58	87	2,6	693	3049	12,77
Sägemehl, frisch	49,8	49,6	0,5	2,2	37,2	9,7	12	–	78	6	18	–	81	356	1,49
Zuckerrübenschnitzel, getrocknet	88,5	–	8,3	0,3	21,8	55,5	–	48	52	72	92	4,0	709	3120	13,06

Futtermittel tierischer Herkunft															
Vollmilch	12,2	–	3,1	3,7	–	4,6	–	100	95	–	94	3,1	155	682	2,86
Vollmilch	12,3	11,5	3,4	3,5	–	4,6	96	100	95	–	94	3,4	154	678	2,84
Magermilch	9,7	8,9	4,0	0,2	–	4,7	98	98	92	–	99	3,9	90	396	1,66
Trockenmagermilch	94,8	86,4	33,8	0,8	–	51,8	99	98	92	–	99	33,1	861	3788	15,86
Trockenvollmilch	96,0	–	25,2	26,7	0,2	38,3	–	–	–	–	–	25,4	1180	5192	21,74
Fischmehl	90,0	63,1	60,4	1,8	–	0,9	75	75	100	–	48	41,3	499	2196	9,19
Verschiedenes															
Brot mit 50 % Kleie	91,6	87,9	13,6	2,4	4,3	67,7	86	81	92	21	90	11,0	777	3419	14,31
Brot, getrocknet	95,6	–	15,8	2,5	0,3	73,5	–	95	99	–	101	15,0	949	4176	17,48
Brotabfälle, getrocknet	95,6	91,9	15,0	2,5	2,4	72,0	92	91	96	21	95	11,4	881	3876	16,23
Eicheln, getrocknet	85,0	82,9	4,3	3,7	8,2	66,7	61	60	96	–	71	2,6	581	2556	10,70
Futterzellulose	92,8	92,6	0,3	1,3	77,4	13,7	36	–	90	38	20	–	348	1531	6,41
Kartoffelmehl	86,9	83,8	6,6	0,3	3,2	73,7	87	42	66	91	91	1,6	732	21	13,48
Trockenhefe	89,5	80,5	44,8	1,4	4,8	29,5	74	83	71	–	72	32,9	607	2671	11,18

* vgl. S. 128 ** umsetzbare Energie = –7 %

aber sowohl das Energieangebot als auch das Eiweißangebot zu gering (Fehlbetrag über 1 MJ sowie 40 bis 50 g verdauliches Protein). Der Rohfasergehalt liegt mit etwa 7 % recht niedrig und müßte mit Heu bzw. Stroh zur freien Aufnahme aufgebessert werden.

Aus diesem Beispiel geht hervor, daß die Futterberechnung nicht auf das Komma genau durchzuführen ist. Die Futtermittel schwanken zudem in ihrer Qualität beträchtlich. Wie beim Gras von Wiese oder Weide anhand der Tabellenangaben zu sehen ist, machen die Abweichungen bis zu 30 % und mehr aus. Berücksichtigt man, daß das Kaninchen ein ausgesprochener Abfallverwerter ist, so stellt sich die Frage, ob es überhaupt sinnvoll ist, Futterberechnungen für Kaninchen anzustellen. Da heute zum überwiegenden Teil Fertigfuttermischungen verfüttert werden, wird solchen rechnerischen Bewertungen oft die Grundlage entzogen. Angebracht und sinnvoll sind Futterberechnungen aber zweifellos in der gewerblichen Kaninchenhaltung bei kombinierter Fütterung und annähernd gleichbleibenden Rationen.

Gewisse Grundkenntnisse in der Zusammenstellung von Rationen sollten aber auch beim Hobbyhalter vorhanden sein. Sie sind für die Beurteilung einzelner Rationen recht nützlich. Es kann der Nährstoffgehalt der Ration einmal nachgerechnet und gegebenenfalls korrigiert werden. Eine ständige rechnerische Verarbeitung der wechselnden Rationen in der Kaninchenfütterung vorzunehmen, würde aber zu weit gehen und wäre beispielsweise für den Rassekaninchenzüchter ohne erkennbaren Nutzen.

6.7 Fütterungstechnik

Das Zusammenstellen und Anbieten nährstoffkonformer Rationen reicht allein nicht aus, um eine tiergerechte Fütterung zu gewährleisten. Das Futter kann in verschiedenen Zubereitungsformen dargereicht werden. Die Futtermenge bzw. die Aufteilung in verschiedene Mahlzeiten spielt eine Rolle und nicht zuletzt sind die Fütterungszeiten von Bedeutung, denn Kaninchen entwickeln tagesperiodische Rhythmen ihrer Verdauungstätigkeit.

6.7.1 Futterzubereitung

Die Zubereitungsart oder der Zustand des Futters haben zweifellos auf die Futteraufnahme und Verdaulichkeit einen Einfluß und stellen einen nicht zu unterschätzenden Faktor bei der Fütterung dar, sofern nicht ausschließlich Handelsmischfutter die Futtergrundlage bildet. In der Mehrzahl der Kaninchenhaltungen ist dies nicht der Fall. Der gewissenhafte Tierhalter wird schon allein aus dem Verständnis für seine Tiere bemüht sein, das Futter nach Möglichkeit so anzubieten, daß ein normaler Verzehr sichergestellt ist. Das fängt bereits beim sauberen Zustand des Futters an, was eine Selbstverständlichkeit sein sollte. Wie schon erwähnt, eignet sich staubiges Gras vom Straßenrand ebenso wenig wie erdbeschmutzte Kartoffelschalen. Faules oder schimmliges Futter ist zu vermeiden, was ebenso für gesäuertes oder gefrorenes Futter gilt.

Andererseits braucht die Sorgfalt nicht übertrieben zu werden. Das gilt auch für das Zerkleinern von Futterstoffen. Das Kaninchen ist fähig, sein Futter selbst zu zerkleinern, was es sicherlich auch gern tut. Vorschneiden ermöglicht allerdings eine Vermischung von schmackhaftem mit weniger beliebtem Futter. Mit dem Zerkleinern von sperrigem Gut kann dem Verstreuen von Futter vorgebeugt werden. Der Verdauungseffekt wird durch das Vorschneiden der Nahrung nicht erhöht.

Kochen, Brühen oder Dämpfen ist im allgemeinen nicht notwendig. Es kostet unnötige Energie. Das Kaninchen ist ein ausgesprochener „Rohköstler" und bedarf derartig aufbereiteter Mahlzeiten in der Regel nicht. Auch Kartoffeln brauchen nicht gekocht zu werden, obwohl sie in der Praxis meistens in gekochter Form angeboten werden. Im allgemeinen ist von einer höheren Verdaulichkeit gekochter Kartoffeln auszugehen, da den Verdauungssäften die Arbeit erleichtert wird. Die Unterschiede sind aber beim Kaninchen nicht sonderlich hoch, so daß sich für den Hobbyzüchter keine nennenswerten Vorteile bieten.

Falls eingesäuert werden soll, was zur Zeit weniger gebräuchlich ist, müssen Kartoffeln jedoch gedämpft bzw. gekocht werden. Die Einsäuerung (Silierung) der zuvor gequetschten, festgestampften und möglichst abgekühlten Kartoffeln erfolgt selbständig unter Luftabschluß ohne jegliche Zusätze. Auf die Verdaulichkeit hat der Siliervorgang keinen Einfluß.

Einweichen und Anfeuchten von Futtermitteln ist im allgemeinen nicht notwendig. Falls es gilt, mehlige Bestandteile zu binden, ist die Zugabe von Wasser bis zum feucht-krümeligen Zustand vorzunehmen.

6.7.2 Futterzuteilung und Futtermenge

Bei Verfütterung leicht verderblicher oder nicht mehr ganz frischer Futterstoffe ist auf jeden Fall zu vermeiden, größere Mengen auf einmal zu verabreichen. Restmengen werden verschmutzt, gehen somit verloren und sind zudem eine unhygienische Angelegenheit.

Während der warmen Jahreszeit haben die Tiere die Angewohnheit, sich auf das kühlere Grünfutter zu legen. Das Futter wird dabei zusätzlich erwärmt, und es können sich sehr schnell die ersten Anzeichen von Gärung bemerkbar machen. In diesem Zusammenhang sei darauf hingewiesen, daß Grünfutter auch während der Aufbewahrung nicht im geschlossenen Behältnis oder Sack verbleiben sollte, sondern locker auszubreiten ist, damit es auskühlen kann. Mehrere Einzelfütterungen sind deshalb angebracht, sofern kein pelletiertes Fertigfutter zur freien Aufnahme zur Verfügung steht. In diesem Falle stellt sich eher die Frage nach Reduzierung des Futterangebotes, da die Tiere von dem nährstoffreichen Fertigfutter in der Regel mehr aufnehmen als tatsächlich benötigt wird, was zu unnötigem Futterverbrauch und Verfettung der Tiere führt. Bei Häsinnen wirkt sich letzteres auf die Fruchtbarkeit negativ aus. Auch während der Trächtigkeit sollten Häsinnen nicht zu stark gefüttert werden. Verhaltene Fütterung übt jedenfalls keinen negativen Einfluß auf die Wurfgröße aus. Mit zunehmender Milchleistung muß dem erhöhten Bedürfnis an Nährstoffen Rechnung getragen werden.

Von den einzelnen Fertigfuttermittelherstellern wurden Fütterungsempfehlungen ausgearbeitet, die für die rationelle Fütterung eine wesentliche Hilfe darstellen. In den Abb. 30 bis 32 werden als Orientierungshilfe drei Fütterungsprogramme eines bekannten Herstellers von Kaninchenfutter gegeben, die sowohl in der Rassekaninchenzucht als auch in der Jungkaninchenmast mit sofortiger und verzögerter Wurffolge anwendbar sind. Der angeführte Absetzzeitpunkt in der 7. Woche ist allerdings recht spät und ohne Vorteil. Eine Vorverlegung um 1 bis 2 Wochen erscheint empfehlenswert.

Die dazugehörenden Daten über den Futterverbrauch sind den Tab. 23 und 24 zu entnehmen.

Im Fütterungsprogramm, wie es in Abb. 30 aufgezeichnet ist, steht den Tieren Zuchtfutter zur freien Aufnahme zur Verfügung. Die Zuteilung einzelner Mahlzeiten entfällt. Allerdings ist darauf zu achten, daß während der Trächtigkeit keine Verfettung und Übergewicht auftreten, was sich nachteilig auf die Fruchtbarkeit auswirkt. Gegebenenfalls sind Fastentage einzulegen, an denen nur Stroh und Heu verabreicht werden. In der Säugezeit steigt aber der Futterbedarf stark an. Während die Häsin mit beispielsweise 8 Jungtieren in den ersten 4 Wochen der Säugezeit täglich etwa 350 bis 450 g Zuchtfutter benötigt, erreicht der Gesamtverbrauch bei mittelschweren Rassen in der 6. Woche 800 bis 900 g pro Tag.

Als Richtwerte können bei der Verfütterung von Zuchtfutter an mittelschwere Rassen etwa folgende Tageswerte zugrundegelegt werden:

– niedertragende Häsin	120–160 g
– hochtragende Häsin	150–200 g
– säugende Häsin	
bis 3. Woche nach Wurf	230–450 g
4. bis 6. Woche nach Wurf	450–900 g
– Zuchtrammler (je nach Beanspruchung)	120–200 g
– Jungtiere, 7. bis 12. Woche	100–150 g
– Zuchttiere, heranwachsende	90–140 g

Bei der Futterzuteilung kann man etwa 30 bis 40 g Zuchtfutter je kg Lebendgewicht zugrunde legen. Das Gewicht vorhandener Jungtiere ist mitzurechnen.

Stehen Grünfutter, Heu, Rüben oder Küchenabfälle sowie anderes Wirtschaftsfutter zur Verfügung, so bietet sich die kombinierte Fütterung an. Zweckmäßigerweise wird soviel Grundfutter in zwei Mahlzeiten angeboten, wie in einer halben Stunde gefressen wird. Eine einmalige Verabreichung von Grundfutter am späten Nachmittag oder Abend ist ebenfalls möglich, obgleich das Kaninchen an sich viele und damit relativ kleine Mahlzeiten abhält. Nicht gefressenes Futter sollte vor der nächsten Fütterung entfernt werden. An Zuchtfutter erhalten die Tiere, gleichgültig welchen Geschlechts oder Alters, bei der kombinierten Fütterung etwa 100 g zugeteilt (etwa 20 g pro kg Körpergewicht). Dabei ist es kein Fehler, wenn man säugenden Häsinnen oder im Wachstum befindlichen Jungtieren einen 30%igen Zuschlag gewährt. Man verwendet zur Futterzuteilung am besten ein zuvor markiertes Schöpfgefäß, beispielsweise eine Konservendose passender Größe.

Tab. 23. Orientierungsdaten zum Fütterungsprogramm für Mastkaninchen bei Sofortpaarung.

Mastabschnitt	∅ Verzehr an Mastpellets je Tag	∅ Gewicht je Jungtier	∅ Futterverzehr für Häsin und Junge bis zum Zeitpunkt	∅ Futterverwertung für Häsin und Junge	∅ tägl. Zunahme je Jungtier
1. Säugewoche	200 g für 1 Häsin und 8 Junge		1,4 kg		10 g
2. Säugewoche	350 g für 1 Häsin und 8 Junge		3,9 kg		10–15 g
3. Säugewoche	450 g für 1 Häsin und 8 Junge	0,3–0,4 kg	7,1 kg		20–25 g
4. Lebenswoche	350 g für 8 Junge ohne Häsin	0,5–0,7 kg	9,6 kg		25–30 g
5. Lebenswoche	400 g für 8 Junge ohne Häsin	0,7–1,0 kg	12,4 kg	1,6–2,0 : 1	40–45 g
6. Lebenswoche	550 g für 8 Junge ohne Häsin	0,9–1,3 kg	16,3 kg	1,7–2,1 : 1	40–45 g
7. Lebenswoche	700 g für 8 Junge ohne Häsin	1,2–1,6 kg	21,2 kg	1,8–2,2 : 1	40–45 g
8. Lebenswoche	800 g für 8 Junge ohne Häsin	1,5–1,9 kg	26,8 kg	1,9–2,3 : 1	40–45 g
9. Lebenswoche	900 g für 8 Junge ohne Häsin	1,8–2,2 kg	33,1 kg	2,0–2,4 : 1	40–45 g
10. Lebenswoche	1000 g für 8 Junge ohne Häsin	2,1–2,5 kg	40,1 kg	2,1–2,5 : 1	30–35 g
11. Lebenswoche	1100 g für 8 Junge ohne Häsin	2,3–2,7 kg	47,8 kg	2,3–2,7 : 1	30–35 g
12. Lebenswoche	1200 g für 8 Junge ohne Häsin	2,5–2,9 kg	56,0 kg	2,6–3,0 : 1	30–35 g

Kaninchenzucht, Kaninchenmast (deuka-Informationsschrift)

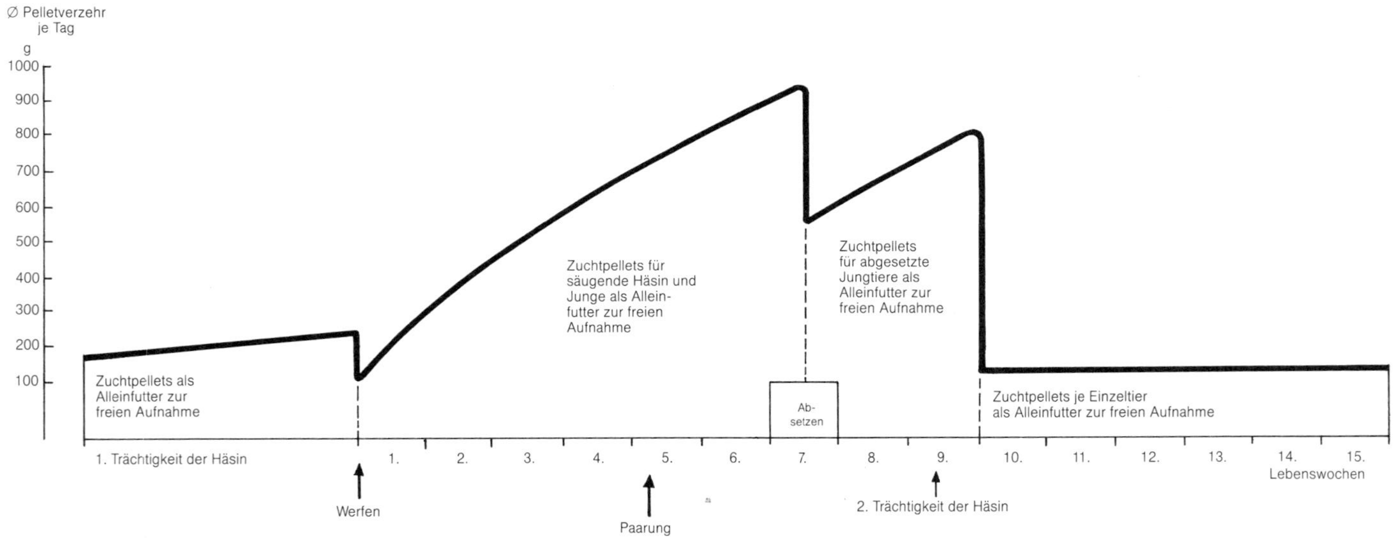

Abb. 30. Fütterungsprogramm mit Zuchtpellets für Rassekaninchen, Häsin mit 8 Jungtieren mittelschwerer Rasse (Deutsche Kraftfutter GmbH).

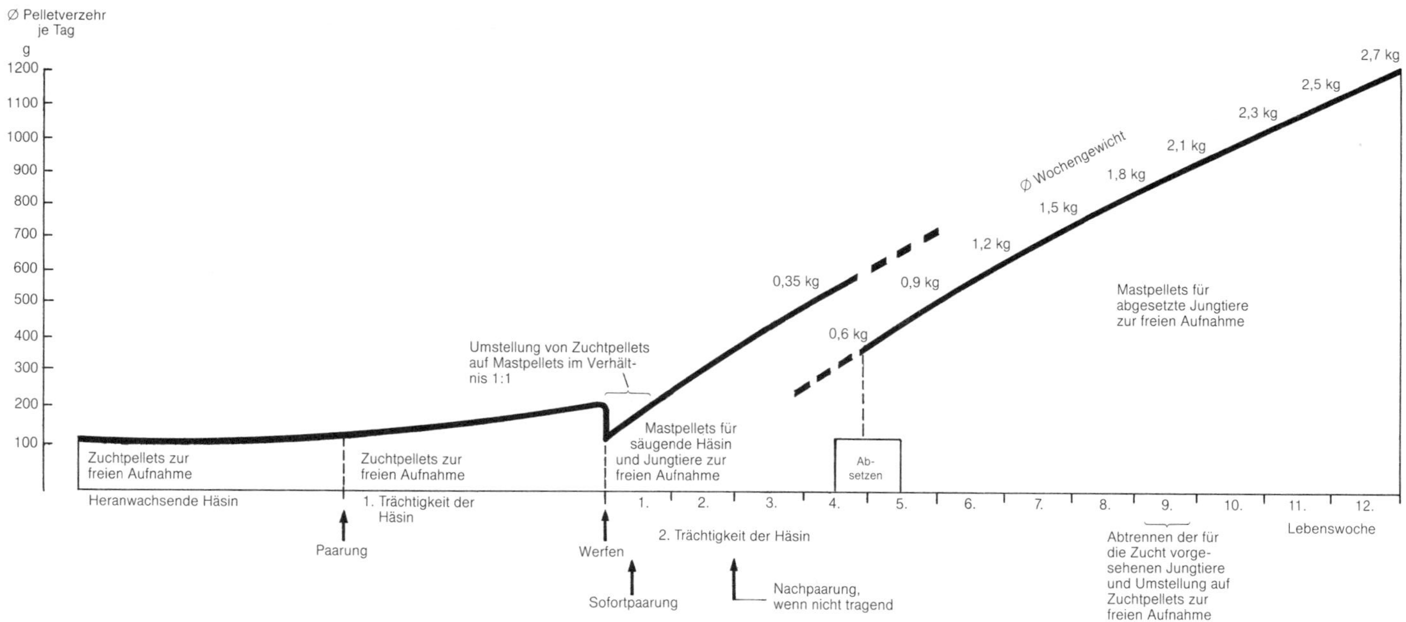

Abb. 31. Fütterungsprogramm mit Mastpellets für Mastkaninchen bei Sofortpaarung und Frühabsetzen, Häsin mit 8 Jungtieren (Deutsche Kraftfutter GmbH).

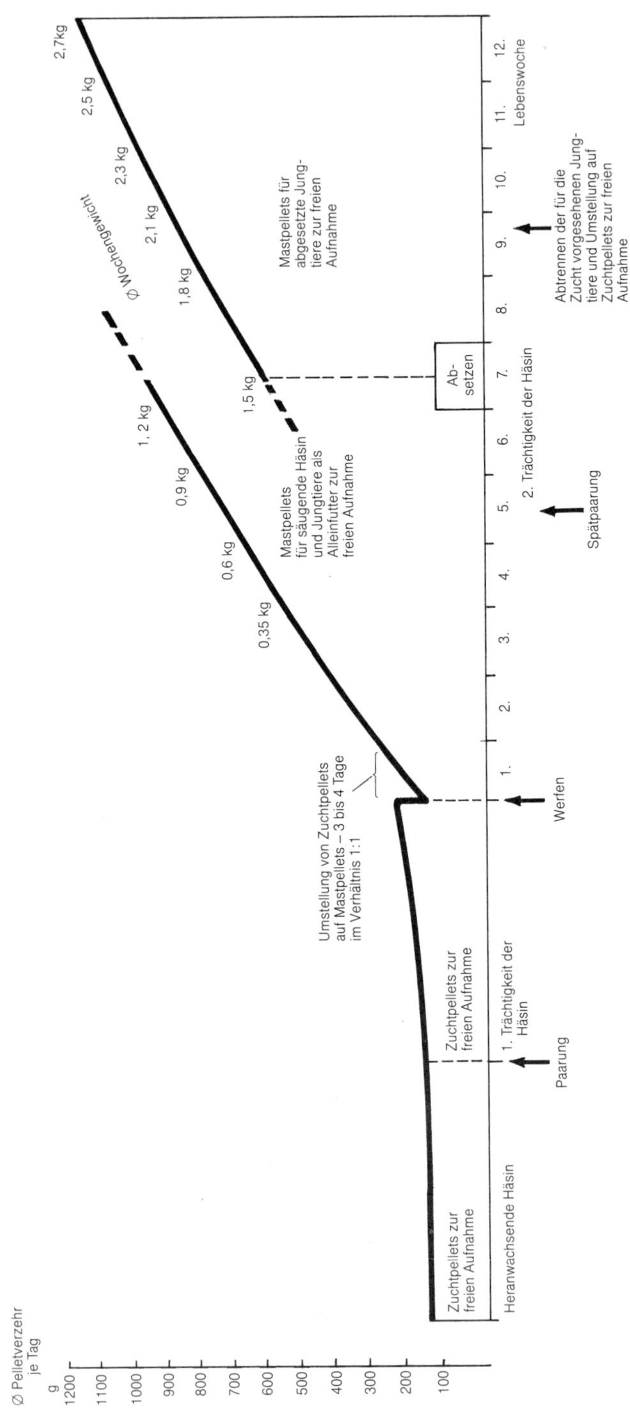

Abb. 32. Fütterungsprogramm mit Mastpellets für Mastkaninchen bei Spätpaarung und Spätabsetzen, Häsin mit 8 Jungtieren (Deutsche Kraftfutter GmbH).

Tab. 24. Orientierungsdaten zum Fütterungsprogramm für Mastkaninchen bei Spätpaarung.

Mastabschnitt	Ø Verzehr an Mastpellets je Tag	Ø Gewicht je Jungtier	Ø Futterverzehr für Häsin und Junge bis zum Zeitpunkt	Ø Futterverwertung für Häsin und Junge	Ø tägl. Zunahme je Jungtier
1. Säugewoche	200 g für 1 Häsin und 8 Junge		1,4 kg		10 g
2. Säugewoche	350 g für 1 Häsin und 8 Junge		3,9 kg		10–15 g
3. Säugewoche	450 g für 1 Häsin und 8 Junge	0,3–0,4 kg	7,1 kg		20–25 g
4. Säugewoche	550 g für 1 Häsin und 8 Junge	0,5–0,7 kg	11,0 kg		30–40 g
5. Säugewoche	700 g für 1 Häsin und 8 Junge	0,7–1,0 kg	15,9 kg		40–45 g
6. Säugewoche	900 g für 1 Häsin und 8 Junge	0,9–1,3 kg	22,2 kg		40–45 g
7. Lebenswoche	750 g für 8 Junge ohne Häsin	1,2–1,6 kg	27,5 kg		40–45 g
8. Lebenswoche	800 g für 8 Junge ohne Häsin	1,5–1,9 kg	33,1 kg	2,2–2,6 : 1	40–45 g
9. Lebenswoche	900 g für 8 Junge ohne Häsin	1,8–2,2 kg	39,4 kg	2,3–2,7 : 1	40–45 g
10. Lebenswoche	1000 g für 8 Junge ohne Häsin	2,1–2,5 kg	46,4 kg	2,4–2,8 : 1	30–35 g
11. Lebenswoche	1100 g für 8 Junge ohne Häsin	2,3–2,7 kg	54,1 kg	2,6–3,0 : 1	30–35 g
12. Lebenswoche	1200 g für 8 Junge ohne Häsin	2,5–2,9 kg	62,5 kg	2,8–3,2 : 1	30–35 g

Kaninchenzucht, Kaninchenmast (deuka-Informationsschrift)

Da die Wirtschaftlichkeit der Kaninchenhaltung in hohem Maße von der Anzahl der pro Häsin erzeugten Mastkaninchen abhängig ist, wird heutzutage in gewerblichen Haltungen häufig das Decken bereits 1 bis 2 Tage nach dem Werfen und das Absetzen der Jungtiere im 4-Wochen-Alter praktiziert. Dies stellt besonders hohe Anforderungen an die Ernährung der Häsin, da sich Säugezeit und Trächtigkeit überschneiden (Abb. 31 und Tab. 23).

Um eine optimale Nährstoffversorgung bei hohen Leistungen zu gewährleisten, wird im Fütterungsprogramm nach Abb. 31 ein spezielles Mastfutter verabreicht.

Bei Mastpellets handelt es sich um energiereicheres Futter, das bei entsprechend guter erblicher Veranlagung der Tiere höhere Fleisch- und Milchleistungen erlaubt. Mit der Verfütterung dieses Futtertyps beginnt man nach dem Werfen. Wie bei jeder Futterumstellung wird der Wechsel nicht abrupt vorgenommen, sondern beide Futtermittel werden einige Tage im Gemisch angeboten. Bezüglich der verzehrten Futtermengen bestehen zum Zuchtfutter keine nennenswerten Unterschiede. Wegen des höheren Energiegehaltes wird man aber die Tiere hinsichtlich ihres Fettansatzes sorgfältig beobachten. Auch die Prüfung auf Trächtigkeit kann vorgenommen werden (abtasten). Bei drohender Verfettung empfiehlt sich, Fastentage einzuführen, was auch bei der Verfütterung der energieärmeren Zuchtpellets angebracht sein kann. Angeboten wird nur Heu und Stroh. Dieses Vorgehen ist in der Praxis bequemer als das tägliche Abwiegen bzw. Zuteilen der Rationen. Ferner bietet sich die Möglichkeit der Futterzeitbeschränkung an. Nach vorher festzulegenden Zeiten wird insgesamt täglich nur während fünf Stunden Futter angeboten. Bei Häsinnen, die ihre Jungen gut säugen, ist eine Verfettung nicht zu befürchten. Säugenden Häsinnen die Tagesration zu beschneiden, würde sich sofort negativ auf die Milchleistung auswirken; deshalb ist davon abzuraten.

Besteht wie in der Hobbyhaltung keine Notwendigkeit zu permanenter Zuchtbenutzung oder ergeben sich Engpässe im Platzangebot, so können die Jungtiere 6 Wochen bei der Mutter verbleiben, was für sie vorteilhafter sein kann. Darüber hinausgehende Säugezeiten sind nicht zu empfehlen. Die Häsin wird dann etwa 5 Wochen nach dem Werfen erneut dem Rammler zugeführt. Das hierfür zu verwendende Fütterungsprogramm stimmt weitgehend mit dem zuvor beschriebenen überein (Abb. 32 und Tab. 24). Auch die erzielten Mastleistungen weichen praktisch nicht wesentlich voneinander ab. Die Jahresleistung an aufgezogenen Jungtieren ist jedoch niedriger.

Trotz guter Planung kommt es in der Praxis aber immer wieder zu hohen Jungtierverlusten, die offensichtlich in ursächlichem Zusammenhang mit hochverdaulichem Futter stehen. Eine besonders kritische Phase ist die Zeit nach dem Absetzen von der Mutter. Die Jungtiere sind nach der in wenigen Tagen erfolgten Umstellung auf Festfutter noch nicht imstande, ausreichende Mengen von Verdauungsenzymen zu liefern. Vor allem durch die großen Mengen an Kohlenhydraten und pflanzlichen Proteinen entsteht eine erhebliche Stoffwechselbelastung. Wichtig ist deshalb die Zufütterung von Heu. Die einseitige Fütterung mit energiereichem Mastfutter ohne Mengenbeschränkung führt häufig zu Verdauungsstörungen. Knappe Futterzuteilungen während der Umstellung auf

Festfutter führen zwar zu niedrigeren Tageszunahmen der Jungen, setzen die Verluste aber deutlich herab. Wie Versuche zeigten, können die Tagesrationen im Vergleich zur freien Aufnahme um 20 % reduziert werden. Anstatt 125 bis 130 g Alleinfutter während der Mastperiode werden nur reichlich 100 g verabreicht. Die Zahl der Magen- und Darmerkrankungen geht um etwa die Hälfte zurück. Die Futterverwertung ändert sich nicht, die Schlachtleistung bleibt etwa gleich, und die Mastdauer wird zwangsläufig etwas verlängert.

6.7.3 Fütterungszeiten

Regelmäßige Fütterungszeiten sollten nach Möglichkeit eingehalten werden. Ein Überfressen nach längeren Fütterungspausen und die Überladung des Magens ist jedoch nicht zu befürchten. Dies gilt ebenso für die Tränke. Bei rationierter Fütterung sollte deshalb wie schon oben erwähnt Heu oder Stroh zur freien Aufnahme zur Verfügung stehen. Diese bereits in älterer Literatur gegebene Empfehlung konnte durch neuere Untersuchungen gestützt werden. Das Kaninchen entwickelt einen inneren Rhythmus seiner Verdauungstätigkeit. Auch die Blutzuckerwerte weisen beispielsweise einen typischen Tagesverlauf auf. Unregelmäßige Futterzeiten können die eingespielten Abläufe empfindlich stören, was in geschmälerter Verdauungsleistung zum Ausdruck kommt. Deshalb ist weniger die Zahl der Mahlzeiten als die Regelmäßigkeit der Fütterung zu beachten.

Bei freier Nahrungswahl werden nachts bei ausgewachsenen Tieren die meisten Mahlzeiten eingenommen. Am Vormittag wird relativ wenig gefressen, während in den Nachmittagsstunden der Futterverzehr stark ansteigt. Am Abend ist mit einbrechender Dunkelheit ein Maximum in der Futteraufnahme festzustellen. Ein zweites Maximum ist vor dem Tagesanbruch zu registrieren. Diese Zweigipfeligkeit der Futteraufnahme ist auch bei den Wildkaninchen zu beobachten. Von diesem Sachverhalt ausgehend, wäre demnach abends die Hauptmahlzeit zu verabreichen. Während der kühleren Nachtstunden ist auch die Haltbarkeit leicht verderblichen Futters besser gewährleistet, was auch noch für viele geschlossene Stallungen zutrifft. Bei Jungtieren ist die Periodik der Nahrungsaufnahme weniger stark ausgeprägt, und die einzelnen Mahlzeiten sind gleichmäßiger über den gesamten Tag verteilt.

6.7.4 Fütterung von Angorakaninchen

Bei der Fütterung von Angorakaninchen ist auf einige Besonderheiten im Zusammenhang mit dem Wollkleid zu achten. Während der Jungtieraufzucht ist eine zu reichliche Fütterung zu vermeiden, was über Rationierung oder Fastentage erreicht werden kann. Geschorene Tiere haben allerdings für die Erhaltung der Körpertemperatur einen um etwa 40 bis 50 % höheren Futterbedarf, der zu berücksichtigen ist. Wegen der möglichen Verschmutzung der Wolle sollte man bei ungeschorenen Tieren darauf achten, daß faserige Futterstoffe nicht in das Körperhaar gelangen können. Das Ausbürsten des Wollkleides ist nämlich mit beträchtlichem Aufwand verbunden. Später können Futter-

und Einstreureste nicht mehr aus dem Haar entfernt werden, was zu deutlichen Qualitätsminderungen führt. Ein ständiges Rauhfutterangebot ist aber andererseits zu empfehlen, um die Tiere einerseits vom „Wollefressen" abzulenken und andererseits die Wiederausscheidung im Magen befindlicher Haare durch den höheren Anteil gröberer Futterpartikel im Nahrungsbrei zu unterstützen. Die aufgenommenen Haare setzen sich nämlich bei Verfütterung hochverdaulicher und sehr feiner Futterstoffe im Magen fest und bilden unverdauliche Haarknäuel, sogenannte Bezoare, die die Verdauungsleistung und vermutlich auch das Wohlbefinden in Mitleidenschaft ziehen. Nicht selten kommt es dadurch zu Verlusten. Starke Bezoare lassen sich übrigens durch Abtasten feststellen.

7 Haltung und Stallbauten

Dank des ruhigen Wesens und der Handlichkeit bereiten Unterbringung und Pflege einzelner Kaninchen wenig Umstände. Kaninchen verursachen keinen Lärm, und Geruchsbelästigungen im häuslichen Bereich treten erst dann auf, wenn Kot- und insbesondere Harnansammlungen in oder unter den Ställen ein gewisses Maß überschreiten. Einmal in der Woche ist deshalb über das übliche Entmisten hinaus eine gründlichere Reinigung vorzunehmen.

An die Stallungen werden an sich keine großen Anforderungen gestellt. Notfalls erfüllt eine umgebaute Holzkiste passender Größe voll ihren Zweck. In der Regel werden aber mehrere Tiere gehalten und dabei entstehen Probleme. Je nach Nutzungszweck und örtlichen Gegebenheiten bieten sich mehrere Haltungsverfahren an. Die Gruppenhaltung, d. h. die Haltung vieler Tiere in einer Stallbox oder auf dem Boden eines Raumes, ist für die gemeinsame Unterbringung beider Geschlechter nur bis zur Geschlechtsreife möglich. Bei der Rasse Weiße Neuseeländer wären das etwa 12 Wochen (bis zur Schlachtreife). Danach ist die Einzelhaltung in Käfigen angebracht, denn geschlechtsreife Böcke verwickeln sich in ständige Beißereien und Häsinnen werden öfter scheinträchtig, da gegenseitiges Aufspringen den Eisprung auslösen kann. Wegen der begrenzten Räumlichkeiten und aus arbeitstechnischen Gründen werden mehretagige Stallbauten bzw. Käfigplätze notwendig, und die Unterbringung wird komplizierter.

Nach dem Tierschutzgesetz, das auch für Kaninchen seine volle Gültigkeit hat, sind die Tiere so unterzubringen und zu betreuen, daß sie weder leiden noch sonstwie Schaden nehmen. Die Unterbringung muß demzufolge gewisse Mindestanforderungen erfüllen. Weiterhin sind Vorschriften rechtlicher Art zu berücksichtigen, wenn die Stallanlagen in Wohngebieten oder in Grenznähe zum Nachbargrundstück erstellt werden sollen. Erst wenn man sich vorher eingehend informiert, sind Fehlinvestitionen zu vermeiden und eine tiergerechte Unterbringung der Kaninchen sichergestellt. Funktionsfähige Anlagen werden dem Tierhalter zweifellos mehr Freude bereiten als Notlösungen, die zu ständigem Ärger Anlaß geben. Es bieten sich gewiß viele Lösungsmöglichkeiten an. Stall und Tier sind dabei nicht isoliert zu betrachten, sondern in ihrer wechselseitigen Beziehung zueinander. Jedes System hat seine Vor- und Nachteile.

7.1 Rechtliche Grundlagen

7.1.1 Tierschutz

Das Tierschutzgesetz vom 29. 7. 1972 fordert, daß dem Tier eine „angemessene artgemäße Nahrung und Pflege sowie eine verhaltensgerechte Unterbringung" gewährt wird. Letzteres – so wird im § 2 weiter ausgeführt – „darf das artgemäße Bewegungsbedürfnis eines Tieres nicht dauernd und nicht so einschränken, daß dem Tier vermeidbare Schmerzen oder Schäden zugefügt werden". Neuzeitliche Tierhaltungssysteme mit einstreuloser Haltung sind somit direkt angesprochen, denn zweifellos weichen dabei Fütterung und Bewegungsmöglichkeit von der Lebensweise in freier Wildbahn wesentlich ab. Andererseits können aber die Verhaltensmuster der Wildformen nicht als Maßstab zur Beurteilung von Ansprüchen domestizierter Haustiere gelten, deren Verhaltensinventar wesentliche Änderungen erfahren hat und die bestimmter Verhaltensweisen nicht mehr bedürfen. Der Gesetzgeber trägt dem Rechnung und gibt dem zuständigen Ministerium nach § 13 die Möglichkeit, bestimmte Mindestanforderungen festzulegen, die in Form besonderer Vorschriften Rechtsgültigkeit erlangen können. Für Kaninchen speziell liegen noch keine rechtsverbindlichen Auflagen vor. Es sollte deshalb im ureigensten Interesse der Kaninchenhalter liegen, daß die von ihnen praktizierte Art der Haltung keine berechtigten Ansatzpunkte zu massiver Kritik bietet. Dazu muß der Kaninchenhalter die notwendigen Ansprüche seiner Schützlinge kennen. Die folgenden Abschnitte vermitteln die nötigen Informationen für eine tiergerechte Haltung. Zuvor sollen öffentlich- und privatrechtliche Vorschriften kurz behandelt werden.

7.1.2 Öffentlich- und privatrechtliche Vorschriften

Die Kaninchenhaltung erfreut sich in ländlichen und städtischen Gebieten großer Beliebtheit. Seit altersher ist aber auch bekannt, daß es nicht so einfach ist, nach eigenem Gutdünken Tierställe aufzubauen und Tiere darin zu halten. Aus Rücksicht auf die Nachbarschaft bleibt es dem an der Kleintierzucht Interessierten vielfach versagt, Kaninchen oder anderes Kleinvieh zu halten. Auch in Kleingartenanlagen ist normalerweise das Halten von Haustieren nicht gestattet. Wenn es sich in jedem Falle um vorbildliche und ordentliche Stallanlagen handeln würde, fände man sicherlich mehr Gegenliebe. Möglicherweise ließen sich mit mustergültigen Anlagen neue Liebhaber sogar unter denen gewinnen, die der Kleintierhaltung in Wohngebieten eher skeptisch gegenüberstehen. Unansehnliche, aus Abfallmaterialien zusammengenagelte Verliese zwischen umherstehendem Gerümpel, wie es in der Vergangenheit leider vielfach anzutreffen war, liefern freilich genügend Gründe zur Ablehnung.

In der letzten Zeit entstanden in Stadtnähe und in den Dörfern zahlreiche rechtlich abgesicherte Gemeinschaftsanlagen, in denen eine ordnungsgemäße Tierhaltung, die auch den Erfordernissen des Tierschutzes genügt, gewährt ist. Ein großer Vorteil von Gemeinschaftsanlagen ist auch darin zu sehen, daß im

Krankheitsfall oder während des Urlaubs leicht eine Vertretung zu finden ist. Seit Handelsfutter in guter Qualität ausreichend zur Verfügung steht, ist die Kaninchenhaltung auch nicht mehr direkt an Gartenland gebunden. Wirtschaftsfutter kann zudem leicht herangeschafft werden.

Ist beabsichtigt, Kaninchen auf einem privaten Grundstück zu halten, so sind vorher rechtliche Gesichtspunkte zu prüfen. Zuerst ist bei der zuständigen Gemeinde- oder Stadtverwaltung zu klären, ob ein Bebauungsplan vorliegt und wie das betreffende Gebiet ausgeschrieben ist. Auf die Kleintierhaltung wird in mehreren Gesetzestexten Bezug genommen. Bebauungspläne, Auflagen der Gemeinden und die in diesem Zusammenhang zu nennende Baunutzungsverordnung sind jedoch keine selbständigen Rechtsvorschriften. Es verhält sich vielmehr so, daß die Baunutzungsverordnung, deren Rechtsgrundlage § 2 Abs. 8 Nr. 1 bis 3 des Bundesbaugesetzes ist, immer im Zusammenhang mit einem Bebauungsplan steht. § 9 Abs. 1 Nr. 1 des Bundesbaugesetzes regelt, daß der Bebauungsplan die Art und das Maß der baulichen Nutzung festlegt. Wie dies im einzelnen zu geschehen hat, ergibt sich aus der Baunutzungsverordnung. Nach § 1 Abs. 3 der Baunutzungsverordnung sind die in Abs. 2 bezeichneten Baugebiete festzusetzen. Mit der Festsetzung werden die Vorschriften der §§ 2 bis 14 der Baunutzungsverordnung Bestandteil des Bebauungsplanes.

Im einzelnen ergibt sich daraus folgendes:

a) In reinen Wohngebieten (§ 3 der Baunutzungsverordnung) ist die Kleintierhaltung nicht zulässig.
b) In allgemeinen Wohngebieten (§ 4 der Baunutzungsverordnung) kann sie ausnahmsweise unter Beachtung der näheren Regelungen nach Abs. 3 Nr. 6 der Baunutzungsverordnung zugelassen werden. Besondere Bedeutung hat der Absatz, der auf § 14 verweist, wonach untergeordnete Nebenanlagen und Einrichtungen zulässig sind, soweit sie der Eigenart des Baugebietes nicht widersprechen.

Zusammenfassend läßt sich feststellen, daß in reinen Baugebieten nach § 3 der Baunutzungsverordnung die Kleintierhaltung unzulässig ist. In allgemeinen Wohngebieten nach § 4 der Baunutzungsverordnung können durch Festsetzung im Bebauungsplan Ställe für Kleintierhaltung als Zubehör zu Kleinsiedlungen und landwirtschaftlichen Nebenerwerbstellen zugelassen werden. Untergeordnete Nebenanlagen und Einrichtungen der Kleintierhaltung sind darüber hinaus zulässig, wenn sie dem Nutzungszweck der im Baugebiet gelegenen Grundstücke oder des Baugebietes selbst dienen und seiner Eigenart nicht widersprechen. Im Bebauungsplan kann die Zulässigkeit der Nebenanlagen eingeschränkt oder ausgeschlossen werden (§ 14 Baunutzungsverordnung). Unberührt von den genannten gesetzlichen Grundlagen bleiben die allgemeinen Verbindlichkeiten sowie die Haftung des Tierhalters, der für seine Tierhaltung die Verantwortung trägt. Gehen Belästigungen von der Kaninchenhaltung aus, so haben Anwohner oder Nachbarn das Recht, dagegen vorzugehen. Zuständig hierfür ist das Amt für öffentliche Ordnung.

Die grundlegenden Zusammenhänge über die Rechtsverhältnisse sind in Abb. 33 dargestellt.

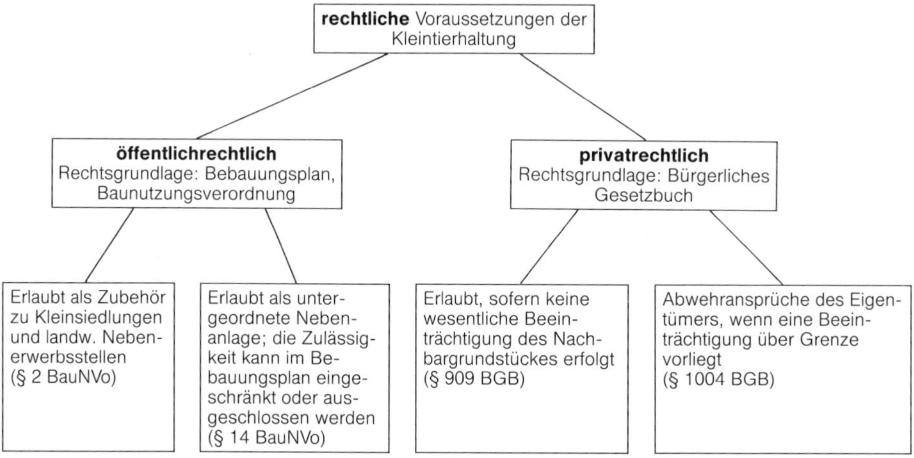

Abb. 33. Darstellung der Rechtsverhältnisse für die Zulässigkeit bzw. Einschränkung der Kaninchenhaltung (nach E. SCHIEFERSTEIN, pers. Mitteilung).

7.2 Haltungssysteme

7.2.1 Freilandhaltung

Die Haltung in ummauerten Gehegen stellt die älteste Haltungsform für Kaninchen dar, und wurde schon von den Römern angewendet. Man bezeichnete diese weitläufigen Gehege, die praktisch noch Wildtiere beherbergten, als „Leporarien“. Im Mittelalter wurde die Gehegehaltung in England und Frankreich eingeführt. Man reduzierte inzwischen die Gehegefläche erheblich und fütterte in starkem Maße zu. Die züchterische Einflußnahme des Menschen als Voraussetzung für den Übergang vom Wildtier zum Haustier wurde jedoch erst möglich, als man zur Stallhaltung überging und eine Zuchtauswahl treffen konnte.

Für den Rassekaninchenzüchter kann es einen besonderen Reiz darstellen, diese ursprüngliche und natürliche Haltungsform zu praktizieren und einen Teil der Kaninchen frei laufen zu lassen, um sich an ihrem Getummel zu erfreuen. Wenn das Vorhaben aber nicht schon nach kurzer Zeit scheitern soll, ist einiges zu bedenken. Problematisch ist vor allem die Gesunderhaltung des Bestandes. Verluste durch Kokzidiose können z. B. auf Dauer nur verhindert werden, wenn über das Trinkwasser oder Futter vorbeugend Medikamente verabreicht werden.

Freilandtiere verwildern auch sehr schnell, besonders in größeren Gehegen, wobei eine Seitenlänge von mehr als 10 m schon als groß bezeichnet werden kann. Ferner sind Raufereien unter den männlichen Tieren an der Tagesordnung, was auch für heranwachsende Wurfgeschwister zutrifft, sobald sie das Alter der Geschlechtsreife erlangt haben.

Da die Tiere naturgemäß unterirdische Bauten anlegen, ist damit zu rechnen, daß sie über kurz oder lang einen Ausweg aus dem Gehege gefunden haben und mit Sicherheit einen anderen Standort aufsuchen. Es reicht nicht aus, die Zäune beispielsweise 60 cm tief in die Erde einzulassen. Es ist notwendig, die gesamte Bodenfläche mit verzinktem Maschendraht in einer Tiefe von 30 bis 40 cm abzusichern. Unsere Hauskaninchen legen zwar keine so ausgedehnten und verzweigten Gangsysteme wie Wildkaninchen an – es handelt sich meistens nur um einige Röhren, und manche Tiere graben überhaupt nicht mehr –, doch können einzelne Gänge immerhin eine Länge von mehreren Metern erreichen. Es lassen sich demzufolge Verluste im Verhaltensmuster beobachten, die durch die Domestikation eingetreten sind. Während es bei den Wildkaninchen eine Todsünde wäre, die Satzröhre nach dem Säugen nicht mehr zu verschließen und die Jungen so den natürlichen Feinden preiszugeben, wird diese Fehlleistung beim Hauskaninchen regelmäßig beobachtet. Oft werden nur muldenartige Vertiefungen oder Unterschlüpfe angelegt. Es ist anzunehmen, daß entlaufene Hauskaninchen ohne Paarungsmöglichkeiten mit Wildkaninchen in freier Natur schnell ihren natürlichen Feinden unterliegen.

Abb. 34. Gehegekaninchen legen Satzröhren an.

Abb. 35. Künstliche Niströhren werden angenommen.

Nicht zu vergessen sind im Freigehege die möglichen Schäden durch Raubvögel und eindringende Katzen, die den Jungen nachstellen. Deshalb ist bei freiliegenden Grundstücken eine völlige Dachabdeckung als unbedingt notwendig anzusehen. Die Gesamtgröße des Geheges richtet sich nach den örtlichen Gegebenheiten. Das Areal sollte jedoch überschaubar sein. In Anbetracht einer Überdrahtung und der Tatsache, daß keine größeren Gemeinschaften auf engem Raum unterzubringen sind, werden der Gesamtgröße automatisch Grenzen gesetzt. Freigehege werden deshalb kaum größer als 10 m × 10 m sein. Jedem Tier sollten dann mindestens 3 bis 5 m^2 an Fläche zur Verfügung stehen.

Es ist zu empfehlen, den Tieren im Gehege Unterschlupfmöglichkeiten zu bieten. Zweckmäßig sind Erdaufschüttungen, die möglichst zu überdachen sind. Auf diese Weise wird das Eindringen von Regenwasser bzw. Schmelzwasser verhindert.

Vorteilhafter erscheint das Aufstellen von Schutzhütten, deren Dächer aufklappbar oder abnehmbar sind. Solche Schutzbauten werden von den Tieren angenommen.

Eine andere Form der Freilandhaltung stellt die Elektrozaunhaltung dar, die innerhalb eingefriedeter und unter Aufsicht stehender Flächen in gewissem Rahmen zeitweise durchaus möglich ist. Hierfür lassen sich die handelsüblichen Geräte verwenden. Die spannungsführenden Drähte bringt man z. B. doppelt in Brust- und Kopfhöhe, etwa im Abstand von 12 und 25 cm vom Boden an. Ein zusätzlicher Maschendraht ist aber empfehlenswert, denn eine zweifache Drahtbespannung ist noch nicht sicher genug.

Die Kaninchen lernen erstaunlich gut, die gesetzte Grenze zu respektieren. Hin und wieder kommen „Ausbrüche“ vor, besonders dann, wenn die Tiere ihre unangenehmen Erfahrungen mit dem Weidezaun machen und dabei mit einem Satz auf der anderen Zaunseite landen. Als Schutzgelegenheit reichen angebotene Strohballen vollkommen aus. Vorteilhaft ist bei dieser Methode die leichte Grenzabsteckung, so daß Grünflächen auf diese Weise gut zu nutzen sind. Obstbäume üben einen großen Reiz aus, sie sind deshalb mit feinmaschigem Drahtgewebe vor Verbiß zu schützen.

Interessant ist, daß Kaninchen eine hohe Flächenproduktivität erreichen. In Neu-Ulrichsteiner Versuchen betrug bei Weidenutzung gewöhnlicher Grasflächen die Zunahme an Lebendgewicht 2000 kg/ha (vom Absetzen bis zum Schlachten). Das entspricht 240 kg Protein/ha, wenn man eine Schlachtausbeute von 55 % und einen Eiweißgehalt des Fleisches von 22 % zugrunde legt. Von Kaninchen kann demnach bei Weidenutzung dreimal so viel eßbares Fleisch erzeugt werden wie von Fleischrindern und Schafen.

Problemlos ist die Weidehaltung in versetzbaren Gehege-Käfigen, die von jedem Züchter leicht zu bauen sind. Über einen auf dem Boden aufliegenden Holzrahmen, z. B. in der Größe 1,5 × 0,80 m, wird aus steifem Maschendrahtgewebe ein bogenförmiges Dach gespannt, das an den halbkreisförmigen Giebelseiten aus Hartfaser befestigt wird. Die Unterseite, die direkt auf dem Boden aufliegen kann, wird gleichfalls mit Drahtgewebe bespannt. Zu beachten ist, daß bei Maschenweiten von 30 mm und mehr die Grasnarbe in Mitleidenschaft gezogen werden kann.

Die Käfige sind deshalb rechtzeitig zu versetzen, was durch Tragegriffe in Form überstehender Längsseiten leicht möglich ist. Um die Tiere vor Witterungseinflüssen zu schützen, wird an einer Seite zusätzlich eine Blechhaut angebracht. Nach dem gleichen Prinzip kann ein walzenartiger Käfig gebaut werden, der etwas schwieriger herzustellen ist, dafür aber von nur einer Person bequem weitergerollt werden kann. Die Türöffnungen sind reichlich zu bemessen, so daß man die Tiere leicht ergreifen kann.

Kaninchen fühlen sich in den oben beschriebenen Bodenkäfigen offenbar recht wohl, und sie lernen sehr schnell, das Gras durch den Draht zu fressen. Es sollte jedoch nicht höher als 6 bis 15 cm stehen. Vorteilhaft erscheint die gleichmäßige Düngung der beweideten Flächen durch Kot und Harn der Tiere. Futterverluste treten praktisch nicht auf. Auch bei Regen und nasser Witterung können die Tiere draußen bleiben. Im Gegensatz zu Schafen, die vorher beweidete Flächen häufig meiden und nur ungern darauf fressen, erweisen sich Kaninchen in dieser Hinsicht weniger anspruchsvoll und zeigen eine gute Futteraufnahme, so daß auch Zierrasen gleichmäßig „gemäht" werden können.

7.2.2 Stallhaltung

Vor dem Bau eines Kaninchenstalles oder einer ganzen Stallanlage muß die Frage geklärt werden, ob ein kostengünstiger Außen- bzw. Offenstall oder ein teurer Innenstall als geschlossenes Gebäude erstellt werden soll. Beide haben Vor- und Nachteile. Bei Außenställen sind vor allem die erschwerte Betreuung während der kalten Jahreszeit und die verkürzte Zuchtsaison nachteilig. Mehr als 3 Würfe im Jahr sind in Außenställen kaum zu erzielen.

Durch Vorbaudächer, Schutzwände, abgetrennte Mistgänge und Abstellkammern lassen sich die Nachteile des Außenstalles aber größtenteils beheben. Wenn der Schutz umfassend und keine Seite mehr offen ist, wird der Außenstall zum Innenstall. Solche Innenställe in Leichtbauweise erfreuen sich zunehmender Beliebtheit. Sie bieten viel Spielraum für individuelle Lösungen und erlauben eine harmonische Eingliederung in die Umgebung. Massive Innenställe setzen dagegen entsprechende Bauleistungen voraus, die meist mit hohen Kosten verbunden sind.

Stehen Scheunen, Schuppen oder ähnliche Gebäude zur Verfügung, so sind diese als Innenstall gut zu nutzen. Die eingestellten Käfige können einfacher und weniger aufwendig als die der Witterung ausgesetzten Außenställe sein.

Oberstes Gebot des Stallbaues bleibt in jedem Fall, ungünstige Witterungseinflüsse von den Tieren fernzuhalten und ihnen bei dem zwangsläufig knappen Raum ein Optimum an Komfort zu bieten. Hierfür sind teure Gebäude in Massivbauweise an sich nicht notwendig. Bei unzureichender Klimagestaltung sind sogar mehr Nachteile als Vorteile gegenüber dem Außenstall zu erwarten.

7.3 Klimaansprüche

Die in unsere Obhut genommenen Kaninchen haben nicht wie Wildkaninchen die freie Wahl, selbst geeignete Wohnbezirke auszusuchen, sondern müssen sich wohl oder übel mit dem abfinden, was ihnen angeboten wird. Hauskaninchen gelten zwar allgemein als anspruchslos, wie sehr aber ihre Gesundheit von den Klimafaktoren Temperatur, Feuchtigkeit, Licht u. a. abhängt, wird bei Innenstallhaltung und hohem Tierbesatz besonders deutlich. In viel stärkerem Maße als in der Außenstallhaltung wirken sich hier Fehler in der Klimagestaltung aus, denn Kaninchen reagieren auf schlechtes Stallklima wesentlich empfindlicher als etwa Hühner oder Schweine. Diese Feststellung sollte aber nicht zu dem Trugschluß führen, daß die Außenhaltung generell gesünder sei.

Hinsichtlich der Bedeutung des Klimas für das Wohlbefinden der Kaninchen liegen inzwischen genügend Versuchsergebnisse vor, die es erlauben, die leistungsbeeinflussenden Faktoren im einzelnen zu definieren. Der praktische Kaninchenhalter hat zwar nicht die Möglichkeit, ein als optimal erkanntes Klima künstlich nachzuahmen, doch Kenntnisse über die grundlegenden Ansprüche dürften schon ausreichen, um gravierende Fehler zu vermeiden und ein Stallklima zu schaffen, das den Anforderungen genügt.

In der freien Natur treten Klimaeinflüsse immer als Gesamteffekte in Erscheinung, und es ist gar nicht einfach, das jeweilige Klima genau zu charakterisieren. Im Stall, besonders im Innenstall oder im Wurfkasten, bildet sich ein eigenes Kleinklima heraus. Wegen der besseren Überschaubarkeit erscheint es hier vertretbar, die Klimakomponenten einzeln zu betrachten. Dabei verdienen die drei Hauptkomponenten Temperatur, Feuchtigkeit und Licht bzw. Strahlung besondere Beachtung.

7.3.1 Temperatur

Die genaue Kenntnis der Temperaturansprüche ist von großer Wichtigkeit, da nicht nur die tierische Leistung über die temperaturabhängige Nahrungsaufnahme beeinflußt wird, sondern ungeeignete Umwelttemperaturen erwiesenermaßen auch das Fortpflanzungsgeschehen beeinträchtigen und die allgemeine Widerstandsfähigkeit gegenüber Krankheiten herabsetzen. Welche Temperaturen dem Kaninchen überhaupt zuzumuten sind, hängt vor allem von der Funktionstüchtigkeit der wärmeregulierenden Einrichtungen ab, die beim Angorakaninchen in voller Wolle einen anderen Wirkungsgrad haben als beispielsweise beim Kurzhaarkaninchen. Bei Nestlingen ist das Wärmeregulationsvermögen wesentlich beschränkter und der damit verbundene Temperaturanspruch entsprechend höher als beim ausgewachsenen Tier.

In einem gewissen Temperaturbereich, der sogenannten „thermoneutralen Zone", nehmen sowohl die Wärmebildung als auch die Wärmeverluste die geringsten Werte an, und der Körper verbraucht hier die wenigste Energie. Die Ausbildung und Farbe des Haarkleides, die Hautdicke, Fetteinlagerungen in der Haut, Alter und Rassezugehörigkeit können den neutralen Temperaturbereich (Neutraltemperatur) in gewissem Maße individuell variieren. Ein Unterschreiten wie auch ein Überschreiten der Neutraltemperatur hat aber zusätzliche Belastungen des Organismus zur Folge, was wiederum mit einem höheren Energieaufwand verbunden ist.

Einige Untersuchungen zeigten übrigens, daß der von der Umgebungstemperatur abhängige Energieumsatz beim Kaninchen die Form einer Parabel hat, so daß es sich eigentlich um keine Zone, sondern streng genommen um den tiefsten Punkt dieser Energieumsatz- bzw. Energieverbrauchskurve handelt (Abb. 36). Dieser Punkt des geringsten Energieumsatzes, der beim Kaninchen auch als kritischer Punkt bezeichnet werden kann, weil bereits geringe Überschreitungen der Umgebungstemperatur zu Körpertemperaturerhöhungen führen, liegt beim ausgewachsenen Normalhaarkaninchen bei ca. 25 °C.

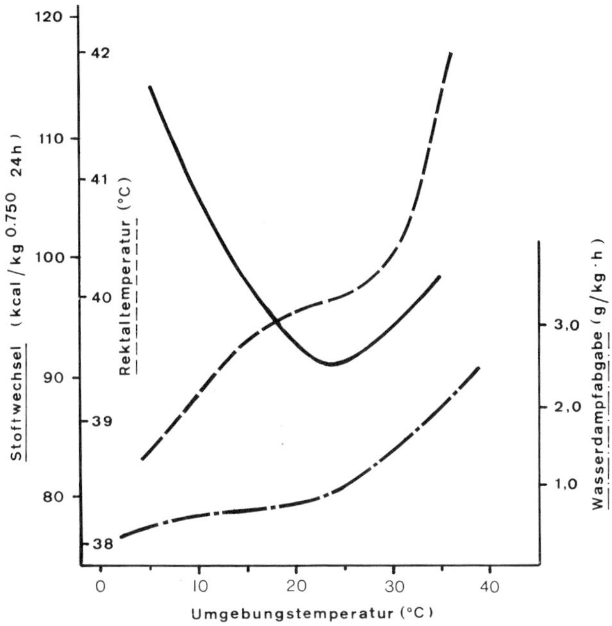

Abb. 36. Der Einfluß der Umgebungstemperatur auf Energieumsatz, Wasserdampfabgabe und Körpertemperatur 80 Tage alter Kaninchen (verändert nach NICHELMANN, ROHLING und ROTT 1973).

Wie aus Abb. 36 ersichtlich, besteht bei Temperatursteigerungen für die Tiere wenig Spielraum. Die verstärkte Abgabe von Feuchtigkeit beginnt bereits bei Temperaturen von über 25 °C, was darauf hindeutet, daß der für das Tier angenehme Temperaturbereich bereits überschritten ist.

Unterhalb des thermoneutralen Punktes fällt es dem Kaninchen offenbar leichter, die Körpertemperatur auf gleichem Niveau zu halten. Die Umgebungstemperaturen können bis auf etwa 15 °C absinken, ehe die Körpertemperatur abfällt. Daß die Körpertemperatur trotz Unterschied zur Außentemperatur von 10° auf dem gleichen Niveau zu halten ist, wird durch komplizierte Regelmechanismen ermöglicht, die im Bereich von 15 bis 25° ihr Wirkungsoptimum haben. Das Absinken der Körpertemperatur, das im Zusammenhang mit der Wärmeregulierung zu verstehen ist, stellt somit einen sinnvollen Anpassungsmechanismus dar und sollte nicht als Anzeichen einer Schädigung verstanden werden.

Aus Abb. 37 ist zu entnehmen, daß hinsichtlich der Temperaturregelung beträchtliche Unterschiede zwischen den Altersgruppen bestehen. Bei Saugkaninchen sind dem Regulationsvermögen enge Grenzen gesetzt, denn bis zum Alter von 17 Tagen gibt es noch keine gleichbleibend geregelte Körpertemperatur. Unterhalb von 15 °C sind die jungen Tiere schon nicht mehr in der Lage, auf Dauer die erforderlichen Energiereserven zu mobilisieren.

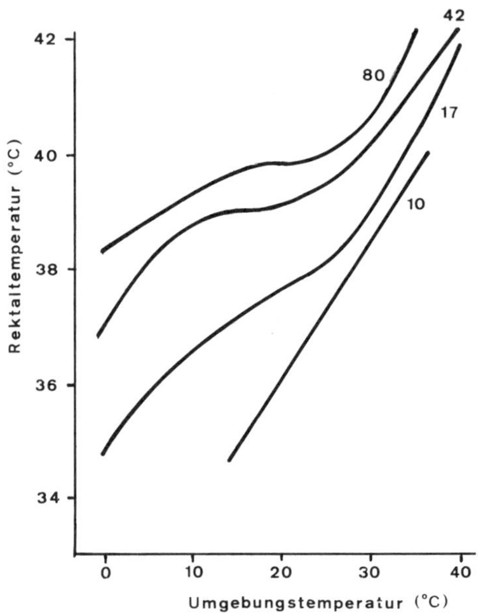

Abb. 37. Der Einfluß der Umgebungstemperatur auf die Körpertemperatur verschieden alter Kaninchen (verändert nach NICHELMANN, ROHLING und ROTT 1973).

Rassenunterschiede spielen eine gewisse Rolle bei der Temperaturanpassung. Da in dieser Hinsicht aber bei Hauskaninchen keine Auslese erfolgt, werden sich die Unterschiede bezüglich der Anpassungsfähigkeit an extreme Temperaturen in Grenzen halten. Mit Sicherheit zeichnen sich Einzeltiere verschiedener Rassen durch besondere Fähigkeiten in der Anpassung gegenüber Temperaturbelastungen aus. Um diese herauszufinden, wären aber Vergleichsuntersuchungen in Klimakammern notwendig.

Gesteuert werden die Regelvorgänge vom Temperaturregulationszentrum des Gehirns, das seinen Sitz im Hypothalamus hat. Die „Temperaturfühler" befinden sich nicht nur in der Haut, sondern auch im Rückenmark, in den inneren Organen der Bauchhöhle sowie im Mittelhirn.

Optimaltemperatur

Theoretisch könnte die Temperatur als biologisch optimal angesehen werden, bei der das Kaninchen den geringsten Energieaufwand für seinen Erhaltungsbedarf hat. Bei Nestlingen wären das 35 °C, bei abgesetzten Jungtieren etwa 30 °C und bei ausgewachsenen Tieren 25 °C. Die genannten Zahlen treffen aber nur für die Einzelhaltung ohne sonstige Einflüsse zu. Für 6 bis 8 dicht in einem

Haarnest liegende Neugeborene führen 35 °C bereits zu Überhitzung. In diesem Falle sind 25 bis 26 °C als optimal zu betrachten. Die beste Haltungstemperatur kann demnach keine feststehende Größe sein, sie ist vielmehr von einer ganzen Reihe von Faktoren abhängig, wirtschaftliche nicht ausgenommen. Rhythmische Tagesschwankungen der Körperfunktionen einschließlich wechselnder Bewegungsaktivität, Luftfeuchtigkeit, Luftbewegung u. a. komplizieren die Sache zudem. Dem tierischen Organismus jegliche Regulationsarbeit abnehmen zu wollen und theoretische Optimaltemperaturen anzustreben, ist in der Praxis nicht realisierbar.

Als am geeignetsten für die Praxis muß daher eine Umgebungstemperatur angesehen werden, bei der die Tiere Wohlbefinden zeigen und der wirtschaftliche Aufwand für den Tierhalter zugleich am niedrigsten ist.

Der Begriff „Wohlbefinden“ ist beim Tier nicht exakt zu definieren, aber man darf annehmen, daß die optimale Haltungstemperatur unterhalb der Neutraltemperatur in dem Bereich liegt, in dem noch die gleichen Körpertemperaturen gemessen werden. Das ist der Temperaturbereich von etwa 15 bis 20 °C. Dieser Bereich wird auch in der Literatur als geeignete Haltungstemperatur für Kaninchen empfohlen.

Fest steht, daß es keine genaue Angabe der Optimaltemperatur geben kann, sondern daß ein recht ausgedehnter Temperaturbereich für Kaninchen als geeignet in Frage kommt, der unter Umständen auch die angegebene Spanne von 15 bis 20 °C unter- bzw. überschreiten kann.

Unterhalb dieser Temperaturspanne steigen die Jungtierverluste z. B. in Farmbetrieben mit Käfighaltung spürbar an. In einem Zuchtstall kommt man deshalb in der Regel nicht ohne Heizung aus, wenn die Stalltemperatur nicht unter +16 °C fallen soll. Aus diesem Grunde wird in den meisten Betrieben geheizt. Geeignet sind Niedertemperaturstallheizungen, die am besten über ein Warmwasserzentralheizungssystem realisiert werden. Eine reine Warmluftheizung über Lufterhitzer erweist sich als nachteilig, da zusätzliche Luftbewegungen und hohe Temperaturschwankungen auftreten.

Temperaturempfehlungen, die für die einzelnen Altersklassen und Produktionsrichtungen spezielle Temperaturregime angeben, haben deshalb nur für ganz bestimmte Bedingungen Gültigkeit und können nur als Richtwerte aufgefaßt werden.

Hohe Temperaturen

Nach Überschreiten der Neutraltemperatur bzw. der kritischen Temperatur von 25 °C stellen sich sehr bald Anzeichen von Leistungsdepressionen ein. Die Freßlust nimmt spürbar ab, und die täglichen Gewichtszunahmen verringern sich. Klimaversuche zeigten, daß die Milchleistung bei Temperaturen über 20 °C abfällt.

Die Tagesmilchleistung sank um 7,7 g pro Grad Temperaturanstieg. Ebenso lassen Wurfgröße und Konzeptionsrate zu wünschen übrig, und beim männlichen Tier wird die Spermaqualität schlechter. Besonders empfindlich reagieren Angorakaninchen. Bei kurzer Wolle wurden 60 % der weiblichen Tiere trächtig, bei langer Wolle nur 46 %.

Um einer Überwärmung entgegenzuwirken, ist das Kaninchen bestrebt, Feuchtigkeit zu verdunsten, so daß auf diesem Wege die Verdunstungskälte als Kühleffekt genutzt werden kann. Darüber hinaus wird überschüssige Wärme über eine gesteigerte Durchblutung der äußeren Hautschichten von der Körperoberfläche abgeführt und die Eigenproduktion an Wärme reduziert. Große Ohren erleichtern deshalb die Wärmeabgabe, was für die Eignung in den Tropen von praktischer Bedeutung ist. Das in die äußeren Hautschichten geführte Blut verursacht bei trächtigen Tieren unter Hitzebelastungen einen spürbaren Blutmangel in der Gebärmutter, so daß die Nährstoffversorgung der Föten herabgesetzt ist. Die Folge davon sind untergewichtige Neugeborene.

Das Verfahren, mit Hilfe gesteigerter Atemtätigkeit Feuchtigkeit zu verdunsten, ist sehr wirkungsvoll. Bis 40 % der von Kaninchen gebildeten Wärme kann auf diese Weise abgeführt werden. An Hitze gewöhnte Tiere sind in der Lage, eine noch größere Effektivität zu erzielen. Pro Gramm ausgeatmetem Wasserdampf werden 0,587 kcal (2,46 kJ) an Wärmeenergie verbraucht.

Über funktionsfähige Schweißdrüsen verfügt das Kaninchen nicht, so daß Schweißabsonderungen nicht in Betracht kommen. Die Wärmeregulierung, die bei beiden Geschlechtern übrigens gleich ist, erfolgt somit wie oben aufgezeigt auf physikalischem Wege über Wärmeabstrahlung und Verdunstung und auch rein chemisch über den Stoffwechsel. Man spricht daher auch von chemischer und physikalischer Thermoregulation.

Ab 25 °C steigt vor allem die Wasserdampfabgabe sprunghaft an und erreicht bei 30 °C pro kg Körpergewicht 2 g in der Stunde. Die Zahl der Atemzüge erhöht sich dabei von 100 auf über 400 pro Minute. Bereits Kaninchenjunge reagieren mit Hecheln und verlassen frühzeitiger als gewöhnlich das Nest. Da ihre Mütter weniger Milch bilden, leiden sie darüber hinaus an Hunger und Durst. Die Verlustrate unter den Jungen steigt an. Die durch die verstärkte Atemtätigkeit bewirkte höhere Verdunstung führt zu wesentlich erhöhtem Wasserkonsum. Während bei einer Erhöhung der Stalltemperatur von 10 auf 20 °C der Bedarf an Trinkwasser nur um 10 % höher ist, steigt nach weiterer Erhöhung um 10 °C der Bedarf um 50 %.

Umgebungstemperaturen von 30 °C bewirken bei Jungmastkaninchen, die auf Grund ihrer Stoffwechselaktivität mehr Eigenwärme produzieren als ausgewachsene Tiere, einen deutlichen Anstieg der Körpertemperatur. Noch früher reagieren Angorakaninchen mit Erhöhungen der Körpertemperatur. 30 °C können als obere Grenze der zulässigen Haltungstemperatur für Normalhaarkaninchen betrachtet werden.

Bei 35 °C und hohen Luftfeuchtigkeitswerten nimmt die Überhitzung einen galoppierenden Verlauf an; innerhalb von 2 bis 3 Stunden steigt die Körpertemperatur auf 42,5 °C an und mit dem Einsetzen des Hitzetodes ist zu rechnen. Körpertemperaturen von 43 °C werden nicht mehr vertragen. Die Tiere ziehen sich in die hinterste Ecke des Stalles zurück. Futter wird nicht mehr angenommen. Das Tier streckt sich, legt den Kopf zurück und fällt zur Seite. Der Tod tritt unmittelbar ein.

Nach einer Angabe starben die meisten der 80 bis 90 Tage alten und 2,0 bis 2,7 kg schweren Weißen Neuseeländer und Kalifornier nach 3stündigem Hitzestreß von 35 °C und 70 bis 80% Luftfeuchtigkeit. In einem anderen Fall wurden bis zu 7 Stunden 38 °C ertragen, wobei die Luft weniger schwül war. An hohe Umgebungstemperaturen gewöhnte Tiere ertragen derartige Temperaturen besser.

Während des Sommers sind in der Mittagszeit Umgebungstemperaturen von mehr als 30 °C im Schatten oft nicht zu vermeiden. Bei großer Sommerhitze und Sonneneinstrahlung können in ungeeigneten Stallungen Temperaturen von 38 bis 40 °C vorkommen. Der Kaninchenhalter hat deshalb Sorge zu tragen, daß schattenspendende Dächer bzw. Isolierungen derartige Überhitzungen ausschließen und daß ausreichend Frischluft zur Verfügung steht.

Niedrige Temperaturen

Niedrige Temperaturen vertragen Kaninchen wesentlich besser als hohe. Ähnliches ist bei anderen Tierarten festzustellen: die Hausmaus z. B. vermehrt sich noch in Kühlhäusern bei Temperaturen von −10 bis −21 °C. Solange die Lufttemperatur nicht unter +5 °C absinkt, kann bei Vorhandensein warmer Nistplätze sogar noch Zucht betrieben werden. Selbst unter Außentemperaturen von −15 °C brauchen Kaninchen in keiner Weise zu leiden, wenn in dem Käfig ein günstiges Kleinklima herrscht. Da die Kaninchen je kg Lebendgewicht nur etwa 3,5 Watt an Wärme abgeben, muß der Stall bestens wärmegedämmt sein.

Zu empfehlen sind folgende Werte:

Decke	k = 0,35 Watt/grd/m^2
Wand	k = 0,45 Watt/grd/m^2
Türen	k = 0,6 Watt/grd/m^2
Fenster	k = 2,5 Watt/grd/m^2

Es ist deshalb sorgfältig darauf zu achten, daß besonders die Stallwände gut isoliert sind und andere Faktoren wie Luftfeuchte und Luftbewegung den Wärmeverlust nicht zusätzlich steigern. Da Stallkaninchen nicht wie Wildkaninchen die Möglichkeit haben, sich ungehindert zu bewegen, um dabei Muskelwärme zu bilden oder wärmere Plätze aufzusuchen, muß ihnen ausreichend Schutz vor Kälte geboten werden. Kaninchen mit Bewegungsmöglichkeit können bei Umgebungstemperaturen bis zu 0 °C die Körpertemperatur gut regulieren. In einem engen Stallraum mit mangelhaftem Schutz vor Auskühlung ist das nicht möglich, die Körpertemperatur sinkt bereits bei Plusgraden merklich ab. Das ist als sinnvolle und notwendige Anpassungsreaktion zu verstehen und muß noch keine Unterkühlung bedeuten.

Genau die Temperaturgrenze festzulegen, bis zu welcher Wohlbefinden herrscht und die Kaninchen nicht leiden, ist wegen der fließenden Übergänge und der verschiedenen Begleitumstände nicht möglich. Angesichts der Tatsache, daß bei Minustemperaturen Wasser und Futter festfrieren und den Tieren nur noch in unzureichendem Maße zur Verfügung stehen, sollte bei einstreuloser Haltung in Drahtkäfigen die Frostgrenze in unmittelbarer Tiernähe als die unterste Grenze der noch zu akzeptierenden Haltungstemperatur angesehen werden, sofern nicht für ausreichenden Wärmeschutz (Ruhebretter, Einstreu, Vorhänge usw.) gesorgt und täglich Trinkwasser bzw. Saftfutter angeboten wird. In Außenställen nehmen die Kaninchen jedoch auch während harter Frostperioden keinen Schaden, wenn genügend trockene Einstreu zur Verfügung steht und, wie oben erwähnt, gewisse Schutzmaßnahmen ergriffen werden.

Auch wenn Kaninchen nach mehrwöchiger Gewöhnung an Kälte in der Lage sein sollen, Temperaturen von −40 °C ohne Schaden zu überstehen, so ist der Halter trotzdem verpflichtet, ebenso wie bei Sommerhitze, gewisse Vorkehrungen zu treffen. Hierzu zählen reichliche Einstreu und das Zuhängen der offenen Drahttüren mit Säcken oder ähnlichem.

Zu berücksichtigen ist, daß bei niedriger Umgebungstemperatur der Energiebedarf und damit der Futteranspruch erheblich steigt. Bei ausgewachsenen Tieren – bei Jungtieren noch weit mehr – ist mit einem über ein Drittel höheren Energiebedarf unter Minustemperaturen im Vergleich zur Neutraltemperatur zu rechnen, so daß etwa 50% mehr Futter einzuplanen sind. Die Hautdurchblutung wird zwar gedrosselt und in gewissem Grade auch die Körpertemperatur gesenkt – beides mindert die Wärmeverluste –, der Hauptanteil des steigenden Energiebedarfes muß jedoch über das Futter bereitgestellt werden. Das wird auch bei Angorakaninchen deutlich, die nach der Schur 30 bis 50% mehr Futter benötigen. Kurzfristig können Fettreserven verstärkt abgebaut und zur Wärmegewinnung herangezogen werden. Neugeborene verfügen übrigens hierfür über das sog. braune Fettgewebe, das speziell der Wärmeproduktion dient und zwischen den Schulterblättern und dem Hals angelegt ist.

Bei längerem Aufenthalt unter niedrigen Temperaturen reagiert das Kaninchen besonders mit der Verdichtung des Unterhaares und schafft sich so eine bessere Isolierung. Winterfelle aus Außenställen sind deshalb denen aus Innenställen deutlich überlegen. Für die Fellproduktion wie auch für die Angorahaarerzeugung ist das insofern von Bedeutung, als kühle und schattige Haltung in dieser Beziehung vorteilhaft sein können.

7.3.2 Feuchtigkeit

Feuchtigkeit ist mit der Temperaturwirkung aufs engste verbunden, da beide Faktoren stets zusammen wirksam werden. Die relative Luftfeuchtigkeit liegt im Freien je nach Wetterlage meistens zwischen 50 und 95%. Für die Stallhaltung werden für sämtliche Nutztiere 60 bis 80% Luftfeuchtigkeit gefordert. Optimal wären für Kaninchen 50 bis 60%. Bei Feuchtigkeitswerten von mehr als 90% wird aufgrund des höheren Wassergehaltes die Wärmeleitfähigkeit der Luft gesteigert, was sich bei Temperaturen um den Gefrierpunkt sehr negativ auswirkt. Bei Umgebungstemperaturen von mehr als 25 °C wird andererseits den Tieren aufgrund des fast erreichten Sättigungsgrades der Luft die Wasserabgabe so erschwert, daß die Kaninchen sich kaum über die Atemtätigkeit Kühlung verschaffen können. Hohe Luftfeuchtigkeitswerte bieten außerdem Krankheitserregern gute Entwicklungsmöglichkeiten.

Darauf ist der negative Einfluß von Feuchtigkeit in Kaninchenställen in erster Linie zurückzuführen.

Niedrige Feuchtigkeitswerte von weniger als 50 % verbessern die hygienischen Verhältnisse und bewirken einen höheren Kühleffekt. Dieser kann sich unter Umständen aber auch negativ auswirken. Bei niedrigen Temperaturen führt er nämlich zu starker örtlicher Unterkühlung der Atemwege (Erkältungen). Hohe Umgebungstemperaturen von über 28 °C verursachen bei trockener Luft einen gesteigerten Trinkwasserbedarf. Falls genügend Wasser zur Verfügung steht, ist letzteres jedoch kein Nachteil. Unter 30 % sollte die Luftfeuchtigkeit jedoch nicht absinken. Derart trockene Luft kommt aber unter mitteleuropäischen Haltungsbedingungen ohnehin praktisch nicht vor.

Solange der Kaninchenhalter für regelmäßiges Ausmisten und den Ablauf des Harns sorgt, hat er auf den Luftfeuchtigkeitsgehalt in Außenställen so gut wie keinen Einfluß. Im Innern des Käfigabteils herrscht meistens eine höhere Luftfeuchte, obwohl die Umgebungstemperatur im Käfig um einige Grad höher als die Außenluft ist. In Innenställen bringt das unvermeidliche Hantieren mit Wasser zusätzlich Feuchtigkeit mit sich. Um die Luftfeuchtigkeit des Stalles so niedrig wie möglich zu halten, muß ein ausreichender Luftwechsel mit Hilfe von Entlüftungsvorrichtungen stattfinden, ohne daß dabei Zugluft entsteht.

Sehr vorteilhaft hinsichtlich der Feuchtigkeitsreduzierung wirken sich Heizungen mit Wärmepumpen aus, welche einerseits die Stalluft entfeuchten und andererseits den Stall über Niedertemperaturheizkörper anwärmen. In der gewerblichen Tierhaltung finden solche Systeme zunehmend Anwendung.

Es ist darauf hinzuweisen, daß Kaninchen keiner ständigen Bodennässe ausgesetzt werden dürfen, was bei hohen Luftfeuchtigkeitswerten und hoher Besatzdichte häufig zu beobachten ist. Gegenüber Bodennässe sind Kaninchen ganz besonders empfindlich. Wildkaninchen meiden deshalb z. B. feuchte Standorte und ziehen sich auf trockene, möglichst sandige Plätze zurück. Die Haut verliert bei Nässe und insbesondere durch den vorhandenen Urin mit der Zeit ihre Schutzfunktion, die Behaarung an den Unterseiten der Läufe wird in Mitleidenschaft gezogen und schließlich zeigt sich bei weniger widerstandsfähigen Tieren das bekannte Bild der wunden Läufe, das man normalerweise nur bei Haltung auf Drahtrosten erwartet (Abb. 38).

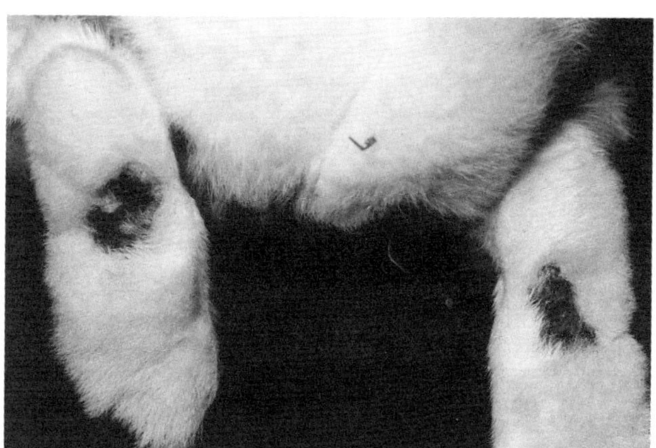

Abb. 38. Wunde Läufe entstehen bei Haltung auf Drahtrosten und auf nasser Einstreu.

7.3.3 Luftbewegung

Die Luftbewegung hat ähnlich wie die Feuchtigkeit die Eigenschaft, mit zunehmender Stärke die Temperaturwirkung abzuschwächen oder zu verstärken. Bei hohen Temperaturen ist eine stärkere Luftbewegung eher erwünscht als bei tiefen Umgebungstemperaturen. Im allgemeinen werden für Stallungen Luftbewegungen in Tierhöhe von 0,1 bis 0,2 m/sec verlangt. Luftbewegungen von mehr als 0,3 m/sec sollte man bei den üblichen Haltungstemperaturen vermeiden und dies besonders dann, wenn die Luftbewegung aus einer Richtung erfolgt, also Zugluft herrscht. Zugluft ab 0,3 m/sec ist bereits vom Menschen ohne Meßgeräte registrierbar. Bei Zugluft dieser Stärke zieht Zigarettenrauch geradlinig in eine Richtung ab.

Nur bei sehr hohen Umgebungstemperaturen sind in Ausnahmefällen höhere Luftbewegungen um 0,5 m/sec statthaft, falls die Tiere dieser Luftbewegung allseitig ausgesetzt sind. Schädlich ist Zugluft vor allem deshalb, weil sie im einzelnen schwer zu dosieren und zu kontrollieren ist und meistens einen zu schwachen Reiz auf das Wärmeregulationszentrum ausübt, das auf den erhöhten Abkühlungseffekt dann nicht anspricht. Die Folge davon ist, daß trotz an sich ausreichender Temperaturen Abkühlungsgrößen auftreten, die das vertretbare Maß übersteigen und dem Tier schaden.

Die Luftbewegung läßt sich anhand erzeugten Rauchs sichtbar machen. Für die Führung der Zu- und Abluft ergeben sich hieraus wertvolle Hinweise.

7.3.4 Schadgase

Bei der Tierhaltung in geschlossenen Stallungen besteht leicht die Gefahr, daß sich die Zusammensetzung der Luft in einer für die Tiere schädlichen Weise ändert. Ursache hierfür ist die enge Raumbemessung sowie der unvermeidbare Anfall von Kot und Harn an Ort und Stelle. Während die atmosphärische Luft rund 21 % Sauerstoff (O_2) und 0,03 % Kohlendioxid (CO_2) enthält, werden in der ausgeschiedenen Atemluft 16,4 % Sauerstoff und bis zu 4,4 % Kohlendioxid gemessen. Neben der Anreicherung von CO_2 und der Verringerung des Sauerstoffgehalts machen sich in stark belegten und schlecht gelüfteten Kaninchenställen auch die beim biologischen Abbau der Körperausscheidungen entstehenden und recht auffällig riechenden Stoffwechselprodukte Ammoniak und Schwefelwasserstoff bemerkbar. Gegen Ammoniak sind die Atmungsorgane des Kaninchens besonders empfindlich. Ammoniak entsteht vor allem, wenn Kot und Harn gemeinsam unter Luftzufuhr bakteriell zersetzt werden. Mistflächen auf dem Boden können aus diesem Grunde mehr Schadgas erzeugen als tiefe Kotschubläden. Um die Entstehung von Schadgasen auf dem Stallboden zu verringern, ist der Harn durch Rinnen mit starkem Gefälle abzuleiten und mehrfach mit Wasser nachzuspülen.

Der Geruch beim Betreten eines Stallgebäudes liefert den untrüglichen Hinweis, ob das Stallklima in Ordnung ist oder nicht. Kaninchen sind diesbezüglich sehr empfindlich, und einwandfreie Ställe dürfen nur einen leicht wahrnehmbaren Geruch abgeben.

Im Zweifelsfall geben nach DIN-Vorschrift 18910 durchgeführte Messungen darüber Auskunft, ob die zulässige Höchstkonzentration überschritten wurde. Nach der gültigen Norm stellen die folgenden Werte die zulässige Höchstgrenze dar:

Kohlendioxid (CO_2)	3,5 ‰
Ammoniak (NH_3)	0,1 ‰
Schwefelwasserstoff	0.02 ‰

7.3.5 Lüftung

Die Lüftung gewährleistet eine ständige Lufterneuerung; überschüssige Wärme, Wasserdampf und Schadgase werden dabei abgeführt. Der Luftwechsel dient auch der Kottrocknung. Als einfachste Methode bietet sich das Öffnen von Fenstern und Türen an. Bei niedrigen Außentemperaturen besteht aber die Gefahr, daß sich die Tiere durch Luftzug erkälten; zudem ist eine gleichmäßige Durchlüftung des Raumes kaum möglich. Die Lüftung muß so angelegt sein, daß die Klimafaktoren Temperatur, Luftfeuchte und Luftbewegung in einem annehmbaren Bereich liegen und daß eine gleichmäßige Durchmischung der Luft erfolgt.

Die Leistungsfähigkeit der Lüftungsanlage wird praktisch nach dem Sommerbedarf ausgelegt, die Mindestluftrate richtet sich hier nach der Produktion der tierischen Wärme. Im Winter wird dagegen die Lüftung auf den Feuchtigkeitsanfall abgestimmt, der je nach Umgebungstemperatur verschieden groß ist. Bei Stalltemperaturen von 20 °C beträgt z. B. die Wasserdampfabgabe pro kg Körpergewicht allein über die Atmung etwa 20 g pro Tag. Die Werte können individuell recht unterschiedlich sein. Pro Tier und Tag ist mit einem Gesamtwasserdampfanfall von etwa 200 g zu rechnen, der von der Umgebungsluft abgeführt werden muß. Weist die Luft beispielsweise eine Temperatur von 10 °C auf und hat sie bereits einen Feuchtigkeitsgehalt von 70 %, so kann nur noch 1 g Wasser pro Kubikmeter Luft bis zur 80 %igen Sättigung aufgenommen werden. Somit wären unter diesen Voraussetzungen 200 Kubikmeter Luft pro Tag notwendig, um die Feuchtigkeitsabgabe von einem Tier über den Luftweg abzuführen und die Luftfeuchtigkeit bei 70 % konstant zu halten. Falls in einem Innenstall von 50 m^3 Rauminhalt (4 × 5 m, Höhe 2,50 m) 15 Tiere untergebracht sind, wäre pro Stunde immerhin schon ein 2,5facher Luftwechsel erforderlich. Bei Käfighaltung und hohem Besatz legt man in der Praxis einen Bedarf von 3 m^3 Frischluft pro kg Körpergewicht und Stunde zugrunde.

In der gewerblichen Kaninchenhaltung rechnet man für einen Häsinnenplatz einschließlich Nachzucht und Rammler bei dreistöckiger Aufstallung etwa 0,75 bis 1 m^2 Gesamtstallbodenfläche. Das stellt bei üblicher Raumhöhe einen wesentlich höheren Besatz als im obigen Beispiel von 15 Tieren auf 20 m^2 Stallfläche dar. Unter solchen Haltungsbedingungen eine ausreichende Luftqualität sicherzustellen, wird in geschlossenen Stallungen nur über eine Zwangslüftung mit Ventilatoren möglich sein. Die Luft kann entweder aus dem Boden- oder dem Deckenbereich entnommen werden. Letzteres ist im Winter mit höheren Wärmeverlusten verbunden, denn die erwärmte Luft steigt nach oben. Zweckmäßigerweise wird der Ventilator an einen senkrechten Schacht angeschlossen, der mit Klappen in entsprechender Höhe ausgestattet ist. Wenn die verbrauchte Luft abgesaugt wird, d. h. eine sogenannte Unterdruckentlüftung vorliegt, ist darauf zu achten, daß keine Schadgase aus dem Abwassersystem austreten.

Bei hohen Leistungsanforderungen und permanenter Zuchtbenutzung wird zumindest für den Aufzuchtstall der Wunsch bestehen, die Lüftung mit einem Heizungssystem zu koppeln. Dies kann z. B. in der Weise verwirklicht werden, daß die Zuluft über Heizungsradiatoren geführt wird, die sich erst unter bestimmten Bedingungen einschalten. Hochbelegte Mastkaninchenställe sollten eine Luftvorwärmung von mindestens +8 °C haben, Zuchtställe von +14 °C. Kalte Zuluft darf nicht ungehindert auf den Boden fallen und sich dort ausbreiten. Hierdurch würde unnötig viel Ammoniak gebildet und in höhere Luftschichten gelangen. Aus Gründen des besseren Luftmassenausgleichs sollte der Stall nicht unter 2,7 m hoch sein.

Die moderne Tierhaltungstechnik bietet verschiedene Lüftungssysteme mit Heizungs- und Kühlmöglichkeiten an, die eine zufriedenstellende Klimatisierung von Tierställen gewährleisten. Ein Problem stellen allerdings die hohen Investitionskosten dar.

Ist keine Heizungsmöglichkeit vorhanden – und das ist die Regel –, so bleibt nichts anderes übrig, als an sehr kalten Tagen die Ventilation zu drosseln und hohe Luftfeuchtigkeiten von 80 % und mehr in Kauf zu nehmen. Wenn das Stallgebäude gut isoliert ist, wird sich der Temperaturabfall und somit der Feuchtigkeitsanstieg in Grenzen halten. Somit hängt die Wärmedämmung unmittelbar mit der Lüftung zusammen und trägt zur Stabilisierung des Stallklimas bei.

Die Effektivität der Lüftung ist verständlicherweise um so höher, je niedriger der Tierbesatz ist. Die mit dem niedrigeren Tierbesatz verbundene geringere Aufheizung durch die Wärme der Tiere – wachsende Kaninchen produzieren immerhin 3,5 Watt nutzbare Wärme pro kg Körpergewicht und Stunde – ist dabei weniger nachteilig als beispielsweise beim Huhn, da Kaninchen niedrigere Lufttemperaturen besser vertragen als feuchte Ställe. Gegenüber hoher Luftfeuchtigkeit sind Kaninchen sehr empfindlich. Liegen ungünstige klimatische Bedingungen vor, so wird der Außenstall hinsichtlich des Gesundheitszustandes der Tiere immer besser abschneiden als der Innenstall, trotz der höheren Temperaturen und sonstiger Vorteile, die geschlossene Stallbauten bieten. Um die Lüftung besser regulieren zu können, ist die Anbringung eines Haar-Hygrometers zur Messung der relativen Luftfeuchtigkeit sehr nützlich. Einfache Geräte gibt es schon für wenig Geld zu kaufen.

7.3.6 Licht

Das Kaninchen ist von Natur aus ein Dämmerungstier, und seine Ansprüche gegenüber Lichtstärke und Lichtqualität sind gering. Zwischen der Haltung in fensterlosen Ställen mit Kunstlicht und herkömmlicher Stallhaltung mit Fenstern und Tageslicht bestehen bezüglich der Wachstums- und Zuchtergebnisse keine Unterschiede. Zur Nahrungsaufnahme ist an sich kein Licht notwendig; während der Nachtstunden wird sogar mehr Futter als am Tage verzehrt, und hohe Beleuchtungsstärken sind eher von Nachteil als von Vorteil. Unter Dunkelheit leidet allerdings die Haarqualität, was ebenso für Sonnenlicht zutrifft, und die Tiere weisen geringere Körpergewichte auf. Auf die Idee, seine Tiere in völliger Dunkelheit zu halten, wird wohl hoffentlich kein Kaninchenhalter kommen.

Außerdem wäre das mit dem Tierschutzgesetz nicht zu vereinbaren. Bei intensiver Sonnenbestrahlung der Haut kann aus einem Provitamin, dem 7-Dehydrocholesterin, Vitamin D aufgebaut werden. Für die Praxis ist dies jedoch von geringer Bedeutung (der gleiche Vorgang findet übrigens in viel stärkerem Maße bei der Heugewinnung statt, weshalb der Gehalt an Vitamin D in Heu höher als in Grünfutter oder Silage ist).

Viel wichtiger als die Beleuchtungsstärke ist die Tatsache, daß die Fortpflanzungsbereitschaft der Kaninchen jahreszeitlich bedingten Schwankungen unterliegt, die mit der Tageslichtlänge in Beziehung stehen. Licht ist nämlich nicht nur für körperliches Sehen Voraussetzung, sondern als Umweltfaktor weist es wie kein anderer eine geregelte Tages- und Jahresperiodik auf, und es ist kein Zufall, daß gerade diese Rhythmen wichtige Impulsgeber für zeitlich gebundene biologische Vorgänge wurden. Die Lichtmenge kann dabei in weiten Grenzen schwanken, wenn nur eine gewisse Reizschwelle überschritten wird, die je nach Stärke der vorhergehenden Beleuchtung verschieden hoch liegen kann.

Die im Spätsommer unter natürlicher Tageslichtlänge beim Kaninchen feststellbare Fruchtbarkeitsabnahme ist zweifellos mit auf die abnehmende Tageslichtlänge zurückzuführen. Zusätzliche Temperatureinflüsse können angesichts der komplexen Klimawirkungen nicht ausgeschlossen werden, doch hat sich in Kaninchengroßfarmen gezeigt, daß bei gleichbleibender Tageslichtlänge von durchgehend 12 bis 14 Stunden trotz gewisser Temperaturschwankungen die Würfe annähernd gleichmäßig über das ganze Jahr anfallen. Falls auf dauernde Zuchtbenutzung in Innenställen Wert gelegt wird, ist eine mit Hilfe von Zeituhren einstellbare Tageslichtlänge von 12 bis 14 Stunden zu empfehlen. Über weiterreichende Lichtprogramme liegen beim Kaninchen keine gesicherten Erfahrungen vor.

Kaninchen sind zwar nicht so „photosensibel“ wie Geflügel, doch wäre denkbar, daß die Jungtiere bei kurzer Tageslichtlänge und anschließender Steigerung eine bessere Entwicklung aufweisen als beim abnehmenden Lichttag. Bei jungen Rammlern soll Versuchsergebnissen zufolge z. B. eine kürzere Tageslichtlänge von 8 Stunden die Geschlechtsreife beschleunigen und die Spermaqualität verbessern.

Als Lichtstärke reichen wie in den Masthähnchenställen 10 bis 20 Lux aus, das entspricht etwa der Leistung gewöhnlicher Glühlampen von 1,5 Watt pro m^2 Stallbodenfläche. Teuere Leuchtstofflampen im Warmton sind ebenfalls verwendbar, ihre höhere Lichtausbeute ist zu berücksichtigen. Da derart dämmrige Lichtverhältnisse zur gewissenhaften Durchführung der notwendigen Pflegearbeiten nicht ausreichen, ist eine einschaltbare Zusatzbeleuchtung angebracht.

7.3.7 Sonstige Klima- und Umweltfaktoren

Luftdruck

Klima- und Wettereinflüsse sind das Ergebnis komplizierter Wechselwirkungen einer ganzen Reihe von Einflußgrößen, zu denen beispielsweise auch der Luftdruck gehört. Beim Luftdruck ist zwischen Luftdruckschwankungen des Wetters und den durch die jeweilige Höhenlage bedingten statischen Luftdruckunterschieden zu unterscheiden. Plötzliche Druckänderungen aufgrund besonderer Wettersituationen sowie der Standortwechsel zwischen Tal- und Höhenlagen üben mit Sicherheit einen gewissen Einfluß aus, zumal Wildkaninchen in Höhenlagen über 600 m NN angeblich nicht mehr anzutreffen sind. Das Meiden von Berggebieten mag aber auch am steinigen Boden und dem ausgedehnten Winter liegen. Höhenunterschiede und die davon abhängigen Druckdifferenzen sind bei Transporten zu berücksichtigen und Eingewöhnungszeiten einzukalkulieren. Jedenfalls ist es sehr schwierig, derartige Einflüsse in Zahlen fassen zu wollen, zumal der tierische Organismus in der Lage ist, sich an veränderte Umweltbedingungen relativ schnell anzupassen. Das trifft auch auf elektroklimatische Einflußgrößen zu, die angeblich für Kaninchen Auswirkungen haben sollen.

Elektroklimatische Faktoren

Angesprochen sind drei von der konventionellen Klimatechnik nicht erfaßte Wirkungsfaktoren, nämlich das elektrische Gleichfeld, das Wechselstromfeld der Erde sowie der Ionenhaushalt der Umgebungsluft. Bei den Ionen handelt es sich um elektrisch geladene Teilchen, die in der Luft in wechselnder Zahl und unterschiedlicher Ladung vorkommen. Eindeutig bewiesen sind die genannten Einflüsse beim Kaninchen nicht, und eine praktische Bedeutung kommt ihnen nicht zu.

Lärm

Anders verhält es sich demgegenüber beim Lärm, der auch für Tiere eine störende Umweltkomponente darstellt. Die unter Lärmbedingungen registrierbare Steigerung der Adrenalinausschüttung ist nicht nur mit Kreislaufbelastungen verbunden, sondern führt auch zu Unterbrechungen der Weichkotaufnahme. Gewöhnliche Arbeitsgeräusche oder gelegentlicher Maschinenlärm sind als harmlos zu betrachten. Nimmt die Schallgröße aber Werte von 100 Phon an, die von uns Menschen als recht störend empfunden werden, so ist bei dauernder Beschallung mit Schädigungen zu rechnen. Kaninchen, die ständig einem Schalldruck von 95 dB (Dezibel) und einer Frequenz von 125 bis 800 Hz ausgesetzt waren – das ist allerdings schon Preßlufthammerlärm – zeigten Veränderungen der Zellkerne und Nukleonen im Gehirn. Schalldrucke von mehr als 90 dB können unter Umständen aber auch schon von Stallventilatoren erreicht werden, wenn die Umfanggeschwindigkeit 50 m/sec übersteigt. Beobachtet wurde z. B. auch, daß Kaninchen bei Lärm von Öllufterhitzern schreckhaft reagierten.

Staub
Zu den Umweltfaktoren besonderer Art wäre noch der Staubgehalt der Stalluft zu rechnen, der ebenfalls Beachtung verdient. Von Natur und Beschaffenheit her kann Staub sehr unterschiedlich sein. Hauptsächlich besteht er aus totem organischem Material, doch sind in ihm zahlreiche Mikroorganismen enthalten wie Eitererreger, Colibakterien, Schimmelpilzsporen, Hefen u. a.

Im Vergleich zu anderen Tierhaltungen ist die Luft in Kaninchenställen relativ keimarm. Prüfungen ergaben bei Käfighaltung nur 5 bis 25 Keime pro Liter Luft. Junghennenställe wiesen bis zu 4mal höhere Keimzahlen auf. In der Hähnchenmast auf Tiefstreu konnten in Extremfällen bis zu 50000 Keime registriert werden.

Zweifellos stellt vorhandener Staub nicht nur für die Kaninchen eine Belastung dar, sondern kann unter Umständen auch beim Pflegepersonal Beschwerden der Atemorgane hervorrufen. Viel Staub tritt kurzzeitig vor allem beim Aufreißen und Zerteilen von Heu- und Strohballen auf. Bei Staubberührung niesen die Tiere heftig, was den Verdacht auf Schnupfen lenkt. Durch Staubreizungen der Schleimhäute würde man dem ansteckenden Schnupfen eine bessere Angriffsfläche bieten, und die Infektionsgefahr wäre größer.

7.4 Platzbedarf und Stallgröße

Eine grundlegende Frage ist der notwendige Platzbedarf. Die Anzahl der möglichen Buchten oder die zur Verfügung stehende Bodenfläche bestimmt letzten Endes die Größe der Zucht.

In der Hobbykaninchenhaltung rechnet man je nach Rasse mit etwa 4 bis 12 Nachkommen pro Häsin im Jahr. Hat man einen gesicherten Absatz für Fleischkaninchen und ist gewillt, das Fruchtbarkeitsvermögen weitgehend auszuschöpfen, so kann man es in Innenställen mit fruchtbaren Rassen wie Roten oder Weißen Neuseeländern gut und gern auf 30 bis 40 aufgezogene Nachkommen pro Häsin und Jahr bringen, die allerdings auch ihren entsprechenden Platz benötigen.

Bezüglich des Platzbedarfes können die in Tab. 25 aufgeführten Maße als Anhaltspunkte zugrundegelegt werden, wobei ein gewisser Spielraum durchaus möglich ist. Zuchttieren muß mehr Platz zur Verfügung stehen als Masttieren. Man rechnet für Zuchttiere eine Besatzdichte von 5 bis 8 kg Lebendgewicht je m^2 Käfigboden, während für Masttiere Besatzdichten von 20 bis 25 kg Lebendgewicht möglich sind. Mastkaninchen dürfen somit wesentlich enger gesetzt werden. Bei einer Bodenfläche von $0{,}40 \times 0{,}40$ m entspricht das einer Fläche von 0,16 m^2 je Masttier. Ähnliche Werte gelten auch für die Bodenhaltung, wobei die in Tab. 25 genannten oberen Werte bereits die Belastungsgrenze für Mastkaninchen darstellen, die man auch bei einwandfreier Lüftung nicht mehr überschreiten sollte. In ungarischen Mastbetrieben erreichte man die optimale Produktion bei einer Belegung von 2 bis 3 Tieren pro Käfig und 600 bis 800 cm^2 pro Tier.

Tab. 25 Platzbedarf und Besatzdichte von Kaninchen in Käfig- und Bodenhaltung.

Rasse	Käfighaltung (1 Zuchthäsin mit Nachzucht)			Bodenhaltung (Jungtieraufzucht bzw. Mast)
	Breite (cm)	Tiefe (cm)	verfügbare Höhe (cm)	Tiere/m² Bodenfläche
Zwerge (bis 1,6 kg)	60	40[1]–60	35–40	8–12
kleine (1,7–3,5 kg)	60–80	50–60	40–50	6–8
mittelgroße (3,5–5,5 kg)	80–100	50–70	40–60	4–6
große (über 5,5 kg)	100–150	80	60–70	3–4
Mastkaninchen (bis2,7 kg)	mind. 800 cm²/Tier		35–40	5–8
Angorakaninchen	mind. 2000 cm²/Tier		35–40	–

[1]Bei Außenställen sind für ausreichenden Schutz vor Kälte 50 cm Tiefe erforderlich.

Außer den angeführten Platzansprüchen sind auch Rassebesonderheiten zu berücksichtigen. Hasenkaninchen mit ihrer aufrechten Körperhaltung, die zudem gern herumspringen, benötigen beispielsweise geräumigere Buchten als die recht behäbigen Angoras, um nur zwei Rassen zu nennen.

7.5 Baumaterialien und Konstruktionselemente

7.5.1 Holz

Der Baustoffhandel bietet eine Vielzahl von Baumaterialien an, die für den Kaninchenstallbau in Frage kommen. Holz ist für Kaninchenställe immer noch der bevorzugte Baustoff. Das liegt zum einen an der Einfachheit seiner Beschaffung und zum anderen an seinen guten Eigenschaften wie Isolierfähigkeit, relativ geringes Gewicht, gute Bearbeitbarkeit und nicht zuletzt Dauerhaftigkeit. Letzteres ist allerdings nur gegeben, wenn Kot und besonders Urin ferngehalten werden. Am besten verwendet man gehobelte Bretter in der Stärke von 18 bis 22 mm. Für Rahmen und Stützpfosten kommen Kanthölzer der Abmessungen 40 × 60 und 60 × 80 mm in Frage. Vielseitig verwendbar sind auch handelsübliche Dachlatten (24 × 50 mm).

Billig ist Holz allerdings nicht. Da die im Handel erhältliche Schnittware nur in den seltensten Fällen den erforderlichen Abmessungen entspricht, ergibt sich in der Regel ein beträchtlicher Schnittverlust. Es ist deshalb ratsam, das Holz erst nach Fertigstellung des genauen Planes einzukaufen. Eine Möglichkeit, billig Holz zu erwerben, besteht auch darin, daß man größere Glasereibetriebe aufsucht und sich nach Verschlagholz erkundigt. Für unsere Zwecke lassen sich mit Hilfe einer Stichsäge ohne viel Mühe und möglicherweise kostenlos brauchbare Bretter der verschiedensten Stärken zusammenstellen. Bei der Weiterverarbeitung ist allerdings sorgfältig darauf zu achten, daß sämtliche Nägel und Klammern entfernt werden, damit kein Schaden an Sägeblättern und Hobelmessern auftreten kann, was den Nutzen der ganzen Aktion in Frage stellen würde. Als sehr nützlich haben sich hier die in der Installationsbranche viel verwendeten Metallsuchgeräte erwiesen, die auch tief versteckte Nägel anzeigen (z. B. Suchmeister von BOSCH). Höhere Anforderungen hinsichtlich der Oberflächenbeschaffenheit des Baumaterials stellen allerdings Angorakaninchen. Es ist ratsam, die Bretter der Buchten vor dem Zusammenbau innen zu glätten, damit das Haar nicht daran hängen bleibt. Es dürfen auch keine den Tieren zugänglichen Kanten vorhanden sein, da diese benagt werden. Mit Hilfe von Drahtgewebestreifen lassen sich gefährdete Stellen schützen.

Zu beachten ist, daß Holz beträchtlich „arbeitet", so daß sich mehrere Millimeter breite Luftspalten ergeben können, was nicht nur geringeren Schutz, sondern auch Zugluft bedeutet. Falls keine Nut- und Federbretter zur Verfügung stehen, sind deshalb weitere Maßnahmen wie das Aufnageln von Leisten, Pappe oder anderen Materialien notwendig. Keine derartigen Probleme hat man dagegen mit Preßspanplatten, die es in verschiedener Stärke gibt. Sie sind letzten Endes nicht wesentlich teurer als Holzbretter, können vom Schreiner ohne große Mehrkosten schon zugeschnitten bezogen werden, sie verziehen sich nicht und sind recht haltbar. Es gibt hiervon auch wasserfeste und pilzgeschützte Qualitäten, die allerdings einen höheren Preis haben. Spanplatten eignen sich vor allem gut für Rück- und Seitenwände. Ihre Wärmeisolierung ist der des gewöhnlichen Holzes etwa gleichzusetzen.

Holzwände von beispielsweise 20 mm wirken noch nicht in ausreichendem Maße wärmedämmend. Der Wärmedurchlaßwiderstand ist gering. Im Sommer kommt es bei direkter Sonnenbestrahlung zu starker Erhitzung des Käfiginnern, wogegen die Tiere empfindlicher als gegen Kälte sind. In diesem Falle müssen Seiten- und Rückwände isoliert werden. Hierfür eignen sich die sogenannten Holzfaserplatten (auf der Grundlage von gepreßter Holzwolle). Solche Platten sind feuchtigkeits- und ungezieferabweisend, lassen sich sägen und als Außenflächen verputzen. Wegen ihres lockeren Aufbaus können sie nur in Verbindung mit anderen Materialien, die die erforderliche Tragkonstruktion bilden, verbaut werden.

7.5.2 Stein und Beton

Mauerwerk und handelsübliche Betonteile werden zum Bau von Kaninchenställen dort angebracht sein, wo die entsprechenden handwerklichen Voraussetzungen gegeben sind. Leicht- bzw. Bimsbeton liefert für Kaninchenställe vorzügliches Material, das sich bewährt hat. Eine 12 cm starke Leichtbetonwand entspricht hinsichtlich der Wärmedämmung einer etwa 4 cm dicken Holzwand, während ein normaler Porenziegel keine so große Verbesserung gegenüber einer 20 mm starken Bretterwand bringt. In diesem Falle wäre es empfehlenswert, Isoliermaterial wie z. B. Glasfasermatten und abschließend eine Heraklitplatte oder ähnliches aufzubringen, was die Wärmeisolierung um das Vielfache verbessert. An dieser Stelle sei erwähnt, daß spezielle Leichtbetonteile für Fertigkaninchenställe auf dem Markt angeboten werden, die eine interessante Alternative zur herkömmlichen Bauweise darstellen. Die großen Vorteile dieser Bauweise nach dem Baukastensystem bestehen in der problemlosen Erweiterung und Variationsmöglichkeit. Die Ställe lassen sich auch leicht an einem anderen Platz wieder aufbauen. Das gegen Kot und Harn beständige Material ist leicht zu desinfizieren.

Bezüglich des Wandaufbaues wäre noch zu beachten, daß für die Innenseiten des Stalles die Schicht mit der geringsten Dampfdurchlässigkeit gewählt wird. Auch Metallfolien eignen sich an dieser Stelle, wenn die Außenseite gut isoliert ist. Nach außen sollen die Wände immer dampfdurchlässiger werden. Ein mehrschichtiger Aufbau wäre von außen nach innen in folgender Reihenfolge zu erstellen:

1. Schutzschicht gegen Schlagregen, Sonne und Wind (z. B. Asbestzement),
2. Luftschicht (durch Latten gewährleistet, muß oben und unten Verbindung zur Außenluft haben),
3. Wärmedämmschicht (z. B. Glaswolle).
4. tragende Wand (Ziegel, Beton usw.),
5. wasserdampfbremsende Schicht (Folien, Verputz, Anstrich).

   Bei einschichtigem Aufbau würden die Positionen 2 und 3 entfallen und die Wärmedämmung müßte von Position 4 getragen werden.

Die fachgerechte Anordnung der Schichtenfolge ist wichtig, um Bauschäden zu vermeiden. Schwitzwasserstellen, die auch die Wärmedämmung herabsetzen, sind auf diese Weise auszuschließen.

7.5.3 Drahtgewebe und Blech

Drahtgewebe und Blech gehören vor allem in Innenställen zum bevorzugten Baumaterial. Man wird dabei auf feuerverzinkte Qualitäten zurückgreifen, wobei darauf zu achten ist, daß die Teile eine einwandfreie Oberfläche aufweisen und die Verzinkung nach Beendigung aller anderen Arbeiten vorgenommen wird. Vor allem die Laufflächen dürfen keine rauhen Stellen und scharfe Vorsprünge haben. Für die Böden ist deshalb flachgewalztes Material am besten geeignet. Im Handel sind verschiedene Gittergrößen in Rollen von 25 m Länge und einer Drahtstärke von 2 bis 3 mm erhältlich, die für Kaninchenkäfige gut geeignet sind. Für Laufböden werden häufig Maschenweiten von 19 × 19 mm verwendet. Bei Zuchtkäfigen ist aber damit zu rechnen, daß die Jungtiere durchtreten und sich festhängen. Hier sollten unbedingt engere Abstände von 13 mm gewählt werden. Um die Zahl der Knotenpunkte zu verringern, werden in der 90°-Richtung weitere Abstände von 70–80 mm gewählt.

Für Seiten und Deckenteile sind demgegenüber weite Maschenabstände von ca. 25 × 25 mm zu bevorzugen, da sie nicht nur billiger, sondern auch leichter zu reinigen sind.

Feuerverzinkte Bleche werden vor allem für die Anfertigung von Kotschubläden und Kotableitblechen verwendet. Bei stauender Harnnässe ist allerdings auch bei gut verzinktem Material nur mit einer maximalen Lebensdauer von etwa zehn Jahren zu rechnen. Eine praktisch unbegrenzte Haltbarkeit wird erreicht, wenn die gefährdeten Metallteile regelmäßig mit Silolack behandelt werden.

7.5.4 Pappen und Material zur Dachabdeckung

Preßpappe von 4 mm Stärke kann bei Kaninchenställen durchaus als Verkleidungsmaterial für Wand- und Deckenflächen Verwendung finden. Voraussetzung hierfür ist allerdings, daß das Material nicht ständig Harn oder Regennässe ausgesetzt wird. Preßpappe läßt sich vor allem leicht verarbeiten und ist preiswert. Da größere Flächen leicht wellig werden, muß für einen entsprechend stabilen Unterbau gesorgt werden. Die dickeren bitumierten Papp-Dämmplatten sind zwar stabiler, kommen aber nur als isolierende Außenverkleidung in Betracht.

Bei leichten und relativ empfindlichen Materialien wie Pappe ist es übrigens vorteilhaft, wenn die Anbringung so erfolgt, daß zu späterem Zeitpunkt ohne viel Mühe ein Austausch möglich ist.

Als Dachabdeckungen kommen vor allem besandete oder gewellte Bitumenpappen in Frage. Letztere sind in Wellenrichtung recht stabil und brauchen nicht in ihrer ganzen Fläche aufzuliegen. Sie leiten die Sommerhitze somit nicht direkt weiter. Bei Dachüberständen von mehr als 20 cm ist es jedoch ratsam, für eine entsprechende Abstützung des überstehenden Teils zu sorgen, da besonders die Ecken im Laufe der Zeit unschön herunterhängen. Wellasbest-Zementplatten sind gegenüber Bitumenpappe erheblich schwerer und teurer und bringen in unserem Falle eigentlich keine Vorteile. Außerdem ist ihre Anbringung schwieriger. Unnötig sind auch Dachrinnen, auf die angesichts der geringen Dachfläche in den meisten Fällen verzichtet werden kann.

7.5.5 Befestigungsverbindungen

Soweit sich keine speziellen Verbindungssysteme vom Material her ergeben, werden sowohl für Holz als auch für Pappe verzinkte Nägel verwendet. Von den schreinermäßigen Holzverbindungen finden nur einfachste Verbindungsarten Anwendung. Lediglich für den Türrahmen wird man überplattete Eckverbindungen herstellen, d. h. jeweils die halbe Dicke der Rahmenenden bis zum Sägeanschnitt ausstemmen. Diese Arbeit ist auch für Ungeübte mit einfachstem Werkzeug leicht auszuführen. Zusätzlich können die Eckverbindungen mit Fensterwinkeln versteift werden. Ansonsten wird man mit stumpf aufeinanderstoßenden Verbindungen auskommen. Auch der Türrahmen kann mit stumpf gestoßener Ecke hergestellt werden, wenn über die Ecke ein versteifendes Dreieck genagelt wird.

Quer zur Brettrichtung aufgenagelte Leisten geben der Brettfläche den nötigen Halt, wobei jedoch darauf zu achten ist, daß sie nach Möglichkeit auf der Außenseite angebracht werden. Innenraum und Türen sollten keine Angriffspunkte für Benagen geben. Gegebenenfalls können gefährdete Stellen mit Fliegendrahtstreifen vor Verbiß geschützt werden.

Bei erweiterungs- und abbaufähigen Konstruktionen kommt das Verschrauben der einzelnen Bauelemente in Betracht. Hierfür verwendet man am besten verzinkte M 8 – Gewindestangen von 1 m Länge, die im Eisenwarenhandel für wenig Geld zu haben sind. Die erforderlichen Längen lassen sich je nach Bedarf zuschneiden. Unter die Muttern kommen breite Unterlegscheiben. Verschraubt werden nur ganze Bauelemente.

7.5.6 Imprägnierungen und Anstriche

Bei der Verarbeitung von Holz und Pappe zahlen sich Schutzmaßnahmen gegen Fäulnis aus. Billig und an sich gut geeignet für außen ist Karbolineum. Der störende Geruch verfliegt in freier Luft im allgemeinen schnell. Vor seiner Verwendung für Innenflächen müssen jedoch Bedenken angemeldet werden, da Gesundheitsschäden bei den Tieren nicht auszuschließen sind. Verschiedentlich wurden Spätschäden auf die Verwendung dieses Teerproduktes zurückgeführt. Man ist sicher besser beraten, auf solche Mittel zu verzichten und statt dessen das unbedenkliche Bondex auf der Basis von Bor, Silolacke oder Betonfarben für gefährdete Stellen zu verwenden. Silolack hat sich vor allem hervorragend als Korrosionsschutz für verzinkte Bodengitter und Kotwannen bewährt.

Weniger der Feuchtigkeit ausgesetzte Bauteile werden am besten mit wasserlöslichen Dispersionsfarben oder wasserlöslichen Acryllacken behandelt. Sie besitzen hohe Deckkraft und ausreichende Wetterfestigkeit.

7.5.7 Außenställe

Der Aufstellplatz für Kaninchenställe hängt meistens vom Zuschnitt des Grundstückes ab, und nur in den wenigsten Fällen wird man in dieser Hinsicht völlig freie Wahl haben. Günstig ist die Ausrichtung der Vorderfront in Ost- bzw. Süd-Ostrichtung. Die Wetterseite liegt damit an der Rückseite, und etwaige Morgensonne ist zweifellos angenehmer als die heiße Mittagssonne bei südlicher Ausrichtung der Stallanlage.

Abb. 39. Einzelbucht im Garten.

Einzelbuchten

Einzelbuchten, gegebenenfalls mit einer herausnehmbaren Zwischenwand, werden am besten auf Füße so hoch gestellt, daß sie einfach zu bedienen sind. Derartige Ställe lassen sich meist gut in den Garten eingliedern, möglicherweise findet sich auch auf der Terrasse ein Platz. Ein kurzer Weg zur Küche verschafft den Tieren manchen Leckerbissen, und ein Blick aus dem Fenster zur Kontrolle kann nur vorteilhaft sein.

In Abb. 39 ist ein solcher Stall zu sehen. Die Stärke der Holzwände beträgt 22 mm. Man rechnet für die Grundfläche etwa 0,80 bis 1 m Breite und 0,60 m Tiefe bei einer Höhe von 0,40 bis 0,50 m. Zu bedenken ist, daß bei geringer Boxentiefe die Tiere stärker der Winterkälte ausgesetzt sind.

Die Größe der Bucht reicht für eine Häsin und ihre Jungen. Bei Platzmangel sind kleinere Rassen oder Zwerge wegen des deutlich geringeren Platz- und Futterbedarfes zu empfehlen.

Da das Ausmisten keine sehr angenehme Beschäftigung ist, hat sich für Einzelbuchten das Einlegen einer dicken Schicht Zeitungspapier bewährt, auf die dann gewöhnliche Einstreu kommt. Der Käfigboden wird am besten als Spaltenboden gebaut, so daß von unten genügend Luft herantreten kann. Auf diese Weise braucht die Einstreu einschließlich der matratzenartigen Unterlage nur alle 7 bis 14 Tage ausgewechselt zu werden. Die feuchte Lage läßt sich bequem zusammenrollen und entfernen. Am einfachsten ist es, wenn die Grundfläche der Bucht mit einer Seite des Zeitungsformats übereinstimmt. Die Tür sollte nicht zu tief angebracht sein. Gegebenenfalls ist ein entsprechendes Vorstellbrett zu befestigen. Damit die Tiere das Papier nach dem Einstreuwechsel nicht aus Übermut aufwühlen, ist das Ausmisten mit einer Fütterung nach einer mehrstündigen Futterpause zu verbinden. So wird erst einmal gefressen, anstatt die neue Einstreu und insbesondere die Zeitungsunterlage zu inspizieren.

Die Kaninchenhaltung in solchen Einzelbuchten kann Kindern wie Erwachsenen viel Freude bereiten. Zu intensiver Zucht reicht freilich eine Einzelbucht nicht aus, und es ist auch zu bedenken, daß praktisch nur Einzeltiere bzw. eine Häsin mit ihren Jungen bis zum Absetzen darin zu halten sind. Soll die Kaninchenhaltung in größerem Stil betrieben werden, so ist ein Mehrbuchtenstall einzurichten, für den allerdings das wöchentlich anfallende Papier der Tageszeitung nicht mehr ausreichen dürfte.

Mehrbuchtenställe

Außenställe mit mehreren Buchten sehen trotz Verarbeitung unterschiedlicher Materialien sehr ähnlich aus. Meistens handelt es sich um Ställe mit zwei oder drei Etagen und einer Frontlänge von 2 bis 4 m. Die Türen sind in ihrer gesamten Fläche verdrahtet. In der Regel werden von außen Wasserflaschen angehängt. Hinsichtlich der Entmistung gibt es mehrere Möglichkeiten, die einen unterschiedlich hohen Aufwand erfordern. Die örtlichen Bedingungen verdienen bei der Entscheidung für ein System besondere Beachtung. Ist die Rückfront der Buchten aus Platzgründen nicht zugänglich, oder grenzt sie gezwungenermaßen an das Nachbargrundstück, so wird man an der Rückseite schwerlich einen Mistgang anlegen können. Im Mistgang sollte man nach Möglichkeit mit der Schubkarre arbeiten können, weshalb eine Breite von 1 m zu empfehlen ist. Abb. 40 zeigt mehrere Entmistungsmöglichkeiten, die sich in der Praxis bewährt haben. Zu beachten ist, daß kein toter Raum unter dem Stall entsteht, der das Ansiedeln von Ratten und Mäusen begünstigt. Bei Bodenabständen von weniger als 20 cm sind betonierte Bodenplatten anzuraten.

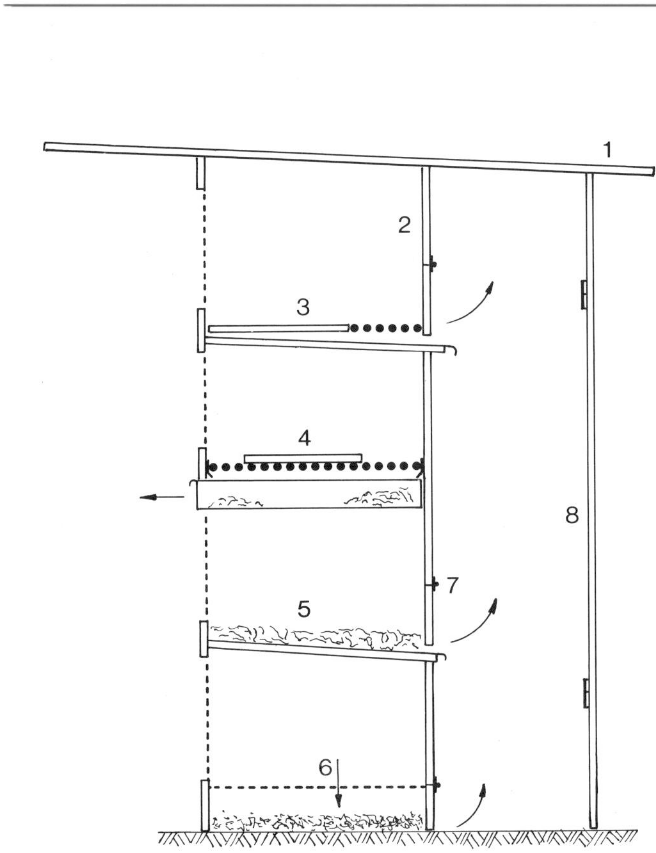

Abb. 40. Entmistungsmöglichkeit am Beispiel eines Außenstalles.
1 = Dachneigung nach hinten (kein Tropfwasser an der Vorderfront),
2 = glatte Innenflächen, um Benagen und Hängenbleiben von Haar bei Angorakaninchen zu vermeiden,
3 = herausnehmbares Bodenbrett mit Rost, Einstreu möglich,
4 = herausnehmbarer Ganzrost mit Ruhebrett, Einstreu möglich, Ableitbleche für Harn und Kotschubladen mit ausreichend hohem Rand,
5 = wasserdichter und korrosionsfester Schrägboden für Tiefstreu,
6 = Drahtrost ohne Ableitblech für einstöckige Käfige (Flachkäfige),
7 = hochklappbare Rückwand zur besseren Säuberung und Verhinderung von Zugluft,
8 = möglicher Anbau eines Kotganges als Sichtschutz, eine Tür verringert Geruchsausbreitung.

Weit verbreitet und schon sehr lange gebräuchlich ist der schräge Stallboden mit rückwärtiger Entmistung. Die Tiere werden meistens auf Stroheinstreu gehalten, die 2,8mal mehr Feuchtigkeit bindet als Sägemehl oder Hobelspäne. Als Unterschicht ist auch Torfmull geeignet. 100 Teile lufttrockenen Torfes binden 1500 Teile Wasser.

Neueren Datums sind dagegen Kotschubladen und Gitterroste. Tierzuchtgerätefirmen bieten hiervon eine Reihe von Typen und Qualitäten aus Blech und Kunststoff an. Genügend hoch angebrachte Türöffnungen erlauben auch auf den Rosten die Verwendung von Einstreu. Während der kalten Jahreszeit, bei Temperaturen unter 0 °C, wird sie sogar unbedingt notwendig. Wichtig ist, daß die Roste leicht herauszunehmen sind und daß Ableitbleche den Harn vollständig in die Schubladen leiten. Die schönsten Anlagen taugen nichts, wenn diese Forderung nicht erfüllt ist (Gießkannenprobe!). Bei Draht- oder Kunststoffrosten ist ferner darauf zu achten, daß sie eine einwandfreie Oberflächenbeschaffenheit aufweisen. Da die Schubladen möglichst hoch sein sollten, ergibt sich bei Einstreu und mehretagiger Bauweise allerdings ein spürbarer Raumverlust, so daß Kompromißlösungen gefunden werden müssen. Niedrige Schubladen mit einer Höhe von 5 bis 8 cm haben allerdings den Nachteil, daß die Kothügel bei einstreuloser Haltung schon nach 2 bis 3 Tagen „durchwachsen", wenn sie

Abb. 43. Blick in eine Bucht des zuvor gezeigten Stalles. Die Verstrebungen sollten besser außen angebracht werden.

Abb. 41 s. Seite 204.

Abb. 42. Mehrbuchten-Offenstall in Holzbauweise. Decke und Seitenfronten sind isoliert; die Entmistung geschieht auf schrägen Böden von der Rückseite.

Abb. 44. Holzstall mit Kotschubladeneinsätzen aus Kunststoff.

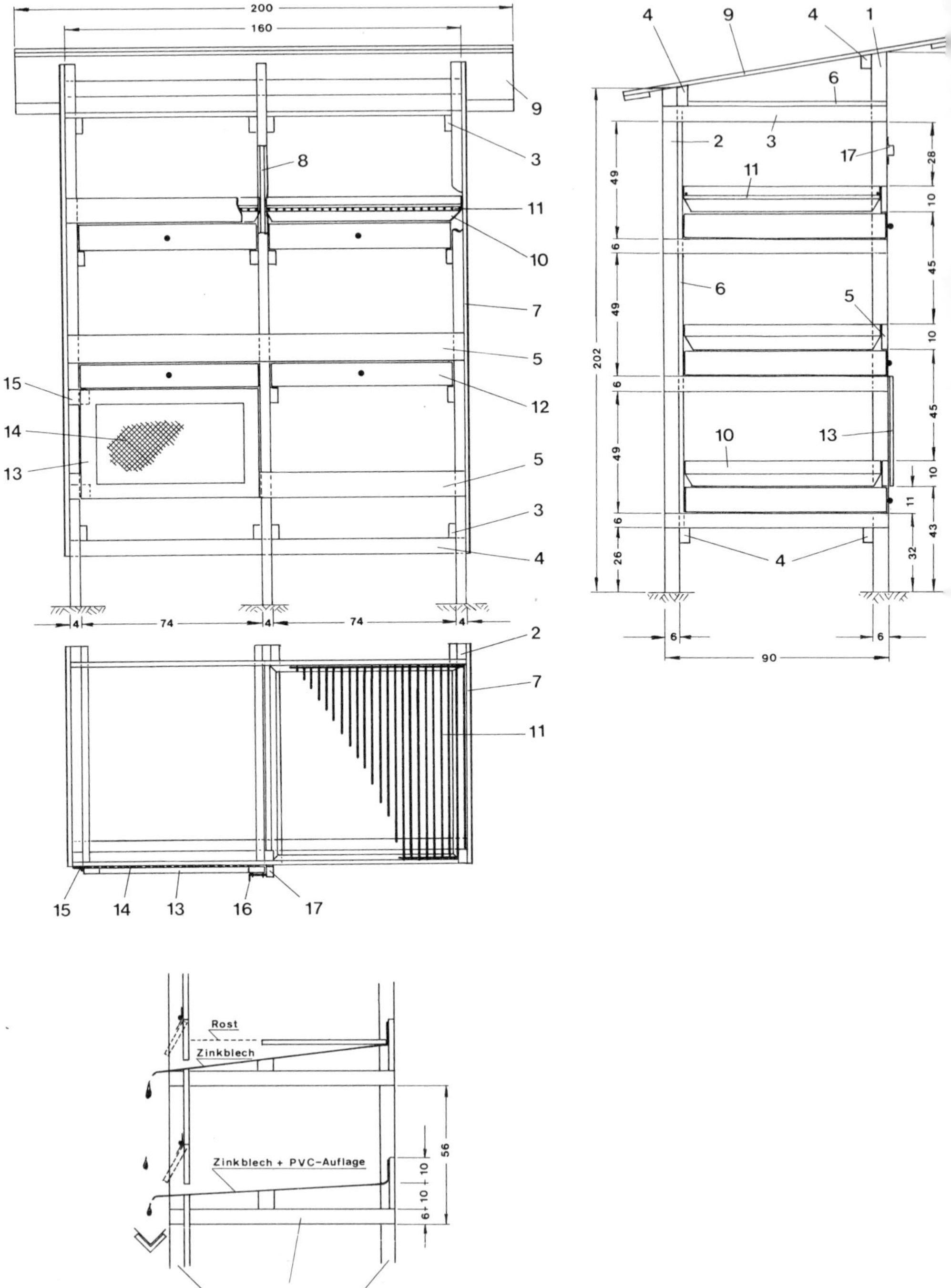

Abb. 41. Mehrbuchtenstall zum Selbstbau, Ausführungszeichnung.

Materialbedarf für einen Mehrbuchtenstall nach Abb. 41

Pos. Nr.	Stückzahl	Benennung	Abmessung (cm)
1	3	Pfosten	217 × 6 × 4
2	3	Pfosten	202 × 6 × 4
3	16	Querriegel	90 × 6 × 3
4	4	Längsriegel	160 × 6 × 4
5	3	Stirnbrett	160 × 10 × 2,4
6	1	Rückwand + Boden	171 × 86 × 160 × 2,4
7	2	Seitenwand	190 × 90 × 2,4
8	1	Trennwand	170 × 75 × 2,4
9	1	Dach	200 × 140 × 2,4
10	6	Ableitblechrahmen	(10 cm breite Blechstreifen abwinkeln und einpassen)
11	6	Rost	78 × 78[1)]
12	6	Kotkasten	80 × 73 × 10
13	6	Türrahmen	73 × 43 (aus Leisten 6 × 2,4)
14	6	Maschendraht	70 × 40 (Maschenweite 1,2–2)
15	12	Scharnierbänder	
16	6	Schubriegel	
17	3	Schließblech	

1) Verzinkte Rundstäbe Durchmesser 3 bis 5 mm, lichte Weite 12 mm, oder Lattenrost mit Lattenbreite 15 bis 30 mm, Spaltenbreite 12 bis 14 mm.

nicht regelmäßig verteilt werden, was leicht vergessen wird. Vom Handel werden Kotschubladen bis zu 20 cm Randhöhe angeboten.

Für den Eigenbau eines Kaninchenstalls aus Holz gibt die Abb. 41 einige Anregungen. Die links in der Zeichnung dargestellten billigeren Alternativen zur Kotschublade haben sich gleichfalls bewährt. Die Blecharbeiten dürften keine Schwierigkeiten bereiten, wenn man sich aus Kartonpappe Schablonen anfertigt, nach denen der Spengler die entsprechenden Bleche preiswert anfertigen kann.

Abb. 45. Mangelhafte Harnableitung verursacht Holzschäden.

Auch die Kotschubladen können selbst angefertigt werden, obwohl der Handel ein großes Sortiment anbietet und auch Sonderwünsche erfüllt.

Wie aus der Zusammenstellung des Materialbedarfs hervorgeht, summieren sich die Einzelposten zu ansehnlichen Mengen. Es ist deshalb zu prüfen, inwieweit Alt- und Abfallmaterial verwertet werden kann. Daß die Abmessungen im einzelnen nur Empfehlungen sind und auch geändert werden können, versteht sich von selbst.

Die Abb. 42 bis 47 zeigen einige Außenställe bzw. Teilansichten, die sicherlich manche Anregung geben können.

Abb. 46 und 47. Vorderfront und rückwärtige Ansicht eines Kaninchenstalles aus Leichtbetonteilen (Fabrikat Weis, Saarlouis).

7.5.8 Innenställe

Nicht mehr benötigte Viehställe, Scheunen, Garagen oder ähnliche Räumlichkeiten lassen sich für die Kaninchenhaltung bestens nutzen. Auch Keller kommen in Frage, wenn eine ausreichende Belüftung möglich ist. Einen Kaninchenstall in Massivbauweise neu zu erstellen, dürfte sich dagegen nur in den seltensten Fällen lohnen. Ist ein Neubau geplant, so wird man wohl am besten beraten sein, wenn auf einer frostsicheren Bodenplatte eine Rahmenkonstruktion aufgesetzt und diese mit modernen Leichtbaustoffen ausgefüllt wird. Hierbei gelten die für Tierstallungen allgemein gültigen Richtwerte.

Da in Innenställen der Witterungs- und Isolierschutz für die Käfige praktisch entfällt, kann man mit ungeschützten Drahtkäfigen auskommen, die zu ganzen Batterien ähnlich wie in der Hühnerhaltung ein- und mehretagig verbunden werden. Hierbei dienen etwaige Abstände zwischen den Einzelkäfigen möglicherweise als Heuraufen.

Die im vorangegangenen Abschnitt beschriebenen Außenställe lassen sich natürlich gleichfalls in geschlossenen Stallungen verwenden. Für die Tiere dürfte die rückwärts und seitlich geschlossene Bucht sogar angenehmer sein, weil sie zu den Seiten hin Schutz bietet. Auch Zugluft wird von den Tieren ferngehalten, und eine gewisse Isolierwirkung bei niedrigen Stalltemperaturen ist nicht von der Hand zu weisen. Unter diesem Gesichtspunkt wird man auch auf die wärmende Einstreu im Winter nicht verzichten wollen, die bei Drahtkäfigen normalerweise nicht üblich ist.

Betritt man eine Stallanlage, die nur an der Vorderfront verdrahtet ist, so entsteht kaum Unruhe unter den Tieren. Für allseits ungeschützte Drahtkäfige trifft das nicht zu. Der Handel bietet deshalb auch geschlossene Käfige für Innenställe in verschiedenen Ausführungen an. Sie sind sowohl in reiner Holz- und Blechbauweise als auch in kombinierten Ausführungen zu haben. Die Kot- und Harnentfernung erfolgt wie bei den Außenställen. Der Stallfußboden ist auf jeden Fall mit ausreichendem Gefälle auszubilden (sowohl in Längs- als auch in Querrichtung).

Vorteilhaft sind Anlagen mit einetagiger Aufstallung, da sie gut überschaubar sind; sie erfordern jedoch mehr Grundfläche. Bei einetagiger Aufstallung und der Verwendung von Drahtrosten kann man sich auch Auffang- oder Ableitvorrichtungen sparen und Kot und Harn direkt auf den Boden fallen lassen. Überschüssige Feuchtigkeit wird von aufgebrachtem Stroh, Sägemehl oder Torfmull gebunden.

Die einetagige Aufstallung ist die einfachste Art der Käfighaltung. Wer Eigenleistung und Selbstbau in Betracht zieht, kann sich mit einfachen Mitteln Drahtkäfige selbst herstellen. Gegebenenfalls wird rückwärts und seitlich von außen Pappe angebracht. Das in Rollen erhältliche verzinkte Drahtgewebe in der Stärke von 1,6 bis 3 mm braucht nicht verlötet oder verschweißt zu werden, sondern wird mit speziellen Klammern zusammengeheftet. Wenn die Käfige mit Hilfe von Ketten an der Decke aufzuhängen sind, wird die Entmistung unterhalb der Käfige wesentlich erleichtert. Als Maschendrahtweite für den Boden sind für Zuchtkäfige 12 mm, für Mastkäfige 20 mm zu empfehlen.

Für Zuchtkäfiglaufböden sind deshalb engere Maschen besser geeignet, weil die Jungtiere leicht durchtreten und in den Maschen festhängen können. Um die hohe Zahl von Knotenpunkten zu vermeiden, ist ein Drahtgitter mit 12 × 70 mm Abständen zu empfehlen. Die übrigen Wände und Dachabdeckungen brauchen nicht aus engmaschigem Gewebe zu bestehen (es genügen z. B. 25 × 40 mm).

Beim Zusammenbauen wird zweckmäßigerweise so vorgegangen, daß von einer Rolle Kotgrubengitter mit einer Maschenweite von 2,5 × 5 cm ein Stück von 1,5 m Länge und 1,5 m Breite abgeschnitten und auf dem Fußboden gut geglättet wird. Dann knickt man an beiden Längsseiten des 1,5 × 1,5 m großen Stückes 40 cm rechtwinklig ab, so daß ein U-förmiger Korb von 40 × 70 × 150 cm entsteht. Danach werden die 50 × 70 cm großen Seitenteile zugeschnitten und angeheftet, gegebenenfalls auch Zwischenabtrennungen eingepaßt. Da die Maschenweite für den Laufrost zu groß ist, wird in den nach oben offenen Käfig ein Laufboden mit enger Maschenweite eingelegt (12 × 12 mm bzw. 12 × 70 mm oder 20 × 20 mm für Zucht- bzw. Mastkäfig). Das Ganze wird von oben (vorn und hinten) an U-förmigen oder L-förmigen Schienen an der Decke angehängt oder auf seitlich angebrachten Stützen aufgestellt (Dachlatten über Kreuz). Die Käfige sind von oben zugänglich. Auch von vorn zu öffnende Vorderfronten sind zu bauen, indem an der Türseite unten nur ca. 5 cm abgewinkelt werden. Ebenso wird beim Dach eine winklige Kante angebracht. Die überstehenden Drahtspitzen sind umzubiegen.

Bei mehretagiger Aufstallung, die eine bessere Raumnutzung ermöglicht, kommen die schon erwähnten Schrägböden – eventuell mit Harnableitrinne – sowie unter dem Käfig angebrachte Ableitbleche und Kotschubladen in Frage. Diese Konstruktionen erfordern zweifellos mehr Aufwand und der Selbstbau ist nicht einfach.

Als Platzbedarf rechnet man bei 3-Etagen-Käfigen einschließlich der Bedienungswege und der Mistgänge etwa 1 m^2 Stallgrundfläche pro Häsin einschließlich Rammlern und Nachzucht. Bei einetagigen Flachkäfigen wäre etwa der dreifache Bedarf anzusetzen.

Mechanisch arbeitende Entmistungsanlagen haben sich praktisch nur in der Versuchskaninchenhaltung durchsetzen können, da sie überaus aufwendig und teuer sind. Sauber und im Betrieb problemlos sind hierbei untergezogene Papierbahnen, die von Hand oder automatisch weitergezogen werden und die Exkremente in Auffangbehälter befördern. Je 100 Häsinnen und Nachzucht fallen täglich 35 bis 40 kg Kot und 75 bis 80 kg Harn an.

Bei modernen Anlagen sind die Einzelkäfige herausnehmbar und leicht zu säubern. Große Versuchstieranlagen verfügen sogar über Waschautomaten, in denen der komplette Käfig gewaschen und desinfiziert wird.

Die Abb. 48 bis 59 zeigen verschiedene Bauweisen von Innenstallanlagen.

Abb. 48. Käfiganlagen nach dem Baukastenprinzip (System Woetho).

1 = einseitige, einstöckige Anlage, 2 = doppelseitige, einstöckige Anlage,
3 = einseitige, zweistöckige Anlage, 4 = doppelseitige, zweistöckige Anlage,
5 = einseitige, dreistöckige Anlage, 6 = doppelseitige, dreistöckige Anlage.

1

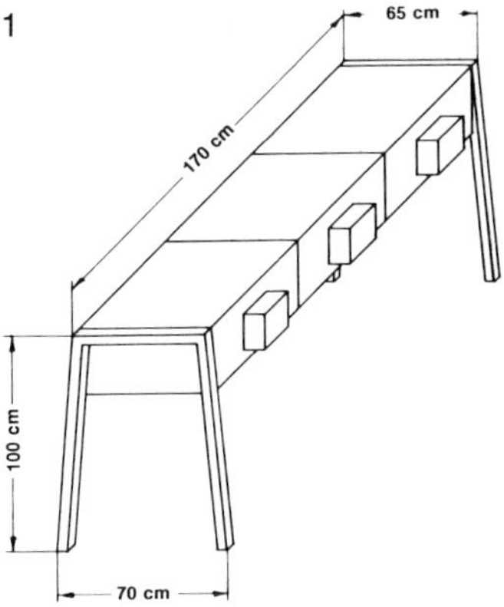
65 cm
170 cm
100 cm
70 cm

2

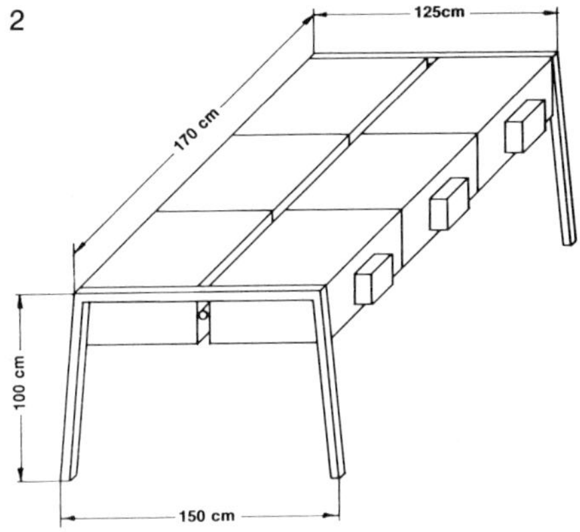
125cm
170 cm
100 cm
150 cm

3

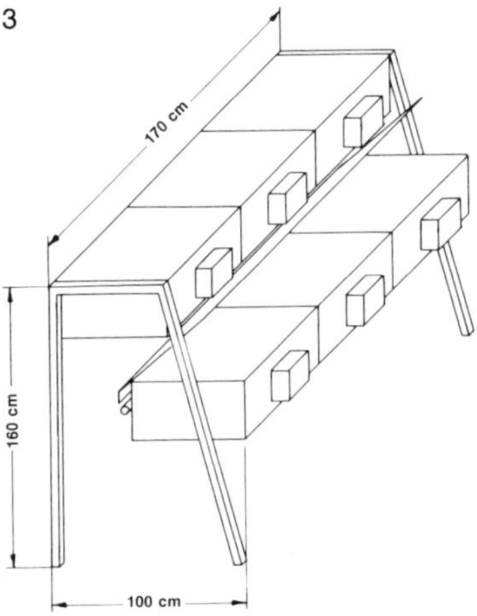
170 cm
160 cm
100 cm

4

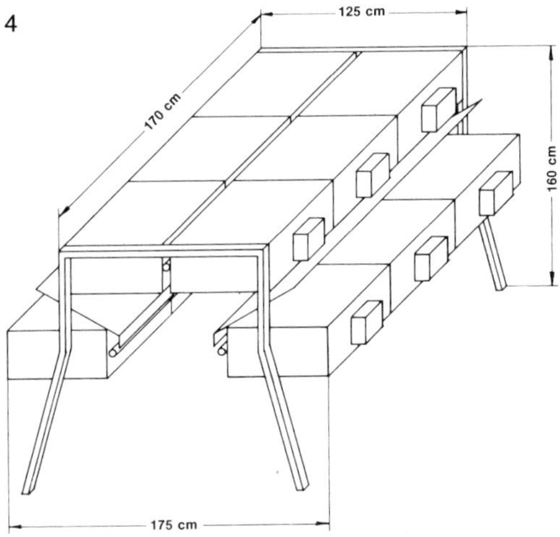
125 cm
170 cm
160 cm
175 cm

5

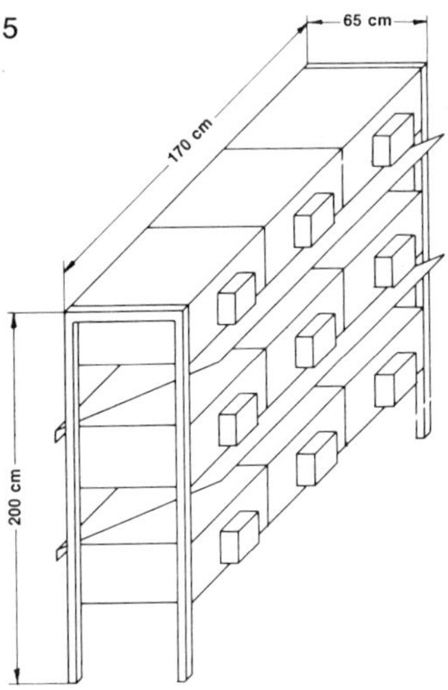
65 cm
170 cm
200 cm

6

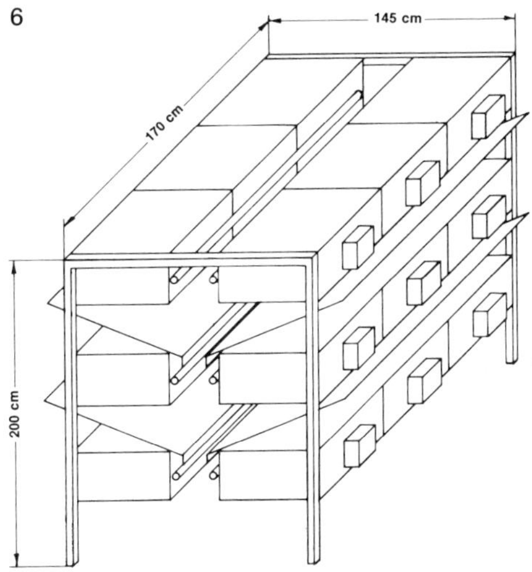
145 cm
170 cm
200 cm

Abb. 49. Käfigbatterie mit Drahtvorderfront und Kotschubläden. Seiten- und Rückwände aus 10-mm-Spanplatten, Außenraufen.

Abb. 50. Vorteilhafte Steckverbindungen erlauben eine einfache Demontage.

Abb. 51. Innenstall in Blechbauweise. Links eingebautes Mistabteil mit verschließbarem Durchschlupf. Der Futterbehälter dient zugleich als Tür.

Abb. 52. Selbstbaukäfig mit herausnehmbaren Kunststofflaufrosten. Stabbreite 15 bis 30 mm, Spaltenbreite 12 bis 14 mm. Der Futterbehälter dient als Tür.

Abb. 53. Selbstbaukäfig mit Kunststofflaufrosten. Stabbreite 15 bis 30 mm, Spaltenbreite 12 bis 14 mm. Rund-Futterbehälter hochgezogen.

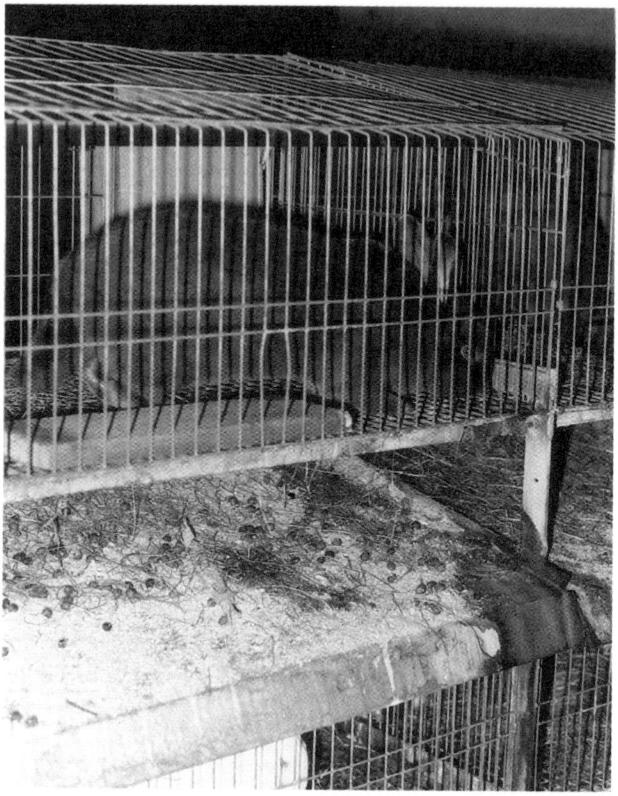

Abb. 54. Drahtkäfig – Rückfront mit schrägen Kotblechen.

Abb. 55. Innenstall aus Bimsbeton mit Lattenrosten. Breite 65 cm, Tiefe 70 cm, Höhe 60 cm, Eckabteil 1,30 m breit. Der Harn wird auf schrägen Betonplatten durch die Rückfront geleitet.

Abb. 56. Innenstall aus vermauertem Bimsbeton mit Lattenrosten. Der Harn wird in vorgelagerten Betonrinnen abgeführt. Die Holzabdeckung ist abnehmbar.

Abb. 57. Frontansicht eines gemauerten Innenstalles im Rohbau. Die senkrechten Abteilwände sind gemauert (7er-Kalkstein). Türrahmen aus 20×30 mm verzinktem Stahlrohr über die gesamte Höhe. Die Bodenroste sind herausnehmbar.

Abb. 58. Rückseite des in Abb. 57 gezeigten Stalles. Die Breite des Mistganges beträgt 1 m. Bei dieser Breite läßt es sich gut mit dem Schubkarren arbeiten. Unter den 14 cm überstehenden Kotblechen befindet sich eine 15 cm tiefe Jaucherinne in Schaufelbreite.

7.5.9 Bodenhaltung

Bei ausreichender Stallgrundfläche bietet sich auch die Bodenhaltung auf Tiefstreu an. Auch Rassekaninchenzüchter greifen auf diese Haltungsform zurück, wenn kurzfristig viele Tiere unterzubringen sind. Wenn sich die Jungtiere aus gleichaltrigen Würfen zusammensetzen, können auch größere Gruppen von mehreren hundert Tieren bis zur Schlachtreife von 12 bis 14 Wochen auf dem Boden gehalten werden. Pro m^2 Stallbodenfläche lassen sich etwa 4 bis 6 Tiere einer mittelschweren Rasse bis zu einem Gewicht von 2,5 kg (maximal 20 bis 25 kg Lebendgewicht je m^2) unterbringen. Gegebenenfalls werden mehrere Abteile aus Spanplatten geschaffen, so daß die verschiedenen Altersgruppen getrennt gehalten werden können. Als Wandhöhe ist bei glatten Wänden eine Höhe von 90 bis 100 cm (vom festen Bodengrund aus gerechnet) einzuplanen. Um die Einstreu möglichst trocken zu halten, ist es empfehlenswert, den Harn abzuleiten bzw. von der Einstreu fernzuhalten. Untergelegte Lattenroste haben sich aber nicht bewährt. Drainage-Rinnen eignen sich besser. Wichtig ist auch hier ein genügendes Bodengefälle (5 %). Bezüglich der Futter- und Wasserversorgung wird in gleicher Weise wie in der Käfighaltung verfahren. Die Tränken sind an der tiefsten Bodenstelle anzubringen.

Abb. 59. Moderne Kaninchenbatterie mit automatischer Bandentmistung und Bedienungswagen (E. Becker, Castrop Rauxel).

Abb. 60. Bodenhaltung in einem alten Kuhstall. Boxengröße 2×1 m, frei liegende Futterrinnen verursachen Futterverluste.

Ein Nachteil der Bodenhaltung ist jedoch die erhöhte Ansteckungsgefahr, der die Tiere aufgrund des engen Körperkontaktes und der Berührung mit den Körperausscheidungen ausgesetzt sind. Es ist deshalb notwendig, vor jeder Neubesetzung eine gründliche Desinfektion mit anerkannten und geprüften Mitteln vorzunehmen. Zu bedenken ist ferner, daß mit Eintritt der Geschlechtsreife unter den Böcken vermehrt Rangkämpfe auftreten und es zu unliebsamen Beißereien kommt.

Mutterhäsinnen auf dem Boden in Gruppen zu halten, ist nicht zu empfehlen. Die Zwischenwurfzeiten werden verlängert, die Anzahl der geborenen Jungtiere verringert und die Jungtierverluste erhöht. Es wird eine starke Erregbarkeit der Häsinnen beobachtet.

7.6 Besonderheiten bei der Haltung von Angorakaninchen

Angorakaninchen stellen bezüglich ihrer Unterbringung an den Käfig bzw. Stall an sich keine speziellen Ansprüche. Allerdings darf der höhere Wärmeschutz, dessen die Tiere nach der Schur bedürfen, nicht übersehen werden. Die Stallgröße sollte den Maßen für eine mittelgroße Normalhaarrasse entsprechen. Zu empfehlen ist eine Käfiggröße von 80 × 80 cm Grundfläche und 40 bis 45 cm Höhe. Vorteilhaft ist die Haltung auf Lattenrosten mit 30 mm Lattenbreite (Kunststoff) und 13 mm Zwischenraum mit trapezförmigem Querschnitt, wobei die Breitseite oben liegt. Die Kotpillen fallen leichter durch, und die Zwischenräume bleiben frei. Drahtgitterböden sind weniger gebräuchlich. Bei der Auswahl der Materialien ist zu berücksichtigen, daß sich das Haar an rauhen und kantigen Oberflächen leicht festhängt. Bei reichlicher Einstreu gelangen leicht Strohteile in das Haar. Es empfiehlt sich allerdings, die Tiere gelegentlich durchzubürsten. Regelmäßiges Kämmen ist jedoch nicht notwendig. Das Auflockern des Haares würde nur die Aufnahme von Fremdkörpern begünstigen. Da die Jungtiere gern neben- und aufeinander liegen, ist bei ihnen die Gefahr der Haarverunreinigung und Filzbildung besonders groß. Deshalb müssen sie rechtzeitig in Einzelkäfige umgesetzt werden. Die Wollverluste und Qualitätsminderungen, die durch unsachgemäße Haltung entstehen, sind beachtlich. Die sogenannten Vegetabilien, wie die Haarverunreinigungen von der wollverarbeitenden Industrie bezeichnet werden, sind später während des Verarbeitungsprozesses nicht mehr zu entfernen und müssen aus den fertigen Geweben von Hand herausgetrennt werden. Die Nutzungsdauer pro Tier beträgt bis zu vier Jahre.

7.7 Stalleinrichtungen und Geräte

7.7.1 Wurfkästen

Wurfkästen oder Nistkästen gibt es in vielen Ausführungen. Sie stellen ein wichtiges Zubehör dar, falls sie nicht schon als besondere Wurfabteile in Zuchtkäfigen vorhanden sind. Wurfkästen erleichtern die Nestkontrolle und gewährleisten eine bessere Sauberhaltung des Nestes; ihre spätere Desinfektion bereitet keine Schwierigkeiten. Unbedingt notwendig werden Wurfkästen bei einstreuloser Haltung. Während der kalten Jahreszeit können transportable Wurfkästen nach dem Säugen der Jungen an einen warmen Platz gestellt werden.

Da das Wärmebedürfnis der Jungkaninchen außerordentlich groß ist, muß auf eine gute Isolierung des Wurfkastens geachtet werden. Im Hinblick auf die Verringerung der Jungtierverluste ist dies ein sehr wichtiger Punkt. Kästen aus 10 mm starken Spanplatten ohne zusätzliche Isolierung des Bodenteils genügen den Anforderungen eigentlich nicht. Gut bewährt haben sich neuerdings Wurfkästen aus Hartschaumstoff, die eine wesentlich bessere Wärmehaltung ermöglichen. Als Kastengrundfläche ist für mittelschwere Rassen eine Grundfläche von etwa 30 × 35 cm und eine Höhe der Seiten- und Rückwand von 30 cm nötig. Die Nistkastenböden werden zweckmäßigerweise mit saugfähigem Material wie Pappe oder ähnlichem ausgelegt. Im Boden angebrachte Vertiefungen und Löcher sorgen dafür, daß die Tiere nicht im Harn liegen. Die Eingangsseite ist bis auf eine Höhe von 13 cm zu verschließen, damit die Jungen vor dem zu frühen Verlassen des Nestes abgehalten bzw. abgestreift werden und ins Nest zurückfallen, falls sie von der Häsin beim plötzlichen Verlassen mitgerissen werden sollten (Abb. 61). Das Benagen der Kanten und Ränder wird verhindert, indem man Blechwinkel anbringt.

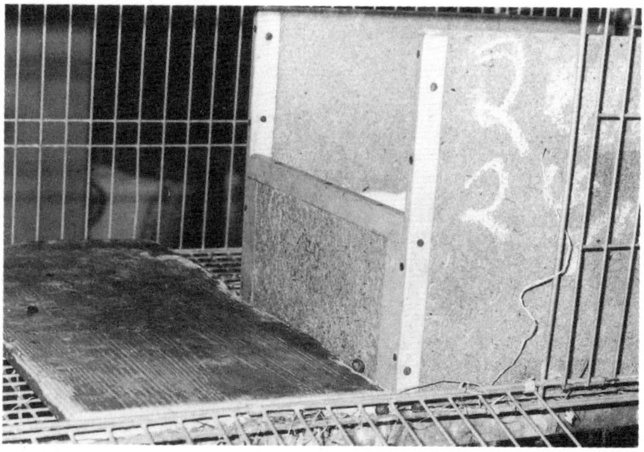

Abb. 61. Offener Wurfkasten aus Preßspanplatten (10 mm). Abgedeckte Wurfkästen werden besser angenommen. Liegebretter sind bei niedrigen Umgebungstemperaturen notwendig.

Der offene Wurfkasten, der in das Häsinnenabteil gestellt wird, ist die einfachste Lösung. Er kann zusätzlich von oben mit einer Klappe abgedeckt werden, so daß eine regelrechte Nisthöhle entsteht. Gerade bei Käfigen mit Einstreu wird die Häsin den geschlossenen Nistkasten eher akzeptieren als einen offenen. Außerdem wird der Wärmeverlust herabgesetzt. Andererseits kann es während der warmen Jahreszeit zu einem Wärmestau kommen, weshalb oben angebrachte Luftlöcher zu empfehlen sind. Ein Vorteil des Kastens mit Deckel besteht darin, daß man den Nistkasten mit seiner Eingangsseite an die Käfigwand schieben kann, um so der Häsin den unkontrollierten Zugang zu versperren. Die Aufzuchtergebnisse fallen nachgewiesenermaßen besser aus, wenn der

Kontakt zwischen der Häsin und ihren Jungen auf die Säugezeit beschränkt bleibt (weniger Ansteckungsmöglichkeiten).

Sehr praktisch und raumsparend sind Wurfkästen, die von außen an die Käfigfront gehängt werden, was allerdings Haltevorrichtungen und verschließbare Öffnungen an der Käfigfront erfordert. Hierbei ist es zweckmäßig, wenn der Boden des Wurfkastens tiefer als der Käfigboden liegt. Die Jungen finden so leichter ins Nest zurück, was bei den zuvor beschriebenen Kästen schlecht möglich ist und einen gewissen Nachteil darstellt (Abb. 62).

Abb. 62. Vorgelagerter Nistkasten aus Hartschaum, mit Deckel verschließbar.

7.7.2 Futtergeschirr, Tränken und Raufen

Futternäpfe aus Steinzeug sind in der Hobbyhaltung das bis heute am häufigsten verwendete Futtergeschirr, obwohl sie vor Kot und Harn nicht geschützt sind und des öfteren von den Jungtieren als Liegestätte zweckentfremdet werden. Da die Tiere beim Anlegen von Kotecken keine Rücksicht auf den Standort von Futtergeschirr nehmen, ist nach einer gewissen Beobachtungszeit der Napf dort hinzustellen, wo kein Kot oder Harn abgesetzt wird. So läßt sich die Verschmutzung durch Harn reduzieren, wenn nicht gar verhindern.

Abb. 63. Futternäpfe aus Steinzeug. Der nach innen gezogene Rand vermindert Futterverluste durch Verstreuen.

Für pelletiertes Fertigfutter eignen sich Futterautomaten besser, einmal können sie höher aufgehängt werden, zum anderen besitzen sie ein größeres Fassungsvermögen. Es handelt sich um Kunststoff- oder Blechbehälter, die je nach Größe mit einigen Kilogramm Futter beschickt werden können, so daß der Futtervorrat mehrere Tage ausreicht. Wichtig ist, daß die Freßöffnung mit einem nach innen gerichteten Rand versehen ist, damit kein Futter verstreut wird. Da sich Kondenswasser während des Atmens bilden kann, ist für Luftzirkulation im Futterbehälter zu sorgen. Krankheitskeime finden hier guten Nährboden. Manche Hersteller verwenden auch von den Tieren anzuhebende Abdeckbleche, die jedoch nicht unbedingt notwendig sind. Auf scharfe Kanten ist zu achten. Wird die Außenseite des Futterbehälters aus durchsichtigem Material angefertigt, so läßt sich die Füllhöhe mit einem Blick erkennen. Die folgenden Abbildungen zeigen verschiedene in der Praxis verwendete Futtergeschirre, Futterautomaten sowie Tränknippel (Abb. 63–67).

Eine Tränkvorrichtung ist in der modernen Kaninchenhaltung als selbstverständlich anzusehen. Auch bei Verfütterung von Grünfutter zeigen die Kaninchen noch ein gewisses Wasserbedürfnis. Weit verbreitet sind Tränkflaschen

Abb. 64. Futterbehälter für gekörntes Fertigfutter sowie Nippeltränken. Die durchsichtige Front erlaubt die Kontrolle des Futterstandes, der abgeschlossene Tunnel behindert jedoch die Durchlüftung und begünstigt die Ansiedlung von Krankheitskeimen.

Abb. 65. Freßseite des Futterautomaten. Der Deckel, den die Tiere zum Fressen hochheben müssen, darf nicht scharfkantig sein.

mit einem gebogenen Glas- oder Metallröhrchen von etwa 6 mm Durchmesser als Mundstück, das von einem durchlochten Gummipfropfen festgehalten wird. Auch Kugelventil-Mundstücke finden Verwendung. Die bequemste und billigste Lösung stellen Mineralwasserflaschen dar, in deren Metallkappen von außen mit einem Dosenöffner ein schlitzförmiges Loch eingedrückt wird. Die Flasche wird in das Käfiggitter schräg eingesetzt und mit einer Drahtschlaufe am oberen Rahmen befestigt. Solche Tränkflaschen funktionieren zur besten Zufriedenheit, zudem sind sie leicht zu ersetzen.

Abb. 66. Druckminderungsbehälter über Käfighöhe.

Tränkautomaten mit einer zentralen Wasserversorgung stellen schon ab 10 Wasserstellen eine spürbare Arbeitserleichterung dar. Wegen der Einfriergefahr und dem nicht unbeträchtlichen Aufwand für die Wasserzuleitungen finden sie fast ausschließlich in Innenställen Verwendung. Bewährt haben sich Nippeltränken, wie man sie in der Geflügelhaltung benutzt. Notwendig wird in jedem Falle ein Druckminderungsbehälter, der nach dem Prinzip des Klosettspülers arbeitet. Wenn das Druckminderungsgefäß zugleich ein Wasserreservoir darstellt, ist dafür zu sorgen, daß kein zu hoher Druck auf dem Nippel liegt. Er soll tropfen und nicht spritzen (möglichst wenig Feuchtigkeit im Stall). Bei mehrstöckigen Batterien ist deshalb auf jeder Höhe ein Druckminderer zusätzlich zu installieren. Empfehlenswert ist ein nachgeschalteter Abscheidefilter, damit keine Verunreinigungen in die Leitung gelangen. Der in der Tränkleitung herrschende Wasserdruck reicht aus, um die Ventilkegel im Nippel selbsttätig zu schließen (Abb. 67 u. 68). Ältere Systeme, deren Nippel gegen den Federdruck zu ziehen waren, blieben vielfach undicht und konnten sich nicht durchsetzen. Zu beachten ist, daß die Zuleitungen der nicht zu hoch anzubringenden und auch für die Jungtiere zugänglichen Nippel bei Verwendung von Kunststoff vor Verbiß zu schützen sind. Die Nippel sollten für die Jungtiere bereits im Alter von 3 Wochen erreichbar sein (Anbringung in 15–18 cm Höhe). Am Ende sind die Leitungen mit einem Entleerungsendstück zu versehen. Tote Leitungen, die nicht gespült werden können, sollte man vermeiden. Meistens werden die Wasserzuführungen außen verlegt und mit einem Bogenstück in den Käfigraum geführt. Die Funktionsfähigkeit der Anlage ist regelmäßig zu überprüfen. In

Großanlagen ist das Anbringen von jeweils zwei Tränkstellen pro Käfig zu empfehlen, da so gewährleistet wird, daß stets Wasser zur Verfügung steht. In Kleinanlagen kann sich die zweite Wasserstelle negativ auswirken, da Ruhefläche verlorengeht, die Tiere stärker verschmutzen und die Hygieneverhältnisse durch größere Nässe verschlechtert werden.

Auf Futterraufen sollte in Hobby-Anlagen nicht verzichtet werden, denn Rauhfutter gehört nicht auf den Käfigboden. Meistens werden die oben offenen Raufen im Innern des Käfigs an einer der beiden Seitenwände befestigt. Ver-

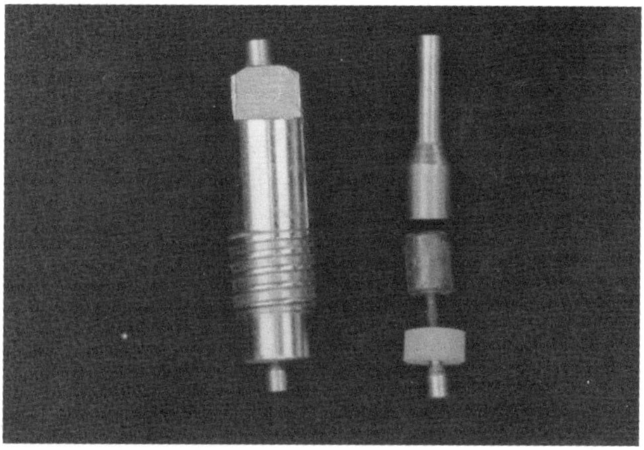

Abb. 67. Nippeltränke für Kaninchen zum Einschrauben, links: komplett, rechts: inneres Verschlußteil mit Nylondichtring und Bewegungsstift.

schließbare Raufen mit schrägem Deckel haben den Vorteil, daß sich Jungtiere nicht hinein- oder darauflegen können. Auch Beinverletzungen werden dadurch verhindert. Auf die Möglichkeit, das Rauhfutter in extra für diesen Zweck belassene Abstände zwischen den Drahtkäfigen unterzubringen, wurde schon hingewiesen.

Außen an der Käfigfront angebrachte Raufen lassen sich zwar leicht bedienen, verursachen jedoch viel Schmutz vor dem Stall.

7.7.3 Tätowierzange, Waage und Transportkiste

Das dauerhafte Kennzeichnen der Tiere erfolgt am sichersten mit einer eigens dafür bestimmten Tätowierzange. Mit ihr lassen sich Buchstaben und Zahlen als Nadelstiche in die Ohrmuschel drücken, die unmittelbar danach mit einer speziellen Tuschpaste intensiv eingerieben wird. Die Tätowierung wird bei der Rassekaninchenzucht vom bestellten Zuchtwart der Kaninchenvereine ausgeführt, kann aber auch zur internen Zeichnung in der Fleischkaninchenhaltung benutzt werden. Gegenüber der Verwendung von Ohrmarken hat diese Methode den Vorteil, daß keine Verletzungen vorkommen und die Zeichen und Zahlen unlösbar in die Ohrmuscheln eingeprägt werden. Da die in der Größe von 5 bis 10 mm angebrachte Nummer mitwächst, ist es empfehlenswert, die Tätowierung erst ab der vierten Lebenswoche (bzw. kurz vor dem Absetzen) anzubringen. Wird früher tätowiert, sind die Zahlen später oft schwer zu lesen (z. B. Unterscheidung zwischen 3 und 5).

In der Rassekaninchenzucht wird die Tätowierung in der Weise vorgenommen, daß der im rechten Ohr angebrachte Buchstabe den Landesverband und die Ziffer die Vereinsnummer angibt.

Kennzeichen der Landesverbände

A = Berlin (West)
B = Bayern
C = Baden
F = Hannover
H = Hessen-Nassau
J = Weser Ems
K = Kurhessen
P = Rheinland-Pfalz
R = Rheinland
RN = Rheinland-Nassau
SR = Saar
U = Schleswig-Holstein
W = Westfalen
Z = Württemberg

DDR

D = Brandenburg
G = Sachsen-Anhalt
M = Mecklenburg
S = Sachsen
T = Thüringen

Wird zusätzlich zwischen dem Buchstaben für den Landesverband und der Ziffer ein J eintätowiert, so ergibt sich daraus, daß dieses Tier einem Jungzüchter gehört (bis 18 Jahre). Ist zusätzlich ein N vorhanden, so handelt es sich um eine noch nicht anerkannte Neuzüchtung. Im linken Ohr werden die Daten für den Geburtsmonat (Jan = 1, Febr. = 2 usw.), für das Geburtsjahr (0 = 1980, 1 = 1981, 2 = 1982 usw.) sowie die laufende Nummer des Zuchtbuches festgehalten.

Während sich große Ohrmarken aus Messingblech, deren Spitzen durch das Ohr gestochen und aufgebogen werden, nicht bewährt haben, ist die kleine Labortierausführung für Jungkaninchen sehr gut brauchbar. Die Ohrmarken sind zu je 100 Nummern von 1 bis 999 im Fachhandel erhältlich. Man kann sie bereits den Neugeborenen locker ins Ohr setzen. Sie erfordern kein besonderes Werkzeug, können mehrfach verwendet werden und erlauben auf einfache Art eine sichere Kennzeichnung der Jungtiere. Mit zunehmender Ohrgröße – das Ohr wächst aus der Spitze heraus – müssen sie allerdings mehrfach nachgesetzt werden, da sie an den Ohrgrund wandern und dann entweder verlorengehen oder regelrecht einwachsen. Bei mehrmaligem Umsetzen lassen sich die kleinen Nummern sogar bis zum Erwachsenenalter verwenden. Abb. 68 zeigt eine Tätowierzange mit Tätowierfarbe sowie verschiedene Ohrmarken.

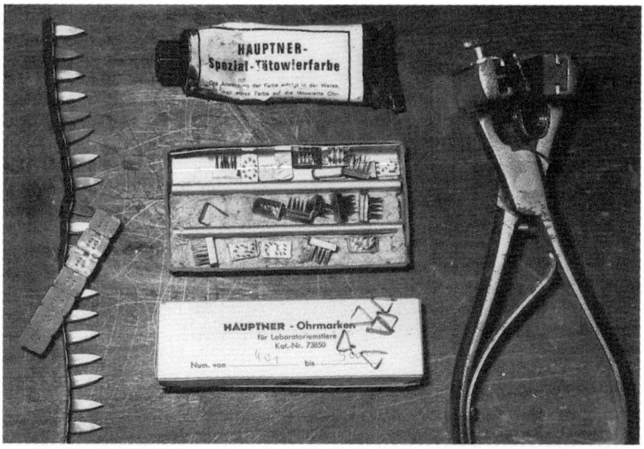

Abb. 68. Tätowierzange, Tätowierfarben, Ohrmarken.

Abb. 69. Transportkiste für Kaninchen. Die Luftlöcher befinden sich an der Schräge und können nicht zugestellt werden.

Das regelmäßige Wiegen liefert dem Tierhalter wichtige Informationen über die Körperverfassung seiner Tiere, und mit Hilfe von Gewichtskontrollen lassen sich auch Rückschlüsse auf Nährstoffangebot, Trächtigkeit und etwaige Gesundheitsstörungen ziehen. Eine übliche Haushaltswaage reicht für diesen Zweck vollkommen aus. Da man nicht erwarten kann, daß die Tiere still sitzen, wird die Waagschale durch einen passenden und nicht zu großen Plastikkorb mit möglichst wenig Rand ersetzt, der befestigt werden sollte. Wer die Arbeit nicht scheut, sich statt des Korbes eine schmale Holzkiste aus Spanplatte oder Sperrholz anzufertigen, deren Länge möglicherweise mit einem verstellbaren Einstellbrettchen je nach Bedarf zu verlängern oder zu verkürzen ist, wird die Mühe nicht bereuen. Eine solche Holzkiste kann bei der Tätowierung nützlich sein und als Transportbehälter für kurze Transportwege dienen. Pappkartons werden nur in den seltensten Fällen den Anforderungen hinsichtlich der Abmessungen sowie der Stabilität genügen. An Transportkisten, die für Ausstellungszwecke und lange Wegstrecken vorgesehen sind, sollten Tragegriffe befestigt sein, und die Luftlöcher sind so anzubringen, daß sie beim Stapeln oder Aneinanderstellen von Kisten nicht verdeckt werden können. Die Vorderseite weist in halber Höhe eine 45°-Neigung auf. Beim Stapeln garantieren die vorhandenen Hohlräume eine gewisse Luftzirkulation. Die Abmessungen sind großzügig zu handhaben. In Abb. 69 ist eine Transportkiste abgebildet.

7.8 Stallkarten

Aufzeichnungen über alle Vorgänge im Bestand sind unbedingt zu empfehlen. Hierzu ist es nicht notwendig, ein Buch zu führen. Stallkarten sollten aber auf jeden Fall benutzt werden. Sie können entweder selbst angefertigt oder aber von Futtermittelfirmen kostenlos bezogen werden. Einzutragen sind bei Häsin wie Rammler die Abstammung bis zu den Großeltern sowie die Deck- und Wurftage. Zweckmäßigerweise werden auch Verluste und Gewichte eingetragen. Beispiele solcher Stallkarten zeigt Abb. 70.

Der Vorteil von Aufzeichnungen besteht vor allem darin, daß man beispielsweise positive und negative Leistungseigenschaften sowie erblich bedingte Krankheiten zurückverfolgen kann. Hieraus lassen sich für die Selektion und Umweltgestaltung Rückschlüsse ziehen, die ohne schriftliche Aufzeichnungen nicht möglich wären.

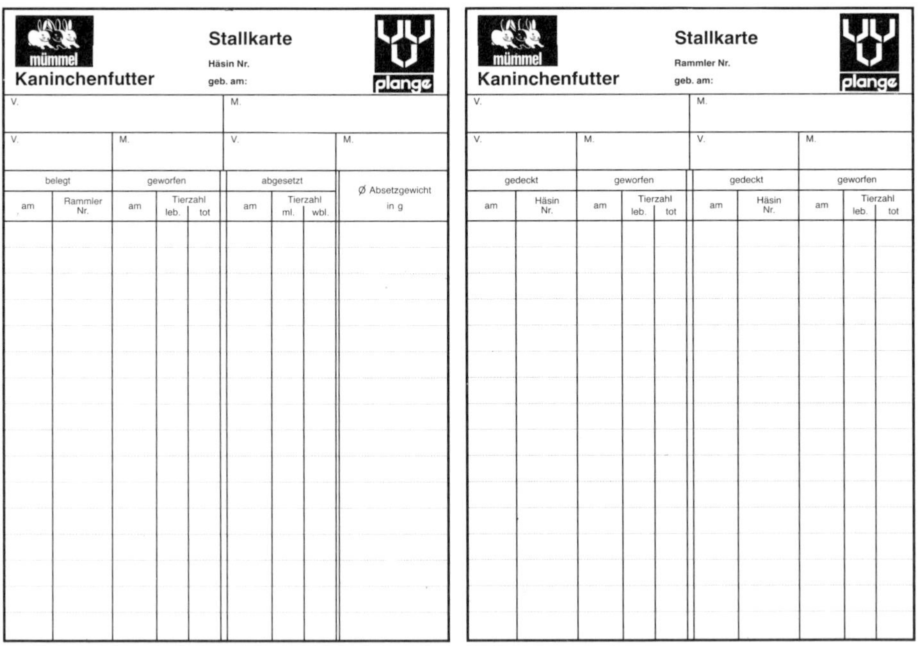
mümmel
Kaninchenfutter
Stallkarte
Häsin Nr.
geb. am:
plange

V.		M.						
V.	M.			V.	M.			
belegt		geworfen			abgesetzt			Ø Absetzgewicht in g
am	Rammler Nr.	am	Tierzahl leb.	Tierzahl tot	am	Tierzahl ml.	Tierzahl wbl.	

mümmel
Kaninchenfutter
Stallkarte
Rammler Nr.
geb. am:
plange

V.				M.			
V.		M.		V.		M.	
gedeckt		geworfen		gedeckt		geworfen	
am	Häsin Nr.	am	Tierzahl leb. / tot	am	Häsin Nr.	am	Tierzahl leb. / tot

Abb. 70. Stallkarten.

7.9 Pflege und Umgang mit den Tieren

Der Umgang mit Kaninchen bereitet so gut wie keine Schwierigkeiten. Die Tiere verhalten sich in der Regel friedlich und setzen sich nur dann zur Wehr, wenn sie ungeschickt angefaßt werden. Der Betreuer sollte seine Tiere, auch Jungtiere jeden Alters, öfters in die Hand nehmen und sie gelegentlich streicheln. Die Furcht vor anhaftendem Handgeruch, der die Häsin stören könnte, ist unbegründet. In dieser Weise an Menschen gewöhnte Tiere verlieren jegliche Scheu und verhalten sich kontaktfreudiger und unternehmungslustiger. Spezielle Versuche ergaben, daß vom Menschen „hantierte" weibliche Tiere später eine erhöhte Sexualaktivität zeigten.

Ist beabsichtigt, die Tiere auf einer Kaninchenschau auszustellen und bewerten zu lassen, sollten die Jungtiere schon sehr früh öfters aus dem Stall genommen und auf eine mit Sackleinen bespannte Kiste gesetzt werden. So gewöhnen sich die Tiere an diesen Vorgang, verlieren alle Scheu und werden sich auf der Ausstellung von ihrer besten Seite zeigen.

Abb. 71. Richtiges Anfassen und Tragen von Kaninchen.

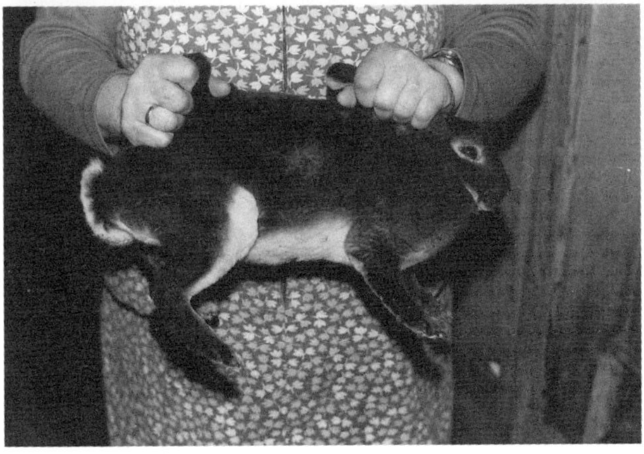

Abb. 72. Richtiges Tragen mit beiden Händen.

Es ist wichtig, die Kaninchen richtig anzufassen. Häufig kann man beobachten, daß selbst ausgewachsene Tiere an den Ohren gepackt und aus ihrem Käfig gezogen werden. Behandelt man beispielsweise Schlachttiere auf diese grobe Weise, so fallen später nicht selten blutunterlaufene Stellen am Schlachtkörper auf, die auf derartige Mißhandlung hinweisen. Kaninchen ergreift man am besten mit sicherem Griff am Nackenfell, wobei die Ohren mit erfaßt werden können, unterstützt den Körper von unten mit der freien Hand und drückt die Tiere nach Möglichkeit fest an sich (Abb. 71). Trägt man keine Arbeitskleidung und möchte den an der Kleidung anhaftenden Kaninchenhaaren entgehen, so wird das Kaninchen mit beiden Händen am Fell ergriffen und mit genügendem Abstand vom Körper getragen. Die eine Hand faßt dabei in die Nackenregion, die andere in die hintere Rückenpartie (Abb. 72). Während der Käfigreinigung setzt man die Tiere am besten in eine leere Bucht. Auch ein Stuhl oder Tisch ist geeignet. Die Tiere werden von dort aus in der Regel keinen Ausbruchversuch unternehmen.

Aggressive Tiere sind nicht unbedingt auf Behandlungsfehler zurückzuführen. Wie andere Eigenschaften, kann auch Aggressivität erblich bedingt sein. In diesem Falle ist von der Weiterzucht abzuraten, und es dürfte auch nicht schwerfallen, sich von solchen Tieren zu trennen.

Werden eingehendere Untersuchungen oder sonstige Manipulationen am Tier notwendig – hierzu kann man auch das Scheren von Angoras rechnen –, so ist es ratsam, die Kaninchen stramm festzuhalten und es zu Abwehrbewegungen erst gar nicht kommen zu lassen. Es ist nicht uninteressant zu wissen, daß Kaninchen bei eingeschränkter Bewegungsmöglichkeit und gestreckter Körperhaltung in einen regelrechten Hypnosezustand verfallen. Kaninchen gehören nämlich zu den hypnotisierbaren Tieren. Man kann allerdings die bei Kaninchen herbeigeführte Hypnose nicht mit dem schlafartigen Zustand gleichsetzen, wie er beim Menschen unter Beteiligung psychischer Faktoren bekannt ist. Es handelt sich hier um eine Hemmerscheinung, die zu völliger Bewegungslosigkeit führt, vergleichbar mit dem „Sich-tot-Stellen“. In der Tiermedizin macht man sich diese Eigenschaft bei kleineren Eingriffen zunutze.

Um das Tier ruhigzustellen, wird es in Bauch- oder Rückenlage gebracht, wobei letztere günstiger ist. Alle vier Beine werden in Grätschstellung auf einer vorbereiteten Unterlage festgebunden oder festgehalten. Eine vor dem Tier stehende Person hält den Kopf zwischen den Innenflächen der Hände und übt einen leichten Druck aus. Man merkt sofort, wenn sich das Tier entspannt und in den hypnotischen Zustand verfällt. Die Atmung wird merklich tiefer, der Puls geht stark zurück, die Augenlider werden etwas geschlossen, und der Blick ist starr geradeaus gerichtet. Diese Verfassung dauert an, solange man das Tier in der beschriebenen Lage festhält.

8 Hygiene und Krankheiten

8.1 Hygiene

Nur ein Teil der Erkrankungen beim Kaninchen ist ansteckend und wird durch besondere Infektionserreger bzw. Parasiten verursacht. Ein Großteil der Gesundheitsstörungen und die sich daraus ergebenden Ausfälle sind beim Kaninchen das Ergebnis des Zusammentreffens mehrerer belastender Faktoren. Im ungünstigsten Fall werden von ihrer Erbausstattung weniger widerstandsfähige Tiere unter schlechten Fütterungs- und Haltungsbedingungen mit Krankheitserregern in Berührung gebracht, was schlimme Verluste zur Folge hat.

Die Gesunderhaltung erfordert konsequente hygienische Maßnahmen, um Krankheitserreger und -überträger fernzuhalten. Durch häufiges Misten wird z. B. die Berührung mit Kokzidien herabgesetzt. Durch Fliegengitter kann der durch Mücken übertragbaren Myxomatose vorgebeugt werden. Über die züchterische Einflußnahme ist die erblich bedingte Widerstandskraft zu fördern. Durch Fütterungshygiene ist dafür zu sorgen, daß die Tiere eine vollwertige Nahrung ohne schädliche Bestandteile erhalten.

Hygienische Maßnahmen sind besonders deshalb so wichtig, weil eine vorsorgliche und mit erheblichen Kosten verbundene medikamentöse Behandlung angesichts der verschiedenen Krankheiten und der zeitlichen Streuung ihres Auftretens beim Kaninchen nur schwer durchführbar ist. Das Verabreichen von Medikamenten über das Trinkwasser oder Futter an Jungtiere ist außerdem frühestens nach dem Absetzen von der Mutter möglich.

Am wirksamsten bezüglich der Hygiene ist zweifellos das System „Alles rein – alles raus“ mit zwischenzeitlicher Austrocknung der Käfige und Ställe. Gegen Trockenheit sind Krankheitserreger und Parasiten empfindlich. Die Trocknung – möglicherweise in Verbindung mit Sonnenlicht – ist zugleich die einfachste und billigste Lösung. Auf diesen Sachverhalt kann nicht eindringlich genug hingewiesen werden. Dabei sollte man sich von dem bewährten Grundsatz leiten lassen, daß Vorbeugen besser ist als Heilen.

Da in der üblichen Kaninchenhaltung jedoch in der Regel alle Altersstufen gemeinsam in einer Stallanlage oder in einem Raum eng zusammen gehalten werden, ist die „Rein-raus-Methode“ in den meisten Fällen nicht durchführbar. Dennoch bietet sich genügend Gelegenheit, entsprechende Reinigungs- und Desinfektionsarbeiten in regelmäßigen Abständen durchzuführen, was aber in kleinen Kaninchenhaltungen nur selten geschieht. Die Feuchtreinigung ist dabei nicht unproblematisch, meistens ist sie aber nicht zu umgehen.

Eine besondere Gefahr bilden der Zukauf von fremdem Tiermaterial sowie der Besuch von Ausstellungen. Bei Neuzugängen oder zurückgeführten Ausstellungstieren ist nach Möglichkeit eine Quarantänezeit von 4 Wochen einzuhalten. Solange sind die Tiere vom üblichen Bestand isoliert aufzustellen, wobei auch Futtergeschirr und Stallgerätschaften voneinander zu trennen sind. Sämtliche Ausstellungstiere sollten vor der Beschickung am besten von einem Tierarzt auf ihren Gesundheitszustand untersucht werden. Wegen der besonderen Ansteckungsgefahr sind die Ausstellungskäfige nach Benutzung regelmäßig zu säubern und gegebenenfalls zu desinfizieren.

Welche Bedeutung die hygienischen Maßnahmen haben, wird vielen Kaninchenhaltern nach der Neueinrichtung eines Kaninchenstalles mit gesunden Tieren deutlich vor Augen geführt. Während in den ersten beiden Haltungsjahren praktisch keine Verluste zu beklagen sind, nehmen diese ohne erkennbaren Grund danach laufend zu. Man spricht deshalb auch von „Stallmüdigkeit". Die Ursache liegt in der Anhäufung spezifischer Krankheitskeime, die zu einem regelmäßigen Hospitalismus führen, wie er aus Krankenhäusern bekannt ist. Oft bilden die Tiere nach einer gewissen Zeit eine stallspezifische Immunität aus und zeigen keine akuten Krankheitsbilder. Neuzugänge, die diese Widerstandsfähigkeit nicht besitzen, sind deshalb besonders anfällig und erkranken häufig ohne ersichtlichen Grund. Es ist empfehlenswert, zugekaufte Tiere auch nach Ablauf der Quarantänezeit von 3 bis 4 Wochen noch eine gewisse Zeit von anderen Stallinsassen fernzuhalten.

Falls eine zwischenzeitliche Reinigung und Austrocknung nicht in Frage kommt, erscheint im Rahmen der allgemeinen Stallhygiene eine regelmäßige Desinfektion dringend geboten. Der erste Arbeitsgang besteht aus der Grobreinigung sämtlicher Käfige, Stallböden, -wände, Futtergefäße usw. Darauf folgt die Feuchtreinigung, die man am besten mit heißem Wasser (5 % Sodazusatz) durchführt. Soda besitzt eine gute Abtötungswirkung gegen eine Reihe von Parasiten außerhalb der Tierkörper. Danach wird mit einem entsprechenden Mittel desinfiziert. Metallteile werden später mit Wasser abgespült. Viel verwendet wird Formalin (Formaldehyd), das in jeder Apotheke erhältlich ist. In Verbindung mit Kalkmilch ist die Wirksamkeit des Formalins noch zu steigern. Dieses handelsübliche etwa 40 %ige Formalin muß zur Desinfektion im Verhältnis 1 : 10 verdünnt werden. Pro Quadratmeter Stallfläche werden von dieser Lösung etwa 0,4–0,5 Liter benötigt. Die Tiere müssen wegen der Gaswirkung aus dem Stall entfernt werden. Gegen die widerstandsfähigen Parasiteneier reicht die Abtötungswirkung allerdings nicht aus.

Zu den käuflichen Handelspräparaten ist zu bemerken, daß es kein Mittel gibt, das ein breites Wirkungsspektrum gegen sämtliche Erreger und Parasiten besitzt. Insbesondere ist die antiparasitäre Wirkung schlecht mit der bakterien-, pilz- und virenabtötenden Wirkung zu kombinieren. Parasiten bedürfen einer Sonderbehandlung mit Mitteln auf Schwefelwasserstoff- und Phenolbasis. Einen sicheren Abtötungseffekt garantieren überhaupt nur diejenigen Mittel, die von der Veterinärmedizinischen Gesellschaft (DVG) geprüft und in einer speziellen Liste aufgenommen wurden. Angenehm riechende und den Stallgeruch überdeckende Präparate auf der Basis von ätherischen Ölen ohne Prüfung

Tab. 26. Einige Handels-Desinfektionsmittel, geprüft nach den Richtlinien der DVG.

Name	Hersteller	Wirkstoffe	Konzentration und Einwirkungszeit				
			bakterienabtötend speziell	bakterienabtötend vorbeugend	pilztötend	virusabtötend	parasitentötend
Dekaseptol	Chem. Fabrik Marienfelde 2 Hamburg 50	Chloroform Schwefelkohlenstoff Phenolderivate	–	2 % 1 Std.	–	–	6 % 1 Std.
Durosept	Chem. Fabrik Marienfelde 2 Hamburg 50	Phenole, chlor. Kohlenwasserstoffe	4 % 4 Std.	1 % 2 Std.	4 % 4 Std.	6 % 3 Std.	–
Incicoc	Henkel KG 4 Düsseldorf 1	Phenole, Alkohol. Perchloräthylen	–	–	–	–	5 % 2 ½ Std.
Incidin 03	Henkel KG 4 Düsseldorf 1	Aldehyde, Quart. Ammoniumverbindungen Alkohole	2 % 2 Std.	1 % 1 Std.	2 % 4 Std.	3 % 4 Std.	–
Lyso® ASK	Schülke u. Mayr GmbH 2 Norderstedt	Phenole, org. Lösungsmittel	–	–	–	–	4 % 2 Std. (auf Spulwurmeier)
Lysococ®	Schülke u. Mayr GmbH 2 Norderstedt	Schwefelkohlenstoffe, Phenole	–	–	–	–	4 % ½ Std. (auf Oozysten)
Lysovet PA®	Schülke u. Mayr GmbH 2 Norderstedt	Aldehyde, Phenole, Alkohole	2 % 3 Std.	1 % 2 Std.	2 % 3 Std.	2 % 4 Std.	–

durch neutrale Sachverständige bieten noch keine Gewähr für eine volle Wirksamkeit unter Praxisbedingungen. Auf jeden Fall sind die Gebrauchsanweisungen strikt einzuhalten. Erhöhte Konzentrationen sind unter Umständen sogar von geringerer Wirksamkeit. Auch Zusätze von haushaltsüblichen Waschmitteln können den Erfolg mindern.

In Tab. 26 sind einige Präparate aufgeführt, die für die Desinfektion von Kaninchenställen gut geeignet sind.

Nicht unerwähnt soll die Hitzebehandlung durch Abflammen bleiben. Diese Desinfektionsart ohne chemische Mittel kann bei gründlicher Vorreinigung und ausreichender Hitzeentfaltung für Kaninchenställe aus Metall voll wirksam sein. Geeignet sind z. B. Heißluftgebläse oder Abflammgeräte, wie sie in Schlachtereien zum Abbrennen der Haare an Schlachtkörpern verwendet werden. Das gleichzeitige Verbrennen der Haare im Kaninchenkäfig erweist sich als praktisch. Die sorgfältige Durchführung ist bei dieser Desinfektionsmethode besonders wichtig. Für Holzkäfige ist das Abflammen nicht zu empfehlen.

8.2 Krankheiten

Gesundheitsstörungen lassen sich auf die verschiedensten Ursachen zurückführen. Wissenswert ist, daß einerseits verschiedene Krankheitsursachen ähnliche Krankheitsbilder auslösen, andererseits unterschiedliche Symptome die Folge ein und derselben Krankheit sein können. Sofort eine zutreffende Diagnose zu stellen, wird beim Kaninchen selbst einem erfahrenen Tierarzt nicht immer leicht fallen. Oft sind spezielle Laboruntersuchungen zur Krankheitsermittlung unumgänglich. Krankheitserreger werden auch in klinisch gesunden Beständen aufzuspüren sein. In der Praxis ist es nicht möglich, völlig keimfreie Bestände zu halten. Es kommt vielmehr darauf an, daß Keime nicht überhandnehmen und Krankheiten auslösen. Das trifft ebenso für Schädigungen zu, die auf Umweltbelastungen zurückzuführen sind.

Liegen Gesundheitsstörungen vor, so verschafft man sich einen Eindruck über den Gesamtzustand der Kaninchen. Überprüft werden Futter, Stallklima, die hygienischen Verhältnisse sowie mögliche Zugänge der letzten Zeit. Erst danach wird das einzelne Tier in Augenschein genommen. Beim erkrankten Einzeltier wird man sich wiederum zuerst ein Bild von der Gesamtverfassung machen, ehe man den Blick auf einzelne Körperteile richtet. Untersucht werden Kopf (einschließlich der Zähne), Haut und Fell, Genitalorgane und Gliedmaßen. Auch die Atemtätigkeit wird überprüft. Struppiges Fell und mattes Auge deuten auf Störungen des Allgemeinbefindens hin. Deutliche Anzeichen von Gesundheitsstörungen sind Appetitmangel und veränderte Kotpillenbildung. Darüber hinaus gibt es eine Reihe von Allgemeinsymptomen, die für den Tierhalter recht aufschlußreich sein können und den Verdacht auf bestimmte Krankheiten lenken. Wenn Fütterungsfehler als alleinige Erkrankungsursache eindeutig in Frage kommen, so kann sich der Tierhalter unter Umständen selbst helfen, sofern unverzüglich die erforderlichen Maßnahmen ergriffen werden. Akuter Durchfall ist z. B. in vielen Fällen in den Griff zu bekommen, wenn die

Tab. 27. Krankheitssymptome beim Kaninchen und mögliche Ursachen.

Beobachtung	mögliche Ursache
Abmagerung	mangelnde Nahrungaufnahme (Wasser?, Zähne in Ordnung?), Würmer, chronische Infektionskrankheiten
Atembeschwerden	Lungenentzündung, Blähungen, hohe Umgebungstemperaturen (und schlechte Luft)
Atemzahl erhöht und Muskelzittern	Überhitzung
Atemnebengeräusche	Lungen- und Brustfellentzündung
Auge, anomale Vergrößerung	Buphtalmie
Hautüberzug im Augenwinkel	Flügelfellbildung (Pterygium)
Reizung	Lidbindehautentzündung, Myxomatose, ansteckender Schnupfen (Pasteurellose)
Linsentrübung	grauer Star
Schleimhautverfärbung	dunkelrot: Kreislaufstörungen, bei gelb: Leber- und Dünndarmleiden
Tränenbildung	Fremdkörper (Schmutz, Staub), auch verschiedene Krankheitskeime
Beine, Hinterbeine gespreizt	siehe Spreizbeine
Blähungen	Magenüberladung, Trommelsucht, Kokzidiose
Durchfall	Dysenterie, Kokzidiose, Wurmbefall, verdorbenes Futter
Erregungszustände	Gehirnentzündungen
Fressen der Jungtiere	Kannibalismus (genauer Kronismus)
Fressen von Haar	Mineralstoffmangel, begünstigt durch rauhfutterarme Rationen (Verklumpungen im Magen von außen fühlbar)
Geschlechtsorgane geschwollen	Myxomatose, Spirochätose, Bißverletzungen
Geschwüre	Spirochätose
Gleichgewichtsstörungen	Infektionen des Innenohrs oder Gehirns
Gliedmaßenfehlstellung	Myelitis, Rachitis, siehe auch Spreizbeine
Grind an Lippen, auch zwischen Zehen und am Gesäuge	Pilze und Viren (auf den Menschen übertragbar)
Haarlosigkeit	Alopezie
Haarausfall	örtlicher Parasitenbefall, Hautpilze, Trichophytie, Mangelernährung (Vitamin-B-Komplex), siehe auch Hautabschürfungen

Tab. 27 (Fortsetzung). Krankheitssymptome beim Kaninchen und mögliche Ursachen.

Beobachtung	mögliche Ursache
Harn, blutiger	Harnleiterentzündung, Blasensteine
mit Eierflocken	Blasenentzündung
mit Salzkristallen	beim Kaninchen normal
Hautabschürfungen	vorstehende Nägel am Käfig, scharfe Kanten am Futtergeschirr
Hautveränderungen	Hautpilze (Dermamykosen), Räude
Hodenlosigkeit	Kryptorchismus, vorangegangene Kastration
Husten	Schnupfen, Lungenentzündung, Lungenwürmer (selten)
Juckreiz	Räude
Knochenauftreibung	Rachitis
Knochenbruch	sehr verschieden, Nagelung möglich
Knoten unter der Haut	Abszeßbildungen (Lymphknoten)
Kopf, Schüttelbewegungen	Ohrräude
schiefe Haltung	Ohrentzündung (auch durch ansteckenden Schnupfen) Borna-Infektion, Erbleiden
Kot, trocken und rissig	Wassermangel
klumpig	deutliche Anzeichen von Verdauungsstörungen
Lahmheiten	Verletzungen oder Entzündungen in den oberen Gliedmaßenabschnitten. Bei beidseitiger Lahmheit Verletzung der Wirbelsäule, siehe Lähmungen
Lähmungen	soweit nicht angeboren (bei Syringomyelie) auch durch Infektionen möglich (Listeriose) Vit-B-Mangel, Vergiftungen, Schüttellähmung
Läufe wund	ungeeigneter Boden, Bodennässe, schlechte Behaarung
Lidbindehautentzündung	Fremdkörper
Lippenschwellung	Myxomatose, Nekrobazillose, Spirochätose, Trichophytie, Räude
Magenverdickung	Überfressen (Verdickung auf linker Seite fühlbar, keine Trommelgeräusche beim Abklopfen) sowie Haarefressen. Bei Trommelgeräuschen Trommelsucht. Wenn der ganze Leib aufgebläht, dann auch Blinddarm betroffen
Milchdrüsenschwellung	Milchstau, Mastitis
Mundschleimhaut mit weißlichem bis bräunlichem Belag	Nekrobazillose
dunkelrote Verfärbung	Kreislaufstörungen
gelb bis orangerot	Leber- und Dünndarmerkrankungen
Muskelzittern	Schüttellähmung

Tab. 27 (Fortsetzung). Krankheitssymptome beim Kaninchen und mögliche Ursachen.

Beobachtung	mögliche Ursachen
Nase, Ausfluß	Schnupfen (einfacher Schnupfen oder ansteckender), Kokzidiose, Vit-A-Mangel
trockene	Bordetellen-, Pasteurelleninfektion
Ohrschorf, Verklebungen im Gehörgang	Ohrräude, Myxomatose, Ohrentzündung, auch Verletzungen
Pfoten, Geschwüre	wunde Läufe
Speichelfluß	Mundschleimhautentzündungen, Zahnerkrankungen, Lähmungen der Kiefermuskulatur (Tollwut)
Spreizbeine hinten	Myelitis, Erbleiden
Totgeburten	bei Häufung Infektionen der Gebärmutter (Salmonellen, Brucellen, Listerien und Rotlaufbakterien)
Verstopfung	Fütterungsfehler, auch durch Nährstoffüberangebot hervorgerufen (Leberverfettung), Enteritis, Darmparasiten, Rodentiose
Zahnfehler (Überbiß)	Brachygnathie
Zähneknirschen	Magenüberladung, Darmentzündung, vermutlich bei großen Schmerzen
Zittern	Vergiftungen, Bornasche Krankheit, Schüttellähmung, Überhitzung

Tab. 28. Krankheiten des Kaninchens.

Bezeichnung	verursacht durch	Symptome und Behandlung
Abszeßbildungen	Eitererreger	antibiotische Wundbehandlung, chirurgische Maßnahme (spalten)
Alopezie (Haarschwund)	Erbschaden (rezessiv) oder Vit-B_6- und Vit-H-Mangel	Behandlung nicht bekannt. Wenn erblich bedingt, kümmern Jungtiere und gehen ein
Blasenentzündung und Blasenlähmung	mehrere Ursachen kommen in Frage, kein typ. Erregerbild	Antibiotika- und Sulfonamidbehandlung, Blasensteine operativ entfernbar
Bornasche Krankheit	Borna-Virus	häufig unerkannt, das klinische Bild ist durch Bewegungs- und Gleichgewichtsstörungen geprägt. Behandlung nicht möglich
Brachygnathie	falsche Zahnstellung	keine dauerhafte Behandlung möglich (erblich bedingt), Zähne kürzen
Buphtalmie	erbliche Augenkammer-vergrößerung	keine Behandlung möglich
Dermamykosen	Pilze	Stall- und Gehegedesinfektion, verschiedene Salben im Handel
Dysenterie (ansteckender Darm-katarrh)	Kokzidien, Bakterien, Magen-darmwürmer	Die Krankheitsdauer beträgt 1–3 Tage, hohe Sterblichkeit. Am häufigsten erkranken Jungtiere. Es gibt verschiedene Formen von Darmentzündungen. Sulfonamide und Antibiotikabehandlung. Behandlungserfolg zum Teil gut. Folgeerscheinungen können sowohl Verstopfung als auch Durchfall sein. Bei starker Schleimabsonderung handelt es sich um die mukoide Enteritis
Enteritis	siehe Dysenterie	
Gehirnentzündungen	Gehirn und Gehirnhäute können bei mehreren Krankheiten angegriffen werden	Neben allgemeiner Erregung werden Zwangsbewegungen, Gleichgewichtsstörungen, Lähmungen sowie Apathie festgestellt. Behandlung nicht möglich

Tab. 28 (Fortsetzung). Krankheiten des Kaninchens.

Bezeichnung	verursacht durch	Symptome und Behandlung
Grind	Pilze und Viren	tritt vereinzelt bei Mängeln in der Haltungs- und Fütterungshygiene auf. Übertragbar auf den Menschen
Kannibalismus	siehe Kronismus	
Kokzidiose	Kokzidien	als Darmkokzidiose besonders bei Jungtieren im Alter von 6 bis 8 Wochen. Aufgetriebener Leib, struppiges Fell, Durchfall oder Verstopfung. Die Leber zeigt weißliche Flecken. Die Gallengangkokzidiose tritt mehr bei älteren Tieren auf. Sulfonamidpräparate in Verbindung mit hygienischen Maßnahmen
Kronismus	Verhaltensstörung, auslösbar durch Angst, mitverursacht durch die oft nach Geburt einsetzende Brunstphase	Sofortiges Decken (1–2 Tage) nach Geburt empfehlenswert
Kryptorchismus	erblich bedingt	Anlageträger nicht zur Weiterzucht verwenden
Listeriose	Listerien	Diese Krankheit tritt nur gelegentlich auf und verursacht hohe Verluste. Charakteristisch sind Drehbewegungen, Schiefhalten des Kopfes, Lichtscheue. Antibiotikabehandlung kann versucht werden. Das Fleisch ist untauglich
Lungenentzündung (Pneumonie)	mehrere Ursachen, vorwiegend Bakterien	begünstigt durch schlechtes Stallklima. Behandlung mit Antibiotika
Mastitis (Milchdrüsenentzündung)	Staphylokokken, Streptokokken und andere Bakterien	kann die Folge von Milchstauungen sein. Antibiotikabehandlung, Behandlungserfolg unsicher
Myelitis	Bakterien, Ursache nicht klar abzugrenzen	Rückenmarksentzündung, die sich z. B. in Spreizstellung der Hinterbeine und allgemeinen Bewegungsstörungen äußert. Behandlung nicht möglich

Tab. 28 (Fortsetzung). Krankheiten des Kaninchens.

Bezeichnung	verursacht durch	Symptome und Behandlung
Myxomatose	Virus	Übertragung durch stechende und saugende Insekten. Wichtigstes Symptom sind verquollene und entzündete Augen. Überlebenschance gering, Schutzimpfung möglich, jedoch keine 100 %ige Sicherheit. Vorbeuge durch Fliegendrahtgitter
Nekrobazillose (Mundfäule)	Fusobacterium	starke Schwellungen der Mundregion. Nekrobazillen findet man bei wunden Läufen. Antibiotika, Heilung möglich
Pasteurellose	Pasteurellen (u. Bordetellen)	Nasenentzündung, Lungenentzündung, Blutvergiftung, auch eitrige Augenentzündung. Gleichgewichtsstörungen. Begünstigt durch schlechte Umweltbedingungen. Pasteurellen sind vor allem am ansteckenden Schnupfen beteiligt
Pterygium	vermutlich erbliche Anomalie	zuchtuntauglich
Rachitis	fütterungsbedingt (Vit-D-Mangel, gestörtes Ca-P-Verhältnis)	Rexkaninchen haben hierfür eine besondere Veranlagung
Räude	durch mehrere Milbenarten	leicht übertragbare Parasitose. Die Haut ist borkig und verkrustet. Man unterscheidet Ohrräude und Hauträude (Kopfräude). Behandlung mit Insektiziden, auch Einreiben mit Salatöl ist wirksam. Bei Hängeohren wird die Ohrräude oft nicht erkannt
Rodentiose (Pseudotuberkulose)	Pasteurella pseudotuberculosis	häufig auftretende chronisch-schleichende Erkrankung. Die Ansteckung erfolgt auf verschiedenen Wegen. Auch Schadnager kommen als Überträger in Frage. Keine sichere Bekämpfungsmethode bekannt. In der Leber sind große, runde Knoten und starke Flecken vorhanden

Tab. 28 (Fortsetzung). Krankheiten des Kaninchens.

Bezeichnung	verursacht durch	Symptome und Behandlung
Salmonellose (Paratypus)	Salmonellen	eine Faktorenkrankheit, denn Salmonellen allein erklären noch nicht die Massenverluste (ungünstige Fütterungs- und Haltungsbedingungen, Parasiten). Behandlung mit Furazolidon-Chloramphenikol-Kombinationspräparaten
Schnupfen – einfacher, gutartig	Erkältung, Reizgaswirkung durch Stalluft, Staub	für einwandfreies Stallklima sorgen
Schnupfen – ansteckender	Pasteurella-Bakterien	siehe Pasteurellose
Schüttellähmung (Muskelzittern)	Erbkrankheit	wird rezessiv vererbt, unheilbar
Spirochätose (Kaninchensyphilis)	Spirochäten	Die Inkubationszeit kann sehr lang sein (bis Monate). Im späten Stadium können Geschwüre auch an Augen, Mund und After sowie anderen Körperteilen auftreten. Behandlung mit Penicillin
Star, grauer	erbliche Linsentrübung	keine Heilung möglich
Syringomyeli	erbliche Anomalie	tritt erst bei geschlechtsreifen Tieren auf, die sich mit der gelähmten Hinterhand nur noch rutschend fortbewegen können
Trichophytie	Hautpilze	Haarausfall, Behandlung mit Antimykotika, geht auch oft ohne Behandlung zurück
Trommelsucht (Tympanie)	Fütterungsfehler in Verbindung mit Magen- und Darmschleimhautentzündungen	Wenn die Magen- und Darmschleimhaut geschädigt ist, können Gärprozesse auftreten, die durch ungeeignetes Futter ausgelöst werden (welkes Grünfutter, zu reichlich Kohl, frisches Brot u. a.), Behandlung kommt meistens zu spät. Verabreichung kreislaufanregender Mittel (Bohnenkaffee), Wasser- und Futterentzug. Bei starkem Kokzidienbefall verschlimmert sich die Situation. Ist nur der Magen überladen, so fühlt sich der aufgetriebene Leib im Gegensatz zur Trommelsucht weich an
Wunde Läufe	ungeeigneter Käfigboden, Bodenfeuchte, zu geringe Behaarung an den Läufen	Behandlung mit Wundsalbe und Verbesserung der Bodenverhältnisse. Selektion auf kräftige Behaarung an den Läufen

Ursache sofort abgestellt wird und die Tiere 1 bis 2 Tage hungern. Falls Schadstoffe aufgenommen wurden, so ist die Eingabe von 3 bis 5 ml Rizinusöl zu empfehlen. Als erstes werden gutes Heu und geröstetes Weißbrot gereicht. Da bei Durchfall erhebliche Flüssigkeits- und somit Salzmengen ausgeschieden werden, können gesalzene Schleimsuppen angeboten werden. Allmählich werden die Tiere an übliches Kaninchenfutter gewöhnt. Treten Blähungen nach Verfüttern von gärfähigem Futter wie Brot, Mais, Futterrüben, Kartoffeln, Zuckerrüben oder Klee auf, so wird ebenfalls das Futter entzogen. Rizinusöl wird auch hier Abhilfe schaffen. Eine Massage des Hinterleibes soll in solchen Fällen nützlich sein. In Tab. 27 sind verschiedene Krankheitssymptome zusammengestellt und die Verdachtsmomente aufgezählt (Tab. 27).

Die wichtigsten Kaninchenkrankheiten sind in alphabetischer Reihenfolge in Tab. 28 aufgeführt. Wie der Zusammenstellung zu entnehmen ist, sind bei mehreren Kaninchenkrankheiten die Heilungsaussichten gering. Um so dringender ist es, rechtzeitig den Tierarzt zu Rate zu ziehen. Daß oft keine speziellen Präparate verfügbar sind, ist zweifellos auf die geringe Nachfrage zurückzuführen. Trotz der gemachten Einschränkungen können die Tabellen aber sicherlich eine nützliche Hilfe sein.

Hinweise ergeben sich oft schon durch eine Kotuntersuchung, die man selbst durchführen kann. Benötigt wird lediglich ein einfaches Schülermikroskop und ein Kaffeesieb. Die zu untersuchende Kotprobe wird in gesättigter Kochsalzlösung (soviel Kochsalz, daß sich nicht alles auflöst) aufgeschwemmt und durchgesiebt. Auf der Oberfläche der Kochsalzlösung schwimmen dann möglicherweise Darmfadenwurmeier, die kleineren Oozysten der Kokzidien sowie die deutlich größeren Leberegeleier. Der Nachweis von Oozysten sagt jedoch noch nichts über die Krankheitssituation aus, hier muß auch der klinische Befund mit herangezogen werden. Die in dieser Weise vorgenommene Kotuntersuchung soll nicht den Tierarzt ersetzen, kann jedoch für den Tierhalter interessante Informationen über den Parasitenbefall liefern. Es dürfte nicht schwerfallen, sich auf diesem Gebiet einige Grundkenntnisse anzueignen.

8.3 Vergiftungen

Vergiftungen liegen vor, wenn Stoffe im Körper aufgrund ihrer physikalischen und chemischen Eigenschaften schädliche Einflüsse ausüben. Diese können so stark sein, daß der Tod eintritt. In zunehmendem Maße sind es chemische Substanzen, die bei unsachgemäßer Anwendung oder unbeabsichtigtem Kontakt als Gift wirken. In diese Kategorie fallen vor allem Schädlingsbekämpfungsmittel sowie Pflanzen- und Holzschutzmittel. Aber auch von Desinfektionsmitteln, Arzneimitteln in Überdosierung und Industrieabfällen können starke Giftwirkungen ausgehen. Wer an Ackerrändern Grünfutter schneidet, sollte bedenken, daß die angrenzenden Felder mit Pflanzenschutzmitteln behandelt sein können. Durch Windbewegung werden die ausgebrachten Präparate oft über beachtliche Strecken weggetragen. Wird solch kontaminiertes Futter an Kaninchen verfüttert, kommt es nicht selten zu heftigen Vergiftungserscheinungen mit Todesfolge. Medikamente und Vitaminpräparate können zum Gift werden, wenn die Inhaltsstoffe zersetzt und verdorben sind. Bei der Stalldesinfektion ist sicherzustellen, daß vor Wiederbelegung genügend lange gelüftet wird, um die Tiere vor Schaden zu bewahren. Desinfiziert ein Züchter seine Buchten mit Ätzkalk oder Ätznatron, bleiben mitunter Reste zurück, die zu Verätzungen und starken Hautreizungen führen. Kresol- und phenolhaltige Mittel verdienen besondere Beachtung, da sich die Vergiftungserscheinungen nicht sofort bemerkbar machen. Die Ursache ist in solchen Fällen schwer zu erkennen. Bei der Verarbeitung von Holzschutzmitteln ist zu bedenken, daß die Tiere jedes erreichbare Holz benagen und so über längere Zeit giftige Substanzen aufnehmen können. Nach Verfüttern verdorbenen Futters sowie Giftpflanzen und Pilzen kann es gleichfalls zu Vergiftungen kommen. Obwohl hierfür eine ganze Reihe von Arten in Betracht kommen, sind Vergiftungen dieser Art relativ selten.

Das Krankheitsbild ist bei Vergiftungen aufgrund der verschiedensten Ursachen vielgestaltig und so wenig charakteristisch, daß gerade dieser Sachverhalt den Verdacht auf Vergiftungen lenkt. Es bedarf dann eingehender und in der Regel kostspieliger Untersuchungen in Speziallabors, um den Ursachen auf den Grund zu kommen oder den bereits vorliegenden Verdacht zu erhärten. Nach dem Öffnen verendeter Tiere werden oft blutige Magen- und Darmentzündungen beobachtet. Häufig sind Degenerationserscheinungen an Herz- und Lebergewebe festzustellen. Auch Blasenentzündungen treten auf, wobei der Harn nicht nur trüb, sondern blutig-braun aussieht.

8.4 Verluste

Im Vergleich zu anderen Haustieren sind die Verluste in der Kaninchenhaltung außerordentlich groß. Die Gesamtausfälle belaufen sich bis zum Schlachtalter mitunter auf 30 bis 40% aller geborenen Tiere, wobei die größten Einbußen kurz nach der Geburt und nach dem Absetzen zu verzeichnen sind. Werden wirksame Hygienemaßnahmen getroffen, so können die Verluste auf 5 bis 10% gesenkt werden. Im einzelnen lassen sich beim Kaninchen vier Entwicklungsabschnitte unterscheiden, in denen es verstärkt zu Verlusten kommt (Tab. 29).

Die erste Periode umfaßt die Zeit von der Geburt bis zum Alter von drei Tagen. Das neugeborene Kaninchen ist noch unvollkommen entwickelt und weist mehrere Tage lang vorgeburtliche Züge auf (es ist nackt, hat geschlossene Augen und Ohren usw.). Wegen des hohen Wärmebedürfnisses von etwa 26 °C für den ganzen Wurf – Einzeltiere benötigen ohne Isolierung 10° mehr – kommt es leicht zur Unterkühlung. Außerhalb des schützenden Nestes sind unterkühlte Tiere verloren. Hinzu kommen die Verluste durch mangelhafte Nestfürsorge, Verstreuen der Jungen während der Geburt oder Kronismus. Erhalten die Nestlinge von Anfang an keine oder nur unzureichend Milch, so überleben die meisten noch die ersten drei Tage, gehen aber dann zugrunde.

Im zweiten Entwicklungsabschnitt, der Säuglings- und Absetzperiode, machen sich Verluste weniger bemerkbar. In dieser Periode sterben insbesondere Kümmerer, die die erste Periode überlebt haben. Infektionen sind in der Regel seltener. Die Übertragung von Keimen mit der Muttermilch (Staphylokokken, *E. coli,* Pasteurellen), über den Luftweg (Pasteurellen, Bordetellen) und über das Futter (*E. coli,* Salmonellen, Listerien u. a.) kann aber zu Erkrankungen und Verlusten von Einzeltieren und gesamten Würfen führen. Vielen Jungtieren macht der Übergang von der Milchnahrung zum Festfutter zu schaffen, der auch von Änderungen der Magen- und Darmflora begleitet ist. Eine besondere Ansteckungsgefahr stellen infizierte Mütter dar, weshalb eine räumliche Trennung von Häsin und Jungtieren die Verluste wesentlich herabsetzt. Die Jungtiere brauchen nur wenige Minuten zum Säugen zugesetzt werden.

Die dritte Periode reicht vom Absetztermin bis zur Schlacht- bzw. Geschlechtsreife. Obwohl in diesem Abschnitt eigentlich keine kritischen Entwicklungsstadien liegen, werden hier die höchsten Verluste festgestellt. Vor allem treten die verschiedensten Magen- und Darmerkrankungen auf. Der ansteckende Schnupfen bzw. seine Erreger, die auch in die Blutbahn eintreten können und Blutvergiftungen (Septikämien) hervorrufen, fordert gleichfalls erhebliche Verluste. Es sind somit in erster Linie Umweltfaktoren, die sich so negativ auswirken. Als solche sind zu nennen: Ungünstiges Stallklima, energiereiches Futter und hohe Besatzdichte.

Für die vierte Periode, die das Erwachsenenalter umfaßt, sind eigentlich keine typischen Verlustursachen nachzuweisen. Die meisten Ausfälle sind die Folge von Erkrankungen, die sich die Tiere zu früherer Zeit zugezogen haben. Zu erwähnen ist, daß die Gallengangkokzidiose meistens erst von der 8. Lebenswoche an auftritt.

Die innerhalb der einzelnen Entwicklungsabschnitte auftretenden charakteristischen Ursachen bieten dem Tierhalter die Möglichkeit, mit hygienischen Mitteln ganz gezielt vorzubeugen und die Verluste beträchtlich zu senken. Während in der ersten Lebensphase vor allem für gute Nistgelegenheit und ausreichend Wärme zu sorgen ist, sind vornehmlich in der zweiten Periode die von der Häsin ausgehenden Infektionsmöglichkeiten zu beachten und negative Einflüsse aus der Umwelt auszuschalten. Das Augenmerk ist auf saubere Einstreu, warmes Nest, einwandfreies Klima usw. zu lenken. In der dritten Phase verdient die Fütterungshygiene besondere Aufmerksamkeit, wozu auch eine hygienisch einwandfreie Tränke zählt.

Tab. 29. Verschiedene Entwicklungsabschnitte beim Kaninchen in Beziehung zu den Verlusten (nach Löliger 1976).

Abschnitt	Alter	Gefährdung durch	typische Verluste durch	Verlustziffer
I – Geburts- und Nachgeburtsperiode	bis 3 Tage	schlechtes Nest, gestörtes Mutterverhalten	Totgeburten, Verstreuen der Jungen, Totbeißen, Unterkühlung	etwa 20 %
II – Säuge- und Absetzperiode	4.–28. Tag	Verlassen des Nestes, Milchmangel, Ansteckung durch Mutter	Unterkühlung, Unterernährung, bakterielle Infektionen (auch über die Milch)	1–20 %
III – Wachstumsperiode und Geschlechtsreife	5.–12. Woche	Ernährungs- und Haltungsfehler	Magen- u. Darmerkrankungen, bakterielle Infektionen (Pasteurellose u. a.)	30 %
IV – Zucht- und Reproduktionsperiode	ab 12. Woche	Fütterungsfehler, Tierkontakte (Paarung)	Verluste unbestimmt	wechselnd

9 Produkte und Vermarktung

Das Kaninchen ist eines der jüngsten Nutztiere und zugleich ein sehr vielseitiges. Es liefert nicht nur vorzügliches Fleisch, sondern auch Haar und Wolle mit besonderen Vorzügen. Haut und Fell eignen sich gut zur Verarbeitung. Hinsichtlich der Ergiebigkeit der Fleischleistung pro Nutzfläche steht das Kaninchen dem Rind nicht nach. Bezüglich der erzielbaren Eiweißerzeugung je Hektar Grünfläche soll es sogar alle anderen Nutztiere übertreffen. Trotz der genannten guten Eigenschaften ist es aber nur bis zu einem gewissen Grade gelungen, dem Kaninchen einen festen Platz unter den bevorzugten Fleischproduzenten einzuräumen. Die Ursachen dafür sind sehr verschiedenartig, und sie sind nicht zuletzt in den hohen Kosten und den vergleichsweise großen Tierverlusten zu suchen. Dennoch läßt sich unbeschadet dieser Einschränkung weltweit ein zunehmendes Interesse an der Kaninchenhaltung beobachten, und es existieren Großbetriebe, die die Kaninchenfleischerzeugung und Angorawollproduktion mit bestem Erfolg in großem Stil betreiben. Zu erwähnen sind die großen Mastbetriebe in Ungarn, die seit Jahren für ihr Land wichtige Exportaufgaben erfüllen.

Für den Rassekaninchenzüchter können die Produkte des Kaninchens zweifellos dazu beitragen, die Unkosten zu decken und zusätzliche Einnahmen zu erwirtschaften. Von dieser Möglichkeit sollte mehr als bisher Gebrauch gemacht werden, falls entsprechende Räumlichkeiten und Arbeitskapazitäten frei sind. Der Verzehr von Kaninchenfleisch zeigt steigende Tendenz und es fällt nicht schwer, Jungmastkaninchen zu einem akzeptablen Preis an den Verbraucher im Direktverkauf abzusetzen (1985 ca. 4,50 DM je kg Lebendgewicht). Das Kaninchenfleisch wird zwar bei uns nicht so schnell den Beliebtheitsgrad erlangen wie beispielsweise in Frankreich, wo im Jahr 5 bis 6 kg pro Kopf der Bevölkerung verzehrt werden, immerhin sind aber Steigerungsraten möglich, die eine Verdoppelung des gegenwärtigen geschätzten Verbrauchs von 500 g durchaus realistisch erscheinen lassen.

Eines sollte dabei bedacht werden: besteht ein enger persönlicher Kontakt zum Tier und haben die Kinder zu allen Käfigen Zutritt, so kommt in den meisten Fällen das Schlachten und Verzehren der betreuten Tiere nicht mehr in Frage. Zur Fleischnutzung bestimmte Kaninchen sind deshalb so zu halten, daß Vorbehalte, die den Eigenverbrauch und die Vermarktung ausschließen, erst gar nicht aufkommen.

Am besten ist es deshalb, wenn ein Erzeugerring den Ankauf und die Vermarktung abwickelt, so daß das Schlachten für den Züchter selbst entfällt. Die erste Einrichtung dieser Art wurde in Bayern gegründet und funktioniert zur besten Zufriedenheit ihrer Mitglieder.*

Anhand von Analysedaten und Versuchsergebnissen aus der Literatur soll gezeigt werden, welchen Wert die Produkte des Kaninchens darstellen und auf welche Weise ihre Verwertung vorgenommen werden kann. Auch wenn der Eigenverbrauch bei den Züchtern in Deutschland noch lange Zeit die dominierende Rolle spielen wird, so ist in der Zukunft damit zu rechnen, daß der Handel mit Schlachtkörpern und insbesondere Teilstücken im Umfang zunehmen wird.

9.1 Fleisch

9.1.1 Schlachtung

Die Tötung stellt eine Notwendigkeit dar, die aus ethisch – moralischer Verpflichtung so vorzunehmen ist, daß sie für das Tier schmerzlos verläuft. Während für Großtiere klare Vorschriften existieren, liegen solche für Kaninchen nicht vor. Als tierschutzgerecht sind nur solche Verfahren zu bewerten, die das zu schlachtende Tier in kürzester Zeit ohne vorherige Angst bis zum Eintritt des Todes in tiefe Bewußtlosigkeit versetzen. Das mancherorts praktizierte Genickbrechen ist deshalb abzulehnen.

Das Tötungsverfahren hat sich nach der späteren Nutzung des Schlachtkörpers zu richten. So kommen für Tierkörper, die später als Nahrungsmittel genutzt werden sollen, keine Betäubungsmittel oder Gifte in Betracht. Sie müssen vielmehr unter Blutentzug und hygienisch einwandfreien Bedingungen getötet werden.

Als geeignete Betäubungsverfahren kommen beim Kaninchen entweder der Schlag vor den Ohrenansatz, ausgeführt mit einem Holzstück, oder der Bolzenschuß sowie der Elektroschock in Frage.

In Abb. 73 ist die Betäubung durch den Schlag auf den Kopf abgebildet. Mancher setzt das Tier dabei auf einen Tisch oder Stuhl. Zusätzlich kann der Lendenschlag ausgeführt werden (Abb. 74). Diese Maßnahme verhindert, daß störende Körperbewegungen die weitere Bearbeitung erschweren. Es entstehen keine blutunterlaufenen Flecken an der betreffenden Stelle, wenn das Tier vorschriftsmäßig unmittelbar danach ausgeblutet wird. Um dies zu gewährleisten, ist der Betäubungsschlag nicht so heftig auszuführen, daß die Herzfunktion aussetzt. Unvollständig ausgeblutete Schlachtkörper weisen Blutgerinnsel und Blutflecken auf. Ihr Nahrungswert wird dadurch jedoch nicht beeinträchtigt.

Im Handel sind spezielle Bolzenschußgeräte erhältlich, die mit einer starken Druckfeder ausgestattet sind, die von Hand zu spannen ist und bei Betätigung der Abzugsvorrichtung einen Bolzen in Bewegung setzt. Der Bolzen wird auf der Stirn zwischen dem Ohrenansatz angesetzt.

---

* Auskunft: D. Brendt, Prof. Maderstr. 3, 8711 Grosslangheim

In Schlachtereien wird meist der Elektroschock angewendet, der ebenfalls die erwünschte schlaffe Lähmung herbeiführt (z. B. mit 220 V, 0,18 A, Stromverbrauch 40 Watt). Dieses Verfahren bedarf besonderer Sicherheitsvorkehrungen und kommt in kleinen Kaninchenhaltungen nicht in Betracht, zumal bei unsachgemäßer Handhabung Qualitätsminderungen am Fleisch nicht auszuschließen sind. Bei zu hoher Stromstärke werden qualitätsmindernde Einflüsse festgestellt, bei zu geringer Stromstärke ist der Betäubungseffekt nicht gewährleistet.

Nach der Betäubung werden die Tiere sofort ausgeblutet, was am Schlachthaken mit untergehängtem Blutauffanggerät geschieht. Die Spitze des Schlachthakens ist von außen in die Hinterläufe einzusetzen, wodurch eine bessere Spreizung erreicht wird. Der Einstich in die Halsschlagader erfolgt an der Stelle, wo Hals und Unterkiefer den Winkel bilden.

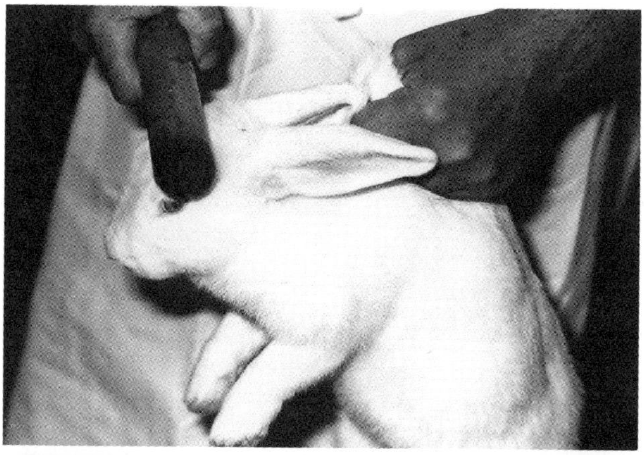

Abb. 73. Betäubungsschlag auf den Kopf.

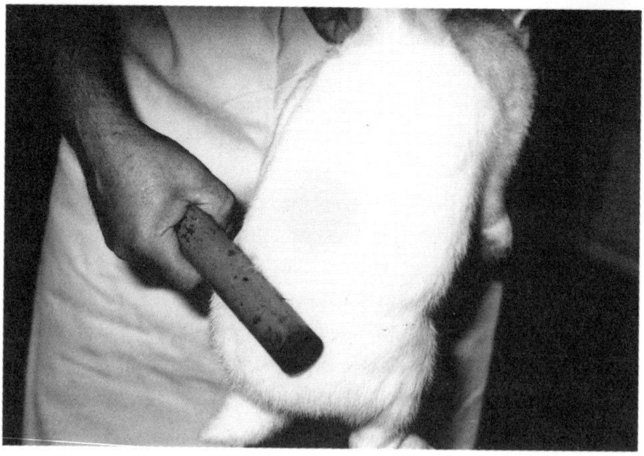

Abb. 74. Lendenschlag.

Bei Hausschlachtungen werden für den Schlachtprozeß etwa 10 Minuten pro Tier aufgewendet. Experten schaffen es in 60 Sekunden und weniger. Spezialisierte Schlachtereien benötigen am Fließband 90 bis 120 Sekunden. Bei der Ausschlachtung kommen verschiedene Techniken zur Anwendung, und die einzelnen Handgriffe können voneinander abweichen. Im einzelnen werden nach dem Betäuben und sofortigen Ausbluten des Tieres folgende Arbeitsgänge durchgeführt*:

1. Unterhalb des Geschlechtsteils wird ein Einschnitt gemacht, dann schneidet man rechts und links das Fell am Schenkel entlang bis zum Sprunggelenk auf (oder einen Streifen heraus) und löst das Fell vom Schenkel von unten nach oben, wobei man den Daumen gebraucht (Abb. 75).

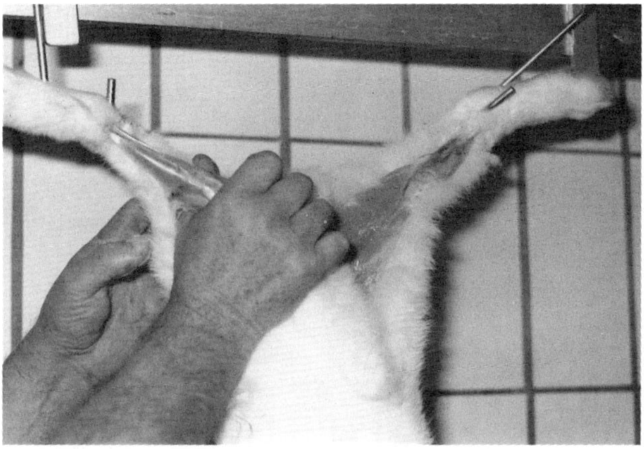

Abb. 75. Beim Abhäuten wird der Daumen zu Hilfe genommen.

2. Unter dem Schwanzansatz wird das Fell etwas vom Körper abgehoben, der Schwanzansatz auf beiden Seiten von den Schenkeln her eingeschnitten und heruntergezogen. Der Schwanz wird ganz knapp am Körper abgeschnitten (besseres Aussehen). Durch diese Maßnahme brauchen die Geschlechtsecken später nicht noch einmal ausgeschnitten zu werden.
3. Das gesamte Fell wird bis zum Hals einschließlich der Vorderläufe, die an den Fußwurzelgelenken abgetrennt werden, heruntergezogen (Abb. 76). Bis zum Kopf ist das Abhäuten problemlos. Das Enthäuten des Kopfes muß mit dem Messer erfolgen. Französische Hausfrauen legen z. B. Wert darauf, daß die Augen im Kopf bleiben, da sich im klaren Auge der Frischegrad des Schlachtkörpers ablesen läßt. Falls der Kopf nicht am Schlachtkörper bleibt, wird er nach dem Überziehen des Felles vom Rumpf getrennt. Hierzu wird der Kopf in den Nacken gedrückt und der Hals gebrochen; gegebenenfalls wird mit dem Messer nachgeholfen.
4. Die Bauchdecke wird von oben nach unten geöffnet, wobei die Messerschneide nach außen zeigt. Man greift dabei mit den Fingern vor. Das Darmpaket wird herausgenommen, ebenso der Hoden oder Eileiter, Innereien wie Herz und Leber mit Ausnahme der Nieren. Die Nebennieren in Gestalt erbsengroßer gelblichweißer Gebilde sowie Harnleiter werden gleichfalls entfernt. Zwischen Schwanzwurzel und Oberschenkel befindliche Hautdrüsen

---

* Bei den Lagebezeichnungen wird von der tatsächlichen Lage ausgegangen, nicht von der Anatomie des Tieres; oben = Haken.

(Inguinaldrüsen) sollten bereits nach Punkt 2 entfernt sein, da sie den sogenannten Stallgeschmack verursachen. Um die Gallenblase zu entfernen, trennt man das Zwerchfell, mit dem die Leber eng verbunden ist, vom Brustkorb ab und kann die mit dem Tierkörper verbundene Leber in die Hand nehmen, so daß das Herausnehmen der unverletzten Gallenblase keine Schwierigkeiten bereitet. Bei dieser Gelegenheit wird die Leber auf ihre Unbedenklichkeit überprüft (einwandfreie Färbung, keine Flecken).

5. Verschmiertes Blut und anhaftende Haare werden mit einem angefeuchteten Tuch abgerieben, auch kurze Innenwäsche mit kaltem Wasser, die gegebenenfalls auch später erfolgen kann, ist möglich. Das Tier wird vom Haken genommen bzw. die Hinterläufe im Gelenk mit dem Messer abgetrennt. Dabei wird in die Beuge geschnitten und nach außen abgeknickt. Die Sehne hängt noch am Muskelfleisch und kann mit herausgezogen werden.

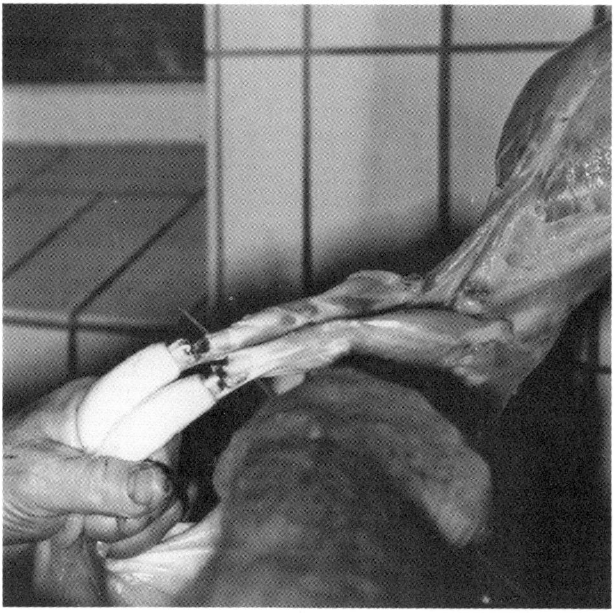

Abb. 76. Abtrennen des Felles an den Vorderläufen.

Das Auswaschen mit kaltem Wasser (am besten eignet sich hierzu Eiswasser) ist insofern nicht unproblematisch, als hierdurch eine gewisse Verwässerung stattfindet und die Gefahr einer Übertragung von schädlichen Keimen besteht. Es ist deshalb besondere Sorgfalt anzuwenden und möglichst unter fließendem Wasser zu arbeiten (Brause). Während der industriellen Schlachtung erhöht sich z. B. bei der Vorkühlung in Eiswasser die Schlachtausbeute um 10 %, was auf beträchtliche Fremdwasseraufnahme während der Waschung hindeutet. Falls die Schlachtware für den alsbaldigen Verkauf bestimmt ist, kann die Aufbewahrung einige Tage in einem kühlen Raum erfolgen. Wird die Ware bei Temperaturen von −18 °C bis −23 °C luftdicht in Folie verpackt eingefroren, so ist eine gleichbleibende Qualität bis zu einem Jahr gesichert (kein Austrocknen). Folien gibt es als Folienbeutel in den Abmessungen 700 × 220 mm und in Schlauchform, die mit einem Schweißgerät zu verschließen sind. Die Verpakkung ist erst nach Abkühlung des Schlachtkörpers vorzunehmen. Längere Aufbewahrungszeiten in privaten Haushalten sind möglich, jedoch kann bei mehrjähriger Konservierungszeit eine gleichbleibende Qualität nicht mehr garantiert werden.

9.1.2 Schlachtkörperzerlegung

Geschlachtete Kaninchen können in verschiedener Form angeboten werden. Früher war es üblich, Kopf und Pfoten am Schlachtkörper zu belassen. Die zumeist schwere Ware bot die Möglichkeit, die Backenmuskulatur des Kopfes küchentechnisch zu nutzen. In schlechten Zeiten ließ sich am Gebiß leicht ablesen, daß es sich tatsächlich um Kaninchen und nicht um Katzen (Dachhasen) handelte. Heute ist es üblich, Jungkaninchen in Gewichten von 1200 bis 1800 Gramm entweder mit Kopf und ohne Pfoten im ganzen Stück unzerteilt als Frisch- oder Gefrierware in den Verkauf zu bringen, oder als zerteilte Ware ohne Kopf anzubieten. Letzteres spricht den Verbraucher wesentlich besser an.

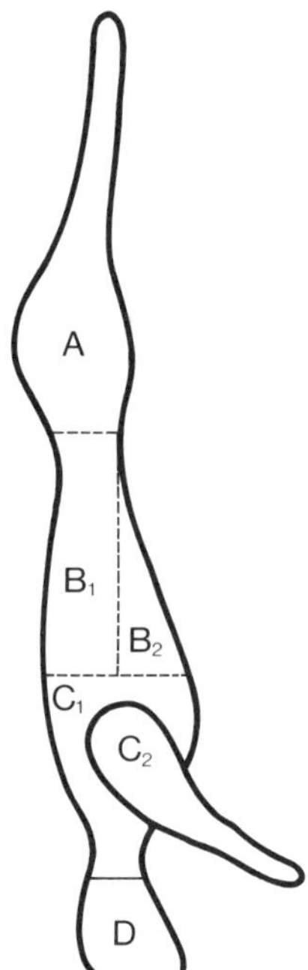

Abb. 77. Schnittführung am Kaninchenschlachtkörper (nach Scharner 1972).
A = Keule,
B_1 = Rücken,
B_2 = Bauchlappen,
C_1 = Vorderteil ohne Vorderschenkel,
C_2 = Vorderschenkel,
D = Kopf.

Vor allem schwerere Tiere sind in Einzelteilen leichter und gewinnbringender abzusetzen. Dieses Verfahren hat auch den Vorteil, daß preisliche Abstufungen vorgenommen werden können. Kopf, Hals und Rippen finden auch als „Hasenpfeffer" zu niedrigeren Preisen Absatz.

In Deutschland wird der Schlachtkörper meistens in 5 bis 6 Teilstücke zerlegt, wovon 4 verkaufsfähig sind, wenn man von den separat verkaufbaren Innereien absieht. Die Schnittführung ist aus Abb. 77 ersichtlich. Die Keulen (A) – es handelt sich zweifellos um die wertvollsten Stücke – werden durch einen gradlinigen Schnitt zwischen dem unteren Auslauf der Keulen und dem Rücken (B_1) abgetrennt. Das Rückenstück reicht von dieser Stelle bis zum Schulterblatt, wo an diesem Punkt ein Schnitt den Rücken vom Vorderteil (C_1) trennt, das bis zum Kopf (D) reicht. Die Vorderschenkel (C_2) können gegebenenfalls vom Vorderteil abgesetzt werden, indem die unteren Verbindungen des Schulterblattes durchschnitten werden. Üblicherweise werden die Vorderteile als ganze Hälften abgepackt. Der Kopf wird zwischen seiner Gelenkverbindung zum Atlas, dem 1. Halswirbel, abgesetzt. Die weniger wertvollen Bauchlappen (B_2) lassen sich vom Rücken parallel zur Körperachse trennen, sofern sie nicht nach innen eingerollt zusammen mit dem Rückenstück abgepackt werden. Sie können auch als Rollbraten zusammen mit der entrippten Brust portioniert werden. Dabei kann die Leber mit eingerollt werden.

Das Zerlegen des Schlachtkörpers wird zweckmäßigerweise schon am Haken vorgenommen. Wie man dabei vorgehen kann, geht aus Abb. 78 hervor. Diese Methode ist nicht nur einfacher, sondern mit Sicherheit auch hygienischer als das Zerteilen auf einem Arbeitstisch.

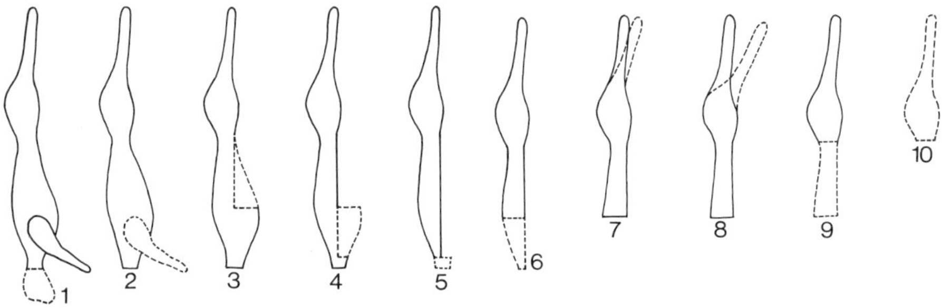

Abb. 78. Schlachtkörperzerlegung am Haken.

1 = Abtrennen des Kopfes,
2 = Schnittführung unter den Schulterblättern und Abtrennen der Vorderläufe,
3 = Abtrennen der Bauchlappen,
4 = Schnittführung zum Abschneiden der Rippen,
5 = Abschneiden des Halsstückes,
6 = Abschneiden des Vorderteils oberhalb der letzten Rippe,
7 = Aushängen des 1. Hinterlaufes; an der Gelenkinnenseite einschneiden, nach außen überknicken und Sehne herausziehen,
8 = Einschnitt senkrecht neben der Schwanzwirbelsäule, den Schenkel kurz herunterziehen und um den Beckenknochen abschneiden,
9 = Durchtrennen des Rückenstücks im Lendenkreuzwirbel (knorplige Stelle),
10 = Abtrennen des 2. Hinterlaufes nach dem selben Verfahren.

9.1.3 Fleischbeschaffenheit

Inhaltsstoffe

Das Kaninchenfleisch wird höchsten Ansprüchen gerecht. Es ist eiweißreich, fettarm und leicht verdaulich und weist einen ansprechenden Geschmack auf, der dem des Geflügelfleisches vergleichbar ist. Besonders Jungmastkaninchen im Alter von 65 bis 100 Tagen und Lebendgewichten um etwa 2,5 kg liefern ein ausgezeichnetes mageres Fleisch. Nach den Angaben verschiedener Autoren beträgt sein Energiegehalt pro 100 g etwa 630 kJ (433 bis 748 kJ), was etwa dem des Hühnerfleisches entspricht. Vergleicht man das Fleisch nicht zu mastig gefütterter Schlachtkaninchen mit dem anderer Tiere, so besitzen lediglich mageres Kalbfleisch und Kabeljau weniger Energie bzw. Fett. Schweinefleisch ist in der Regel viel fetter und energiereicher. Der Fettgehalt liegt im Mittel bei 6%, ist aber stark alters- und fütterungsabhängig. Fettgehalte von über 6% machen sich vor allem bei Schlachtkörpern von 3 kg und darüber störend bemerkbar. Die Fettbildung setzt verstärkt ein, wenn die Tiere 60 bis 70% ihres Endgewichtes erreicht haben. Böcke schließen ihr Wachstum zeitiger ab und bleiben leichter als Häsinnen. Sie neigen deshalb mehr zur Verfettung.

Kaninchenfett besitzt mit 42 °C einen niedrigen Schmelzpunkt, läßt im Geschmack aber zu wünschen übrig. Weist das Fett eine auffallend gelbe Färbung auf, so wird dies als qualitätsmindernd angesehen, was jedoch eine rein subjektive Bewertung ist und keinerlei Einfluß auf die Fleischqualität hat. Bestimmte Futterstoffe, wie gelbe Möhren, Mais u. a. verstärken den Gelbton. Es kann auch eine erbliche Veranlagung hierzu vorliegen (gekoppelt mit Albinismus).

Jünger als 60 Tage sollten die Schlachttiere nicht sein. Abgesehen von der Unwirtschaftlichkeit ist das Fleisch junger Tiere wässrig und schwammig. Die Halsmuskeln und teilweise die Muskeln der Vorderextremitäten sind jedoch frühreifer als die von Rücken und Keule.

Zwischen den Geschlechtern bestehen hinsichtlich der Inhaltsstoffe des Schlachtkörpers keine Unterschiede, wenn man von dem genannten unterschiedlichen Verfettungsgrad bei ausgedehnter Mastdauer absieht.

Der Eiweißgehalt des Kaninchenfleisches liegt zwischen 18 und 23%, so daß Kaninchenfleisch in dieser Beziehung sogar Kalbfleisch übertreffen kann.

Bemerkenswerterweise werden im Gegensatz zu den meisten Fleischarten auch Kohlenhydratanteile von durchschnittlich 0,59% registriert. Dieser Wert entspricht dem des Pferdefleisches. Ob damit der mitunter etwas süßliche Geschmack des Kaninchenfleisches in Verbindung zu bringen ist, ist in der Literatur nicht nachgewiesen.

In Tab. 30 sind die Nährstoffgehalte von Kaninchenfleisch denen des Geflügelfleisches gegenübergestellt. Wie der Zusammenstellung zu entnehmen ist, steht es hinsichtlich seiner wichtigsten Inhaltsstoffe den Geflügelfleischarten in keiner Weise nach.

Tab. 30. Inhaltsstoffe von Kaninchenfleisch im Vergleich zu Geflügelfleisch. Nährstoffgehalt (in 100 g eßbarem Anteil nach SOUCI und BOSCH).

	Eiweiß %	Fett %	Energie kJ	Ca	P	K	Na	Fe	A IE	B_1 μg	B_2 μg	Niac mg
Kaninchen	20,8	7,6	700	14	224	382	47	3,5	10	110	66	8,6
Huhn												
Gesamt	20,6	5,6	600	12	200	359	82	1,8	90	83	160	6,8
Brust	22,8	0,9	455	14	212	264	66	1,1	60	70	90	10,5
Schenkel	20,6	3,1	500	15	188	250	95	1,8	150	100	240	5,6
Leber	22,1	4,7	615	18	240	218	68	7,4	38700	320	2490	11,6
Pute	20,1	14,7	960	26	257	315	66	4,2	+	130	140	8,0
Ente	18,1	17,2	1015	11	187	290	80	2,1	–	300	200	3,5
Gans	15,7	31,0	1525	12	184	420	86	1,9	217	120	260	6,4

Aus SCHOLTYSSEK (1979)

Qualitätskriterien

Qualitativ hochwertiges Kaninchenfleisch zeigt im Anschnitt keine Feuchtigkeit, es ist fest und von heller Farbe. Neben den Inhaltsstoffen und dem Geschmack können Zartheit, Saftigkeit, Konsistenz u. a. als Kriterien herangezogen werden, die jedoch exakt nur in spezialisierten Labors zu ermitteln sind. Die Zartheit ist z. B. durch die Muskelfaserstärke bedingt, für die 31 Mikron angeführt werden. Diese Zahlenangabe allein hat aber wenig Aussagewert, wenn man bedenkt, daß die Muskelfaserabschnitte nicht rund sind. Es muß deshalb die Fläche mikroskopischer Schnitte als Maß herangezogen werden. 400 ausgemessene Muskelfaserquerschnitte des großen Rückenmuskels ergaben eine Fläche von 1820 μ^2, das ist mehr als bei Lämmern und Rindern ermittelt wurde. Wie der Vergleich zeigt, kann Kaninchenfleisch recht hohe Faserschnittflächen aufweisen. Seine unbestreitbare Zartheit ist auf weiche Bindegewebsanteile zurückzuführen. Es erweist sich somit als überaus schwierig, die Fleischqualität genau zu definieren, zumal die anschließende Küchenverarbeitung vieles ändern kann.

Für die Praxis bleiben deshalb das Schlachtgewicht, die Schlachtausbeute sowie der Anteil an wertvollen Teilstücken vorerst die wichtigsten Qualitätsmerkmale.

Unter Schlachtausbeute oder Ausschlachtungsergebnis versteht man das Gewicht des Schlachtkörpers (ausgeschlachtet, ohne Kopf und Pfoten, mit Herz, Nieren und Leber) in Prozent zum Nüchterngewicht vor dem Schlachten. Im Durchschnitt kann für das bratfertige Kaninchen ein Gewicht von etwa 55 % des Lebendgewichtes angenommen werden. Die Anteile des zerlegten Schlachtkörpers gibt man in Prozent zum gesamten Schlachtkörper an. Hinsichtlich des Nüchterngewichtes ist zu berücksichtigen, daß sich beim Kaninchen der Mageninhalt nach eintägiger Hungerzeit nur wenig ändert. Die feststellbaren Gewichtsverluste von 1,5 bis 3 % kommen in erster Linie auf das Konto geringerer Lebergewichte und erhöhter Feuchtigkeitsverluste. Längere Nüchternzeiten sind deshalb nicht zu empfehlen.

In Tab. 31 sind die durchschnittlichen Gewichtsanteile der einzelnen Teilstücke einschließlich der nicht als Schlachtware verkaufsfähigen Teile von Jungmastkaninchen aufgeführt.

Aus Tab. 31 geht hervor, daß Keulen und Rücken mit zusammen 58 % den größten Anteil am Schlachtkörper stellen. Es handelt sich um Teilstücke, die entsprechend gut bezahlt werden.

In hohem Maße wird die Schlachtkörperzusammensetzung und letztlich die Qualität von der Fütterungsintensität beeinflußt. Insbesondere nimmt bei satter Fütterung mit Kraftfutter (Pellets) der Fettanteil zu. Das gewichtsmäßige Ausschlachtungsergebnis wird dadurch zwar besser, die Schlachtkörperqualität wegen des Fettgehaltes aber wesentlich schlechter.

Geschlechtsbedingte Qualitätsunterschiede sind am Schlachtkörper bei gut gefütterten Jungmastkaninchen gering, so daß kaum Abweichungen nachzuweisen sind. Dasselbe gilt für die Gewichte von Leber, Herz und Nieren. Bei männlichen Kaninchen ist die Entwicklung im Vergleich zu Rind, Schwein und Schaf bei optimaler Ernährung jedoch zeitiger abgeschlossen und der Fettansatz beginnt nach Erreichen der Geschlechtsreife früher. Die Futterverwertung wird deshalb erwartungsgemäß im letzten Wachstumsabschnitt bei männlichen Tieren im Vergleich zu weiblichen schlechter. Unterschiede hinsichtlich der Schlachtkörperqualität erwartet man zwischen den einzelnen Kaninchenrassen. Zweifellos eignen sich frohwüchsige und fruchtbare Kaninchenrassen mittlerer Größe am besten zur Fleischnutzung. Es fällt aber schwer, einzelne Rassen hinsichtlich der Fleischqualität besonders herauszustellen.

Eingehende Untersuchungen ergaben, daß es sich als überaus schwierig erweist, den Schlachtkörperwert im voraus zu bestimmen. Innerhalb der Ras-

Tab. 31. Schlachtleistung und Schlachtkörperqualität von Jungmastkaninchen der Rasse Weiße Neuseeländer.

Kriterien	Wertangabe
Alter bei Mastende	88 Tage
Mastendgewicht	2770 g
Nüchternverlust	4,3 %
Schlachtkörpergewicht	1415 g
Schlachtausbeute	58,0 %
Keulen (Hinterkeulen)	33,4 %
Rücken	24,6 %
Bauch	13,2 %
Vorhand (Vorderteil ohne Schenkel)	11,7 %
Läufe (Vorderschenkel)	12,9 %
Talg	2,4 %
Fleisch	66,2 %
Knochen	13,9 %
Fettgewebe	11,6 %
Sehnen	2,7 %
Verwertbare Innereien	100–115 g

Aus: SCHLOLAUT 1981

sen sind oft größere Unterschiede anzutreffen als zwischen den Rassen. Das bedeutet, daß unter den Angehörigen der einzelnen Rassen hervorragende Fleischtiere anzutreffen sind. Grundsätzlich eignen sich sämtliche Kaninchenrassen zur Schlachtung. Auch die Größe eines Tieres sowie die gewünschte Walzenform oder Blockigkeit sagt allein noch wenig aus. Langgestreckte Tiere mit zarten Knochen verfügen nicht selten über eine hervorragende Fleischfülle.

In diesem Zusammenhang ist erwähnenswert, daß die erheblich leichteren Wildkaninchen hinsichtlich des Fleischanteils wesentlich besser abschneiden als bewährte Fleischkaninchenrassen. Außerdem ist der Fettgehalt des Fleisches erheblich geringer. Er betrug bei einer Überprüfung nur 0,7 %, während Hauskaninchen 2,4 % aufzuweisen hatten. Insbesondere ist das Verhältnis Fleisch : Knochen beim Hauskaninchen im Vergleich zum Wildtier unvorteilhafter. Die Ursache für die Unterschiede in der Schlachtausbeute ist u. a. in der dicken und schwereren Haut des Haustiers begründet.

Während der Lagerungszeit, dem „Abhängen", findet im Fleisch im allgemeinen ein Reifeprozeß statt, der die Geschmackseigenschaften günstig beeinflußt und das Fleisch vor allem zarter werden läßt. Das Einlegen in eine Beize (Buttermilch) kann diesen Prozeß beschleunigen. Bei Jungmastkaninchen ist das Abhängen jedoch nicht erforderlich und nicht üblich. In Großschlachtereien mit anschließender Tiefgefrierung ist ein längeres Abhängen wegen der sehr schnell einsetzenden Vermehrung von Fäulniskeimen ohnehin nicht durchführbar.

Auf die Fleischqualität wirkt sich im übrigen die Behandlung der Tiere vor wie nach dem Schlachten aus. Der Schlachtung vorausgegangene Streßsituationen üben nachweislich einen ungünstigen Einfluß aus. Hierzu gehören lange Transportwege, Angst usw. Auch nach der Schlachtung verdient die sachgerechte Behandlung Beachtung. Eingehende Untersuchungen an Hasen, Wild- und Hauskaninchen haben gezeigt, daß das Ausnehmen nach der Tötung abzulehnen ist, wenn sie unter provisorischen Umständen erfolgt und eine bakteriologische Verunreinigung nicht zu vermeiden ist. Die Schlachtung darf nur unter einwandfreien hygienischen Bedingungen ausgeführt werden. Falls für die Kaninchenschlachtung keine geeigneten Arbeitsbedingungen zur Verfügung stehen, was durchaus vorkommen kann, so ist es vorteilhafter, den Tierkörper unter Umständen unbehandelt zu lassen und nur die Harnblase auszudrücken. Auf diese Weise kann der Tierkörper wesentlich länger aufbewahrt werden, ohne daß Geschmackseinbußen nachzuweisen sind. Bei 2 bis 4 °C Lagerungstemperatur ist eine Haltbarkeit von 22 Tagen möglich, ausgeworfene Tiere können dagegen nur 8 Tage gelagert werden.

Bezüglich der Fleischqualität sind noch Anmerkungen zur Tauglichkeit aus lebensmittelhygienischer Sicht anzufügen. Als genußtauglich sind nur solche Organe und Schlachtkörper zu betrachten, deren Zustand nicht auf Krankheitsprozesse an den Organen der Brust- und Bauchhöhle schließen lassen (eitrige Prozesse, sichtbare Gewebeveränderungen, Geschwulstbildungen, Arterienverkalkung u. a.).

An Myxomatose erkrankte Tiere können für den Eigenverbrauch Verwendung finden, dürfen aber nicht in den Verkauf kommen.

Bei Gallengangkokzidiose sind lediglich die mit weißlichen Herden durchsetzten Lebern zu beseitigen. Der Schlachtkörper ist voll tauglich.

Nicht zur Verwertung sollen Schlachtkörper kommen, wenn die Tiere eitrige Abszesse an Kopf, Haut, Milchdrüse und anderen Körperstellen aufweisen. Auch bei Hautveränderungen, Schwellungen und Geschwülsten ist das Fleisch nicht zum Verzehr geeignet. Ebenso ist vom Verbrauch abzusehen, wenn Allgemeinerkrankungen vorliegen (Futterverweigerung, Lähmung, Gleichgewichtsstörungen, Benommenheit usw.).

Fleischbeschau-Bestimmungen gibt es für Kaninchen in der Bundesrepublik Deutschland bislang noch nicht, befinden sich aber in Vorbereitung.

9.1.4 Zubereitungsarten

Das qualitativ hochwertige Kaninchenfleisch küchentechnisch optimal zu nutzen, setzt gewisse Kenntnisse der möglichen Zubereitungsarten voraus. Während Wildkaninchen und Hasen je nach Lebensraum und Futtergrundlage typische Geschmacksrichtungen aufweisen, ist das Fleisch unseres Hauskaninchens geschmacklich neutral, weist in dieser Hinsicht wenig charakteristische Eigenheiten auf und bedarf der fachgerechten Würzung. Jungmastkaninchen haben im Gegensatz zu ausgewachsenen Tieren ein zarteres Fleisch, das sich sehr gut zum Garen in trockener Hitze (braten, grillen) eignet. Sie sollten wie Zuchtwachteln stets frisch verarbeitet werden. Das Fleisch älterer Tiere erfordert demgegenüber langsameres Garen im geschlossenen Topf. Alttiere läßt man am besten einen Tag abhängen.

Die Nieren können mit dem Fleisch zusammen gegart werden. Die Leber läßt sich mit Herz, Lunge und Blut für Füllungen verwenden oder aber allein als Garnierung.

Im Gegensatz zu Wildkaninchen und Hasen ist der Schlachtkörper oft recht fett. Das geschmacklich weniger ansprechende Kaninchenfett befindet sich vor allem unter der Haut und in der Bauchhöhle. Es wird zweckmäßigerweise entfernt. Andererseits sind aber Fettzugaben notwendig, um einer Austrocknung während des Bratens vorzubeugen. In Frankreich wird das abgezogene und ausgenommene Kaninchen z. B. in ein Schweinsnetz gewickelt, welches dort frisch oder gepökelt erhältlich ist. Eine andere Möglichkeit ist das Umwickeln mit Speck, das Belegen mit gewürzten oder ungewürzten Speckstreifen und häufiges Übergießen und Bepinseln mit dem Bratfett.

Der abgezogene und ausgenommene Schlachtkörper läßt sich im Ganzen oder in Portionen garen. Unzerteilte Schlachtkörper können vor dem Braten bereits mit einer Marinade eingerieben oder in eine Marinade eingelegt werden. Durch Einlegen ist der Geschmack zu intensivieren. Marinaden enthalten neben Kräutern oder Gemüse oft Olivenöl zur besseren Aromaverteilung sowie säurehaltige Zusätze (trockener Wein, Essig, Zitrone), die das Fleisch zarter machen. Während des Garens wird mit Marinade übergossen, um das Fleisch vor Austrocknung zu schützen und um eine schmackhafte Sauce herzustellen. Das beim Ausnehmen aufgefangene Blut kann der Schmorflüssigkeit zugegeben werden.

Allerdings sollte dies erst am Ende der Garzeit und bei niedrigen Temperaturen geschehen, in kochender Flüssigkeit würde das Blut gerinnen.

Auch zum Füllen mit Hackfleisch, Speck, aromatischen Gemüsen, Kräutern und Gewürzen eignet sich Kaninchenfleisch vorzüglich. Selbst Würstchen aus Kaninchenfleisch sind einfach herzustellen und sehr schmackhaft.

9.2 Haut und Fell

Mit zunehmender Ausweitung der Edelpelztierzucht haben Kaninhäute und -felle nicht mehr die Bedeutung, die sie in vergangenen Jahren einmal hatten. Heute beträgt ihr Anteil nur noch weniger als 5%. Dennoch liefern sie wegen ihrer vielseitigen Verwendbarkeit wertvolle Rohstoffe. Um eine einwandfreie Beschaffenheit zu gewährleisten, sind einige grundlegende Forderungen zu beachten, die für alle Rassen gleichermaßen gelten. Sie betreffen das Deckhaar, den Fellzustand und die Unterwolle (Haardichte).

Gewünscht wird ein halblanges Fell, dessen Deckhaar eine Haarlänge von 3 bis 4 cm aufweist. Weniger als 2,5 bis 3 cm sollte die Deckhaarlänge bei Normalhaarkaninchen nicht sein. Große Rassen haben längeres Deckhaar als kleine. Für Kurzhaarkaninchen (Rex) gelten 1,5 bis 2 cm als optimale Haarlänge. Der Haar- und Fellzustand ist veränderlich und an die zweimal im Jahr stattfindende Haarung gebunden.

Zwar hat das Kaninchenfell den Nachteil, daß es leicht haart und nicht so strapazierfähig ist, dafür sind die verarbeiteten „Kanin"-Felle aber preiswert und genügen den Anforderungen der Mode. Gute Fellqualitäten sind allerdings nur von älteren Tieren in Außenställen nach dem Haarwechsel im Winter zu erzielen. Wegen des zahlenmäßig geringen Anfalls und der damit verbundenen Vermarktungskosten lohnt sich deshalb nur die Verarbeitung hochwertiger Kürschnerware. Ansonsten dienen die Häute der Herstellung von Fensterleder u. a. Das dabei anfallende Haar ist begehrter Rohstoff der Filzindustrie.

Für Sommerfelle und Felle aus der Mastkaninchenhaltung werden gegenwärtig nur Pfennige gezahlt. Der Verkauf kann sich trotzdem lohnen, wenn größere Partien anfallen. Der Preis für Kaninchenhaar auf dem Weltmarkt ist in den letzten Jahren übrigens beträchtlich gestiegen, so daß eine gewinnbringende Verwertung möglich ist.

Das zu verwertende Fell wird am besten gleich nach dem Schlachten abgezogen, wenn der Schlachtkörper noch warm ist. Die Fleischseite des abgezogenen Felles wird mit einem stumpfen Messer oder mit einem Löffel gesäubert. Dazu spannt man es auf einen Fellspanner oder ein zugespitztes Brett passender Größe. Besser geeignet ist hierfür die Entfleischungswalze. Das ist eine konisch auslaufende Rolle, auf die das Fell gestreift wird. Die Größe richtet sich nach der Rasse (60 bis 100 cm Länge, der kleinere Durchmesser beträgt für große Rassen ca. 25 cm). Diese Walze wird senkrecht auf den Tisch gestellt. Es ist darauf zu achten, daß das Fell nicht zu sehr in die Breite gezogen wird.

Die Kopfhaut und der Schwanz (Blume) bleiben bei der Fellgewinnung am Stück. Die Trocknung darf keinesfalls in der Sonne oder am Ofen, sondern nur an einem luftigen Ort, der vor Ungeziefer sicher ist (Fliegenmaden) erfolgen. Frische Felle lassen sich auch unbedenklich einfrieren. Da in späteren Arbeitsgängen der Rauchwarenindustrie das Fell in der Regel einer Farbbehandlung unterzogen wird, spielt die ursprüngliche Fellfarbe keine Rolle. Die heute zur Verfügung stehenden lichtechten Farben erlauben die Anfärbung jedes gewünschten Farbtons und garantieren ausgeglichene Sortimente. Weiße Felle werden deshalb sogar besser bezahlt als farbige, weil sie vor dem Färben nicht gebleicht werden müssen.

Liebhaber, die ihre Felle in der ursprünglichen Naturfarbe gerben lassen wollen, können diese in getrocknetem Zustand verschicken und in spezialisierten Betrieben gerben lassen. Beliebt sind Felle der Rassen Chinchilla, Großsilber, Blaue Wiener und Feh-Kaninchen, um nur einige zu nennen. Firmenadressen sind in der Fachpresse zu finden. Da heute aber vielfach der Wunsch besteht, nach alter Handwerksmanier die Verarbeitung selbst auszuführen und sich am Produkt aus der eigenen Herstellung besonders zu erfreuen, sei ein ganz einfaches Gerbrezept angeführt:

Einen vollen Tag lang werden die frischen oder zuvor getrockneten Felle in frischem Wasser belassen, dem einige Tropfen Karbolsäure zugesetzt werden. Danach erfolgt das Ausstreichen des Wassers in Haarrichtung. Anschließend wird die Fleischseite sorgfältig mit einem stumpfen Messer geschabt und vollständig gesäubert. Als Gerbmittel dienen Alaun und Kochsalz. Die für ein Fell notwendige Gerblösung von etwa 6 Litern stellt man her, indem 500 g Alaun und 250 g Kochsalz in warmem Wasser aufgelöst werden. Nach dem Abkühlen der Lösung schwenkt man das Fell mindestens 15 Minuten darin hin und her und knetet es darin gründlich durch, was mehrfach während der 5 Tage dauernden Prozedur zu wiederholen ist. Das Fell bleibt während dieser Zeit in der Lösung. Danach wird das Fell gut gewässert und gereinigt, schließlich mit Hilfe von Nägeln auf ein glattes Brett gespannt und langsam getrocknet. Damit keine Falten entstehen, wird gegebenenfalls nachgespannt. Zuletzt kann das Fell mit gesiebter Holzasche bestreut und dann gelüftet werden.

Ungegerbte Rohfelle der ersten Güte müssen dichtwollig sein und haben in getrocknetem Zustand ein Gewicht von mindestens 260 Gramm pro Fell (28 kg je 100 Felle). Das weiße Leder darf nur leicht fleckig sein. Mittlere Qualitäten haben ein Gewicht unter 200 g.

Wiegen die Felle weniger als 180 g, so sind sie nur noch für die Filz- oder Spielwarenindustrie geeignet.

9.3 Haar und Wolle

Wie in Abschnitt 9.2 schon erwähnt, stellt das Kaninchenhaar für die Filzindustrie einen wertvollen Rohstoff dar. Besonders für die Anfertigung von Hüten ist Kaninchenhaar sehr gut geeignet. Bei 30 bis 45 g Haarausbeute von einem 11 Wochen alten und 2,5 kg schweren Mastkaninchen kann der Haarwert bei den gegenwärtigen Preisen für weißes Haar 20 % des Erlöses des Schlachttieres ausmachen.

Pro mm^2 Haut wachsen auf Keule und Schultern bis 200 Haare und mehr. Mit Hilfe moderner Spinntechnik läßt sich aussortiertes Unter- und Wollhaar von Normalhaarkaninchen auch zu Wollgarn verarbeiten. Besser geeignet ist allerdings hierfür das Angorahaar bzw. die Angorawolle der Angora-Rasse, das konkurrenzlose Spitzenqualität liefert. Im Gegensatz zur Angoraziege ist die Güte unabhängig vom Alter gleichbleibend gut. Besonders gute Eigenschaften, wozu insbesondere die ausgezeichnete Isolierwirkung, das geringe Gewicht wie auch die Aufnahmefähigkeit für Feuchtigkeit zählen, machen die Textilerzeugnisse mit Angoraanteil besonders wertvoll. Die Wärmeisolierung von Angoragesundheitswäsche auf das Flächengewicht der Ware bezogen ist 2,6mal höher als die der Schafwolle. Als Kleidungsmaterial ist Angorahaar wegen seiner guten Isoliereigenschaften und seiner hohen Feuchtigkeitsaufnahme- und Abgabefähigkeit besonders dort dankbar, wo große Temperatur- und Feuchtigkeitsschwankungen auftreten (z. B. im Sport). Die Verspinnfähigkeit mit Kunstfasern wird durch die geriefte Haaroberfläche des Angorahaars begünstigt.

Wertvollster Bestandteil der Angorawolle sind die fein gekräuselten Wollhaare in der Stärke von 10 bis 14 Mikrometer, deren Anteil so hoch wie möglich sein sollte. Im Winter sind die Haare etwas dünner als im Sommer. Das dickere Sommerhaar läßt sich durch die bessere Nährstoffversorgung während dieser Zeit erklären. Die Wollhaare können aus diesem Grund mitunter an der Basis schwächer sein als an der Spitze. Von den steiferen Grannenhaaren erhalten sie eine gewisse Stütze, so daß ein bestimmter Prozentsatz am Tier notwendig erscheint. Der Anteil, der bei Rammlern höher als bei Häsinnen ist, beträgt 2 bis 3 %, kann aber auch wesentlich darüber liegen. Höhere Grannenanteile mindern die Neigung zum Filzen, ganz unterdrücken läßt sie sich allerdings dadurch nicht. Filzstellen entstehen leicht an der Brust, im Genick und am Bauch, ebenso zwischen den Läufen. Der Filzanteil konnte in den letzten Jahren jedoch durch gezielte Selektion ohne Vermehrung von Grannenhaar herabgesetzt werden. Ist der Grannengehalt zu hoch, fühlt sich die Wolle rauh (sandig) an. Der gleiche Effekt tritt auf, wenn die Haarstärke (Haardurchmesser) zunimmt. Grannenhaare sind übrigens bei der Wäschefabrikation ein Abfallprodukt, da hierdurch Konsistenz und Färbeeignung der Faser beeinträchtigt werden.

Etwa 20 % der Schurleistung werden von der Haarlänge und dem Durchmesser der Haare bestimmt. Für die I. Qualität wird vom deutschen Angorawollerzeuger eine Haarlänge von 60 mm und darüber verlangt, denn langes Haar eignet sich für jeden Verarbeitungszweck.

Die verarbeitende Industrie verfügt heute über geeignete Prüfverfahren, um exakte Qualitätsbestimmungen von Angorawolle vornehmen zu können. Dabei werden firmeninterne Qualitätsabstufungen vorgenommen. Wichtige Kriterien sind dabei die Haarlänge, die Haardicke, der Grannengehalt, die Festigkeit, die Sauberkeit und nicht zuletzt die Farbe und das Aussehen. In Tab. 32 sind die Standards einer auf diesem Sektor führenden Firma aufgeführt. Wie aus der Tab. 32 zu entnehmen ist, muß der Mittelstapel (mittlere Haarlänge)für die Sorte I 38 bis 40 mm Länge aufweisen. In der Berechnung werden auch Haare berücksichtigt, die länger als 100 mm sind. Der Kurzfaseranteil von Haaren

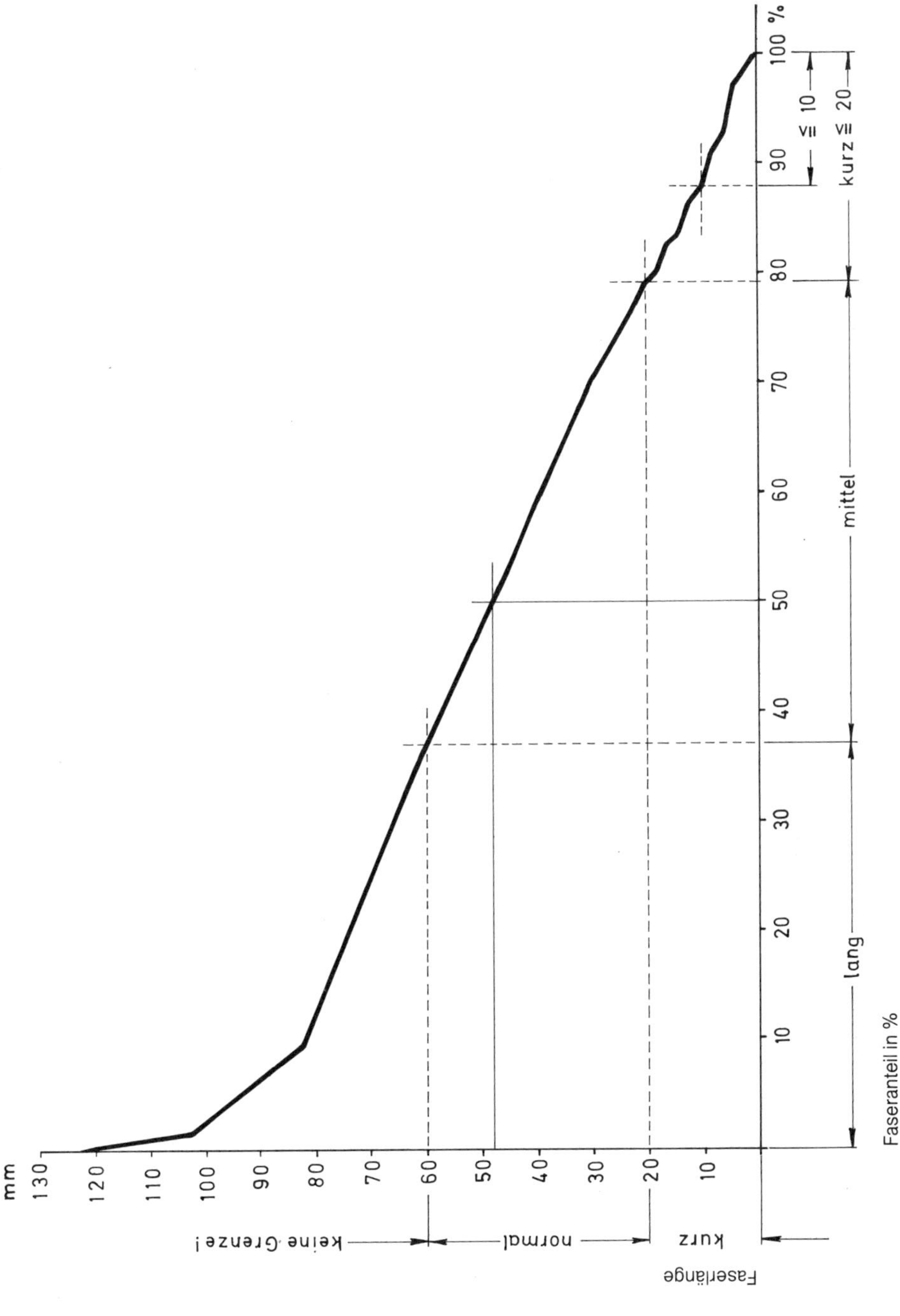

Abb. 79. Faserlängendiagramm zur Bewertung der Qualität von Angorahaar in der Industrie.

Tab. 32. Qualitätsstandards von Angorahaar in der Textilindustrie (Quelle: Fa. MEDIMA, pers. Mitteilung.).

	SORTE I	SORTE II	SORTE III
$\text{Mittelstapel}_{\text{Soll}}$	40 mm	32 mm	25 mm
$\text{Mittelstapel}_{\text{Min.}}$	38 mm	30 mm	24 mm
$\text{Kurzfaseranteil}_{\text{Ges. Max.}}$	20 %	30 %	45 %
$\text{Grannengehalt}_{\text{Max.}}$	>25 μm 3 % einkanalig, mehrkanalig	25 μm 3 % einkanalig, mehrkanalig	25 μm 3 % einkanalig, mehrkanalig
$\text{Faserfeinheit}_{\text{Max.}}$	16 μm	16 μm	16 μm
Beschaffenheit	offen-teilw. verworren; keine Filzerscheinung	offen-teilw. verworren; keine Filzerscheinung	offen bis teilweise leicht verfilzt
Farbe	weiß-rohweiß	weiß-gelbweiß	weiß-weißgelb/grau
Sauberkeit	sehr sauber	sehr sauber-sauber	sauber/leicht schmutzig
Festigkeit	sehr fest – fest (Bündelreißfestigkeitsprüfung Stelometer)	sehr fest – fest (Bündelreißfestigkeitsprüfung Stelometer)	sehr fest bis ziemlich fest (Bündelreißfestigkeitsprüfung Stelometer oftmals nicht möglich)
Aussehen	seidig glzd. halbm.	seidig glzd. halbm.	seidig-halbm.-matt
Vegetabilien	keine	keine – ganz vereinz.	keine bis wenig

unter 20 mm Länge darf hier maximal 20% betragen. Als obere Grenze für die Faserfeinheit (Dicke) gelten für die erste Qualität 16 μ. Den Grannen wird zugerechnet, was in der Feinheit über 25 μ liegt. Hiervon dürfen nicht mehr als 3% enthalten sein. Die Beurteilung und Qualitätseinstufung der einzelnen Proben (z. B. Mischung aus 7 Mustern) erfolgt anhand maschinell ausgedruckter Meßdiagramme. Ein solches Meßdiagramm zeigt Abb. 79.

In reiner Form ist Angorawolle zu Textilwaren schlecht zu verarbeiten. Ohne Zugabe von Fremdfasern ist die Haltbarkeit unzureichend und der Gebrauchswert gering. Angorawolle wird deshalb mit Schafwolle oder Kunstfasern gemischt (z. B. 50% Angorawolle, 30% Schafwolle, 20% Kunstfaser). Es ist möglich, geeignete Wollfasern auch selbst zu verspinnen. Um den Eigenbedarf abzudecken, werden nur wenige Tiere benötigt. Für die Herstellung eines Pullovers rechnet man z. B. 150 bis 200 g reine Angorafaser. Leistungstiere erbringen heute 1000 g und mehr pro Tier und Jahr.

Moderne Spinnverfahren erlauben in speziellen Verfahren die Herstellung ganz feiner Garne von 0,08 bis 0,15 mm. Aus 1 g Haar lassen sich 150 m feines Garn spinnen. Trotz dieses Feinheitsgrades erhält das Garn die für die Weiterverarbeitung notwendige Festigkeit. Mit Trevirafilamenten eingebundene Angorafasern sind sogar bis 40 °C waschmaschinenfest. Hieraus lassen sich nicht nur Sportunterwäsche, sondern auch feine Herrenanzugsstoffe herstellen. Das Institut für Textiltechnik Reutlingen (Universität Stuttgart) schätzt, daß der Jahresumsatz der Weltproduktion von Angoragarn auf über 1 Mrd DM ansteigen wird. Gegenwärtig kann der Inlandsbedarf bei weitem nicht gedeckt werden. Haupterzeugerländer für Angorahaar sind die Volksrepublik China und Frankreich.

Geschoren wird 3- bis 5mal im Jahr unter Berücksichtigung der Temperaturverhältnisse, von Hand mit einer Schere, deren Spitzen abgerundet sind, oder besser mit einer elektrischen Schermaschine. Übliche Schurtermine sind Mitte bis Ende März, Juni, September und Dezember. Nach zwei bis drei Tagen beginnt die Angorawolle wieder nachzuwachsen, und nach 10 Tagen hat das Angorakaninchen wieder ein normales Fellkleid. Das Schurintervall darf aber nicht zu kurz gewählt werden. Bei einer Zwischenzeit von 91 Tagen (4mal im Jahr) betrugen bei einem Versuch die Langhaaranteile über 50%, bei einem Zwischenraum von 73 Tagen nur 5%. Zuerst werden die beiden Körperhälften der oberen Körperseite geschoren, dann folgen Brust, Bauch, Läufe und Blume. Dabei muß das Tier unter Umständen festgeschnallt werden. Wenn den Tieren zuerst die Tasthaare am Kopf abgeschnitten werden, sollen sie verunsichert sein und ruhig sitzen bleiben. Besondere Vorsicht ist beim Bauch angebracht, damit die Saugwarzen nicht verletzt werden.

Zu berücksichtigen ist, daß Angorahaar äußerst leicht ist und bei der geringsten Luftbewegung weggetragen wird. Das Scheren und Sortieren der Wolle ist aus diesem Grunde aufwendig. Es fallen auch viele kurze Schnipsel an, die bis zu 10 mm Länge nicht zu verwerten sind. Ein angenehmes Arbeiten ist mit Hilfe von Absaugvorrichtungen möglich.

Der Arbeitsaufwand für das Scheren ist groß. Während ein Schaf z. B. in 3 bis 10 Minuten geschoren wird, benötigt man für das viel kleinere und handlichere Angorakaninchen 10 bis 30 Minuten. Je kg Angorawolle müssen im Vergleich zu Schafwolle für alle Arbeiten wie Reinigung, Scheren, Wollsortierung usw. das 60- bis 70fache aufgewendet werden. Hierbei muß allerdings in Rechnung gestellt werden, daß Angorakaninchen eine nahezu 100% reine Wolle liefern, während der Reinwollgehalt der Schafwolle abzüglich Schmutz und Wollschweiß nur 50 bis 60% beträgt. Für europäische Verhältnisse ist aber allein für die Wollerzeugung ein Zeitaufwand von 3 Stunden pro Tier und Jahr einzukalkulieren. Aus diesem Grund erscheint die Angorawollproduktion besonders in den Ländern interessant, wo die Lohnkosten niedrig liegen. Gute Voraussetzungen für die Angorahaarproduktion bestehen demnach in verschiedenen Entwicklungsländern. Die Haltungstemperaturen dürfen jedoch nicht über 35 °C ansteigen. Befinden sich die Tiere in Wolle, so kommt es in warmen Ländern schnell zu Überhitzung, was z. B. zum Absterben der Früchte führt. Je kg Körpergewicht ist die Wollproduktion des Angorakaninchens, wenn man einen Jahresschurertrag von 800 g und 4 kg Körpergewicht zugrunde legt, dreimal größer als beim Schaf (mit 4,5 kg Rohwolle bei 65 kg). Auf den Reinwollgehalt bezogen wird der Abstand zugunsten des Kaninchens noch größer. Diese Zahlen gewinnen um so mehr an Gewicht, da für die Leistung der Angorakaninchen bedeutend weniger an umsetzbarer Energie benötigt wird.

Aufgrund des besonders großen Arbeitsaufwandes in der Angorakaninchenhaltung hat es nicht an Überlegungen gefehlt, die Gewinnung der Angorawolle zu verbilligen. So hat man z. B. versucht, die Schur zu vereinfachen und eine „chemische Schur" durchzuführen. Auf der Versuchsanstalt Neu-Ulrichstein (Hessen) hatte man interessante Versuche in dieser Richtung mit Cyclophophamid (Präparat „Endoxan") angestellt. Es handelt sich um ein das Zellwachstum hemmendes Mittel, das auch auf das Wollwachstum einwirkt und das Haar regelrecht „abschnürt", so daß es sich leicht herausrupfen läßt (bei einer Dosierung von 40 bis 70 mg/kg Körpergewicht). Die Versuche erbrachten aber letzten Endes nicht den gewünschten Erfolg, zumal die behandelten Tiere sehr stark haarten und Qualitätsminderungen eintraten. Da nicht zu vermeiden war, daß Haare mit in das Futter gelangen, bestand die Gefahr der Bezoarbildung (unverdauliche Haarballen im Magen).

Angorawolle kann auch durch die bei uns weniger gebräuchlichen Verfahren des Rupfens oder Kämmens gewonnen werden.

9.4 Kotverwertung

Kaninchenkot ist für den Garten wertvolles Düngemittel. Es handelt sich um einen „hitzigen" Dünger, der sich wie Pferdemist schnell umsetzt. Um Schimmelbildung zu vermeiden, ist deshalb eine gewisse Pflege notwendig (feuchthalten, umsetzen usw.).

Bei der herkömmlichen Kaninchenhaltung fallen Kot und Harn zusammen mit der Einstreu als Mist an, der möglichst in kurzen Abständen aus dem Stall zu entfernen ist und aufgestapelt werden sollte. Kaninchenmist steht in seiner Düngewirkung anderen Düngern nicht nach. Im Nährstoffgehalt übertrifft er den Rinderkot, ohne ätzend auf die Pflanzen zu wirken. Die vorgegebene Kugelform begünstigt seine Transportfähigkeit und Kompostierungseignung, so daß bei einstreuloser Haltung eine vorzügliche Blumenerde zu gewinnen ist. Dafür empfiehlt sich allerdings die Trennung von Kot und Harn. Falls die Bauweise des Stalles es zuläßt, sind hierfür untergelegte Siebbleche gut geeignet. Wenn ein genügend starkes Gefälle des Untergrundes vorhanden ist, ist eine befriedigende Trennung auch ohne zusätzliche Maßnahmen gewährleistet. Handbreite Zwischenlagen von Gartenerde beschleunigen den Zerfall. Zugaben von Torf erweisen sich als zweckmäßig. Verschiedentlich wird für die Kompostierung das Überstreuen von Kalkstickstoff empfohlen, was aber im vorliegenden Fall nicht notwendig und im übrigen eine schmutzige Angelegenheit ist. An Hartkot fallen bei Mastkaninchen täglich etwa 50 bis 60% der gefressenen Futtertrockenmasse an. Bei säugenden Häsinnen sind es 70 bis 80%.

Der tägliche Kot- bzw. Mistanfall schwankt je nach Rasse bzw. Tiergröße, Futterangebot und Einstreumenge beträchtlich. Bei kleineren Rassen ist mit einem Anfall von 100 bis 200 g pro Tag zu rechnen, bei mittleren mit 200 bis 300 g und bei großen Rassen mit 300 bis 400 g. Ein Kaninchen ist somit in der Lage, jährlich 0,5 bis 1,5 dz Dünger zu liefern.

Frischer Kaninchenkot enthält bei Grünfütterung einschließlich seiner Weichkotfraktion 70% Wasser und 30% organische Substanz. Bei Verabreichung von pelletiertem Fertigfutter ist der Wassergehalt geringer. An Nährstoffen sind etwa 0,52% Stickstoff, 0,45% Phosphorsäure, 1,2% Kali und 0,65% Kalk enthalten. Aufgrund seines hohen Eiweißgehaltes ist Kaninchenkot in Form getrockneter und pelletierter Feststoffe der Gülle (Kot, Harn und Spülwasser) sogar erfolgreich als Futtermittel für Wiederkäuer eingesetzt worden.

Nicht unerwähnt soll bleiben, daß kompostierter Kaninchenkot ein hervorragendes Nährmedium für Regenwürmer bietet, die dank des hohen Eiweißgehaltes die Substanz fast völlig aufzehren und in wertvollen Humus verwandeln. Voraussetzung ist, daß die Exkremente nicht allzusehr mit Harn belastet sind. Allerdings sind nicht alle Wurmarten für die Vermehrung in Kaninchenmist geeignet. Am einfachsten läßt sich der rote Kompostwurm *Eisenia foetida* – von den Anglern „Gelbschwanz“ genannt – halten und vermehren. Bei planmäßiger Zucht befinden sich die Würmer zunächst in einem durchfeuchteten „Trägersubstrat“ – das kann Stroheinstreu, Pappkarton oder Zeitungspapier sein – und erhalten einmal wöchentlich den Kot bzw. Mist von oben auf das Substrat. Die Würmer dürfen nicht direkt in die frischen Tierexkremente gesetzt werden, sondern müssen die Möglichkeit haben, selbständig aus dem Trägersubstrat an das Futter heranzuwandern. Durch eine Abdeckung wird das Substrat gegen Lichteinfall und Austrocknung geschützt. Bei Einhaltung optimaler Bedingungen ist es möglich, daß sich eine Kompostwurmpopulation in wenigen Wochen vervielfacht.

9.5 Wirtschaftlichkeit und Kosten

Die erfolgreiche Hobbykaninchenhaltung gibt noch keine Gewähr, daß marktfähige Leistungen auch wirtschaftlich sind. Die Wirtschaftlichkeit der Kaninchenfleisch- und Kaninchenwollproduktion hängt von zahlreichen Faktoren ab. In erster Linie sind es die je Mutterhäsin erbrachten Leistungen, die in hohem Maße die Grundlage für die Rentabilität bilden. Als überaus wichtig erweisen sich aber auch Haltungs- und Hygienebedingungen sowie das Management. Die Angorawollerzeugung ist z. B. durch die niedrige Fortpflanzungsrate belastet. Ebenso sind die nicht unbedeutenden Mehraufwendungen für Sortierung der Wolle, Verpackung und Transport in Rechnung zu stellen.

Reserven für eine Kostensenkung können in der Nutzung vorhandener und bereits amortisierter Gebäude liegen sowie in der günstigen Futterbeschaffung. Bei der Verfütterung billigen wirtschaftseigenen Futters sind jedoch die Kosten für die Werbung, Transport und Futterzubereitung sowie die Futterverabreichung zu berücksichtigen, was die Vorteile gegenüber industriell hergestelltem Mischfutter voll aufwiegen kann.

Ein geeigneter Maßstab für betriebswirtschaftliche Berechnungen stellt der Deckungsbeitrag je Häsin und Jahr dar. An einem Beispiel ist er anhand einer Nachkommenzahl von 50 Jungtieren pro Jahr berechnet (Tab. 33).

Wie aus der Berechnung hervorgeht, errechnet sich der Deckungsbeitrag je Häsin aus der Differenz der marktfähigen Leistung und der Zwischensumme der proportionalen Spezialkosten. Das Arbeitsschema ist dabei so angelegt, daß die jeweils geltenden Preise eingesetzt werden können. In gleicher Weise wäre auch die Kalkulation für Angorakaninchen vorzunehmen. Im vorliegenden Beispiel wird der Deckungsbeitrag unter Zugrundelegung der aufgeführten Preise und Kosten mit 206,25 DM errechnet. Die eingesetzte Zahl von 50 Jungtieren pro Häsin und Jahr erscheint zwar hoch, ist jedoch realisierbar. Bei einem Arbeitsaufwand von 8 Stunden je Häsin im Jahr – das entspricht dem Arbeitsaufwand für ein Mutterschaf – ergibt sich ein Deckungsbeitrag je Arbeitsstunde von etwa 26 DM. Dieser Betrag entspricht dem erwirtschafteten Bruttolohn (ohne Steuern und Nebenkosten). Unter Zugrundelegung von 2400 Arbeitsstunden pro Jahr und einem Arbeitsaufwand von 8 Stunden können demnach 300 Häsinnen betreut werden. In der Literatur gibt es Hinweise, in denen von der doppelten Häsinnenzahl pro Arbeitskraft ausgegangen wird.

Tab. 33. Deckungsbeitrag für eine Häsin, 50 Nachkommen je Jahr.

Merkmale	Leistung	Erlös/Kosten
Marktfähige Leistung		
Verkaufsgewicht Häsin	4 kg	
Preis je kg Lebendgewicht	4,00 DM	
Nutzungsdauer	2,5 Jahre	
Leistung jährlich		6,40 DM
Verkaufsgewicht 50 Jungtiere à 2,8 kg	140,0 kg	
Preis je kg Lebendgewicht	4,20 DM	
Leistung jährlich		588,00 DM
Erlös		594,40 DM
Anteilige Kosten		
Tierbeschaffung		
Wert der jungen Zuchthäsin	45,00 DM	
Nutzungsdauer	2,5 Jahre	
Beschaffungskosten jährlich		18,00 DM
Rammlerhaltung		
Haltungskosten je Rammler/Jahr	50,00 DM	
Zuchthäsinnen/Rammler (bei KB)	40	
Rammlerkosten je Zuchthäsin		1,25 DM
Futterkosten (Pelletfutter)		
Preis/kg	0,60 DM	
Futterverbrauch je Häsin/Jahr	100 kg	
50 Jungtiere/2,8 kg LG/2,8 kg Futter	392 kg	
Futterkosten je Jahr		295,20 DM
Käfigkosten		
Preis für Häsinnenkäfig	100,00 DM	
Preis für Mastkäfig	70,00 DM	
Mastkäfige je Häsinnenplatz	2,5	
Nutzungsdauer	10 Jahre	
jährliche Kosten		27,50 DM
Energie, Wasser, Reinigungsmittel		8,00 DM
Veterinärkosten einschl. Hilfsmittel für KB		15,00 DM
Tierverluste (etwa 3% der anteil. Kosten)		11,60 DM
Zins für Umlaufkapital (etwa 3% anteil. Kosten)		11,60 DM
Kosten		388,15 DM
Deckungsbeitrag je Häsin/Jahr		206,25 DM
Arbeitsanspruch je Häsin/Jahr	8 Akh	
Deckungsbeitrag je Arbeitsstunde	25,78 DM	

Quelle: W. Doppler, E. Zimmermann
Betriebswirtschaftliche Analysen u. Planungen in der Kaninchenhaltung (unveröffentlicht)

Literatur

ADAMS, C. E. (1972): The UFAW handbook on the care and management of laboratory animals. Churchill Livingstone, Edinburgh and London.

ADAMSON, I. und H. FISHER (1971): The amino acid requirement of the growing rabbit: qualitative needs. Nutrition Reports International 2, S. 59–64.

ADAMSON, I. und H. FISHER (1973): Amino acid requirement of the growing rabbit: An estimate of quantitative weeds. J. of Nutrition 103, No. 9, S. 1306–1309.

AGMO, A. (1976): Sexual behaviour following castration in experienced and inexperienced male rabbits. Z. f. Tierpsychologie 40, S. 390–395.

ANDERSON, C. O., V. H. DENENBERG und M. ZARROW (1972): Effects of the handling and social isolation upon the rabbits behaviour. Behaviour 43, S. 165–175.

ARRINGTON, L. R., J. K. PLATT und D. E. FRANKE: (1974): Fat Utilization by rabbits. J. of Animal Science 38, S. 76–80.

BARONE, R., C. PAVAUX, P. C. BLIN, und P. CUO (1973): Atlas D'Anatomie Du Lapin. Masson, Paris.

BECHSTEDT, U., P. SCHRAMM, und M. KNOLL (1978): Eine neue Variante der künstlichen Vagina zur Spermagewinnung beim Kaninchen. Monatshefte für Veterinärmedizin 33, 7, S. 265–267.

BEDFORD, J. M. (1971): The rate of sperm passage into the cervix after coitus in the rabbit. J. Reproduct. Fertility 25, 2, S. 211–218.

BERG, R., R. MEISTER et al. (1974): Anatomische Untersuchungen zur quantitativen Entwicklung von Herz und Leber bei industriemäßig gehaltene Kaninchen. Archiv exp. Veterinärmedizin 28, S. 533.

BERG, R., et al. (1975): Quantitative morphologische Untersuchungen zur Entwicklung der Lebendmasse und einiger Muskelgruppen bei industriemäßig gehaltenen Kaninchen. Archiv für Experimentelle Veterinärmedizin 29, 1, S. 111–120.

BERG, R., et al. (1976a): Histologische Untersuchungen zur Kapillarisierung einiger Muskeln bei industriemäßig gehaltenen Kaninchen. Archiv exp. Veterinärmedizin 30, S. 163–171.

BERG, R., et al (1976b): Untersuchungen zur quantitativen Entwicklung von Leber, Herz und Nebenniere bei Weißen-Neuseeländer-Kaninchen. Archiv exp. Veterinärmedizin 30, S. 217–225.

BERTOLINI, R., R. PABST und W. GABLER (1970): Histochemische Untersuchungen der Analdrüsen des Kaninchens. Morph. Jahrbuch 114, S. 329–336.

BLOCH, J. (1919): Illustriertes Kaninchenbuch. Verlag von Emil Wirz, Aarau.

BLUME, J., M. NICHELMANN und E. HELMS (1977): Beeinflussung der Spermaqualität des Kaninchens durch extreme Umgebungstemperaturen. Archiv für Tierzucht 1, S. 61–72.

BRAUN, J. (1977): Untersuchungen über den Einfluß der Superovulation auf Morphologie, Kultivierung und Tiefgefrierkonservierung von Eizellen beim Kaninchen. Diss. Med. vet. München.

BROCKHAUSEN, P., S. PAUFLER und W. SCHLOLAUT (1979): Untersuchungen zum Einfluß der Wärmebelastung durch das Wollvlies auf Spermaqualitätsparameter, Geschlechtsverhalten u. Hodenvolumen beim Angorakaninchen. Züchtungskunde 51, 3, S. 234ff.

BROECK, Van den L. und Ph. LAMPO (1975): Vergleich von zwei Zuchtrhythmen bei Kaninchen. Archiv für Geflügelkunde 6, S. 232–236.

Brown, R. H. (1936): Color vision in the rabbit. J. of General Psychology 14, S. 83–97.

Brummer, H. (1972): Der Einfluß von Wasserentzug auf das Auftreten von Kronismus. Tierärztliche Umschau 6, S. 291–296.

Brummer, H. (1974): Untersuchungen über den Kronismus beim Hauskaninchen. Fortschritte der Veterinärmedizin 20, S. 261–264.

Cantier, J. und A. Vezinhet (1968): Guide pour la dissection et l'identification des principaux muscles de la carcasse chez le lapin. Annales de Biologie Animale, Biochimie, Biophysioque 8, S. 107–139.

Carson, W. S. und R. P. Amann (1972): The male rabbit. VI. Effects of ejaculation and season on testicular size and function. J. Animal Sci., Albany, N. Y. 34, 2, S. 302–309.

Cheeke, P. R. (1976): Nutrition of the domestic rabbit. Laboratory Animal Science 4, 654–658.

Colin, M. (1975): Effet de la teneur en arginine du régime sur la croissance et le bilan azoté chez le lapin: relation avec le taux de lysine. Ann. Zootech., 24, 4, 629–638.

Colin, M.; Cl. Maire und J. Vaissaire (1976): Étude expérimentale du remplacement dans les aliments pour lapins de la cellulose par des lests minéraux: sable et vermiculite. Rec. Méd. Vét., 152, 7–8, S. 457–465.

Coppola, A., et al.: Reproductive rhythm and ovarian activity in rabbits. Zentralblatt für Veterinärmedizin A, 26, S. 590–597.

Cowie, A. T. (1969): Variations in the yield and composition of the milk during lactation in the rabbit and the galactopoietic effect of prolactin. J. Endocrinol. 44, S. 437–450.

Darwish, H. I., A. Mostageer, und M. A. Ghany (1971): Genetic and phenotypic parameters of carcass characteristics in Giza rabbits. UAR J. Animal Rod., Cairo 10, 1, S. 13–19.

Davidson, J. und D. Spreadbury (1975): Nutrition of the New Zealand White Rabbit. Proc. Nutr. Soc., 34, S. 75–83.

Delaveau, A. (1981): Das Kaninchenfleisch und seine Merkmale. Bull. techn. Inform., Paris, 358/359, S. 281–296.

Denenberg, V. H. et al. (1972): Maternal behavior with referende to scattered an cannibalized newborn and mortality. Behavior 53, S. 165–175.

Distel, H. und R. Hudson (1984): Nipple-search performance by rabbit pups: changes with age and time of day. Anim. Behav. 32, S. 501–507.

Dodt, E. und V. Elenius (1956): Spektrale Sensitivität der Kaninchennetzhaut. Pflügers Archiv, 262, S. 301–306.

Dorn, F. K. (1973): Rassekaninchenzucht. Verlag J. Neumann-Neudamm, Melsungen.

Dreyer, W. (1965): Die Fütterung der Kaninchen. Kraftfutter 48, 10, S. 557–558.

Enbergs, H. (1979): Radioimmunologische Untersuchungen zum Verlauf des Progesteronspiegels im Blut von tragenden Kaninchen unter Berücksichtigung der Jahreszeit und der Zahl der Neugeborenen. Ber. Münch. Tierärztl. Wschr. 92, S. 32–34.

Fekete, S. und T. Gippert (1981): Untersuchungen zur Wirkung von verschiedengradiger Reduktion der Futterrationen in der Fleischkaninchenhaltung. Magyar Allatorvosok Lapja 36, S. 484–488.

Fewson, D. et al. (1977): Die wichtigsten genetisch-statistischen Fachausdrücke in der Tierzucht. Deutsche Gesellschaft für Züchtungskunde e.V. Verlag Eugen Ulmer Stuttgart.

Filler, J. (1942): Die Züchtung, in: Unsere Kaninchen, Großes Handbuch der deutschen Kaninchenzucht, Verlag F. Pfenningstorff, Berlin.

Fischer, B. (1981): Die Embryonalentwicklung des Hauskaninchens von der Befruchtung bis zur Implantation. Das Blaue Kaninchen-Jahrbuch, S. 111–130. Oertel u. Spörer, Reutlingen.

Fischer, B., H. Sommer (1979): Klinisch-chemische Untersuchungen als Beitrag zur Klärung der Ursachen von Jungtierverlusten bei Kaninchen. Züchtungskunde 51, S. 249–257.

Fischer, W. und W. Rudolph (1979): Einfluß des Schlachtalters auf einige

Merkmale der Schlachkörperqualität von Broilerkaninchen. Wissenschaftl. Zschr. d. Wilhelm-Piek-Univ. Rostock, Math.-Naturwiss. Reihe 2, S. 179–182.

Fischer, W., H. Gauß und W. Rudolph (1975): Untersuchungen zur Fleischbeschaffenheit bei Broilerkaninchen. Wissenschaftl. Zschr. d. Wilhelm-Piek-Univ. Rostock, Math.-Naturwiss. Reihe 24, 2, S. 295–299.

Fisher, H. (1976): Protein and amino acid requirements of the laboratory rabbit. Laboratory Animal Science 4, S. 659–663.

Flachowsky, G. und H.-J. Löhnert (1974): Untersuchungen zum Futterwert von Feststoffen der Kaninchengülle. Archiv Tierernährung 24 7/8, S. 611–614.

Flak, P., J. Granat und J. Zelnik (1978): Premenlivost' a dedivost' ukazovatel' ov jatocnej hodnoty kralikov. Zivocisna Vyroba, Praha 23 (51) 8, S. 625–632.

Flatt, R. E. und A. B. Carpenter (1971): Identification of crystalline in urine of rabbits. Am. J. vet. Res. 32, S. 655–658.

Fort, M. und M. Martin (1981): Gebäude und Ausrüstungen in der Kaninchenzucht. Bull. techn. Inform., Paris, 358/359, S. 195–214.

Fox, R. R. und D. D. Crary (1972): A simple technic for the sexing of newborn rabbits. Laboratory Animal Science 22, S. 556–558.

Foxcroft, G. R. und H. Hasnain (1973): Effects of suckling and time to mating after parturition on reproduction in the domestic rabbit. Journal Reprod. and Fertility 33, 3, S. 367–377.

Gadsch, W. (1947): Erfolgreiche Kaninchenhaltung. Metta Kinau Verlag Nachf., Lüneburg.

Gaevoj, E. (1972): Mechanizacija processov pererabotki krolikov. Mjasnaja industrija 8, S. 11–14.

Ganchrow, J. R. (1979): Taste preferences in rabbits for acids, sucrose, saccharin and quinine. Physiologie and Behavior 22, S. 457–460.

Ganchrow, J. R. und H. Matzner (1979): Development of sucrose preference in rabbit pups. Chemical Senses and Flavour 4, 3, S. 241–247.

Ganchrow, J. R., M. Oppenheimer und J. E. Steiner (1979) Behavioural displays to gustatory stimuli in newborn rabbit pups. Chemical Senses and Flavour 4, 1, S. 49–61.

Gärtner, R. und Schaube (1931): Der Einfluß verschiedener Haltung und Fütterung auf die Qualität des Kaninchenpelzes. Verhandlungen des I. Internationalen Kaninchen-Züchter-Kongresses Leipzig 1930 in: Zeitschrift für Pelztier- und Rauchwarenkunde 3, S. 201–210.

Gattermann, R. (1978): Zur Biorhythmik des Kaninchens (O. cuniculus (L.) f. domestica) 2. Mitteilung: Circadiane Rhythmen des Hämatokrit, des Hämoglobingehaltes, der Leukozytenzahl und des Blutglukosespiegels. Zool. Jb. Physiol. 82, S. 234–243.

Gerhardt, U. (1909): Das Kaninchen (ausschließlich Anatomie). Verlag Klinkhardt, Leipzig.

Gey, K. und B. Thormann (1978): Ergebnisse aus Versuchen bei der Schlachtung von Kaninchen (I). Fleisch 32, 5, S. 92–94 (II). Fleisch 32, 6, S. 118–119.

Giesecke, D. und H. K. Henderickx (1973): Biologie und Biochemie der mikrobiellen Verdauung. BLV München, Bern, Wien.

Glahn-Luft, B., P. Schley und R. Wassmuth (1979): Geschlechtsdifferenzierung von neugeborenen Kaninchen mit Hilfe der Karyotypanalyse zu Versuchszwecken. Microscopica Acta 81, 4, S. 289–292.

Gottschwski, G. H. M. und W. Zimmermann (1973): Die Embryonalentwicklung des Hauskaninchens: Normogenese und Teratogenese. Verlag M. u. H. Schaper, Hannover.

Götze, G. und S. Paufler (1976): Besamungsergebnisse und pränatale Mortalität nach Verwendung von Flüssig- und Tiefgefriersperma beim Kaninchen bei normaler Ovulationsauslösung und Superovulation. Zuchthygiene 11, S. 169–174.

Granát, J., J. Zelník und J. Bulla (1974): Beitrag zum Studium der Vererbung von Brachygnathia superior bei Kaninchen. Zeitschrift für Tierzüchtung u. Züchtungsbiologie 1–2, S. 131–137.

Gruber, P. und J. J. Amato (1970): Technical notes, hypnosis for rabbit surgery. Laboratory Animal Care 20, 4, S. 741–742.

GÜNTHER, G. (1980): Weidehaltung von Kaninchen und Junggeflügel – nicht nur ein Ausweg bei Platzmangel. Garten und Kleintierzucht D 14, S. 4.

HAFEZ, E. S. E. (1970): Reproduction and breeding techniques for Laboratory animals. Lea u. Febiger, Philadelphia.

HAHN, J. und G. GABLER (1971): Die Fruchtbarkeit weiblicher Kaninchen unter Berücksichtigung individueller und jahreszeitlicher Schwankungen. Züchtungskunde 43. 6, S. 456–463.

HAHN, J. und U. MEIER (1973): Versuchsdurchführung und Ergebnisse von Eitransplantationen beim Kaninchen. Zuchthygiene 8, S. 22–31.

HAHN, J. E., et al. (1971): Uterus- und Ovarbefunde bei Kaninchen nach Fütterung mit Heu von ungedüngtem und intensiv gedüngtem Grünland. Deutsche Tierärztl. Wochenschrift 78, 4, S. 114–118.

HAMMER, J. H. (1932): Über Wachstum und Rückgang, über Standardisierung, Individualisierung und bauliche Individualtypen im Laufe des normalen Postfötallebens. (Konstitutionsanatomische Studien an Kaninchen) Z. f. Microskopisch-Anatomische Forschung 29, 53 und 59–60.

HATTENHAUER, H. (1975): Untersuchungen über die Reproduktionsleistungen von Kaninchen. Wiss. Z. Karl-Marx-Univ. Leipzig, Math.-Naturwiss. R. 24, 2, S. 183–191.

HATTENHAUER, H., W. KRÜGER und W. FRITSCH (1977): Möglichkeiten einer frühen Selektion auf Reproduktionsleistungen beim Kaninchen. Archiv Tierzucht 20, 1, S. 23–32.

HATTENHAUER, H. und W. FRITSCH (1980): Zu einigen Aspekten der Reproduktionsleistungen beim Kaninchen. Das Kaninchen als Modelltier und Züchtungsobjekt. Wilhelm-Pieck-Universität Rostock, S. 121–133.

HAUBOLD, W. (1978): Optimal aufgezogene Junghäsinnen schon nach vier Monaten zuchtreif. Garten und Kleintierzucht, Ausg. D, 17, 9, S. 10–11.

HAUBOLD, W. und K. LÖHLE (1973): Untersuchungen über Schlachtkörper- und Fleischqualitätsmerkmale bei Kaninchenbroilern. Tierzucht 12, S. 572–574.

HEATH, E. (1972): Sexual and related territorial behavior in the laboratory rabbit (Oryctolagus cuniculus). Laboratory Animal Science 22, S. 684–691.

HECKMANN, F. W. und A. MEHNER (1970): Versuche über den Eiweiß – und Rohfasergehalt im Alleinfutter für Jungmastkaninchen. Arch. Geflügelzucht u. Kleintierkd. 19, S. 29–43.

HELLEMANN, C. Chr. (1976): Motilität und Akrosomintegrität als Fruchtbarkeitsparameter von tiefgefrorenen Kaninchensperma. Diss. med. vet. Hannover.

HELLMANN, W. (1979): Effects of fever and hyperthermia on the embryonic development of rabbits. Veterinary Record 104, S. 389–390.

HERTRAMPF, J. (1975): Umweltfaktoren und Wachstum der Jungtiere. Deutscher Kleintierzüchter, D 19, S. 14.

HERTRAMPF, J. (1977): Die Leistungen der Kaninchen in Dänemark. Deutscher Kleintierzüchter, D 22, S. 4.

HINTON, M. (1977): Krankheiten ausgewachsener Kaninchen – eine Analyse von Sektionsbefunden bei 180 Kaninchen. Veterinär-Medizinische Nachrichten, 2, S. 183–192.

HINTON, M. (1979): Post mortem survey of diseases in young rabbits. Veterinary Record 104, S. 53–54.

HOCHSTRASSER, G. (1978): Wurzellose Kaninchenzähne? Deutscher Kleintierzüchter 17, S. 4–5.

HÖRNICKE, H. (1978): Futteraufnahme beim Kaninchen – Ablauf und Regulation. Übersicht Tierernährung 6, S. 91–148.

HOFER, P. (1984): Angorazucht heute. Oertel u. Spörer, Reutlingen.

HOLDAS, S. (1977): Gewichtsänderungen der Mutterkaninchen während der Trächtigkeit und der Laktation. Állattenyésztés 26, 5, S. 471–479 (in ungarisch)

HOLDAS, S. und T. GIPPERT (1979): Ergebnisse von Fütterungsversuchen bei Mastkaninchen. Internationale Zeitschrift der Landwirtschaft 5, S. 480–482.

HOLDAS, S. und G. PETÖHAZI (1975): Neue Rassen und Formen der Kaninchenhaltung in Ungarn. Internationale Zeitschrift der Landwirtschaft 4, S. 429–432.

Hudson, R. und H. Distel (1983): Nipple location by newborn rabbits. Behavior 85, S. 260–275.

Immelmann, K. (1976) Einführung in die Verhaltensforschung. Verlag Paul Parey, Berlin und Hamburg.

Ivanitskii, A. M. (1972): The morphophysiological investigation of development of conditioned alimentary reaction in rabbits during ontogenesis. Works of the institute of higher nervous activity: physiological series, Vol. 4; translated from russian by israel programm for scientific translationes Ltd., Jerusalem, 126–141.

Jaeger, R. und G. Donnhäuser (1972): Das Blutvolumen des Kaninchens während Schwangerschaft und Laktationsperiode. Zeitschrift für Tierzüchtung und Züchtungsbiologie 89, S. 242–250.

Jelinek, P., et al. (1981): Bewertung einiger qualitativer Eigenschaften des Haarkleides von Angora-Kaninchen und die Ultrastruktur der Oberfläche einzelner Haararten. Zivocisna Vyroba, Praha 26, 5, S. 371–380.

Johannsen, U. (1973): Zum Vorkommen einer fütterungsbedingten Muskeldystrophie bei Kaninchen. Monatshefte für Veterinärmedizin 28, 7, S. 266–272.

Johannsen, U. und H. Kiupel (1982): Wirtschaftlich wichtige Magen-Darm-Erkrankungen der Kaninchen. Monatshefte Vet.-Med. 37, S. 145–153.

Joppich, F. (1968): Das Kaninchen. VEB Deutscher Landwirtschaftsverlag, Berlin.

Jung, S. (1962): Grundlagen für die Zucht und Haltung der wichtigsten Versuchstiere. Verlag Gustav Fischer, Jena.

Kalinowski, T. und W. Rudolph (1977): Reproduktionsleistungen von Kaninchen bei Intensivhaltung. Wiss. Z. der W.-Piek-Universität Rostock 26, 1, S. 77–79.

Knieriemen, D. (1984). Die Eignung tropischer Regenwurmarten hinsichtlich ihrer Produktion von Biomasse aus Abfallstoffen. Diss. Gießen.

Knorr, F. und D. Wenzel (1983): Kaninchenkrankheiten. VEB Deutscher Landwirtschaftsverlag, Berlin.

Koch, T. (1976): Lehrbuch der Veterinär-Anatomie. VEB Gustav Fischer Verlag, Jena Band I–III.

Kötsche, W. und C. Gottschalk (1977): Krankheiten der Kaninchen und Hasen. VEB Gustav Fischer Verlag, Jena.

Koetter, U. (1963): Untersuchungen über die Beziehungen zwischen Wollertrag und Wollqualität. Gießener Schriftenreihe Tierzucht und Haustiergenetik. Verlag Paul Parey, Hamburg und Berlin.

Koetter, U. (1964): Untersuchungen über die Beziehungen zwischen Wollertrag und Wollqualität bei Angorakaninchen. Archiv für Geflügelzucht und Kleintierkunde 13, 4/5, S. 269–288.

Koetter, U. (1965): Haarentwicklung und Vliesbildung des Angorakaninchens. Archiv für Geflügelzucht und Kleintierkunde 14, 4, S. 247–271.

Koetter, U. (1981): Das Fell des Kaninchens. Das Blaue Kaninchen-Jahrbuch, S. 83–101. Oertel u. Spörer, Reutlingen.

Kolb, E. (1967): Lehrbuch der Physiologie der Haustiere. VEB Gustav Fischer Verlag, Jena.

Kolb, E. und H. Gürtler (1971): Ernährungsphysiologie der landwirtschaftlichen Nutztiere. VEB Gustav Fischer Verlag Jena.

Kompendium der Kaninchenproduktion (1984). Herausg. Deutsche Gesellschaft für Technische Zusammenarbeit, Eschborn.

Kraft, R. (1976): Vergleichende Verhaltensstudien an Wild- und Hauskaninchen. Diss. Erlangen–Nürnberg.

Kraft, R. (1978): Beobachtungen zur Tagesperiodik von Wild- und Hauskaninchen. Zeitschrift für Säugetierkunde 43, 3, S. 155–166.

Kraft, R. (1978/79): Vergleichende Verhaltensstudien an Wild- und Hauskaninchen. Zeitschrift für Tierzüchtung und Züchtungsbiologie 95, 3/4, S. 165–179.

Krause, W. (1868): Die Anatomie des Kaninchens in Topographischer und Operativer Rücksicht. Verlag Engelmann, Leipzig.

KÜHNEL, W. und K.-H. WROBEL (1969): Zur Morphologie der braunen Inguinaldrüse des Kaninchens. Z. Zellforsch. 93, S. 505–515.

LAMPO, Ph. und L. van den BROECK (1976): Milieu- und Erblichkeitsfaktoren, die Leistung von Mastkaninchen beeinflussend. Archiv für Geflügelkunde 6, S. 221–224.

LEBAS, F. (1969): Alimentation lactée et croissance pondérale du lapin avant sevrage. Ann. Zootech. 18, 2, S. 197–208.

LEBAS, F. (1975a): Etude chez la lapine de l'influence du niveau d'alimentation durant la gestation. Ann. Zootech., 24, 2, S. 267–279.

LEBAS, F. (1975b): Influence de la teneur en énergie de l'aliment sur les performances de croissance chez le lapin. Ann. Zootech., 24, S. 281–288.

LEBAS, F. (1981): Gute Fütterung der Kaninchen Bull. techn. Inform., Paris, 358/359, S. 215–222.

LEFEVRE, B. und B. MORET (1978): Influence d'une modification brutale de l'environnement sur l'apparation de l'oestrus chez la lapine nullipare. Ann. biol. Animale, Biochim., Biophys. 18, 3, S. 695–698.

LEHMANN, R. (1980): Zum postnatalen Wachstumsverlauf von Kaninchen. Das Kaninchen als Modelltier und Züchtungsobjekt, Wilhelm-Piek-Universität Rostock, S. 27–37.

LENZ, R. und W. STEFANOW (1978): Technische Besamung und Wurfsynchronisation beim Kaninchen. Der Praktische Tierarzt 59, 11, S. 28–29.

LENZ, R. und H.-W. TEUTE (1976): Zur künstlichen Besamung des Versuchskaninchen. Tierärztl. Praxis 4, S. 401–410.

LINCOLN, D. W. (1974): Suckling: A time-constant in the behaviour of the rabbit. Physiology and Behavior 13, 711–714.

LOCHTE, Th. (1938): Atlas der menschlichen und tierischen Haare. Verlag Paul Schöps, Leipzig.

LÖLIGER, H.-Ch. (1973): Zur Klinik von Kaninchenkrankeiten. Collegium veterinarium, S. 6–11.

LÖLIGER, H.-Ch. (1984): Die inneren Erkrankungen der Kaninchen. Prakt. Tierarzt 6, S. 489–498.

LÖLIGER, H.-Ch. und S. MATTHES (1976a): Aufzuchthygiene in der Prophylaxe von Kaninchenkrankheiten. Deutscher Kleintierzüchter 14, S. 18.

LU, M.-H. und R. R. ANDERSON (1973): Growth of the mammary gland during pregnancy and lactation in the rabbit. Biology of Reproduction 9, S. 538–543.

LYHS, L.: (1971): Der Wärmehaushalt landwirtschaftlicher Nutztiere. VEB Gustav Fischer Verlag Jena.

MACH, K. und V. TROJAN (1979): Fleischleistung der dreirassigen Hybridkaninchen vom Broilertyp. Zivocisna Vyroba 24 (9), S. 705–715.

MAERCKLIN, T. (1971): Über den Einfluß von Fütterungsfaktoren auf die Fruchtbarkeit von Kaninchen unter besonderer Berücksichtigung des histologischen Aufbaues der Fortpflanzungsorgane. Diss. vet. med. Hannover.

MÄRZ, G. (1977): Durst ist auch für Kaninchen schlimm. Garten und Kleintierzucht D 2, S. 10–11.

MANGOLD, E. und R. FANGAUF (1950): Handbuch der Kaninchenfütterung. Verlag Neumann-Neudamm.

MARSCHANG, F. (1978): Zum Problem Lärm in der modernen Tierzucht und -haltung. Deutsche Tierärztliche Wochenschrift 85, S. 28–32.

MATHERON, G. und R. ROUVIER (1977): Optimisation du progrès génétique sur la prolificité chez le lapin. Ann. Génét. Sél. anim. 9 (3), S. 393–405.

MATTER, H. E. (1972): Über Grundlagen der Haustierzüchtung. Chinchillazucht 1–3, S. 1–12; 4–6, S. 13–24.

MATTHES, S. (1974): Bakterielle Infektionen als Ursache von vorgeburtlichem Fruchttod beim Kaninchen. Zbl. Vet. Med. B. 21, S. 119–123.

MAY, D. und K. B. SIMPSON (1975): Reproduction in the rabbit. Commonwealth bureau of animal breeding and Genetics 43, 6, S. 253–261.

MEHNER, A. und U. KOETTER (1965): Dichte und Gruppierung der Haarfollikel in der Haut des Angorakaninchens. Zeitschrift für Tierzüchtung und Züchtungsbiologie 81, 3, S. 241–259.

MERKUŠIN, V. V. (1969): O moločnosti samok krolikov. Krolikovodstvo i zverovodstvo (Moskau) 2, S. 18–19.

MEYER, H. und U. HERR (1972): Untersuchungen über den Einfluß unterschiedlicher Kaliumgaben auf den Stoffwechsel weiblicher Kaninchen. Dtsch. Tierärztl. Wschr., 79, S. 108–112.

MEYER-RAVENSTEIN, H.-J. (1980): Körperzusammensetzung und Fleischqualität von Hasen, Wild- und Hauskaninchen in Abhängigkeit von verschiedenen Behandlungen und Lagerungsbedingungen. Fleischwirtschaft 3–4, S. 474–481 und S. 744–750.

MICHELMANN, H. W. und S. K. PAUFLER (1974): Untersuchungen über die normale Ovulationsauslösung und die Superovulation beim Kaninchen. Zuchthygiene 9, S. 116–121.

MÖBES, W. K. G. (1946): Bibliographie des Kaninchens Akademischer Verlag Halle, Halle (Saale)/Frankfurt (Main).

MÜLLER, K. (1978): Zum Saugverhalten von Kaninchen unter besonderer Berücksichtigung des Geruchsvermögens. Diss. agr. Gießen.

MÜLLER, H. A. und H. BRUMMER: Untersuchungen über Fortpflanzungsverhalten und Fertilität des Hauskaninchens in Einzel- und Gruppenhaltung. Tierärztl. Umschau, Konstanz 36, 11, S. 763–764.

MYKYTOWYCZ, R. (1968): Territorial marking by rabbits. Scientivic American 5, S. 115–126.

MYKYTOWYCZ, R. (1979): Some difficulties in the study of the function and composition of semiochemicals in mammals, particularly wild rabbits, Oryctolagus cuniculus. Odour Communication in Animals, F. J. Ritter (Ed.). Elsevier/North-Holland Biomedical Press, S. 105–115.

MYKYTOWYCZ, R. und M. M. WARD (1971): Some reactions of nestlings of the wild rabbit, oryctolagus cuniculus (L.), when exposed to natural rabbit odours. Forma et functio 4, S. 137–148.

NAAKTGEBOREN, C.; C. H. KROON und A. G. SCHOOF (1975): Über die Wehentätigkeit des Kaninchens. Z. Säugetierkunde 40, S. 150–172.

NEHRING, K. und W. SCHRAMM (1939): Über die Ausnützung verschiedener Futterstoffe durch Kaninchen. Biedermanns Zentralblatt für Agrikulturchemie und rationellen Landwirtschaftsbetrieb 11, S. 301–321.

NICHELMANN, M. (1973): Nach dem Deckakt werden die Eizellen freigesetzt. Garten und Kleintierzucht D 7, S. 7.

NICHELMANN, M. (1978): Hochwertiges Bakterieneiweiß durch Koprophagie verwertet. Garten und Kleintierzucht D 17, S. 10–11.

NICHELMANN, M. (1980): Physiologische Grundlagen der Umweltgestaltung beim Kaninchen. In: Das Kaninchen als Modelltier und Züchtungsobjekt. Veröffentlichung der Wilhelm-Piek-Universität Rostock, S. 17–27.

NICHELMANN, M. (1981a): Geschlechtszyklus des Kaninchens (Biologie des Kaninchens IV) Garten und Kleintierzucht D 14, S. 8–9.

NICHELMANN, M. (1981b): Embryonale und fetale Entwicklung. (Biologie des Kaninchens VII.) Garten- und Kleintierzucht D 22, S. 8–9.

NICHELMANN, M. (1984): Warum Kaninchen bei Hitze hecheln. (Biologie des Kaninchens XIII.) Garten- und Kleintierzucht D 14, S. 8–9.

NICHELMANN, M. und L. LYHS (1976): Zur Bestimmung der biologisch optimalen Temperatur. Monatshefte für Veterinärmedizin 31, S. 546–554.

NICHELMANN, M.; H. ROHLING und M. ROTT (1973): Der Einfluß der Umgebungstemperatur auf den Wärmehaushalt des Broilerkaninchens. Monatshefte für Veterinärmedizin 19, S. 744–749.

NICHELMANN, M.; M. ROTT u. H. ROHLING (1974a): Untersuchungen zur evaporativen Wärmeabgabe beim Kaninchen. Monatshefte für Veterinärmedizin, S. 261–266.

NICHELMANN, M.; M. ROTT und H. ROHLING (1974b): Beziehungen zwischen Energieumsatz und Umgebungstemperatur beim Kaninchen. Monatshefte für Veterinärmedizin 7, S. 257–261.

NICHELMANN, M.; E. THOMAS und L. LYHS (1974): Beziehungen zwischen Umgebungstemperatur und Energieumsatz. Monatshefte für Veterinärmedizin 29, S. 656–661.

NICHELMANN, M., et al. (1973): Die Körpertemperatur des Kaninchens. II. Die Hauttemperaturen. Archiv für Experimentelle Veterinärmedizin, 27, 5, S. 775–782.

NICHELMANN, M., et al. (1975): Hyperthermie beim Kaninchen. Archiv für Experimentelle Veterinärmedizin 2, S. 231–240.

NIEHAUS, H. (1975): Verdauungsorgane und Verdauungsvorgänge beim Kaninchen. Das Blaue Kaninchen-Jahrbuch, S. 87–112. Verlag Oertel und Spörer, Reutlingen.

NIEHAUS, H. (1980): Erbformeln und ihre Anwendung in der Kaninchenzucht. Das Blaue Kaninchen-Jahrbuch, S. 67–98. Verlag Oertel und Spörer, Reutlingen.

NIEHAUS, H. (1981): Auswahl der Elterntiere. Das Blaue Kaninchen-Jahrbuch, S. 67–82. Verlag Oertel und Spörer, Reutlingen.

N. N.: Die Fütterung der Kaninchen. Wissenschaftliche Mitteilungen der Vitamin-Abteilung der Deutschen Hoffmann-La Roche AG, 7887 Grenzach 1964.

N. N.: Fütterungshinweise für Kaninchen mit Mischfutter nach dem DLG-Standard, Merkblatt 147, herausgegeben von der Deutschen Landwirtschaftsgesellschaft, Zimmerweg 16, 6000 Frankfurt/M.

N. N.: Kaninchenställe: nach Züchtererfahrungen zusammengestellt (ohne Erscheinungsjahr). Verlag Oertel und Spörer, Reutlingen.

N. N.: Das Kaninchen als Modelltier und Züchtungsobjekt (1980). Red.: Schrage, R., Wilhelm-Piek-Universität Rostock, 176 S.

N. N.: Kaninchenstandard des Zuchtverbandes Deutscher Kaninchenzüchter, Stuttgart 1980.

N. N.: Kaninchenzucht, Kaninchenmast (ohne Jahresangabe). Broschüre der deuka Deutsche Kraftfutter GmbH, Postfach 2620, 4000 Düsseldorf.

N. N.: Kurzberichte über Leistungsprüfungen und Versuche – Arbeitsgebiet Kaninchen – Hessische Landesanstalt für Leistungsprüfungen Neu-Ullrichstein (Homberg-Ohm) 1977, nicht im Buchhandel.

N. N.: Lehrschrift für Kaninchenzüchtervereine (1978). Herausgeber: Zentralverband Deutscher Kaninchenzüchter e. V. Ausgabe 36.

N. N.: Lehrschrift für Kaninchenzüchtervereine (1979). Herausgeber: Zentralverband Deutscher Kaninchenzüchter e. V. Ausgabe 37

NOVY, J. (1972): Studium premenlivosti a genetickej podmienenosti plodnosti u rozlienych plemien kralikov (Untersuchungen über die Variabilität und genetische Bedingtheit der Fruchtbarkeit bei verschiedenen Kanichenrassen). Acta zootechn. Nitra 25, S. 179–191.

OUHAYOUN, J.; D. DELMAS und F. LEBAS (1979): Influence du taux protéique de la ration sur la composition corporelle du lapin. Ann. Zootech. 28 (4), S. 453–458.

PAPE, H. (1983): Revision des Erbfaktorenschemas für die aus Loh und Schwarz zusammengesetzte Grundfärbung bei Hunden sowie Aufdeckung paralleler Verhältnisse bei Kaninchen. Zeitschr. für Tierzüchtung und Züchtungsbiologie. 100, S. 252–265.

PARIGI-BINI, R. und M. MAZZARELLA (1978): Net energy requirements of growing rabbits. Arch. Geflügelk. 42, 59–62.

PARTRIDGE, G. G. (1980): Aspects of housing in commercial rabbit production. Farm Building Progress, 62, S. 13–16.

PAUFLER, S.; W. SCHLOLAUT und K. LANGE (1979): Postpartale Insemination beim Kaninchen mit Ovulationsauslösung durch synth. LH-Releaserhormone. Zuchthygiene 14, S. 37–42.

PEASE, M. S. (1931): Die Vererbung von gelbem Fett beim Kaninchen. Verhandlungen des I. Internationalen Kaninchen-Züchter-Kongresses Leipzig 1930, in: Zeitschrift für Pelztier- und Rauchwarenkunde 3, S. 95.

PORTMOUTH, J. (1976): The nutrition of rabbits, in: Studies in the agricultural and feed sciences. Nutrition Conference for Feed Manufactures, Univ. of Nottingham, London.

POSE, G. (1980): Ernährungsphysiologische Bedeutung von Kaninchenfleisch. In: Das Kaninchen als Modelltier und Züchtungsobjekt. Red.: Schrage, R., Wilhelm-Piek-Universität Rostock, 9.

PRUD'HON, M.; M. COLIN und F. LEBAS (1977): Effet de l'addition de méthionine au régime sur les caractéristiques du comportement alimentaire du lapin en croissance. Ann. Zootech., 26, 3, S. 421–428.

PRUD'HON, M.; M. CHERUBIN und J. GOUSSOPOULOS (1975): Évolution, au cours de la croissance, des caractéristiques de la consommation d'aliments solide et liquide du lapin domestique nourri ad libitum. Ann. Zootech., 24, 2, S. 289–298.

REIFFER, F. J. und H. JACOBI (1975): Über das Auftreten von Gliedmaßenfehlstellungen bei Kaninchen. Kleintierpraxis 20, 1, S. 12–18.

ROHLOFF, D. und CHR. LAIBLIN (1976): Zur Tiefgefrierkonservierung von Kaninchensperma. Berl. Münchener Tierärztl. Wschr. 89, S. 181–183.

ROTT, M. et. al. (1973): Die Körpertemperaturen des Kaninchen. Archiv für Experimentelle Veterinärmedizin 5, S. 769–774.

ROTTMANN, O. und G. STRANZINGER (1977): Ergebnisse der Superovulation beim Kaninchen durch einmalige PMSG-Applikation bei zwei Zuchtlinien. Zuchthygiene 12, S. 14–18.

ROUVIER, R. (1981): Die genetische Verbesserung beim Kaninchen in Frankreich. Bull. techn. Inform., Paris 358/359, S. 239–258.

RUDOLPH, W. (1978): Das Kaninchen als Modelltier für die Haustier- und Humangenetik. Wissenschaftl. Zeitschrift der Wilhelm-Piek-Universität Rostock. Mathematisch.

RUDOLPH, W. (1984): Wollertrag, Wollqualität und Leistungseigenschaften der Angorakaninchen. Garten- und Kleintierzucht, Ausg. D, 20, S. 10–11.

RUDOLPH, W. und W. FISCHER (1979): Schlachtkörperqualität von Broilerkaninchen im Alter von 86 und 100 Tagen. Archiv Tierzucht 22, 3, S. 201–207.

RUDOLPH, W.; W. FISCHER und H. GAUSS (1975): Untersuchungen über den Fettansatz bei Broilerkaninchen. Fleisch 29, 2, S. 36–37.

RUDOLPH, W.; W. FISCHER und Ch. HEINE (1973): Untersuchungen zum Schlachtwert von Broilerkaninchen. Fleisch 27, 12, S. 233–234.

RUDOLPH, W. und T. KALINOWSKI (1983): Das Haus-Kaninchen. Die Neue Brehm-Bücherei, A. Ziemsen Verlag.

SAMBRAUS, H. H. (1974): Die Bedeutung der Libido sexualis in der Stimmungshierarchie von isoliert aufgezogenen Kaninchenböcken. Zuchthygiene 9, S. 97–104.

SCHARNER, E. (1972): Zur Qualitätsbeurteilung von Kaninchenfleisch. Fleisch 26, 5, S. 84–86.

SCHARNER, E. u. R. KRAHMER (1974): Morphometrische Untersuchungen an Broilerkaninchen. Fleisch 28, 2, S. 34–36.

SCHLEY, P. (1976): Untersuchungen zur künstlichen Aufzucht von Hauskaninchen. Habilitationsschrift, Gießen.

SCHLEY, P. (1977): Die Ausschaltung des Geruchsvermögens und sein Einfluß auf das Saugverhalten. Berliner und Münchener Tierärztliche Wochenschrift 90, 19, S. 382–385.

SCHLEY, P. (1979): Geruchssinn und Saugverhalten bei Jungkaninchen. Deutscher Kleintierzüchter 88, S. 2.

SCHLOLAUT, W. (1977): Ist die chemische Schur von Angorakaninchen möglich? Deutscher Kleintierzüchter 3, S. 13.

SCHLOLAUT, W. (1979): Arbeitsteilige Kaninchenfleischproduktion (I). Deutsche Geflügelwirtschaft und Schweineproduktion 35, S. 907–908. (II). DGS 36, S. 932–934.

SCHLOLAUT, W. (1980): Organisation und Durchführung der Leistungsprüfungen in der Kleintierproduktion in der Bundesrepublik Deutschland. Züchtungskunde 52, 4/5, S. 393–401.

SCHLOLAUT, W. (1980): Modellkalkulationen für die Kaninchenfleisch- und Wollerzeugung in: Das Blaue Kaninchen-Jahrbuch. Oertel und Spörer, Reutlingen.

SCHLOLAUT, W. (1981 a): Die Ernährung des Kaninchens. Herausgegeben von der Vitaminabteilung der Hoffmann-La-Roche AG, Grenzach.

SCHLOLAUT, W. (1981 b): Die Leistungsfähigkeit der Kaninchenfleisch- und Wollproduktion. Der Futtermeister 37, 1, S. 6–9.

SCHLOLAUT, W. (1981 c): Zum Problem des Wollausfalls beim Angorakaninchen. (Manuskript).

SCHLOLAUT, W. (1982): Aktuelle Probleme der Angoraleistungszucht. Deutscher Kleintierzüchter 1, S. 4–5.

SCHLOLAUT, W. (1983): Neuere Erkenntnisse über die Steigerung der Reproduktionsleitung beim Kaninchen. Kleintierpraxis 28, S. 271–276.

SCHLOLAUT, W. (1984): Neue ALP-Ordnung. Deutscher Kleintierzüchter 18, S. 18–19.

SCHLOLAUT, W. und K. LANGE (1972): Ergebnisse einer Futterwertprüfung von Alleinfuttermitteln für Jungmastkaninchen. Kraftfutter 55, 2, S. 58–60.

SCHLOLAUT, W. und K. LANGE (1973a): Der Einfluß von Flavomycin auf die Mast- und Schlachtleistung von Jungmastkaninchen. Archiv für Geflügelkunde 2, S. 69–71.

SCHLOLAUT, W. und K. LANGE (1973b): Der Einfluß von Methionin auf die Mastleistung und den Wollertrag von Kaninchen. Archiv für Geflügelkunde 6, S. 208–212.

SCHLOLAUT, W. und K. LANGE und H. SCHLÜTER (1978): Der Einfluß der Fütterungsintensität auf die Mastleistung und die Schlachtkörperqualität beim Jungmastkaninchen. Züchtungskunde 50, S. 401–411.

SCHLOLAUT, W. und K. LANGE (1979): Kompensatorisches Wachstum bei Jungmastkaninchen. Züchtungskunde 51, S. 227–233.

SCHOLTYSSEK, S. (1979): Faustzahlen über Schlachtgeflügel, in: Jahrbuch für die Geflügelwirtschaft, Verlag Eugen Ulmer.

SCHULTZ, E. (1975): Kaninchen – Probleme in der tierärztlichen Praxis. Tierärztliche Umschau 12, S. 620.

SCHULZE, K. (1964): Beitrag zur Morphologie der Kaninchenspermien. Berliner und Münchener Tierärztl. Wschr. 22, S. 445–447.

SCHULZE, H. (1975): Übersichtsreferat: Das Kaninchen (Wild- und Hauskaninchen). Deutsche Tierärztl. Wochenschrift 82, 4, S. 171–173 und 5, S. 206–213.

SCHWEITZER, D. (1980): Feststellung der Trächtigkeit. Deutscher Kleintierzüchter 10, S. 13.

SINKOVICS, Gy. (1979): Beiträge zur sogenannten Kaninchendysenterie. Magyar Állatorvosok Lapja 34, S. 164–174.

SLADE, I. M. und H. F. HINTZ (1969): Comparison of digestion in horses, ponies, rabbits and guinea pigs. J. of Animal Sc. 28, S. 842–843.

SOUCI, S. W., et al. (1976): Die Zusammensetzung der Lebensmittel, Bd. I. Wissenschaftliche Verlagsgesellschaft.

SPEDDING, C. R. W., J. M. WALSINGHAM und R. V. LARGE (1976): The effect of reproductive rate on the feed conversion efficiency of meat-producing animals. World Review of Animal Production 4, 43–49.

SPREADBURY, D. (1974): Protein and amino acid requirements of the growing meat rabbit. Proc. Nutr. Soc. 33, S. 56.

SPREADBURY, D. und J. DAVIDSON (1978): A study of the need for fibre by the growing New Zealand White Rabbit. J. Sci. Fd. Agric., 29, S. 640–648.

SPREADBURY, D. und J. DAVIDSON (1978): Some observations on the arginine requirement of the growing New Zealand White Rabbit. J. Sci. Fd. Agric., 29, S. 1017–1022.

SPREHN, C. (1965): Kaninchenkrankheiten. Verlag Oertel u. Spörer, Reutlingen.

STRASSER, H. (1966): Zur Standardisierung in der Versuchstierzucht und -haltung. Berliner u. Münchener Tierärztliche Wochenschrift 79, 5, S. 91–96.

THELOE, G. (1973): Kaninchenschlachtung. Fleisch 27, 6, S. 108.

THORBEK, G. und A. CHWALIBO, (1981): Growth, digestibility, nitrogen and energy metabolism in growing rabbits fed different feed compounds 510. Beretning fra Statens Husdrybrugs forsøg, København.

TORRÈS, S.; M. GERARD und C. THIBAULT (1977): Fertility factors in lactating rabbits mated 24 hours and 25 days after parturition. Ann. Biol. anim. Bioch. Biophys. 17, 1, S. 63–69.

VERGA, M.; V. Dell'orto und C. CARENZI (1978): A general review and survey of maternal behaviour. Applied Animal Ethology 4, S. 235–252.

WECHSUNG, E. (1974): Untersuchungen zum Mutterverhalten des Kaninchens. Diss. vet. med. Hannover.

WEISBROTH, S. H.; R. E. FLATT; A. L. KRAUS (1974): The Biology of the Laboratory Rabbit. Academic Press, New York and London.

WEIßENBERGER, K. (1979): Fortpflanzung und Vererbung in der Kaninchenzucht. Lehrmeisterei-Bücherei Nr. 1078, Albrecht Philler Verlag, Minden.

WIDDOWSON, E. M. (1974): Feeding the

newborn: comparative problems in man and animals. Prac. Nutr. Soc. 33, S. 97–102.

WILLEKE, H.; A. WULF und E. KALVERKAMP (1981): Vergleich der Wurfgröße von Reinzucht- und Kreuzungstieren beim Kaninchen. Arch. Geflügelk. 45, S. 176–178.

WOLFF, D. und S. KLOMBURG (1979): Das Hauskaninchen (Systematische Stellung, Pathophysiologie, Ernährung, Reproduktion, Narkose, Krankheiten). Berliner und Münchener Tierärztliche Wochenschrift 92, S. 65–72.

YARDIN, M. (1968) Quelques aspects qualitatifs et quantitatifs de l'activité de la lapine allaitante. Revue de Compertiment Animal 2, S. 73–77.

ZIMMERMANN, E.: pers. Mitteilung (7081 Abtsgmünd).

Bildquellen

Farbfotos
Bild 40, Hermelinkaninchen: Dr. Peter Schley, Gießen.
Alle übrigen Farbfotos sowie das Titelbild: Josef Wolters, Bottrop.

Schwarzweißfotos:
Soweit in der Bildlegende nichts anderes vermerkt: Dr. Peter Schley, Gießen.

Zeichnungen
Abb. 1 und 3: Erwin Rossa. Mit freundlicher Genehmigung des Verlages Gustav Fischer, Jena, aus: Koch, Handbuch der Veterinäranatomie.
Abb. 49: System Wotho.
Alle übrigen Zeichnungen fertigte Rolf Köder, Stuttgart, nach Vorlagen oder Angaben des Verfassers.

Sachregister